ストーリー
でわかる

起業家
のための

致命的な失敗を
避けるための
26話

リスク&法律
（入門）

下平将人　尾西祥平

ダイヤモンド社

# はじめに

　今後の日本の国力向上、社会課題の解決には、多数のスタートアップの誕生と成長が欠かせません。顧客をよく観察し、プロダクトを高速でリリースして改善し、顧客体験（UX）をオンライン・オフライン含めて最大化していくこと。これが今の日本で強く求められるデジタルトランスフォーメーションの本質であり、その担い手の主役こそスタートアップなのです。

　スタートアップの起業家は、ベンチャーキャピタルなどの投資家からリスクマネーを調達し、10X（テン・エックス）ともいわれる急速な事業成長を目指します。その取り組みの特徴は、すでに顕在化しているマーケットではなく、まだ解決されていない潜在的な顧客のニーズや課題感に着目して独自のソリューションを磨き上げ、急速かつ不可逆的な市場シェアの獲得を目指す点にあり、それゆえ、しばしば前例のないビジネスモデルを創造する必要があります。

　このような**創造的なビジネスを行う際には、起業家として多くの法令やさまざまなリスクと対峙していくことが必要不可欠**です。

　いうまでもなく、スタートアップを経営する起業家にとって大切なものは、キャッシュと時間、そして信頼です。あるラウンドで資金調達をした場合、おおむね、1年半から2年後の次の資金調達の実施を目指して事業に邁進します。その間に仮説検証をスピード感をもって何周回せるかが勝負であり、常に残キャッシュとバーンレート（資金燃焼率）との戦いとなります。小さなリスクであれば目の前の成長を優先する判断にも合理性がありますが、ビジネスモデルの根幹において法令違反があったり、重大なリスクが顕在化したりした場合、その対応と巻き返しのために、起業家とチームの時間・精神は想像以上に損なわれます。何よ

り不適切なマネジメントをしていたとして、顧客、取引先、投資家、社会といったステークホルダーからの信頼・信用を失い、事業の成功確度を大きく下げてしまうのです。

＊　＊　＊

筆者の2人は、十数年前に同じロースクールを卒業した同期の弁護士です。尾西は現在、主に大企業やスタートアップのリーガルアドバイザーとして新規事業構築やM&A・投資、IPOの支援をしています。下平は、ベンチャーキャピタルを創業、経営しています。

2人は一緒に仕事をすることもあり、下平が出資している企業の法律顧問や社外役員に尾西が就くというケースもあります。そのなかで、とても優秀で志がある起業家でも、若く法律に疎いために、さまざまな壁にぶつかり、ときには経営が傾きかねなくなるという事態にも遭遇しました。本書は、このような2人の経験から、起業家として、創業期から最低限知っておいていただきたい法律知識やノウハウをまとめた本になります。

本書を執筆するにあたり、投資先の起業家や日ごろからさまざまな議論をしている起業家にインタビューを行い、「法律の解説だけだと、具体的な場面を思い浮かべづらく、理解しにくい」という意見を多くもらいました。この点を踏まえて、本書では以下の4点について工夫を凝らしました。

① 具体的な問題場面がイメージできるよう、各トピックの冒頭に、盛大にズッコケる「ストーリー」（設例）を挿入。**スタートアップの息の根を止めてしまうような「落とし穴」を知ってもらいながら、読み物として楽しんでもらえるもの**を目指しました

② スタートアップエコシステムのなかでも、**起業家のみを読者として**

**想定し執筆しました**。あらゆる記述について起業家向けのメッセージとして精査しています（ただし、筆者の１名が投資家であるがゆえのバイアスがかかっている可能性がある点は念頭においていただければと思います）

③ 膨大な法律の情報の海のなかから、**起業家、経営トップとして「知らないとヤバいこと」を筆者らの経験則で抽出し、最小限の情報としてまとめています**（法学上、重要な論点でも、実務上インパクトが小さいと考えられる知識については掲載しておりません。したがって、法律家、専門家が論点をもれなく確認する書籍としては向いていないかと思います）

④ 高校生や大学生といった若い起業家も増えている今、そのような方でも読めるよう、**法律用語は最低限**とし、直感的に理解しやすい一般用語を用いて解説をしています

＊　＊　＊

日本においても当初からM＆Aを目指すスタートアップが存在するのも事実ですが、まだまだ日本のスタートアップのエグジット手段として多いのは「株式上場」ですので、本書は株式上場を目指すスタートアップを経営する起業家を主な読者としています。したがって、上場プロセスという点を強く意識した内容となっています。

上場企業になることは、広く多くの投資家の投資対象となり社会の公器となることを意味します。上場し、それなりの時価総額となれば、GPIFをはじめとする国内外の機関投資家の投資対象となり、大切な国民のお金、各国の公的資金の投資運用先候補となるのです。そこでは、投資対象である銘柄として一定以上の品質が担保されていることが前提条件となり、金融庁監督下の日本取引所グループは、投資家を適切に保護するために上場審査を実施します。したがって、起業家として上場に近づけば近づくほど、社会の公器としての自覚と期待に応えられるだけ

の体制の整備をしていく必要があります。本書では、**社会の公器として
の企業に求められるコーポレートガバナンスや会社法上のルールへの対
応についても入門部分となる解説**をしています。

　本書を武器に後悔なく事業を推進され、ビジョンを実現されることを
祈っています。

＊　　＊　　＊

　最後に、本書の企画段階から一貫して筆者らに重要なアドバイスをし
てくださったダイヤモンド社の横田大樹さん、ユーモアとリアリティの
ある数々のストーリーを用意してくださった小池真幸さん、本書のコン
セプトについて壁打ちに付き合ってくださった起業家・経営者の皆さま、
本書の内容について貴重なコメントをくださった弁護士の皆さま、そし
ていつも私たちを支えてくれる家族、すべての方にこの場を借りて心か
ら感謝申し上げます。

---

- 本書の内容は、2024年1月時点の法令や情報に基づいています。
- 取引の実行に際しては、弁護士・司法書士・税理士・公認会計士・
  証券会社等の専門家にご相談いただくようお願いいたします。

はじめに

# 第 1 章 創業

## 創業 1
## 設立すべき会社の種類、株式会社の意義、
## 資本金および株式数 — 2

# 第2章 | ビジネスモデル作り

**ビジネスモデル作り2**

# 法律事務所・弁護士への相談方法と
# 法務組織の構築方法 ──────────── 100

第 3 章 | 契約

## 第 4 章　個人情報

**個人情報 1**

## 個人情報の意味、取得時の留意点、管理の仕方── 162

**個人情報2**

# 個人情報活用時の留意点——————————— 186

| 第 5 章 | 知的財産 |

**知的財産3**

# 著作権について ——— 252

**まとめ** **チェックリスト** ──────────────── 312

**労務3**

# レイター期の労務管理（解雇・ハラスメント）── 314

---

| 第7章 | 資金調達 |

---

**資金調達1**

# 資金調達の種類、手続と契約 ─────────── 336

| 第 9 章 | IPO |

**IPO1**

# コンプライアンス ────────────── 480

**IPO2**

# 反社会的勢力の排除 ―――――――――――――――――　508

# 第 10 章 | M&A

第 1 章

# 創業

# 設立すべき会社の種類、株式会社の意義、資本金および株式数

　人生でもっとも影響を受けた映画を聞かれたら、間違いなく、デヴィッド・フィンチャー監督の『ソーシャル・ネットワーク』を挙げるだろう。

　今や誰もが知る世界的企業となったFacebook（現Meta platforms）の、創業ストーリーを描いた名作だ。公開当時、まだ高校生だった僕は、ただの野球少年。甲子園を目指せるほどのレベルではなかったけれど、野球部の活動とプロ野球の追っかけにすべてを捧げる高校生だった。

　しかし、この映画は、僕の価値観をたった120分で変えてしまった。「起業って、こんなにかっこいいのか！」――それ以来、僕は野球に傾けていたエネルギーを、ビジネスの勉強に傾けるようになった。

　大学生になり、いくつかのスタートアップでインターンをしたのち、ついに気の合う仲間に出会う。彼女も僕と同じく、『ソーシャル・ネットワーク』に感銘を受けて起業を志した者の１人。折しも学生起業ブームが全盛期だったことにも後押しされ、僕らはスマホアプリを手がける会社を立ち上げることになった。

　早速、法人の登記をしてみようと思ったとき、意外な事実を知る。会社といえば株式会社が当たり前だと思っていたが、出資者と経営者がイコールの合同会社というものがあって、日本のGoogleもAmazonもその合同会社だというのだ。設立コストが安く済むほか、節税や経営の自由度の高さといったメリットもあるようだ。「株式会社は時代遅れ。合同

会社こそクール」——そう考えた僕らは、合同会社として創業した。

＊　＊　＊

　起業から半年が過ぎた。メインのプロダクトであるスマホアプリの開発を進めたいとは思っているものの、当座の運転資金を稼ぐのに精一杯で、受託開発に追われる日々が続いていた。そしてついに、そんな自転車操業も立ち行かなくなり、キャッシュアウトが現実的な問題として見えはじめた。

　そこで僕らは、自己資本だけでの経営に限界を感じ、投資家からの出資を受けることを決めた。そもそも、僕らがロールモデルにしているシリコンバレーの先達は、みなエクイティ投資を受けている。いずれは投資を受けることになるだろうと思っていたので、いいチャンス——なはずだった。

　早速、人づてやウェブからの問い合わせを駆使して、エンジェル投資家やベンチャーキャピタルの人たちとの面談を重ねる。なかにはすぐに興味を持ってくれる人もいて、まずは少額だけ入れると言ってくれるエ

ンジェル投資家の人も現れた。

　問題が発覚したのは、実際に投資契約を進めようとしたときだ。「合同会社じゃ、投資は受けられませんよ」。なんと、完全に盲点だった。あまり深く考えず、GoogleやAmazonに倣って合同会社にしたことがアダとなった。

　結局、いったん投資の話はすべてペンディングになり、株式会社に変更してから再検討ということに。約20万円の無駄な出費と、手続の手間がかかった。そもそも手元の資金が尽きてきたがゆえに投資を検討しはじめた僕らにとっては、なかなかに大きな痛手だ。

　ただ、悔やんでいても仕方がない。これもPDCAサイクルの一環だ。そう思って、株式会社化の手続を進めた。どうやら、資本金というものが必要らしい。どのくらいの額が適切なのかわからず、いつもお世話になっている、法学部卒の先輩に聞いてみると「株式会社なら普通は1000万円でしょ」とのことなので、それに倣い親や知人から借金をして1000万円をかき集めた。1株ごとの値段を決めなければいけないみたいだが、キリのよさを求めて、1株10万円に設定。100株を発行した。これでようやく、投資の手続を進められる……。1円でも会社を始められることを知ったのは1年後だった。

＊　　＊　　＊

　その数か月後、新たな問題に、僕らは頭を抱えていた。投資の話は前に進み始めたものの、すぐに着金されるわけではない。創業時より業務委託で手伝ってくれているエンジニアへの報酬支払をする余裕がなくなり、株式の譲渡でその代わりとしようとした。

　100万円分の報酬を株式で代替するということで、1株10万円×10。ただ、流石にすべての株式の10％を持ってもらうのは多すぎるだろうということで、いったん5株で支払うことになった。

＊　＊　＊

　無事に投資は受けられたが、その後も問題は生じた。僕らの会社は、ある程度軌道に乗り、上場も視野に入ってきた。経験豊富なCFOにもジョインしてもらったが、「この５％も持っている人は誰？」と指摘を受ける。そのエンジニアは結局、創業から少し経って、別の会社に入社することになり、ここ数年はかかわりを持っていない。それにもかかわらず、５％も持っていることは、今後企業価値が数十億や数百億となっていったときのことを考えると、アンフェアな気がしてきた。

「あのとき、もっとしっかり調べたり、相談したりしていれば……」僕らはまだ、頭を抱え続けている。

# 1 | 会社を設立する理由

　起業家が事業を開始するために必要なものとして、まずは「会社」とは何かということについて説明をします。皆さんが著名な起業家を思い浮かべるとき、そこには起業家の姿だけではなく、起業家が設立し飛躍的な成長と成功を遂げた会社がセットとなって記憶されているのではないでしょうか。ラリー・ペイジ/セルゲイ・ブリンとGoogle、スティーブ・ジョブズとApple、マーク・ザッカーバーグとFacebook（現Meta Platforms）、ジェフ・ベゾスとAmazonのように、世界を変えた起業家の多くは彼らの名前と同時に彼らが設立した会社の名称が世界中の人々の脳裏に刻まれています。日本からもソフトバンクグループの創業者である孫正義や松下電器産業（現パナソニック）を創業した松下幸之助、本田技研工業（ホンダ）を創業した本田宗一郎など世界に名だたる起業家が輩出されていますが、彼らもまた彼らの名前だけではなく、それぞれが創設した会社の名称が世界に冠たる1つのブランドとして認知されています。

　では、なぜ起業家は会社を設立するのでしょうか。それは起業家が個人として事業を行うよりも、会社を設立したほうが、その事業をより大きくすることができ、また、その事業をより長く継続することができるからです。会社設立のメリットとして、外部からの信頼が増す、人材を採用しやすくなる、資金を調達しやすくなる、といった説明がなされることがありますが、これらは結局のところ事業を拡大し継続させるための手段を表現しているともいえます。

# 2 | 「法人」とは?

## 会社法における会社の定義

この点についてもう少し具体的に考えてみましょう。会社の設立、組織、運営および管理についてのルールを定めるものとして会社法という法律があります。会社の誕生から終了に至るまで会社の一生について定めているものが会社法だとイメージしてください。

起業家の皆さんはこれから資金調達、株主総会、取締役会、合併や事業譲渡などさまざまなコーポレートアクションに直面することになりますが、多くの場面においてこの会社法という法律が登場することになります。会社法は1条から979条までの条文で構成されている非常にボリュームのある法律ですが、**起業家の最低限の教養として会社法にどのようなことが定められているか目次だけでも眺めてみることをお勧めします**。目次を眺めるだけでも「設立」「株式」「新株予約権」「株主総会」「取締役会」「事業の譲渡等」「合併」など、これから会社を設立し事業を開始して会社の成長を目指していく起業家にとって非常に重要なことが定められていることがわかるはずです。

さて、話が少し脇にそれてしまいましたが、会社法は「会社は、法人とする。」と定めています(3条)。それでは「法人」とは何でしょうか。実は会社法だけを見ていてもその答えは出てきません。

## 民法によって定められる「法人」

ここで会社法以上に起業家の皆さんに意識してほしい法律として民法があります。民法は民事上のあらゆるルールの基本となります。私法(私人間の関係について定める法の総称です)の基本となる民法は、第一編の「総則」、第二編の「物権」、第三編の「債権」、第四編の「親族」、第五編の「相続」から構成され、その条文は1050条まで存在します。契約

の締結や損害賠償に関する基本的な考え方も民法に定められています。会社法に定められていないことでも民法に定められている内容は当然会社にも適用されることになります。

　そして、法人について考えるヒントは民法にあります。民法は「法人は、法令の規定に従い、定款その他の基本約款で定められた目的の範囲内において、権利を有し、義務を負う」（34条）と定めています。つまり私たち個人が契約を締結すれば私たちが権利義務の主体となるように（たとえば、賃貸借契約を締結した場合、私たちは家主に対してその部屋に居住する権利を主張できますが、同時に家主に対して家賃を支払う義務を負うことになります）、**法人も同様に権利義務の主体となります**。起業家は個人で事業を立ち上げて個人の名義で必要な契約を締結することもできるわけですが、その場合、あらゆる責任を起業家自らが個人で負担することになります。

　一方、起業家は、法人を設立することで、法人名義で売買契約を締結することや銀行から金銭を借り入れることが可能となりますし、法人名義で事業を展開してユーザーと契約を締結することも可能となります[1]。言い換えれば、万が一、契約上の約束事を果たすことができなくなった場合や、サービスを利用するユーザーに損害が生じてしまった場合でも、**責任を取るのは法人であり起業家個人ではない**ということになります（もちろん会社の取締役として起業家個人の責任が問題となることはありますし、会社の債務について起業家個人が連帯保証することで責任を負うこともあります）。

　もし事業に関するあらゆる責任が個人に帰属してしまった場合、起業家は事業を成長させるために大胆なチャレンジをすることができるでしょうか。このように責任の主体を起業家個人から法人に切り離すことで、

---

1　契約関係だけではなく知的財産権といった権利も役員や従業員個人ではなく法人に一括して帰属させることができるようになります。たとえば、会社設立前に個人によって作成されたプログラムやデザイン等がある場合には、それらに関する知的財産権を会社に譲渡することも重要になります。

起業家は必要以上にリスクを恐れることなく、会社の成長の礎を築くための意思決定を行うことが可能となり、また、仮に起業家がその会社の経営から離れた場合にも会社そのものは残るので事業を継続させることが可能となるのです。先ほど、「会社を設立したほうが、その事業をより大きくすることができ、また、その事業をより長く継続することができる」と説明したことの背景には、このように会社＝法人という仕掛けが存在するのです[2]。

# 3 会社の種類は4種類

　これまで大雑把に「会社」と一括りにして説明をしてきましたが会社にはいくつかの種類があります。会社法が定めているのは「株式会社」「合名会社」「合資会社」「合同会社」の4種類です[3]。

　それでは起業家が会社を設立する際にはどの形態の会社を選択すればよいでしょうか。先ほど会社を設立するメリットの1つとして「責任の主体を起業家個人から切り離す」という説明をしました。この考え方からすれば会社を設立した起業家個人が会社の責任を限定なく負うしくみとなる会社の形態を採用することは得策ではありません。上記の4類型のうち、合名会社と合資会社がこれに当たり、会社の「社員」が会社の責任を限定なく負います。

　なお、ここで「社員」という言葉を用いていますが、これは会社で働く従業員を意味する言葉ではありません。会社法では「社員」という言葉は従業員ではなく出資者（オーナー）という意味で用いられています。

---

2　さらに厳密な説明をすると、会社とは、営利を目的とする社団法人であり、本文で説明した①「法人」という特徴以外に、②「営利」（事業活動によって利益を上げ、その利益を会社の構成員に分配すること）と③「社団」（人の集まり）という特徴があります。

3　「有限会社」と名乗る会社を見たことがある人もいるかもしれません。本書では細かな説明は省略しますが、現在は新しく有限会社を設立することはできませんので、これから起業を考えている方は選択肢として考慮に入れる必要はありません。

たとえば、株式会社であれば「株主」が「社員」に相当します。「社員」という言葉の一般的な使われ方からするとかなりかけ離れているように感じる方もいると思いますが、法律にはこのように独特な表現が多く登場するので注意してください。

# 4 | 有限責任によるリスクヘッジ

　さて、合名会社と合資会社を選択すべきではないとすると、選択すべきは株式会社と合同会社のどちらかになります。株式会社と合同会社の共通点としてそのオーナー（株式会社であれば株主、合同会社であれば社員）が負う責任が有限であるということが挙げられます。**つまりオーナーは出資した金額を超えて責任を負うことはありません。**たとえば、100万円出資した会社が取引先に対して1億円の損害を与えて損害賠償請求された結果、倒産してしまったとしても、オーナーは出資した100万円は手元に返ってきませんが、取引先に対して債務を弁済する責任を負うことはありません。これを**「有限責任」**といいます。

　この有限責任は非常に重要な概念です。たとえば、宇宙ロケットを製造して打ち上げるプロジェクトがあったとします。このプロジェクトを成功させるためには莫大な費用がかかるため広く出資者を募っています。ところが、このプロジェクトに参加しようとした際に、プロジェクトの発起人から「万が一プロジェクトが失敗した場合にはあなたにもすべての責任を取っていただきます」といわれた場合、プロジェクトに参加する決断ができる人はほとんどいないはずです。

　一方、同じプロジェクトでも「万が一プロジェクトが失敗した場合には一度出資していただいたお金はお返しすることができません」といわれるだけならプロジェクトへの参加を決断できる人が増えるはずです。会社を大きくする過程では会社が新たに仲間（出資者）を募る場面が発生します。そのときに出資を検討している人からすれば自分が出資した

金額以上のリスクを負うことがない（繰り返しになりますがこれが有限責任です）とわかっていれば出資をしやすくなりますし、その結果、会社からすればより多くの仲間（出資者）を集めやすくなるというメリットが生まれることになります。

## 5 株式というチケット

### 株式会社と合同会社の違い

　それでは、株式会社と合同会社の違いはどこにあるのでしょうか。実は冒頭でも名前を挙げたGAFAはFacebook（現Meta Platforms）を除くとすべての会社が日本において「グーグル合同会社」「Apple Japan合同会社」「アマゾンジャパン合同会社」と合同会社を設立しています。もしかしたらこれらの世界的大企業にならって合同会社を設立することに合理性があるのではないかと考えている方もいるかもしれません。

　合同会社には、先ほど説明した有限責任という特徴以外に、①設立手続が簡易で費用も抑えられる、②迅速な意思決定が可能となる、③決算公告が不要となるといったメリットをあげられることがあります。ただ、株式会社の設立コストと比較した際にそこまで大きな違いがあるわけではなく、また、株式会社でも規模が小さいうちは創業者による迅速な意思決定が可能なので、この点でも大きな違いはありません。それであれば株式会社と合同会社のどちらを選択しても問題なさそうですが、ほとんどの起業家は会社を設立するタイミングで株式会社を選択します。その鍵となるのが「株式」という概念です。

　株式会社では、その構成員（株主）となるための地位を「株式」と呼びます。一方、合同会社ではこの地位を「持分」と呼びます。「株式」と「持分」の本質的な違いは、細分化された割合的単位の形を取るか否かにあります。具体的には、**株式は、「100株」「1000株」「10000株」と**

**細分化することが可能**です。**株主の権利は、保有している株式の数に比例する**ことになり（たとえば、株主は原則として１株につき１議決権が認められています）、Ａさんが保有する１株とＢさんが保有する１株の内容は原則として同一です。さらに、100株のうち10株を譲渡して、自分が株式を保有しながら他の人を新たな株主にすることも可能です。

　一方で、持分は出資額の多寡にかかわらず社員１人につき１個しか存在せず、Ａさんの持分１個とＢさんの持分１個の内容は異なることがあります。また、持分の譲渡は、原則として他の社員の承諾がなければできません。

　このように株式は持分と比べて流動性が高いところに本質的な特徴があります[4]。たとえば、先ほどのプロジェクトの例でも、最低でも1000万円を出資しなければプロジェクトに参加することができないのであれば、参加者は簡単には現れなさそうですが、10万円から参加することができるのであれば参加者が現れることを期待できそうです。さらに1000万円もの大金を出資してくれる出資者を１人探している間に、10万円の出資者であれば110人集めることができるかもしれません。このように価値が細分化されたものを発行することができれば、より多くの人に購入してもらうことでより多くのお金を集めることができ、その軍資金でしっかりとプロジェクトの準備を進めることが可能になります。

　なお、このような株式の価格の算定を「バリュエーション」と呼び、出資を受ける際にどのような値付けをするかとても重要なポイントとなります（たとえば、１株10万円であれば110人の出資者を集めることができたとしても、１株20万円であれば40人しか集まらないということもありえます）。

---

4　なお、GAFAのように著名な外資系企業の日本法人の多くが合同会社を採用するのは、日本においてあえて流動性の高い株式を発行する必要がなく、身軽な会社運営が可能となる合同会社を選択したほうが合理的であるからという理由に加えて、アメリカの税制上、アメリカの親会社にとってメリットがあるからということが指摘されています。

## 株式と株式会社の大きな利点

　会社の事業をより大きくするために資金が必要となる場合、会社の手元に残った資金や銀行からの借入金をあてにするだけではなく、多くの人から資金を集めることができたほうが効率良く事業を成長させることができます。このようなニーズがあるときに「株式」という制度は大きな力を発揮するわけです。つまり、将来的に会社をより大きくしたいという思いをもって起業するのであれば当初から株式会社という形態を選択するのが自然ということになります。投資家も投資をする対象は株式を発行する株式会社を前提としていますし、特に**将来的なエグジットとしてIPOを視野に入れる場合、合同会社は上場することができないため、株式会社を選択するのが合理的**です。

　なお、会社の設立当初に合同会社を選択している場合でも、途中で株式会社に組織変更することは可能です。変更手続に必要な費用が発生し、また、手続のために時間を要してしまいますが、合同会社として積み上げてきた実績が無駄になるわけではないので、その点はご安心ください。

## 6 ｜ 株式会社の設立手続

　それでは株式会社を設立するためにはどのような手続が発生するのでしょうか。株式会社の設立は、①定款の作成・認証、②出資に関する手続の実行、③会社設立時の役員等の選任、④設立に関する調査、⑤登記を経て完了します[5]。最近は、専門家（なお、会社の設立は弁護士ではなく司法書士に依頼するのが通常です）に依頼しなくても会社を自力で設立できるように会社設立をサポートするサービスが増えていますが、司

---

5　通常は準備を開始してから2週間程度もあれば登記申請まで完了させることができます。なお、今後、定款認証の対面確認手続が不要となり、この期間が短縮されることになる見通しです。

法書士に依頼する起業家も依然として多く存在します。

　本書では各手続の詳細は割愛しますが、筆者が以前に出会った事例を紹介します。これから起業を検討している方の相談に乗っていた際に、「会社設立のためのお金がなかなか集まらず大変なんです」と言われました。筆者が「会社設立後すぐに大きな設備投資でもするのですか？」と聞いたところ、「知人に相談したら会社の設立には1000万円必要と言われたので恥ずかしい話ですが親に借金をお願いしておりまして……」との答えが返ってきました。若い読者の方はピンとこないかもしれませんが、昔は「最低資本金」といって株式会社を設立するためには1000万円の資本金が必要とされており、これが新しい会社の設立を阻害していました。今では、この規制は撤廃されているので、株式会社は１円の資本金でも設立することができるようになりました。ここでお伝えしたいのはアップデートされていない古い知識をもとに若い起業家に対してアドバイスをしようとする人は皆さんが思っているよりも意外と多く存在しているということです。

## 7 ｜ 会社設立時の株式数のセオリー

### 設立時の株式数は１万株以上に

　株式会社は１円の資本金でも設立できると説明しましたが、現実的に１円の資本金で会社を設立したほうが起業家個人の財布への影響がなく得なのか、というとそのような単純な話にはなりません。仮に１株１円で１株だけ株式を発行した場合、創業者はこの１株を譲渡する場合はもちろんのこと新たに株式を発行する場合もすぐに会社の支配権を失ってしまいます。また、会社の規模が大きくなってくれば0.01％単位で株式の保有比率を調整する場面が登場します。顕著な例としては従業員に対してストックオプションを発行する場合です。ストックオプションにつ

いてはまた改めて説明しますが、付与対象者が増えてくれば0.01％単位
で割当数を検討することも少なくありません。このときに100株や1000
株単位で株式を発行していると、本来ストックオプションを付与するこ
とを想定していた従業員に対して付与することができないということに
もなりかねません。したがって、筆者は少なくとも**設立時の株式数とし
て１万株以上は発行しておくのがよい**のではないかと考えています[6]。

## 株式分割はいつでもできる

　なお、会社の設立後に新たに株式を発行しなくても株式数を増やす手
段はあります。「株式分割」（会社法183条１項）という制度がそれにあ
たります（ちなみに株式分割とは逆に株式数を減少させる手段を「株式
併合」（会社法180条１項）といいます）。株式分割を行えば、既存株式
について、１株を10株に分割することや、100株に分割することが可能
です（なお、株式会社は発行可能株式総数を定款に定める必要があるた
め、株式分割の結果、発行可能株式総数を超過してしまいそうな場合に
は、あわせて定款変更を行い発行可能株式総数を増加させる必要があり
ます）。

　株式分割は取締役会設置会社であれば取締役会で、取締役会が設置さ
れていない会社であれば株主総会決議が必要となります。小規模のスタ
ートアップであれば株主総会もすぐに開催できるので手続的には必ずし
も難しいことではないのですが、株式分割を行った場合には登記申請が
必要となり、ここでも手続のための費用が発生してしまいますのでその
点にはご注意ください。

　なお、細かい話ですが、東証が望ましいとする最低投資額（１単元50
万円未満）を踏まえると、上場時に100万株程度の発行は必要です。こ
の点を意識し、何度も株式分割を行って費用が発生するくらいであれば

---

6　なお、資本金の額が小さすぎると、会社設立後すぐに債務超過となるおそれがありますし、
　会社の信用に影響することもあります。また、許認可を受ける際に一定の資本金の額が要件
　となることもあります。

**創業期から数百万株単位で株式を発行して会社を設立する企業も増えて
いる**印象です。

## 8 　創業期の経営体制

### 初期の機関設計は極めてシンプルでいい

　株式会社というと株主総会を開いたり、取締役会で議論をしたり、監
査役からいろいろと指摘されたりと面倒なイメージを抱くかもしれませ
ん。会社組織をどのように設計するかという点については、会社の成長
に応じてすべての起業家が直面するといってよい課題ではありますが、
この点を創業当初からシリアスに考えすぎる必要はありません。株主総
会や取締役会、監査役などを会社の「機関」と呼びますが、**会社法上、
株式会社に最低限求められている機関は、「株主総会＋取締役」という
非常にシンプルな設計**になります。取締役会の設置すら求められておら
ず、監査役がいなくても問題ありません。

　取締役会設置会社では取締役が３人以上必要となり、監査役の設置も
求められますが、創業間もない会社にとって、創業者以外の取締役や監
査役としての資質を備える適任者を探すことは容易ではありません。ま
た、取締役会設置会社とすると３か月に１回は取締役会を開催すること
になるので手続的な負担も増えます。創業間もないタイミングや成長中
のフェーズでは日々重要な意思決定が発生します。そのようなフェーズ
においてあえて機動力に欠ける機関設計（機関設計については「創業4」
と「IPO3」も参照してください）を採用する必要はありません。お飾
りの取締役会を設置することはむしろ会社にとって弊害ですので、その
時々の自社に適した機関設計を採用することが重要です。特に創業間も
ないタイミングでは株主総会のほかに取締役がいれば十分であり、むし
ろそれが会社の成長にとって最適ともいえます。

## 会社の機関設計について考える癖をつけよう

　これから起業される方や、起業後も日々目の前の重大な課題に向き合っている方にとっては、なかなか必要性を感じづらい話だとは思いますが、起業家の方には、自社の機関設計がそのときの自社にとって最適な設計となっているかどうかについて、定期的に考える機会を設けてほしいと思います。会社の成長に伴い、いずれこの重たい課題と真摯に向き合わなければならない時期がくるので、この難題について早い段階から意識する癖を少しずつでよいので身につけていくことをお勧めします。

---

**まとめ**

- 個人として事業を行うよりも、会社を設立したほうが、その事業をより大きくすることができ、また、その事業をより長く継続することができる。
- 会社は法人であり、法人は権利義務の主体となるため、起業家は法人を設立することで、責任の主体を起業家個人から法人に切り離すことができる。その結果、起業家は必要以上にリスクを恐れることなく意思決定を行うことが可能となり、また、仮に起業家がその会社の経営から離れた場合にも事業を継続させることが可能となる。
- 会社には、「株式会社」、「合名会社」、「合資会社」、「合同会社」の４種類があり、株式会社と合同会社は出資者の責任が有限責任とされており、会社に関して出資した金額を超えて責任を負う必要がない。
- 株式会社では、その構成員（株主）となるための地位を「株式」と呼ぶ。株式は細分化された割合的単位の形を取るため、株主は保有する株式の一部を第三者に譲渡することが容易となり、合同会社における「持分」と比較すると流動性が高い。投資家から投

資を受け、また、IPOを考えるのであれば、株式会社を選択するのが合理的といえる。

- 株式会社の設立は、①定款の作成・認証、②出資に関する手続の実行、③会社設立時の役員等の選任、④設立に関する調査、⑤登記を経て完了する。

- 株式会社の設立時に発行する株式数に制限はなく、会社の規模が大きくなれば0.01％単位で株式の保有比率を調整する場面が登場するため、設立時から1万株以上発行しておくことで不要な株式分割を回避することが考えられる。

- 会社法上、株式会社には株主総会のほかに取締役がいれば最低限の機関設計としては問題はなく、創業間もないタイミングであればむしろこのようなシンプルな経営体制が会社の成長にとって最適といえる。

---

**チェックリスト**

□起業家が事業を行うために会社（法人）を設立する理由について理解した。

□会社の種類について理解した。

□有限責任の意味について理解した。

□株式の意味について理解した。

□株式会社の設立手続の概要を理解した。

□株式会社設立時の発行株式数を検討する際のポイントについて理解した。

□創業期の経営体制（機関設計）を検討する際のポイントについて理解した。

# 創業時に留意すべき
# 過去の勤務先との関係

　ビジネスのことなんて、正直まったくわからなかった。

　小学校から高校まで、得意科目は常に数学や理科。人と話すのは苦手だし、文系科目はからっきし駄目。でも、中学生になると同時に、たまたま兄のお下がりを譲ってもらえたパソコンだけは大好きで、毎日寝る間も惜しんで触っていた。

　はじめは気になるアニメについての掲示板を見たり書き込んだりしているだけだったが、次第にどういうしくみでパソコンが動いているのかに興味を持つようになり、検索して得た情報を頼りにプログラミングもやりはじめた。大学生になる頃には、簡単なアプリケーションであれば自分で作れるようになっていて、将来はこの道で食べていけたらいいな、なんて無邪気に思っていた。

　大学では、情報系の学部に入学。学問一筋、というわけではなかったけれども、アルバイトも学問もそれなりにこなす日々を送った。プログラミングは好きだったが、研究室にこもるのはあまり性に合わないなと感じるようにもなっていて、大学院には行かずに就職することに。スタートアップでエンジニアのアルバイトをしたこともあったので、それなりの経験者として評価され、新卒ではそれなりに名の知れているECサイトの運営会社に入った。

　社会人になってからも、しばらくの間は、それなりに働いて、それなりに遊んでという生活を楽しんでいた。しかし、そんな平穏な日々に、ある日大きな変化が訪れる——大学１年生のときからの腐れ縁の友達に「一緒にビジネスをやらないか」と誘われたのだ。彼は僕とは正反対で、コミュニケーション力が高く、学生時代からさまざまなビジネスに手を出していた人間。お互いにまったくタイプが違うのが心地よくて、昔か

ら何かと一緒にいた仲だ。

　ひとまず有名企業に就職したと聞いていたが、やはり自分の手でビジネスを手がけたい気持ちが抑えきれず、会社を辞めてしまったらしい。ECサイトを立ち上げようという構想を練ったが、彼自身はコードが書けないので、ちょうどECサイトの会社でエンジニアをしている僕に手伝ってほしいと思ったというのだ。

　僕にはいきなり会社をやめるほどの胆力はなかったが、ちょうどコロナ禍でリモートワークがメインになり、少し時間に余裕ができたところだったし、「会社の仕事に支障が出ない範囲なら」と二つ返事で引き受けた。

＊　＊　＊

　サイドプロジェクトの開発は、思いのほか順調に進んだ。ちょうど本職のほうでは、新規ECサイト立ち上げのプロジェクトにアサインされたところで、その知見が大きく活かせたのだ。そこで得た知見やリソースをある程度転用しながら、僕たちのECサイトの開発も進められたので、とても効率よく立ち上がっていった。すでに他の従業員が作成済みのソースコード、そして上司から指示を受け作成予定だったソースコードの双方を、十二分に活用していった。「これこそまさにオープンソースだ」

と得意げな気持ちになった。

　さらには、本業がリモートワークになったのも追い風となった。やるべき仕事をしっかり片付ければ、隙間時間がたくさん作れたので、本業の合間合間でサイドプロジェクトのほうも進められた。誰にも見られる心配はないし、気楽に開発できる。同じPCを使えば、ソースコードの転用も楽ちんだ。

　そうこうしているうちに、僕たちが立ち上げたECサイトのβ版をリリース。これまでになかったターゲット設定と、僕の本業での資産を活かした高機能なサイトが評判を呼び、ユーザー数や購入額はうなぎのぼりに増えていった。とても片手間では追いつかなくなってきたので、僕は本業を辞め、そちらのプロジェクトに専念することを決めた。これで立派な共同創業者だ。

　大規模な企業らしく、退職の手続は予想以上に面倒だったし、新プロジェクトが始動したばかりで上長とはけっこう揉めた。でも、半ば強引に退職の手続を進める。わざわざ出社して秘密情報が云々、競業関係にある事業が云々とごちゃごちゃ細かく書かれた誓約書へのサインなどを済ませ、晴れて自由の身になった。これで自分たちのプロジェクトに専念できる！

＊　　＊　　＊

「え？　警告書？」

　退職から半年が経った頃、僕たちは大きな危機に見舞われていた。

　β版のローンチから3か月後、正式版のローンチも無事完了。テックメディアからの取材依頼もたくさん来るようになり、僕らの会社は注目スタートアップの1社となっていた。そうして少し有頂天になっていたとき、所属していた企業から「警告書」と題された書面が届いた。

　まったく心当たりがなかった。唐突すぎて、何かの間違いかイタズラだろうと思い、届いてから数日間は机の上で未開封のまま放置していたのだが、ふと開いてみると、目を疑うような文言が飛び込んできた。

なんと、差止請求と損害賠償請求が記載されていたのだ。何でも、僕が既存のソースコードをコピーしてサイドプロジェクトに使っていたこと、本業に使うはずだったソースコードをサイドプロジェクトのほうに使っていたこと、しかもそれを勤務時間中に行っていたことが、社用パソコンの履歴から判明したというのだ。さらには、僕たちのプロダクトが、退社時の競業避止義務にも抵触しているらしい。

　顧問弁護士に相談してみると、「これはかなり厳しい事案ですね。裁判でソースコードの使用の差止が認められればサービスの継続が危ぶまれますし、損害賠償が認められるリスクもあります。いったんサービスの提供を停止するか否かも含めて、至急対応を検討しましょう」とのこと。成長街道を歩いていると思いはじめた矢先の出来事に、僕は目の前が真っ暗になってしまった――。

# 1 | 誓約による制約

　新しいビジネスを思いつき起業を計画する際に「今すぐ会社を辞めてとりあえず自分の会社を新しく作ろう」と考えてそのまま行動を起こす方は非常に稀なのではないかと思います。すでに一度エグジットを経験し二度目の起業を検討している方や、すでに十分な蓄えがある方であれば別ですが、多くの方は、日々の生活の支えが必要ですし、先立つものがなければ起業に踏み切ることができないのも事実です。現実として、普段は自身が雇われている会社でその会社の業務をこなしながら、事業の構想を磨きこんで起業の準備を進めている起業家は多く存在します。

　そのときに**注意していただきたいのが勤務先に対して負っている守秘義務と競業避止義務の存在**です。取締役であれば別としてただの従業員である自分には関係ないだろうと考えている方もいるかもしれませんが、多くの方は会社に入社するときに会社に対して誓約書を提出しているはずです。もし手元に入社時に会社に差し入れた誓約書の写しが残っている方がいたらぜひその内容を確認してください。「貴社から開示又は提供された一切の情報について、在職中及び退職後において第三者に開示又は漏洩しません」といった内容が定められていたり、「貴社と競業関係にある事業を自ら営むこと」が禁止事項として定められていたりしないでしょうか。

　また、これらは退職する際にも同様に会社に対して誓約書として提出を求められることが多い内容です。さらに就業規則にも同様の内容が定められていることが多いです。

　本章では、これらの内容の法的な意味と新たに起業する際の前職との関係における留意点について解説します。

# 2 ｜ 守秘義務

　「守秘義務」とは法律上しっかりした定義がある言葉ではありません
が、私たちは法律や契約によって一定の情報について第三者に漏らして
はならないという義務を課されていることがあります。たとえば、弁護
士は、弁護士法23条で「弁護士又は弁護士であつた者は、その職務上知
り得た秘密を保持する権利を有し、義務を負う」とされており、依頼者
から伝えられた情報を口外することは禁止されています。法律上守秘義
務を負わされていない方でも冒頭に説明したとおり相手方（勤務先や取
引先など）との約束（合意）に基づき守秘義務を負っている場合もあり
ます。

　皆さんが起業する際に、それまでに勤務していた会社の事業や自身が
担当していた業務とはまったく異なる分野で事業を開始することを検討
しているのであれば、守秘義務が問題になることはそれほど多くありま
せん。

　しかし、前職での経験から顧客のペインに気がつき、それを解決する
ために起業しようとするケースも多く存在します。さらにいえば、起業
家のなかには、より直接的なアプローチとして、勤務先のプロダクトを
改良すれば市場を独占できるのではないかと考えて起業する方もいます。

　これらのようなケースの場合、ターゲットとなる顧客層はおのずと重
なりあってきますし、仮に悪意はなかったとしても結果的に過去の勤務
先で得た情報や知見を利用してしまう可能性が高くなります。典型的な
ケースとしては、**過去の勤務先の顧客情報や担当者情報のリストを持ち
出し、リストに掲載されている企業に営業をかけていった結果、営業先
から過去の勤務先に連絡が入り、過去の勤務先から直ちに営業活動を停
止するよう求める警告書を受領してしまうことがあります。**より深刻な
ケースとしては、設例のように、過去の勤務先で利用していたソースコ
ードを起業した会社のプロダクトにそのまま利用してしまった結果、サ

ービスのリリース直後にサービスの停止を求められてしまったというものもあります。

## 守秘義務違反が命取りになるケースも

　会社としては、顧客情報にしても技術情報にしても、多くの情報は、時間や資本を投下することで蓄積された重要な資産になります。そのような情報を会社の許可なく無断で従業員に業務外で利用されてしまっては、顧客からの信頼を失うことになりますし、時間をかけて築いてきた他社に対する競争優位性を失うことにもなりかねません。ましてや退職した従業員については、会社のコントロールがより及びづらくなるため、会社からするとリスクは高まります。

　そこで、**会社は従業員に対して在職中のみならず退職後においても守秘義務を負わせることで、情報の無断利用や流出を防止**しています。たとえば、設例のようにソースコードを流用する場合も、過去の勤務先との関係では守秘義務違反に該当する可能性が高く、これに対して起業家サイドから有効な反論を試みることは難しいです[7]。このような場合、会社からはソースコードの使用の差止めを求められますし、損害賠償を請求される可能性もあります。顧客情報の無断利用であれば顧客情報の利用を中止すればそれ以上のダメージを負わずに済むことが多いですが、ソースコードの使用の差止めを求められる場合、プロダクトをそのままの形では提供することができなくなり今後の事業展開に甚大な影響を生じさせる可能性があります。

---

[7]　ただし、そもそも守秘義務の範囲が不明瞭であり、合理的な範囲に限定することなく過度に広範にわたる守秘義務が課せられている場合には、公序良俗（民法90条）に反しそのような合意そのものが無効と判断される可能性はあります。

# 3 | 営業秘密

## 誓約書を書いていなくても、勤務先の「営業秘密」の利用はNG

　守秘義務についてこのような説明をするとよく質問を受けることがあります。それは「入社時や退職時の誓約書にサインをしなければ問題ありませんか？」という質問です。特に相談を受けることが多いのは、起業を検討されている方が守秘義務の存在を強く意識し始める退職時に会社から提出を求められる誓約書についてです。もちろん従業員は誓約書にサインする義務を負っているわけではないのでその内容に納得できなければサインを断ることは可能ですし、合意していない誓約書の内容に拘束されることはありません[8]。しかし誓約書の提出を断ることで誓約書の内容に拘束されていなければ会社の情報を利用しても問題ないのかといえばもちろんそのようなことはありません。

　ここで問題となるのが「営業秘密」です。営業秘密は不正競争防止法[9]において保護されており、不正な手段で営業秘密を取得する行為や、不正に取得した営業秘密を使用する行為は「不正競争」に該当する行為（不正競争防止法2条1項4号）として、差止め（同法3条）や損害賠償（同法4条）の対象となります。つまり**誓約書の内容に合意していなくても、過去の勤務先の情報を無断で取得したり、使用したりした場合には、その情報が不正競争防止法上の「営業秘密」に該当すれば、過去**

---

8　この場合、退職時に提出を求められる誓約書の内容には拘束されませんが、入社時に締結する雇用契約書や就業規則に退職後の守秘義務や競業避止義務が定められていることがありますので、退職時に誓約書を提出していなければ問題ないという結論にはならないことにご注意ください。

9　不正競争防止法とは、事業者間の公正な競争を促進し、経済の健全な発展を確保するために、他人の努力にフリーライドする行為を不正競争として、そのような行為に対する差止請求権や損害賠償、刑事罰に関する定めを設けている法律です。

の勤務先から**不正競争として差止めや損害賠償を求められる**ということになります[10]。さらに不正競争防止法に違反した場合には、違反者は懲役刑や罰金刑の対象にもなりますので（同法21条）、誓約書で合意した守秘義務に違反したときよりも深刻なダメージを受けることもありえます。

## 「営業秘密」の範囲は広い

　「営業秘密」という言葉がもつイメージやその響きも影響しているのかもしれませんが、営業秘密とは、会社の経営を大きく左右するような重要な情報のみが該当し、会社の役員やプロジェクトの責任者だけが閲覧できるような情報に限定されるのではないかと勘違いされている方がいます。実際にそのような勘違いをした結果、自分が利用しようとしている情報は営業秘密といえるほどの大げさなものではないと判断して、無断で会社の情報を自身のビジネスに利用してしまった方から相談を受けることもあります。

　しかし、営業秘密に該当するためには、その情報が重要であることは不要ですし（そもそもその情報が重要かどうかを判断することは困難です）、また、会社の役員等しか知ることができない情報である必要もありません。不正競争防止法上、営業秘密とは、「秘密として管理されている生産方法、販売方法その他の事業活動に有用な技術上又は営業上の情報であって、公然と知られていないものをいう」（同法2条6項）とされています。

　つまり、**①秘密として管理されていること（秘密管理性）、②事業活動に有用な技術上または営業上の情報であること（有用性）、③公然と知られていないこと（非公知性）の3つの要件をみたせば不正競争防止法で保護される「営業秘密」に該当する**ことになります。たとえば、フ

---

10　不正競争に該当する場合、被害者の損害額が推定される制度が設けられているため、過去の勤務先からすると損害賠償を請求するハードルが低いともいえます。

ァイルに「社外秘」と記載されアクセス制限がかけられている顧客情報は営業秘密に該当します。また、過去の裁判例においてソースコードが営業秘密に該当するか争われた事案において、裁判所は最終的にソースコードも営業秘密に該当するものとして認定しました。

このように、会社との関係において、**仮に守秘義務を負っていないとしても、営業秘密を使用した不正競争として不正競争防止法違反に該当してしまうケースもありますので、やはり会社の情報を無断で利用する行為は厳に避けるべき**といえます。

なお、不正競争防止法は、2018年の改正において、営業秘密に該当しない情報についても一定の類型に該当する情報については「限定提供データ」（同法2条7項）[11]として不正な取得や使用から保護することにしました。「限定提供データ」に関する細かな説明は本書では割愛しますが、企業が持つデータの価値を守り、適切な利活用を促進するために法律を改正して新たな制度が設けられていることについては頭の片隅に記憶しておいてください。

また、本書はこれから起業する方を主な対象にしているため、起業家が起業時に違反してしまうリスクがある法律として不正競争防止法を説明しましたが、起業家の皆さんが実際に起業して会社が大きくなれば、今度は皆さんが従業員や取引先との関係で不正競争防止法の「営業秘密」や「限定提供データ」によって守られることがあるということも覚えておいてください。

## 4 ｜ プログラムの著作物と職務著作

今回の設例において、設立した新会社のために起業家が利用したソー

---

11　「限定提供データ」とは、①限定提供性、②電磁的管理性、③相当量蓄積性の要件を満たす技術上または営業上の情報をさします。

スコードの1つは、起業家が過去の勤務先において自ら作成したものになります。このようなケースでは、「会社に所属していたとはいえ自分が作ったものを利用することもダメなのでしょうか？」と質問を受けることがあります。また、少し法律の知識がある方からは「このソースコードを使用する権利はソースコードを作成した自分が持っているのではないですか？」という聞かれ方をすることがあります。

　ここでは、そもそもソースコードには法律上保護される何らかの権利が発生するのか、そして、権利が発生するとすればその権利は誰に帰属することになるのか、ということについて考える必要があります。

## ソースコードは「著作物」として認められる可能性も

　まず、結論からいえば、**ソースコードは、著作物として著作権法で保護される可能性**があります。著作権法では、小説、音楽、舞踏、絵画、建築、映画、写真などと並んで「プログラムの著作物」（著作権法10条1項9号）が著作物の1つとして例示されており、ソースコードは「プログラムの著作物」に該当する可能性があります（ただし、細かい話になりますが、言語体系に過ぎないプログラム言語や、インターフェイスやプロトコルなどの規約、アルゴリズムのような解法についてはプログラムの著作物として保護されません（同法10条3項))。

　ここでなぜ「可能性がある」という少し歯切れの悪い回答になるかというと、著作物は「思想又は感情を創作的に表現したものであつて、文芸、学術、美術又は音楽の範囲に属するものをいう」（同法2条1項1号）とされており、ソースコードであれば自動的に著作物になるわけではないからです。創作性が否定されれば著作物とは認められませんので、たとえば、誰が作成しても同じ表現になるようなソースコードの場合には著作物性が否定されることになります。

　では、仮に創作性が肯定されてソースコードが著作物として認められれば、今回の設例において、起業家は「このソースコードはソースコードを作成した自分が自由に利用できる」ということをいえるのでしょ

か。著作権法上、著作者は著作権を持つとされています（同法17条1項）ので、一見するとソースコードを作成した起業家が著作者であり著作権者であるといってもよさそうです。

　なお、ここでは「著作権」と大雑把に表現していますが、第5章で解説するとおり、著作権とは厳密にいうとさまざまな権利の集合体で、著作物を複製する権利やインターネットなどを用いて著作物を送信する権利、著作物を譲渡する権利などが含まれています。実際に著作権に関する問題が発生しているかどうかを検討する際には、そこで問題となる具体的な行為が著作権のなかのどの権利に関連する行為なのかを特定することになります。

　つまり、一般的に「著作権侵害」といわれる行為は、その行為によって「複製権」という権利を侵害する行為であったり、「公衆送信権」という権利を侵害する行為であったり、「譲渡権」という権利を侵害する行為であったりとさまざまであることを覚えておいてください。

## 「職務著作」に該当すると、法人が著作者となる

　さて、話をもとに戻しますが、今回の設例では、起業家は過去の勤務先において業務命令に基づいてソースコードを作成しています。**権利について考える際には、①どのような権利が成立するかという検討と同時に、②その権利が誰に帰属するのか、ということを考えなければなりません。**

　先ほどのソースコードが著作物に該当するのかという議論は①に関するものです。これから②に関して説明しますが、権利の帰属先について、勘のいい方は「業務命令に基づいて作成したものでもはたして従業員が権利者になるのだろうか……」と思われるかもしれません。著作権法ではこの点に関連する制度として「職務著作」という制度が設けられており、**従業員が職務上作成する著作物については法人が著作者となることが定められています（著作権法15条）。**

　厳密にいうと著作権法は、プログラム以外の著作物とプログラムの著

作物に分けて定めを設けており、プログラムの著作物（ソースコードは
こちらに該当する可能性があります）については、①法人の発意に基づ
いて、②従業員が、③職務上作成する著作物は、④契約や就業規則に個
別の定めが設けられていない限り、法人が著作者となるとされていま
す[12]。

　先ほど説明したとおり、著作者は著作権の帰属主体となりますので、
今回の設例では、ソースコードの作成を指示した過去の勤務先が著作者
であり著作権者ということになります。したがって、起業家は自分が著
作権者であるとしてソースコードを自由に利用することはできず、ソー
スコードを利用したければ過去の勤務先から許諾を得なければなりませ
ん（許諾を得ずにソースコードの利用を続ければ著作権法違反としてソー
スコードの使用の差止めや損害賠償請求を受けることになりますし、
不正競争防止法違反と同様に懲役刑や罰金刑の対象にもなります）。


## 5 ｜ 競業避止義務

　ここまで過去の勤務先で取得・作成した情報を無断で利用するリスク
について、合意に基づく守秘義務、不正競争防止法、著作権法という3
つの観点から説明してきました。このような情報の利用の有無にかかわ
らず、そもそも過去の勤務先との関係で起業すること自体がリスクとな
ることはあるのでしょうか。本設例では最後にこの点について説明しま
す。

　本設例の解説の冒頭で、会社に提出した誓約書や就業規則において競
業避止義務が定められているケースが多いと説明しました。誓約書や就
業規則に定められている競業避止義務の内容は会社によってさまざまで

---

**12**　プログラム以外の著作物については、①法人の発意に基づいて、②従業員が、③職務上
　　作成する著作物で、④法人の名義で公表するものは、⑤契約や就業規則に個別の定めが設け
　　られていない限り、法人が著作者となるとされています。

はありますが、たとえば、業種や時期を問わず事業を開始することが全般的に禁止されている場合、事実上、従業員はその会社を退職して起業するという選択が閉ざされることになります。

　この結論には多くの方が違和感を抱くはずです。仮に誓約書の中に「従業員○○○○は、当社を退職後、当社が存続する限り、あらゆる事業を自ら営むことを一切禁止する」といった定めが設けられていれば、この誓約書は憲法が保障する職業選択の自由（憲法22条1項）を侵害するものとして、公序良俗（民法90条）に反し無効と判断されます。さすがにここまで極端な例は筆者も見たことがありませんが、会社としては退職した従業員に自社で得た情報や知見がどのように利用されるかわからず、場合によっては大きなダメージを負う可能性があるため、予防的になるべく広く競業を禁止しておきたい一方で、従業員としてはできるだけ将来の自らの行動を制限されたくありません。このように、競業避止義務の範囲については、会社・従業員の双方にとって大きな関心事となります。

## 競業避止義務で問題になりやすいのは「期間・範囲・内容」

　過去、裁判においても競業避止義務の有効性について争われた事案は数多く存在し、一般的には、①競業避止義務を課すことについて企業側に保護すべき利益や正当な目的はあるか、②対象者が競業避止義務を課す必要のある立場にあるか、③競業避止義務を課す期間、範囲、内容が合理的か、④競業避止義務を課すことに対する代償措置がとられているか、といった要素を考慮してその有効性を判断することになります。

　特に問題となりやすいものとして、③競業避止義務を課す期間、範囲、内容があげられます。たとえば、長年にわたり法人営業を担当してきた従業員に対し、法人営業を担当する職種への転職を一切禁じるといった制限を課す場合、その有効性は当然問題となります。また、仮に競業を禁止する範囲は具体的かつ限定的に特定されていたとしても、禁止期間

が5年など長期にわたる場合にはその有効性が問題となります[13]。

　このように競業避止義務については会社にとって都合よく無限定に認められるものではないため、会社から競業避止義務違反であるとして損害賠償請求を受けるケースは現実的にはそこまで多くありません。もっとも、たとえば、過去の勤務先においてその会社のビジネスの根幹となる情報に接していた者が、退職直後にまったく同じ分野のビジネスを展開するために起業した場合には、競業避止義務違反を問われる可能性が十分にありますし、現実に、創業直後に過去の勤務先から警告書を受領して、その対応のために創業初期の貴重な時間と金銭を使用せざるをえなかったケースは発生しています。

　起業家にとって、過去の勤務先での経験は、起業し事業を構築していく際に、程度の差はあれ何らかのアイデアの源泉となることがあります。しかし、そのアウトプットの内容や方法によっては、たとえそこに悪意がなくても、過去の勤務先との間でトラブルを発生させる可能性がありますので、十分に注意してください。

まとめ

- 過去の勤務先の顧客情報・担当者情報のリストやソースコードを無断で利用する場合、守秘義務に違反して、当該行為の停止や損害賠償を求められる可能性がある。
- 不正競争防止法上、①秘密として管理されている（秘密管理性）、②事業活動に有用な技術上または営業上の情報で（有用性）、③公然と知られていないもの（非公知性）は「営業秘密」に該当する。不正な手段で営業秘密を取得する行為や、不正に取得した営業秘密を使用する行為は「不正競争」に該当する行為として、差止めや損害賠償の対象となる。

---

13　過去の裁判例や最近の実務的な動向からすると1年程度の期間であれば有効性が認められやすい傾向にあります。

- ソースコードは「プログラムの著作物」に該当する可能性があるが、従業員が勤務先において業務命令に基づいてソースコードを作成している場合には、従業員ではなく法人が著作者となり著作権も法人に帰属する可能性がある。
- 憲法が職業選択の自由を保障していることから、限定なく競業避止義務の有効性が認められるわけではなく、①競業避止義務を課すことについて企業側に保護すべき利益や正当な目的はあるか、②対象者が競業避止義務を課す必要のある立場にあるか、③競業避止義務を課す期間、範囲、内容が合理的か、④競業避止義務を課すことに対する代償措置がとられているか、といった要素を考慮してその有効性を判断することになる。

**チェックリスト**

□守秘義務に違反する可能性がある行為の概要について理解した。
□不正競争防止法に定める営業秘密の内容や不正競争を行った場合のリスクについて理解した。
□プログラムの著作物の概念や職務著作制度の概要について理解した。
□競業避止義務の有効性に関する判断基準について理解した。

# 創業株主間契約

　高校時代、私たちは何をするにも一緒だった。

　学級委員や部活のキャプテンを務め、自分で言うのも何だけれど成績もまんべんなく良かった私。あまり人とのコミュニケーションは好きではないけれど、理数系の科目やコンピュータに関しては右に出る者がいなかったX。自己主張は強くないけれど、どんなシーンでも細かい所に気がついて、いつも私やXの相談に乗ってくれたY。ぜんぜんタイプの違う3人だったけれど、不思議と気が合って、いつもつるんでいた。

　とある大学の付属高校だったので、そのまま同じ大学に進学。私は法学部、Xは工学部、Yは経済学部。学部はバラバラだったけれど、つまらない飲み会やアルバイトで貴重な学生生活を無駄にしたくないという気持ちだけは共通していて、相変わらずしょっちゅう会っていた。

　そんなあるとき、いつものように大学近くのファミレスで喋っていると、XがMacbookを取り出し、「最近、こんなサービスを作ってみたんだよね」と見せてくれた。興味のある本を何冊か登録し、そのデータをもとに関心分野の近い人と出会える、マッチングサービスだ。何でも、情報科学の授業の課題でアプリ開発をすることになり、のめり込んで一般利用できるクオリティのものを作り込んでしまったという。

　マッチングサービスといえば、出会い系アプリしか知らなかったけれど、こんな使い方があったとは。これがあれば、刺激的な話ができる友達と、簡単に出会える。私はとても興奮し、気づけばこう言っていた。「このアプリ、すごいポテンシャルがあると思う。私たち3人で会社を作って、世界を変えない？」。

　変わり映えのしない大学生活に辟易していた2人は、すぐに賛同してくれた。こうして私たちは、起業の第一歩を歩みはじめる。私がCEO、XがCTO、YがCOO。これ以上ない最強の布陣だと、そのときは信じていた。

　　　＊　＊　＊

　石橋を叩いて渡るタイプだったYの強い意向もあり、私たちはできる限り多くの起業家の先輩に話を聞きながら、着々と準備を進めていった。ベンチャーキャピタルからの投資を受けたい旨も伝えると、ある先輩が「株主間契約を締結したほうがいい」とアドバイスしてくれた。何でも、株主同士が会社の運営に関しての合意を行うための契約のことで、万一株主の誰かが辞めたりしたときのため、結んでおいたほうがいいらしい。

　正直言えば、なんやかんや5年間ずっと一緒にいる私たちに、そんなものは必要ないと思った。とはいえ、体裁を整えておいて損はないかなと思い、株主間契約を結ぶことに。

　ただ、辞めたときの条項は定めなかった。何らかの事情で抜けてしまう人がいたとしても、私たちが揉めるようなことは考えにくかったし、せっかく勢いに乗っているときに悪いケースのことなんて考えたくなかったからだ。3人の間に上下関係は作りたくなかったので、3分の1ず

つ株を保有することを決め、契約を結んだ。

　幸い、よいご縁に恵まれたこともあり、複数人のエンジェル投資家の方々から投資を受けることができた。並行してプロダクトの磨き込みも進めていき、β版のリリースに向けて、寝食も忘れ、まるで毎日が文化祭前夜かのように仕事にのめり込んでいった。

＊　＊　＊

　雲行きが怪しくなったのは、起業から1年が経った頃。

　プロダクトは順調だった。β版から大きな反響を呼び、テックメディアの取材もたくさん来た。本ローンチの後も、想定の2倍くらいのペースで伸びていき、優秀なBizdevやエンジニア、デザイナーも加わってくれた。

　しかし、私とYの考え方の違いが、もはや会社運営に大きな支障をきたすレベルにまでなっていたのだ。

　大きなビジョンを語り、仲間を惹きつける役割の私は、ある程度リスクを負ってでも、とにかくスケールの大きな施策を取ろうとした。対してYは、徹底的な安全志向。気づけば、Yの反対を押し切って実行する施策ばかりになっていった。

　そしてついに、Yが「辞める」と言い出したのだ。高校以来の付き合いなので、寂しさはあった。しかし、これ以上一緒にいたら、会社も人間関係も決定的に壊れてしまうことは明白だった。そうして私は涙ながらに、その申し出を受け入れた。

　しかし、である。Yが持っていた株式を、手放さないというのだ。自分も大いに立ち上げに貢献したのだから、然るべき価格で買い取るかたちにしてくれないとおかしいと。投資家たちには「至急買い戻してほしい」と言われ、Yに相談したが、創業時ではなく現在の時価総額に照らした額でないと納得できないとのこと。こうして半年ほど価格交渉を重ね、私と共同創業者の2人でなんとか資金繰りを行い、Yの持分の買取

を行わざるを得なくなった。

$$* \quad * \quad *$$

　さらにその1年後。今度はXが辞めたいと言い出した。Xとの関係性は良好だったが、単純にプロダクト開発に飽きてしまい、大学に戻って研究の道に進みたいというのだ。

　もちろん、説得は試みた。でも、Xが一度言い出したことは絶対に曲げないタイプの性格だということは、よく知っていた。だから、ここでも私は、諦めた。

　そして、その時初めて発覚したのだが、このプロダクトはもともとXが起業前にそのベースを開発していたものだった。ということで、あらためてライセンス契約を結んで、今後もXに使用料を払い続ける必要があるというのだ。

　XとYとの交渉を経て、私はすっかり疲弊してしまった。いま思えば、どれもこれも、創業時に株主間契約の内容を精査しなかったせいだ。買取条項やライセンスについて、弁護士さんに相談しながらしっかりと定めていれば、一連の手間やコスト、そして何より交渉の過程で友人関係がギスギスしてしまう事態も、避けられたはずなのに——。

# 1 創業株主間契約とは

　会社を新たに設立する際には、1人だけで会社を設立する方もいれば学生時代からの友人や以前に勤務していた会社の同僚などと一緒に設立する方もいます。特に複数人で会社を設立した経験がある方であれば、先輩の起業家や投資家から創業株主間契約を締結するようにアドバイスを受けたり創業株主間契約の締結の有無について確認されたりしたことがあるのではないかと思います。

　**創業株主間契約とは、その名のとおり創業時の株主間で締結される契約**をさします。創業株主間契約は、複数の創業者間において経営方針などが一致せず一部の創業者が会社から離脱する際のリスクをヘッジするために締結されるもので、特に、複数いる創業者のうちの1人が会社の取締役を辞任したり、会社を退職して従業員としての身分を失ったりしたときに、会社に残る創業者が会社を去ることになる創業者から株式を買い取れるようにすることを主な目的として締結される契約です。

　このような契約の中には、「創業株主間契約」ではなく「創業者間契約」や単に「株主間契約」として締結されるものもありますが、本章で解説するのは、いずれも会社を設立した際にその会社の株式を取得している創業者間において締結される契約と理解してください。逆にいうと創業時から関与していてもその会社の株式を取得していないメンバーは株主間契約の対象にする必要はありません。また、会社設立には間に合わず遅れて参画した主要メンバーに株式を取得させる場合には、そのメンバーを創業株主間契約の当事者として事後的に追加することもあります。

# 2 創業株主間契約を締結する理由とタイミング

　それでは、なぜ複数人で共同して会社を設立するような場合には、創

業株主間契約を締結する必要があるのでしょうか。

　そもそもの前提として、複数人が集まって共同して会社を設立する際に、まったく見ず知らずの人々が集まって会社を設立しようとすることはあまりありません。創業者が複数人いる会社においては、程度の差はあれ創業者のそれぞれは相互の人格や能力について信頼を寄せているはずであり、だからこそ、お互いにリスクを抱えながらも運命共同体として起業するという選択ができるわけです。しかし、すべての会社の創業者たちがその状態を長期間にわたって継続できるわけではありません。会社に対するお互いの熱量や貢献度にズレが生じることは当然ありますし、事業がうまく進捗しないときにはお互いの間に激しい衝突が生じることもあります。また、このような創業者間のすれ違いだけではなく、自身の病気や家族の看病であったり、新たにチャレンジしたいことが見つかったりといった個人的な事情によっても、それぞれの創業者が異なる道を選ぶことになるケースはそれなりに多く存在します。

## 創業株主間契約がないことで会社の存続が危うくなることも

　会社を設立したDay1の時点において、このようにいつか生じるかもしれない共同創業者との決別のときを積極的に想像しようとする起業家は当然おらず、共同創業者との創業株主間契約の締結の必要性に思いが至らない起業家も多く存在しますが、投資家や弁護士が創業株主間契約を早期に締結すべきと推奨する理由は以下のとおり明確に存在します。

　それは、創業株主間契約が締結されていないことによって、会社の意思決定の安定性が脅かされるリスクがあるからです。ここで、まずは会社の意思決定のしくみを理解する必要があります。

　会社の意思決定は多数決が基本になります。そして、株主は一株一議決権の原則（会社法308条1項）のもと出資額に応じた議決権が認められており、株主が議決権を行使する株主総会は会社の最高意思決定機関といわれています。したがって、たとえば、2人が共同で創業した会社において、過半数の株式を保有していた共同創業者が仲違いを理由にそ

の会社から去ってしまった場合、残された創業者1人では自分の思いどおりには会社の意思決定を行えなくなる可能性があります。会社を去った共同創業者がすべての議案に対して反対票を投じようとしたとしても残された創業者にそれを止める術はありません。当然そのような会社に対して新たに出資しようとする投資家は現れませんし、会社を去った共同創業者の影響を排除するために会社を一から作り直そうとしたところで時間もコストもかかってしまいます。

そのため、**あらかじめ創業株主間契約を締結して、共同創業者のうちの誰かが会社を去るときには、会社に残る創業者が会社を去る創業者から保有する株式を買い取れるようにすることで、会社に残る創業者がその後も意思決定を確実に行えるような手当てをする必要がある**のです。

## 残された経営者のモチベーションの維持も難しくなる

なお、以上の説明は法的な観点から会社の意思決定の安定性を確保するために創業株主間契約を締結する必要性を述べたものになりますが、法的リスクの有無にかかわらず、そもそも早期に会社を去った創業者が株式をそのまま保有し続けた場合、会社に残った創業者が必死に会社を成長させ、そこからキャピタルゲインを得られることになったとしても、その利益の多くについて会社を去った創業者が獲得することとなり、会社の成長への貢献度を考慮すれば創業者間において不公平な結果を生じさせることになります。

このような結果を招くことが予想される場合、会社に残る創業者がモチベーションを高く維持することができなくなる可能性も懸念されるため、会社の健全な成長を目指すうえでも、会社を去る創業者が無条件で会社の株式を保有し続けることができる設計を採用することには慎重であるべきと考えます。

## 創業株主間契約の締結は早急に

また、創業株主間契約を締結するタイミングについて、会社を設立し

てしばらく様子を見てから締結したいという相談を受けることもあります。しかし、これは結論の先送りにしかなりません。先送りした結果、創業者間に不和が生じた場合、そのタイミングで創業株主間契約を締結しようとしても相手が契約書に合意してくれる可能性は極めて低いです。むしろ**会社を設立する前や、設立直後のタイミングだからこそ、お互いの利害関係の対立や感情的な対立が顕在化する前に冷静に話し合うことができる**のです。したがって、創業株主間契約の締結は先送りせずになるべく早期に締結するようにしてください。

## 3 | 創業株主間の持株比率

### 共同創業者が50対50で株式を持つことのリスク

　創業株主間契約を締結する前提として、そもそも創業者間の持株比率をどのように設計するのがよいのかという質問をよく受けます。これまでの説明を踏まえれば理解してもらえると思いますが、まずは単独で議決権の過半数を持つ創業者がいるか否かで大きな違いが生まれます。

　典型的なケースとしてよく見られるのは2人で創業した会社において創業者が50対50で株式を保有しているケースです。そのようなケースにおいて創業者からは「一緒に創業する以上は2人の間に優劣をつけたくない」「私たちの関係性が悪化することなど考えられない」といった説明を受けることが多々あります。共同創業者が双方対等でありたいという考えは十分に理解できるものの、これまでに説明してきたとおり共同創業者間の関係性が悪化した場合のデメリットを考えると、そこはドライに対応するほうが合理的といえます。

　仮に創業株主間契約を締結することで共同創業者の1人が会社を去った場合に当該共同創業者が保有する株式を譲り受けることができるように手当てをしていたとしても、そもそも共同創業者の1人が会社を去ら

ずに残り続けるという選択をした場合には、その共同創業者から株式を買い戻す手段はなく、共同創業者間の関係性が改善しない限り、会社の意思決定に支障が生じるリスクが残り続けるからです。

## 過半数、あるいは2/3の株式を持つことの意味

したがって、**原則的には、少なくとも共同創業者のうちどちらか1名は過半数の株式を持つべき**といえます。実態としても会社の設立に関して2人の創業者の貢献度や寄与度が真に対等であるといえるケース[14]はそれほど多くなく、創業に際して複数人が関与しているケースでも、多くの場合は、その会社の事業を最初に着想し、具体化を試み、周囲を巻き込むリーダーとしての役割を果たした人物がいるはずなので、そのような創業者が過半数の株式を持つのが自然だろうと考えます。

さて、それでは過半数の株式を持つ創業者がいれば会社の意思決定は安定するのでしょうか。先ほど「会社の意思決定は多数決が基本」と説明しましたが、これは過半数による多数決に限定されるものではありません。会社法は、株主総会に出席した株主の議決権の過半数をもって決議を行うことができる普通決議（309条1項）と、株主総会に出席した株主の議決権の2/3以上をもって決議を行うことができる特別決議（309条2項）を区別しており、たとえば、取締役の報酬決定や計算書類の承認は普通決議の対象となりますが、定款の変更や合併の承認などは特別決議の対象となります。

会社法は他にもいくつか決議の種類を設けていますが（特殊決議）、皆さんが多くの場面において必要とするのはこの普通決議か特別決議のいずれかになります[15]。したがって、創業者としては過半数だけではな

---

14 このような関係性があるのであれば共同創業者がそれぞれ対等に株式を保有することは当事者にとって公平といえます。

15 株主総会の決議のうち、普通決議と特別決議は、定足数（議決権を行使することができる株主の議決権のうち、一定割合を有する株主が出席しているか否か）と決議要件（出席した株主の議決権のうち、一定割合が賛成しているか否か）を満たしている場合に、決議事項が可決されることになります。これらの要件のうち定足数が問題となることはあまりないので、まずは、普通決議については出席株主の議決権の過半数の賛成、特別決議については出席株主の議決権の2/3以上の賛成によって決議が成立すると考えてください。

く2/3以上の株式を持っているほうが安全ということになります。会社の創業者はできるだけ66.7%以上の株式を保有したほうがよいという内容のアドバイスを聞いたことがあるかもしれませんが、その狙いは上記のとおり創業者単独で特別決議を成立させるところにあります。

## 4 ｜ 創業株主間契約の内容

### 株式を「誰が買い取る？」「いくらにする？」

創業株主間契約を締結する場合、①会社を去る創業者の株式を誰が買い取ることができるのか、②その株式の買取価格はどのように定めるのか、という点について定めることが重要です[16]。

まず、①について、シンプルな設計として考えられるのは**代表取締役として経営に関与する創業者が買い取れるようにする**ことです。特に代表取締役が株式の大部分を保有しているような会社ではこのような設計が適しており、また、他に創業者がいたとしても創業者間での不公平感が発生することはないように思われます（ただし、その絶大な影響力のある創業者が、万が一会社を去る場合にどのように処理すべきなのかという課題は残ります）。

一方で、会社を去る創業者以外にも創業者が複数存在し、それらの創業者がそれぞれ対等な関係にある場合には、会社に残る創業者全員がそれぞれの持株比率に応じて買い取ることができるように設計することもあります。また、会社に残る創業者に株式を買い取る資金がない場合や、新たに会社の経営に関与させる予定のメンバーに株式を保有させる場合

---

**16** その前提として、何をもって会社を「去る」と判断するのかという問題もあります。たとえば、役員の退任を意味するのか、役員だけではなく従業員としての地位も喪失した場合を意味するのか、さらに業務委託などの外部協力者の地位も喪失した場合を意味するのか、いくつかのパターンが考えられます。

への備えとして、会社に残る創業者が指定する第三者が株式を買い取ることができるように設計することもあります。

## 株式の買取価格の決め方と注意点

　次に、②の株式の買取価格についてもいくつかのパターンが考えられます。会社に残る創業者からすれば、できるだけ安く、可能であれば無償で株式を買い取りたいと考えますが、一方で、会社を去る創業者からすれば少なくとも自分が会社に貢献してきた結果として向上した企業価値については株式の買取価格に反映してほしいと考えるでしょう。この点については、何かルールがあるわけではなく創業者間の合意で自由に設計できるものではありますが、無償とするのは創業者間の公平性に欠けます。一方、未上場企業の株式である以上、株式に市場価格は存在しないのでその時点での企業価値を把握しようとすると公認会計士や税理士に株式価値の算定（バリュエーション）を依頼しなければならず手間がかかりますし、会社が成長している場合など、会社に残る創業者がその時点のバリュエーションに従って株式の買取資金を用意することが非現実的なケースもあります。

　そこで、**実務上は、①会社を去る創業者が株式を取得した際の取得価額、②簿価純資産（貸借対照表の純資産）を株式総数で割り出して算定された金額、③直近の取引（第三者割当増資や株式譲渡）時の取引価額のいずれかを選択するケースが多く、特に①の株式取得時の取得価額を選択するケースが多い**です。

　なお、いずれの方法を採用するとしても、買取時点における株式の適正な価値との間にはずれが生じている可能性があるため、税務上は買主に対する贈与税や売主に対する譲渡所得課税が発生する可能性があります。たとえば、現在の株価は1株当たり1000円であるにもかかわらず、取得時の株価が1株あたり100円だったケースにおいて、創業株主間契約上、取得価額を買取価格とする旨定めている場合、会社に残る創業者は実質的には1000円の価値がある株式を100円で取得したことになりま

すので、差額の900円について贈与を受けたものとして贈与税の対象となる可能性があります。その点についても創業株主間で事前に情報格差が生じないように認識を合わせておくことが重要です。

# 5 「ベスティング」という方法もある

　創業株主間契約の設計を検討する際には「ベスティング」の設計についても検討することがよくあります。**ベスティング[17]とは、一定の期間の経過に応じて当事者が取得する権利の内容に変化を設けることができるように設計される契約条件**を意味します。たとえば、契約締結時を起算点として1年ごとに25％や20％といった割合を設定して、4年から5年かけて創業者が保有するすべての株式を確定的に取得することができるように設計するケースはよく見られます（契約締結後最初の1年間は0％（＝1株も取得できないことになります）とすることで早期の辞任や退職を防止するケースも多いです）。

　なお、ベスティングの期間を4～5年とするかどうかは会社の事業の性質や、その対象となる創業者に期待される役割にも左右されるところであり、たとえば、長期間のコミットメントが求められる研究開発型の事業についてはより長い期間を設定することも考えられます。

　会社を去る創業者からしても、道半ばで別々の道を選択することになったとはいえ、会社の成長に貢献した期間がある以上、すべての株式を譲渡させられるのはフェアではないと考える可能性は高く、創業株主間契約にこのようなベスティング条項を設けることで当事者双方の納得を得られるようになる効果が期待されます。ただし、すでに説明してきたとおり、会社を去る創業株主との関係性次第では、その創業株主が株式を保有し続けることが会社の意思決定にネガティブな影響を及ぼすこと

---

**17**　リバースベスティングと表現することもあります。

も懸念されますし、ベスティング条項があるがゆえにすでに士気を失っているのにもかかわらず所定の期間が経過するまでだらだらと会社に居座られ他の従業員に悪影響を与えるというリスクも懸念されます。したがって、ベスティング条項を設ければすべての問題が解決するわけではないことは十分に理解してください。

# 6 | その他の創業株主間契約の内容

　最後に創業株主間契約に定めることがあるその他の内容として、①相続、②競業避止義務、③ドラッグ・アロング・ライト、④知的財産の取扱いについて説明します。

## 相続

　まず、仲違いやモチベーションの低下を理由に創業者が会社を去る場合だけではなく、創業者の１人が病気や事故で亡くなってしまうこともあります。創業者が保有していた株式は民法に従い相続財産として創業者の相続人に承継されますが、会社の立場からすると、会社の経営に興味がなく事業に対する理解度が低い相続人に株式を保有させ続ける合理性はありませんし、会社にとって相続人に株主として議決権を行使されるのはリスクでもあります。そこで、相続人に対しても譲渡請求ができるように定めておくことがあります。

## 競業避止義務

　次に、創業者が会社を去って新たに会社を設立して競合となるビジネスを始める可能性もあります。特に共同創業者間の方向性の不一致から創業者の１人が会社を去る場合にはこのようなリスクが顕在化しやすいといえます。そこで、前の設例でも説明した競業避止義務を創業株主間契約に定めて、会社の事業と競合する事業を営むことを禁止したり、会

社の役員や従業員の他社への引き抜きを禁止したりすることがあります。なお、すでに説明したとおり競業避止義務の内容次第ではその合意が無効となる可能性がありますので、創業株主間契約に定める内容が合理的な範囲に限定されるように注意してください。

## ドラッグ・アロング・ライト

さらに、会社によってはIPOではなくM&Aでエグジットするケースもあります。このようなケースにおいて、相手方が株式の100％を取得して完全子会社化したいと考えた場合、株主の足並みが揃わなければディールは成立しません。特に、すでに会社を去った創業者がいる場合、会社が置かれている状況について情報格差が生じていることもあり、その取引の必要性やメリットについて共同創業者間で認識を揃えることができないことがあります。そこで、**特定の創業者が第三者に株式を売却する場合には、他の創業株主に対しても、同じ条件で株式を第三者に対して売却するように請求することができる権利を定めることがあり、このような権利をドラッグ・アロング・ライト（Drag Along Right）**と呼びます。

なお、ドラッグ・アロング・ライトは、権利を行使される側からするとその意思にかかわらず、強制的に第三者への売却に巻き込まれるという点で非常に強い権利といえます。したがって、特定の創業者が大部分の株式を保有しており、その会社における役割の重要性が他の創業者と明確に区別されているような会社であれば、創業株主間契約にドラッグ・アロング・ライトを定めることも可能と思われますが、たとえば、共同創業者間の関係性がほぼ対等な会社の場合には、特定の創業者の意思のみでエグジットが決まってしまうドラッグ・アロング・ライトは相性が悪く、創業株主間契約には設けられないことが多いです。

## 知的財産

最後に、会社が検討する事業の性質や創業者のバックグラウンドによ

っては、会社設立前後に会社にとって重要な特許や著作物などの知的財産が発生することがあります。このような場合において特許権や著作権が誰に帰属するのか不明確なままだと後になって揉める原因になりかねません。特にその知的財産の発生に大きな貢献をした創業者が会社を辞めた場合、その創業者から権利を行使され、金銭の支払いを求められたり、知的財産の使用の中止を求められたりする可能性もあります。

　そこで、創業株主間契約において、創業者が関与して発生した知的財産権はすべて会社に帰属・移転することをあらかじめ定めておくことがあります。

- 創業株主間契約は、複数の創業者間において経営方針が一致しないことなどを理由に一部の創業者が会社から離脱する際のリスクをヘッジするために締結されるもので、創業者間における株式の買取りを認めることを主な目的として締結される契約である。
- 会社の意思決定は多数決が基本となり、株主は一株一議決権の原則（会社法308条１項）のもと出資額に応じた議決権が認められており、会社の最高意思決定機関である株主総会において議決権を行使することができる。
- 創業株主間契約は会社が成長した後では創業者間の交渉がまとまらない可能性もあるため早期に締結することが重要である。
- 株主総会における意思決定の方法には、決議事項の重要性に応じて、株主総会に出席した株主の議決権の過半数をもって決議を行うことができる普通決議と、株主総会に出席した株主の議決権の2/3以上をもって決議を行うことができる特別決議があり、創業者が重要な事項についても単独で意思決定できるようにするためには66.7％以上の株式を保有する必要がある。
- 創業株主間契約を締結する場合、①株式の買取請求権を誰に認め

るか、②株式の買取価格をどのように定めるのか、という点についての定めを設けることが重要となる。

- ベスティングとは、一定の期間の経過に応じて当事者が取得する権利の内容に変化を設けることができるように設計される契約条件を意味する。たとえば、在籍年数に応じて株式を段階的に取得させることで、役職員の早期の辞任や退職を防止するとともに、辞任や退職する当事者の納得感も醸成しやすいメリットがある一方で、対象者が契約条件を充足するまで会社に残ることで人材の流動性を阻害する可能性もある。
- 創業株主間契約には、上記①②に加えて、③相続、④競業避止義務、⑤ドラッグ・アロング・ライト、⑥知的財産の取扱いについての規定を設けることがある。

---

**チェックリスト**

□創業者株主間契約を締結する必要性について理解した。

□株式会社の意思決定の基本的なしくみを理解した。

□創業株主間契約を締結すべきタイミングについて理解した。

□株主総会決議の種類と創業者が保持すべき持株比率の考え方について理解した。

□創業株主間契約について買取請求権の主体や株式買取価格に関する規定が重要な定めとなることについて理解した。

□ベスティングのメリット・デメリットについて理解した。

□創業株主間契約において定められることがあるその他の条件の概要について理解した。

# 創業時の機関設計、
# コーポレート入門

　ついに芽が出るんだ——会社を登記したとき、感慨深い気持ちに浸っていた。

　「いつか起業するぞ」。その思いを胸に、新卒入社したメガベンチャーで10年間、セールスから事業開発、新規事業立ち上げまで、幅広く経験してきた。エンジニアリングやファイナンスの経験はまだまだ薄いけれども、モノを売ることに関しては、かなりの水準のスキルを培った自負がある。起業するときはともにチャレンジしようと話していた、同期入社のトップセールスにも声をかけ、営業支援SaaSを手がけるスタートアップを共同創業した。

　前職時代のツテで、創業前から、少額だが投資を約束してくれるVCもいた。早速、投資契約を結ぶことになったが、その中の条項の1つに、「取締役会設置会社」への移行を求めるものがあった。上場を目指す以上、取締役会を設置するのは当然だと思うし、監査役を入れて第三者目線を担保するのは、経営の健全化においても大切だろう。僕らは迷いなく、その条項を受け入れることに。

　1人は、VCから派遣されてきた人材が取締役の座に就いた。知り合いのツテで弁護士の紹介を受け、監査役を務めてもらうことにした。これで準備万端。あとはひたすら、プロダクトとチームを育てていくぞ！

＊　　＊　　＊

　その後しばらくは、会社は順調に成長していった。プロダクトも、僕らのセールスの経験とノウハウがふんだんに詰め込まれていることもあり、地味ながらとても使い勝手がよいと評判に。右肩上がりでユーザー数が増えていった。それに伴い、人員も拡充。30過ぎでの起業というこ

ともあり、比較的マチュアな即戦力人材が集まる、落ち着いた雰囲気の会社になってきて、僕はそれをとても気に入っていた。「あぁ、いま人生で、一番幸せかもしれない」。

そんな最中、VCから派遣されてきた人材経由で、ある1人の鳴り物入り人材を紹介してもらった。外資系コンサルティングファームで、若くしてかなり責任のある立場を任され、実際に数々の大型プロジェクトを成功に導いてきた人だ。年は僕よりも少し若いものの、この人が入れば、会社が上向くことは明白だった。

僕らのミッションにも共感してもらえ、（少々無理はしたが）なんとか給与面も折り合いがついたところで、1つ要求が来た。「取締役クラスの役職がほしい」とのことだ。「これだけの実績を積み重ねてきた自分が、何の役職もなしでスタートアップに入るなんてありえない」。意志は強そうだった。

正直、役職なんて、結果さえ出してくれて、ポジションが合致すれば

いくらでもお願いするつもりだった。わざわざ要求してくるとは思わなかったので驚いたが、「これも会社の成長のため」と、取締役としてジョインしてもらうことにした——この意思決定が、後に大きな禍をもたらすとは露とも知らずに。

\* \* \*

　風向きが怪しくなったのは、その数か月後。

　新たに取締役に迎え入れた彼が、まったく成果を出せないのだ。スタートアップを成長させることと、コンサルティングファームで大型プロジェクトを成功させることは、似て非なるもの。ロジックを詰めきらずとも泥臭く手を動かすことがスタートアップでは大事なのだが、そうした進め方を良しとしないのだ。とにかく事前の詰めに時間をかけ、他の人の計画の揚げ足取りばかりに注力。そうしているうちに機を逸してしまい、結局機会損失ばかりが出てしまう。でも絶対に自分の非は認めず、「なんでこんな無能な人しかいないのだ」と悪態をつきはじめる始末。

　しまいには、僕と共同創業者の2人も無能扱いするようになり、取締役会ではあらゆる意思決定に反対してくるようになった。もともとの知り合いであった、VCから派遣された取締役も味方につけたようで、2人して僕らの意見にひたすらケチをつけてくる。僕と共同創業者が取締役会で何かを提案しても、常に2人して反対を表明するので、何も決議できない状況になった。監査役は監査役で助け舟を出すことなく契約書に関する細かい指摘ばかりでうんざりだ。

　VCのことは十分にリスペクトして接してきたし、新たな取締役には高額の報酬を支払ってきた。それにもかかわらず、成果が出ないどころか、マイナスしか生まれない状況に。こうなったら辞めさせたいけど、取締役の解任なんて見栄えが悪すぎる……。

　せっかくプロダクトもチームもいい感じになってきたところなのに、まさかこんなところに落とし穴があるとは。安易によく知らない人を取締役に任じるべきじゃなかったんだ——。

# 1 | 機関設計の必要性

　株式会社においては機関設計をどのように考えるかというトピックがあります。ここでいう**「機関」とは「株主総会」や「取締役会」のことをさし、株式会社の意思決定それ自体や意思決定に基づく運営を担う者（人や会議体）を意味**します。そして、株式会社はそれぞれの会社にとって最適と考える「機関」を組み合わせて会社を運営しており、この**「機関」の組み合わせをデザインすることを「機関設計」**といいます。

　それではなぜ株式会社において機関設計を意識しなければならないのでしょうか。たとえば、新たに1人で株式会社を設立する場合、機関設計を意識することは通常ありえません。なぜなら、そのような株式会社では創業者が株式の100％を保有する唯一の株主となり、かつ、唯一の取締役でもあることが通常であるため、創業者が会社に関するすべての意思決定を行い、かつ、業務執行を行うことになります。すなわち、会社に関する意思決定や業務執行について、創業者以外の誰かの意思を確認したり、協議したり、監督を受けたりする必要はありません。

　しかし、会社の規模が大きくなれば一般的には創業者以外の株主や取締役が増えていきます。そのように創業者以外の関係者が増えてくれば創業者が単独ですべての意思決定や業務執行を行うことはできなくなります。そのような状況において、会社の意思決定や業務執行について、どのような機関にどのような役割を持たせるかということを考えるのが機関設計です。

　したがって、会社を設立したばかりのタイミングでは機関設計を強く意識する必要は基本的にはありませんが、会社の規模や成長に応じて、機関設計について検討しなければならないタイミングが訪れます（なお、会社の創業者が機関設計について検討の必要性を感じていないタイミングであっても投資家から検討を求められることはあります。たとえば、資金調達のタイミングで、投資家から取締役会を設置し監査役を選任す

るように求められることはありますので、必ずしも創業者が望むタイミングで検討を開始すればよいわけではありません）。

　このように、機関設計とは、これから起業を考える方にとっては少々抽象度が高いトピックでもあり、また、必ずしも起業してすぐに考えなければならないものではありませんが、起業して1年足らずの間に機関設計の問題に直面する起業家の方も少なからずいますので、本書に記載している程度のことは知識として早めに知っておくとよいと思います。

　多くの方にとってみれば、機関設計とは、あまり馴染みのない会社法という法律に定められている抽象的なルールであり、よくわからないけど会社が大きくなれば整備しなければならないものという程度の認識しかないと思います。しかし、成功した起業家の多くは、会社を持続的に成長させるためにどのような機関設計を採用すべきであるかという課題と正面から向き合っています。それはこの議論（さらにいえば本書でも別途解説するコーポレート・ガバナンス）が単なる抽象論ではなく会社を成長させるために必要な議論であることを彼らが認識しているからです。これから起業する方や起業したばかりの方にとっても、そう遠くないうちに機関設計の検討が重要な経営課題の1つとなるであろうことを頭の片隅に入れておいてください。

## 2 ｜ 機関の種類

### 会社法が定める機関

　先ほど機関の具体例として株主総会や取締役会を挙げましたが、会社法では、株主総会、取締役・取締役会、監査役・監査役会、会計監査人、監査等委員会、指名委員会等・執行役、会計参与が機関として定められています。

　これらのうち**株主総会と取締役（取締役会ではありません）はすべて**

の会社に必須の機関とされています。つまり株式会社である限り株主総会や取締役が存在しない会社はありえないということです。また、株主総会と取締役が機関として存在すればよいので、**それ以外の機関をどのように設けるかの判断は会社法が定めるルールの範囲において会社の判断**に委ねられています。

ここで違和感を持たれた方がいるかもしれませんが、たとえば、上場企業であっても株主総会と取締役さえ存在すれば会社法上問題がないのかというと、そのようなシンプルな機関設計は許容されておりません。伝統的な上場企業ですと、株主総会、取締役会、監査役会、会計監査人という組み合わせが採用されていることが多いですが[18]、これは会社法と有価証券上場規程の要請によるものです。会社法は、その会社の資本金や負債の額、会社の承認なく株式を自由に譲渡することが認められているか否か、といった観点から機関設計の選択肢をあらかじめ用意しています。たとえば、上場企業においては、取締役会を設置しないことは許されておらず、また、取締役の職務執行を監査・監督する機関が存在することが求められます。

**会社法は、基本的な発想として、株式会社が機動力を失わずに効率的に経営されることを認めつつ、株主や債権者などのステークホルダーの利益を守ることにも配慮**しています。したがって、このようなステークホルダーの利益にも配慮しなければならない会社（たとえば、株式の流動性が高い公開会社では株主がより重要なステークホルダーとなります）においては、業務執行について1人の取締役がすべてを決定してしまうことがないように、取締役会の設置が求められているわけです。

## 各機関の役割

ここで、各機関の役割について表で簡単にまとめます。なお、登場する頻度の低い「指名委員会等」「執行役」「会計参与」は本書では省略し

---

18　最近は、監査役会ではなく監査等委員会を設置する会社も増えています。

ます。

　一点だけよくある誤解について説明しておきますと、ここでいう「執行役」とは「執行役員」とは異なります。執行役員とは会社法に定められた機関ではなく、会社が任意に設けている役職で、多くの場合、取締役以外の業務執行の責任者といった意味合いで利用されています。また、**CEOやCOO、CFOも会社法上の概念ではなく、たとえば、CEO＝代表取締役となるわけではありません。**

### 【代表的な機関の役割】

| | |
|---|---|
| 株主総会 | 株主によって構成される株式会社の最高意思決定機関 |
| 取締役会 | 株式会社の業務執行の決定と取締役の業務執行の監督を行う機関で3名以上の取締役で構成される |
| 取締役 | 取締役会設置会社<br>：取締役は取締役会の構成員として業務執行に関する決定を行い、取締役会で決定された範囲で業務執行を行う<br>取締役会非設置会社<br>：取締役は、原則として各自が業務執行を行う |
| 監査役会 | 3名以上の監査役で構成される機関 |
| 監査役 | 取締役の職務の執行を監査する機関 |
| 会計監査人 | 株式会社の計算書類等を監査する機関で公認会計士か監査法人でなければならない |
| 監査等委員会 | 取締役の職務の執行を監査する機関で取締役（not監査役）によって構成される |

　上記のとおり、株式会社の機関は、大きく分類すれば、意思決定に関与する機関、業務執行に関与する機関、業務執行に関する監督・監査に関与する機関に分かれ（取締役会のように1つの機関が複数の機能を持つこともあります）、会社法ではそれぞれの機関の役割に応じたルールを定めています。

## 3 | 創業時の機関設計

### 創業時は「株主総会＋取締役」のみで十分

　それでは創業時にはどのような機関設計が考えられるのでしょうか。先ほど説明したとおり、株主総会と取締役は必須の機関となりますが、それ以外の機関を会社の判断で設置することも可能です。したがって、創業したばかりの会社が会計監査人や監査等委員会を設置することも理屈の上では可能となります。しかし、創業したばかりの会社がそのような選択を行うことは現実的ではありません。何よりもスピードが求められ、創業者の意思と会社の行動を一致させることが優先される会社の初期的なフェーズにおいて、複雑な機関設計は会社にとって有害とすらいえます。

　したがって、**創業時においては、株主総会＋取締役という最小限の設計で問題ありません**。なお、たまに誤解をしている方がいますが、取締役が複数いるからといって取締役会設置会社にする必要はありません。取締役会を設置せずに複数の取締役を選任することも可能です。その場合には、各取締役が業務執行を行うとともに会社を代表する権限を持つのが原則であり（もちろん複数の取締役の中から株主総会決議や取締役の互選に基づき1人の代表取締役を定めることも可能です[19]）、業務執行に関する決定は取締役の過半数で決定するのが原則となります。

### 株主総会と取締役の役割分担は？

　このように、株主総会と取締役のみで構成される最小限の機関設計を選択する場合、会社に関する意思決定について株主総会と取締役の役割

---

[19]　1名ではなく複数の代表取締役を選定することも可能です。なお、取締役会設置会社の場合、代表取締役も取締役の一員として取締役会の監督に服することになりますので、取締役会決議で代表取締役の選定・解職が決定されることになります。

分担をどのようにすべきかと質問を受けることがあります。

　会社法では、取締役会を設置していない会社の場合、株主総会は、会社法で株主総会決議事項とされているもの以外にも、「株式会社の組織、運営、管理その他株式会社に関する一切の事項について決議をすることができる」（会社法295条1項）とされています。これは、取締役会非設置会社の場合には、株主と取締役が一致していることが多く、株主総会が取締役会と同等の機動性を有する（つまり株主総会で意思決定してもスピードが落ちることはない）ため、会社に関するあらゆる決定事項を株主総会で決議しても支障がないと考えられているからです。

　なお、取締役会非設置会社において、株主総会は「一切の事項について決議をすることができる」だけで、取締役が決定できることについて株主総会で決議をしなければならないわけではありません。したがって、業務執行に関して株主総会決議を経ずに取締役が決定することは当然ありえます（なお、このような場合、取締役会議事録のように会社法上作成が義務付けられているものはありませんが、取締役が意思決定をした証拠を残すために、少なくとも重要な事項について決定する場合には「取締役決定書」を作成するようにしてください）。

　一方で、株主総会が株式会社の最高意思決定機関である以上、会社法が株主総会の決議事項であると定めたものについては、その決議の権限を取締役に変更することはできません（会社法295条3項）。その意味では、株主総会で決議するか取締役で決定するか悩んだ場合には、株主総会で決議をしてしまったほうが安全ともいえます。

# 4 ｜ 株主総会の運営

## スタートアップの株主総会は1日で終えることも可能

　株主総会決議については手間のかかる準備が必要になるとイメージさ

れる方もいます。そのイメージは必ずしも誤ったものではありませんが、そこでイメージされているのは基本的には上場企業の株主総会です。上場企業の株主総会であれば株主総会が行われる数か月も前から入念な準備が行われ、株主総会直前には何度もリハーサルを重ね、当日は大勢の従業員が株主総会の運営に駆り出され、株主総会が無事に終わったその日から来年度の株主総会に向けて株主総会の事務局が検討を開始するというケースも珍しくありません。

　しかし、未上場企業において行われる株主総会は上場企業の株主総会とはまったく異なります。上記のとおり、未上場企業、特に取締役会非設置会社においては、株主総会で意思決定しなければならない場面が頻繁に発生するわけですが、その都度面倒な手続が必要となれば会社の意思決定のスピードは著しく低下することになります。

　株主総会を開催する場合[20]、通常は、①取締役または取締役会で株主総会の招集を決定し[21]、②株主に対して株主総会の1週間前（取締役会を設置していない場合には短縮可能）[22, 23]までに招集通知を発送し[24]、③株主総会を開催[25]して決議を行い、④株主総会議事録を作成します。

　この流れを見ると面倒な手続が必要で時間もかかるのではないかと思われるかもしれませんが、**②の招集通知については株主全員の同意があれば省略することが可能**ですし、**③の株主総会決議については「書面決議」といって株主全員からあらかじめ議案に同意する旨の意思表示を受領する方法を採用することによって省略することも可能**です[26]。

　つまり**株主と柔軟なコミュニケーションを取れる環境さえあれば1日**

---

**20**　株主総会は年に一度は定時株主総会を開催しなければなりません。実務上は、事業年度の終了日から3か月以内に招集されるのが一般的で、毎年3月や6月に株主総会が集中しているのは12月決算や3月決算の会社が多いからです。定時株主総会では、計算書類の承認と事業報告の内容の報告を行いますので、その前提として税理士などにも相談して計算書類を作成する必要があります。また、役員の改選時期にはその選任決議が必要となりますが、これを失念してしまっている会社が散見されますので注意してください。さらに、定時株主総会終了後は決算公告を行う必要がありますが、これも失念している会社が多いです。

**21**　日時や場所、議題などを決定します。

**で株主総会を終了させることも可能**になるわけです。ただし、日常的に連絡を取ることがない個人株主が点在している場合や、海外の投資家から投資を受けているような場合には、株主全員からの同意を取得することが困難となりますので、株主の構成も考慮しながら手続を柔軟に選択することが重要になります。

なお、設立したばかりで創業者以外の株主がそれほどいない会社でも、まれに株主からの要請で、書面決議を利用せず、また、招集手続も省略せずに基本形態の株主総会を開催するように求められているケースを目にすることがあります。合理的な理由があれば会社も株主の要請について納得できると思いますが、「株主総会はきちんとやったほうがよい」「いずれ上場すればリアルな株主総会を開催しなければならないのだから」といった理由しか伝えられていないことがあります。

しかし、上記のとおり書面決議も招集手続の省略も会社法上認められた適法な手続であり、また、上場後の株主総会を想定するという意味では上場準備の過程で練習する機会を得ることはできますし（とはいえ上場後の株主総会とはその負担がまったく異なりますが）、そもそも上場後の株主総会は上場前の株主総会とはまったく様相が異なりますので、特に会社の初期的なステージにおいて簡易な手続を採用しない積極的な理由はないように思います。

---

22　ここでいう1週間とは中7日を意味しており、株主総会開催日の8日前が招集通知の発送期限になるので注意してください。

23　公開会社の場合には2週間前までに招集通知を発送する必要があります。

24　取締役会を設置していない場合には、一定の場合を除き、書面ではなくメール（Slackなども可）で招集通知を行うことも可能です。

25　株主総会は株主が同じ場所に集まって開催するのが原則ですが、リアルな株主総会を開催しつつ、オンライン会議システム等を用いて遠隔地から株主を参加させることもできますので、この手法を採用することで株主総会開催のハードルを下げることができます。

26　その場合、株主総会の決議があったものとみなされます。実際に株主総会が開催されたわけではないものの議事録を作成する必要がありますのでご注意ください。なお、書面決議の場合、当然②の招集手続も不要となります。

## 5 | 取締役会の設置のタイミングと会社への影響

　先述のとおり創業時の機関設計としては株主総会と取締役で必要十分であることを説明しました。会社としての意思決定のスピードを何よりも重視する間はこの機関設計を採用し続けることにメリットがあります。

　しかし、創業者やその他の経営陣が望むか否かにかかわらず、取締役会非設置会社から取締役会設置会社に移行することを求められるケースがあります。たとえば、投資家から資金調達をする際に投資契約で取締役会設置会社に移行することを義務付けられることがあります。投資家からすれば、会社は資金調達をすることでその規模を大きくしていくことが期待される以上、業務執行に関していつまでも創業者兼取締役がすべて単独で決定するような状態は、創業者に対するけん制機能が働かず必ずしも好ましいことではありません。また、上場を視野に入れるのであれば、上場審査を見越してある程度先回りして会社のコーポレート・ガバナンス体制を整えておく必要もあります。

　**取締役会を設置するタイミングは企業によってさまざまですが、感覚的にはプロダクトマーケットフィットを達成でき、集客チャネルも一定検証できて、上場を少しずつ意識し始める、シリーズBラウンド前後が多いように思います。**

　では、取締役会設置会社に移行する場合、会社には具体的にはどのような影響があるのでしょうか。会社を運営する際に大きな影響を与える重要なポイントとしては、①新たな取締役の選任、②取締役会による意思決定、③監査役の選任、の3つをあげることができます。

## 取締役の選任

　まず、**取締役会設置会社に移行する場合、最低3名以上の取締役が置かれることが必要**となり、取締役は株主総会の決議によって選任されます。取締役は会社に関する意思決定をしなければならない立場である以

上、誰でもよいわけではなく、たとえば、創業時から関与しているメンバーや、会社のことを熟知しているメンバーであったとしても、取締役としての資質は十分ではないということは当然ありえます。実際に、特定の分野における業務執行について優れた能力を発揮していた従業員であっても、取締役として会社全体に関する議論や意思決定を行うことは得意ではないということが取締役に就任した後で発覚することは珍しいことではありません。

　しかし、現実的には、取締役会設置会社に移行するタイミングで都合よく適任の候補者が見つかるわけでもないため、数合わせのために急きょ乗り気でない従業員を取締役に選任したり、その会社のことをよく理解していない社外のアドバイザーが取締役として追加されてしまうことが残念ながらよくあります。また、採用活動の一環として、取締役のポジションを約束することで、まだその資質を十分に吟味できていない候補者を採用しそのまま取締役に選任してしまうこともよくあります。

　取締役の任期は、原則として2年（短縮することも可能なので任期を1年としている会社も多く存在します）とされており、上場前の会社であれば任期を10年まで延ばすことが可能となる場合もあります。このように、一度取締役として株主総会で選任されれば、ある程度の期間は取締役としての役目を果たしてもらう必要があります。

　もちろん、一度株主総会で選任した取締役であったとしても、取締役としての適格性に欠ける場合に、当該取締役を解任することは可能です。しかし、**解任するためには株主総会の決議が必要**であり（取締役会決議では解任できません）、また、**解任するための正当な理由が認められない場合**には（たとえば、単にその取締役との間で経営方針に違いがあるとか、その他の経営陣が期待していた結果を出さなかったというだけではここでいう正当な理由は認められません）、**解任された取締役から損害賠償請求**（通常は任期満了までに得られたはずの役員報酬相当額がこれにあたります）**を受ける可能性**があります。

　創業者が過半数の株式を保有しているようなケースであれば取締役の

解任決議を行うこと自体は簡単ではありますが、このように損害賠償請求を受けるリスクも考えると軽々に解任決議を行うことができないのが実情です。もっとも、解任される取締役の立場からしても、取締役を解任されると会社の商業登記に解任された記録が残るため、その後の生活（特に転職など信用調査が行われる場面）などを考えると解任決議は避けたいのが本音ではあります。

　このように、会社としても取締役としても、できれば解任は避けたいという点で考えが一致し、結果として、穏便に取締役が辞任届を提出することで決着がつくケースも多いです。なお、筆者らが見たケースでは創業メンバーの1名が途中で取締役としての適格がないことが判明したものの、任期を10年間と設定していたがために、退任交渉の際、10年分の役員報酬の支払いを請求されるケースが存在しました。これは極端な例ですが、**取締役の任期について、特に事業環境や事業ステージが移り変わりやすいスタートアップにおいては、1年から2年程度にしておくことが適切かと思います。**

　以上のとおり、最終的には軟着陸できるケースも多いものの、取締役に誰を就任させるかという点は会社にとって極めて重大な問題であるということを理解し、慎重に選任するようにしてください。

## 取締役会による意思決定

　次に、取締役会を設置する以上、会社の重要事項については取締役会で決定されることになります[27]。取締役会の決議は、議決に加わることができる取締役の過半数が出席し、さらにその出席した取締役の過半数が賛成することによって行われます[28]。代表取締役であるからといって

---

**27**　取締役会を開催する場合には、取締役会の日の1週間（短縮可能）前までに各取締役や監査役に対して招集通知を発する必要があります。なお、取締役会の招集通知を書面ではなくメールやSlackなどをもって行うことも可能です。

**28**　リアルな会議室での開催に限られずオンラインで開催することも可能です。なお、決議に特別の利害関係を有する取締役は議決に加わることができません。たとえば、特定の取締役が会社から金銭を借りるといったいわゆる利益相反取引を行う場合、当該利益相反取引を承認するための議決に当該取締役が加わることはできません。

他の取締役よりも強い投票権を持つわけではなく、頭数による多数決が行われる点で株主総会における資本多数決（1株1議決権）とは異なるルールが採用されています。ここで注意しなければならないのは、**出席した取締役の過半数の賛成が必要となる点であり、可否同数の場合には承認されない**という点です。

　したがって、取締役会設置会社への移行を検討する創業者や代表取締役としては、取締役会設置会社に移行する場合には、取締役会に出席できる**取締役の数が奇数となるように取締役を構成しないと、会社の意思決定が円滑に行われなくなってしまうリスクがあることに注意して、取締役の人数構成や人選を考える必要**があります[29]。

　なお、取締役会も株主総会と同様に実際の会議を開催せずに書面決議を行うことが可能です[30]。特に上場前の会社で取締役の数もそれほど多くないときは、書面決議を利用しながら機動力をもった取締役会を運営するのが通常です[31]。また、会社にとって重要なイベントがない時期が続くと、ついつい長期にわたって取締役会を開催しない状態が継続してしまうことがありますが、代表取締役やその他の業務執行取締役による職務執行に関する状況の取締役会への報告は、最低でも3か月に1回以上は行われなければならないため（会社法363条2項）、取締役会設置会社に移行した場合には、あらかじめ**定期的なスケジュールとして、3か月に1回は取締役会を設定するように注意**してください[32]。

---

**29**　一方で、取締役間に信頼関係があり、きちんと議論できるカルチャーがあれば、取締役の数が偶数であろうが、最終的には経営陣として納得できる結論を出すことができるはずであり、奇数か偶数かにこだわるのは本質からは外れた議論であるともいえます。

**30**　株主総会の場合と同様に、書面決議の場合も議事録を作成することが必要です。

**31**　なお、書面決議を利用すると、実質的な議論がなされないまま重要事項が決議される可能性もあります。特に上場を具体的に意識するタイミング以降については、書面決議を利用する場面やその理由については慎重に検討するようにしてください。

**32**　なお、取締役会を設置したばかりの会社でも、月に1回程度は取締役会を開催している会社が多いです。上場審査上も月に1回以上の取締役会の実開催が事実上求められています。

## 監査役の選任

　最後に、**取締役会設置会社は、原則として、監査役を置かなければなりません**（同327条2項）。監査役も取締役と同様に株主総会で選任されることになります（同329条1項）。

　監査役には取締役の職務執行を監査することが求められ、基本的には会計に関する監査と会計以外の業務全般に関する業務監査の双方を行います。したがって、監査役も取締役と同様に誰でもよいわけではなく、取締役の職務執行を監査するために、会計や業務全般について適切に調査を行い、取締役会においてその内容を報告したり意見を述べたりすることが求められるわけですから[33]、本来的にはそのような監査役としての職務を遂行するために必要な資質が備わっている方が就任すべきといえます。たとえば、スタートアップが最初の監査役を選任する際には、公認会計士や弁護士など会計や法律のプロフェッショナルが選任されるケースが多いです。

　もっとも、スタートアップにおける会社と監査役との距離感や関係性は、会社にとっても監査役にとっても非常に難しいところがあります。成長を重視し攻めと守りのバランスに偏りがあるフェーズでは、上場企業のような内部管理体制は当然期待できず、上場企業と同様の体制整備を求めて口やかましく重箱の隅をつつくような指摘をすることは会社にとって有益とはいえません。一方、「スタートアップだから仕方ない」、という大雑把な発想で、会社に対して何も意見しない監査役であれば、それはそれで存在する意味がなく、会社の不正な行為や法令違反を見逃すことにもつながりかねません[34]。

　会社がおかれたステージにあわせて、常にその会社の数歩先の姿を想

---

**33** 監査役には議決権はありませんが取締役会に出席する義務があります。
**34** 株主総会決議で監査役を解任することも可能ですが、取締役の解任が普通決議で足りるのに対して、監査役の解任には特別決議が求められます。なお、監査役の任期は原則として4年とされています。

像しながら適切に意見を述べ監査役としての職務を遂行できる、そのような バランスの取れた監査役と出会うことができるかどうかということは、会社の成長にとって非常に重要なポイントとなります。取締役の選任と比べるとどうしても優先順位は落ちてしまいがちではありますが、取締役会設置会社に移行するステージを迎えた起業家の方には、会社の成長に寄与できる監査役を選任することができるかどうかという点も重要な経営課題として認識してほしいと思います。

**まとめ**

- 株式会社の「機関」とは「株主総会」や「取締役会」のことをさし、株式会社の意思決定それ自体や意思決定に基づく運営を担う者（人や会議体）を意味する。そして、この「機関」の組み合わせをデザインすることを「機関設計」といい、株式会社はそれぞれの会社の意思決定や業務執行にとって最適と考える機関設計を会社法が定めるルールの範囲において採用することになる。
- 会社法では、株主総会、取締役・取締役会、監査役・監査役会、会計監査人、監査等委員会、指名委員会等・執行役、会計参与が機関として定められており、意思決定に関与する機関、業務執行に関与する機関、業務執行に関する監督・監査に関与する機関に分かれ、株主総会と取締役はすべての会社に必須の機関となる。
- 創業時においては、創業者の意思と会社の行動を一致させることが優先されるため、株主総会＋取締役という最小限の設計で問題ない。
- 未上場企業における株主総会では、招集手続の省略や書面決議を用いることで1日で株主総会を終了させることも可能になる。
- 取締役会を設置する場合には、①新たな取締役の選任、②取締役会による意思決定、③監査役の選任という3つのポイントについて理解する必要がある。

- 取締役会設置会社に移行する場合、最低3名以上の取締役が株主総会の決議によって選任される必要がある。取締役の任期は1年から2年程度に設定することが一般的であり、任期中に株主総会の決議で解任することも可能だが、解任された取締役から損害賠償を請求されるリスクもあるため、誰を取締役に選任するか、任期を何年にするかといった点について慎重に検討する必要がある。
- 取締役会の決議（書面決議も可能）は、議決に加わることができる取締役の過半数が出席し、さらにその出席した取締役の過半数が賛成することによって行われ（可否同数の場合には否決される）、頭数による多数決が行われる点で株主総会における資本多数決（1株1議決権）とは異なるルールが採用されている。
- 取締役会設置会社は、原則として、監査役を置かなければならず、監査役も取締役と同様に株主総会で選任される。監査役には取締役の職務執行を監査することが求められ、基本的には会計に関する監査と会計以外の業務全般に関する業務監査の双方を行う。

**チェックリスト**

□機関設計の意義、機関の種類を理解した。
□創業時に求められる最低限の機関設計の内容と会社に関する意思決定の方法を理解した。
□未上場企業における株主総会の運営の流れについて理解した。
□取締役会を設置する場合の検討事項、運営方法を理解した。
□取締役選任の重要性、任期、選解任手続について理解した。
□未上場企業における取締役会の運営の流れについて理解した。
□監査役の選任手続や役割について理解した。

# ビジネスモデル作り

# ビジネスモデル構築における「規制との付き合い方」

　スマートフォンでの決済サービスは、かなり社会に普及したように思える。「ペイ」と名のつくサービスは、ある時期を境にとても増えた。

　ただ、最近は大手のサービスが市場を寡占しつつあることで、スタートアップがこの領域に参入していく動きも少し落ち着いたような印象も受ける。とはいえ、まだまだ既存サービスだけではカバーできていないニーズはたくさんある。逆に今こそ、スタートアップがユーザーの個別ニーズに即したサービスを手がけるチャンスなのではないか？──そう考えた僕は、既存のサービスでは、比較的高額になると送金が難しい点に目をつけ、100万円以上でも送金可能な送金アプリを立ち上げることにした。

　フィンテック系のスタートアップでの事業経験を持つBizDevやエンジニアの仲間も集め、着々と準備を整える。サービスの構想や仕様も、どんどん練り上がってゆく。

　ただ、リサーチを進めていくうちに、1つの壁にぶち当たった。どうやら、個人間の送金サービスは、1件あたりの取引が100万円を超える取引については、第一種資金移動業の許可を得る必要があるとのこと。これが結構くせものらしい。財産の保全が求められるなどかなりハードルが高く、一般的には取得に半年から1年かかるとのことだ。

　まだどのくらい流行るのかもわからないサービスに、そんなに長い準備期間をかけるのは馬鹿げている。まずは小さく試して、少しずつ仮説の精度を高めていくのが、スタートアップの定石だ。それに、半年から1年も待っていたら、別の会社が似たようなサービスを展開してしまう恐れすらある。スタートアップにとって、1年という時間は気が遠くなるほど長い。

このアイデアは成功する確信があるとはいえ、まだMVP（Minimal Viable Product）を立ち上げる段階。社会的なインパクトもまだ大きくないし、ある程度事業規模が拡大してから許可を得るのでも、遅くはないはずだ——そう確信した僕は、いったんはライセンスを取らずに、サービスを展開することを決めた。

＊　＊　＊

　それから約3か月後。僕らが立ち上げた個人間送金サービス「スーパーPay」のMVPができあがり、β版をローンチすることに。感慨深さはあるが、あくまでもMVPだ。マーケットニーズを見て、今後の改善に活かしていくのが第一の目的。ローンチしたことに満足してはいけないと、気を引き締め直さねば。

「あれ？　なんか、めちゃくちゃ登録数増えてる？」。実際にローンチしてみると、嬉しい誤算が生じた。既存の大手決済サービスの使いづらい点をうまくカバーする機能性が海外からやって来た富裕層を中心に予想以上に評価され、ものすごいペースでユーザー数が増えていったのだ。ローンチから1か月で、ユーザー数は当初の想定の20倍ほどに増加。サーバー負荷を軽減するための対策や問い合わせ対応に追われ、寝る間も捻出できない日々が続いた。

　でも、起業家にとって、こんなに幸せな忙しさもないだろう。彗星のごとく現れた僕らのサービスは、スタートアップ業界内でも大きな話題を呼び、メディアのインタビューをたくさん受けたり、仲間に加わりたいと言ってくれる人がたくさん現れたりした。まさに、成功の階段を駆け上がっている——はずだった。

＊　＊　＊

　終わりは突然訪れた。ある日突然、金融庁から電話がかかってきたのだ。「あなた方のサービスは、第一種資金移動業のライセンスが取得できていないにもかかわらず、100万円を超える取引が行われている可能性があります。事実関係を確認したいので、一度お話をうかがえますでしょうか？」。

　しまった、完全に忘れていた——。しかし、今からライセンスを取得すれば済む話だろう。そう思って、知り合いにフィンテック業界に詳しい企業法務専門の弁護士さんを紹介してもらい、話を聞いてみると、耳を疑う話が飛び出してきた。

「このミスはかなりクリティカルですね。そもそも今からライセンスを取るために半年から1年サービスを休止していたら、事実上のゼロからのやり直しになります。さらには一度このようなことがあると、金融庁からの印象がとても悪くなってしまうので、これから新たな許認可を取ったり、サービスを立ち上げたりするとき、先方からもかなり慎重にみられるでしょう。残念ながら、フィンテック領域での事業展開は、しば

らくかなり茨の道だと言わざるを得ません」

　そんな馬鹿な——。せっかく一世を風靡するスタートアップになったのに。でも、弁護士の言う通り、ここからクローズしてライセンスを取り直していたら、少なく見積もっても1年ほどはかかる。それに、一度違法業者としてのイメージがついてしまったら、ユーザーや投資家からも、信頼を獲得するのが難しくなるだろう……目の前が真っ暗になった。

# 1 | 産業のルールである 「業法」への対峙の方法

　日本では、企業活動によるさまざまな害悪（たとえば、飲食店営業における食中毒、フィンテック事業における不正アクセスによる大切な財産の喪失）を避けるために、各事業領域ごとにあらかじめ企業活動を行ううえでのさまざまなルール＝いわゆる業法が制定されており、各官庁がこれを所管し、運用しています。

　「業法」とは、ある特定の業界を規律する法律のことをいい、法律上の用語ではなく、俗語です。**「業法」にも法律という国会の決議で決まる上位ルールから、法律の内容を具体化してオペレーションに落としていくために、政令・省令・告示や通達・ガイドラインといった形で内閣、各省大臣、行政機関等が定めるルール等が存在**します。わかりやすさの観点から本稿ではこれからまとめて「業法」といいます。

　各産業が国民生活に悪影響を及ぼさないように、国があらかじめオペレーションシステム（OS）としてさまざまな業法を設計し、運用しているのです。これに**違反した場合には、きちんと対応するように指導がなされたり（行政指導）、氏名が公表されたり（氏名公表）、業務自体の停止を迫られたり（業務停止）、場合によっては会社、経営陣への罰金、経営者の懲役刑（刑事罰）にまで発展するケース**があります。

　スタートアップは、従来の産業構造を大きく変えるビジネスモデルを採用するケースが多く、さまざまな業法に抵触しないか、事前によくよく法律事務所に確認を行う必要があります。

# 2 業法の確認はいつやる?

## スタートアップが業法を確認すべき3つのタイミング

　ビジネスモデルの業法への抵触について確認のタイミングとしては、大きく以下の3つです。

　① プロダクトローンチ前
　② プロダクトの新機能追加時
　③ 法改正時

　①プロダクトローンチ時に相談するケースは一般的ですが、**②新機能追加時の相談が漏れるケースが多いように思います**。たとえば、プロダクトの新機能として、ユーザー同士のチャット／DM機能を追加した場合、電気通信事業法上の届出等の対応が必要になるケースだったり、新たに決済機能として個人間送金を追加する場合、資金移動業のライセンスの取得が必要になる等のケースです。プロダクトマネージャーの方は、定期的に法務、法律事務所にどのようなプロダクト機能の企画、開発を予定しているのか、今後のマイルストーンを早めに共有し、レビューを受けることが重要です。

　プロダクトローンチ時や新機能追加時において問題がなくても、その後の ③法改正で適用を受けるというケースも多く存在します。暗号資産（仮想通貨）領域の資金決済法の動きが典型です。

　したがって、**自社において適用が問題になりそうな業法については、丁寧にニュースを追って法改正の最新動向について必ず見るようにすべき**です。

　また、自社の事業にとって将来的に業法が適用されるかどうか、規制内容が重要なケースの場合、後述するように、行政・官公庁

（Government）と関係構築を行い、業法のあるべき姿、方向性について
しっかりと情報収集を行い、意見を伝達するためのGR（Government
Relations）チームの組成についても検討が必要だと思います。

## スタートアップの業法違反が顕在化しやすい5つの場面

　IPOを目指すスタートアップの業法違反が顕在化しやすい場面は大き
く以下の5つです。

① 顧客からの指摘、SNSでの炎上、社内からの通報
② VC、CVCからの資金調達の際の法務DD（特にシリーズA以降で
　まとまった金額を調達する場合）
③ 監査法人によるショートレビュー、監査
④ 主幹事証券による引受審査
⑤ 証券取引所による審査

　ステージが後になればなるほど、大型の資金調達が頓挫する、監査法
人が監査を受けてくれない、主幹事証券が引受を降りる、IPOのタイミ
ングが延期となるなど、レピュテーションが悪化し社内が疲弊するクリ
ティカルなリスクとなってくるため、業法がどこまで適用されるのか早
期の確認と対応が必要です。
　**設例の事例のように業法対応については、MVPをローンチするタイ
ミングから対応しておく必要**があり、**リーンスタートアップの名目で素
早く検証を行っていくことは、法規制に対応しないことの言い訳にはな
らない点によくよく留意する必要**があります。
　特に日本取引所グループの上場審査は鬼門のため留意が必要です。上
場審査は通常、審査部門長レベルでの稟議、決裁により上場が承認され
ますが、新規性が高い銘柄や時価総額が高い場合には、最高意思決定機
関である「理事会」で意思決定を行うケースが存在し、厳格な審査、チ
ェックを受けることになりますので、後述のようなグレーゾーンを攻め

るスタートアップは留意が必要です。

## 3 | 領域ごとの主要な法律のまとめ

　2023年時点での国内における主要な法律、法律上一定のライセンスを要求する業法の一覧を以下に掲載します（スタートアップで論点になる頻度が高い印象の法律は太字にしています）。業法は、これらに限られませんが、自社に関連しそうなものには目を通しておきましょう。

**【領域ごとに重要な法律】**

| 大分類 | 業法 |
| --- | --- |
| 消費者・個人情報 | **個人情報保護法**、**特定商品取引法**、**景品表示法**、消費者契約法 |
| 金融 | **資金決済法**、**金融商品取引法**、**貸金業法**、**出資法**、**銀行法**、**保険業法**、信託業法、投資信託法、**犯罪収益移転防止法**、利息制限法、サービサー法、**割賦販売法**、外為法、兼営法 |
| 電気通信領域 | **電気通信事業法**、電波法、放送法、電気事業法 |
| 不動産、物流、建設、インフラ | **貨物自動車運送事業法**、鉄道事業法、軌道法、航空法、**建設業法**、**宅地建物取引業法**、借地借家法、倉庫業法、建築基準法、農地法、マンション管理適正化法、所有者不明土地法、不動産特定共同事業法 |
| 医療関係 | 介護保険法、健康保険法、**医薬品医療機器等法**、医療法、医師法、薬剤師法、再生医療等安全確保法、臨床研究法、次世代医療基盤法、遺伝子組み換え生物等規制法、血液法、児童福祉法 |
| 製造関連 | **製造物責任法**、高圧ガス保安法、化学物質審査規制法、化学物質排出把握管理促進法、大気汚染防止法、アルコール事業法、水防法、計量法、毒劇法、たばこ事業法 |

| 電気、ガス、武器 | 電気事業法、ガス事業法、武器等製造法 |
|---|---|
| 環境 | 省エネ法、建築物省エネ法、地球温暖化対策推進法、廃棄物処理法、土壌汚染対策法、使用済自動車の再資源化等に関する法律、鳥獣保護管理法、絶滅のおそれのある野生動植物の種の保存に関する法律、外来生物法、自然公園法 |
| 人事・労務 | **労働基準法**、**労働者派遣法**、**職業安定法**、労働安全衛生法、雇用保険法、労働契約法、労災保険法、障害者雇用促進法、パートタイム・有期雇用労働法、育児・介護休業法、男女雇用機会均等法、労働政策総合推進法、出入国管理及び難民認定法 |
| 食品、公衆衛生、生活 | 酒税法、**食品衛生法**、**食品表示法**、理容師法、美容師法、クリーニング業法、公衆浴場法、消防法、興行場法、墓地、埋葬等に関する法律、**風俗営業法**、質屋営業法、**古物営業法**、**チケット不正転売禁止法**、**出会い系サイト規制法**、警備業法、銃砲刀剣類所持等取締法、電波法 |
| モビリティ、旅行系 | **道路交通法**、**道路運送法**、貨物自動車運送事業法、道路運送車両法、自動車運転代行業の業務の適正化に関する法律、**旅行業法**、鉄道事業法、道路法、航空法、道路整備特別措置法、旅館業法、**住宅宿泊事業法** |
| 教育系 | 学校教育法、教育職員免許法 |
| 資格関係 | **医師法**、**弁護士法**、外国弁護士による法律事務の取扱いに関する特別措置法、税理士法、司法書士法、公認会計士法、電波法、土地家屋調査士法、通関業法、精神保健福祉法、母体保護法、歯科医師法、薬剤師法、麻薬及び向精神薬取締法、保健師助産師看護師法、診療放射線技師法、理学療法士及び作業療法士法、臨床検査技師等に関する法律、視能訓練士法、臨床工学技士法、義肢装具士法、救急救命士法、社会福祉士及び介護福祉士法、歯科衛生士法、あん摩マッサージ指圧師、はり師、きゆう師等に関する法律、柔道整復師法、理容師法、美容師法、社会保険労務士法、獣医師法、愛玩動物看護師法、弁理士法、建築士法、歯科技工士法、探偵業の業務の適正化に関する法律 |

| その他 | 民法、会社法、刑法、特許法、著作権法、商標法、独占禁止法、不正競争防止法、下請法、電子署名法、印紙税法 |
|---|---|

　自社が事業ドメインを置いている領域の業法については、**業法の適用の分水嶺となる「定義規定」と「規制内容」**(誰がいつどんな対応をしないといけないのか)**を中心に幅広く目を通しておきましょう**。

　感覚的に留意したい点として、**人間の生命、身体、健康に悪影響を与える領域(フードテック、ヘルステック等)や顧客の財産にかかわる領域(フィンテック等)については、与える害悪の度合いが大きいため、特に留意が必要**です。また、個人のデータの取扱いについては、社会的にもセンシティブになってきているため、**個人データの取扱いに関するルールにも留意が必要**です。個人情報保護法については、特に重要な法律といえるため、本書でも別章で解説します。

# 4　業法の読み解き方

　次に業法の読み解き方について解説します。ポイントは、「目的」「定義」「規制内容」「罰則」の4つに着眼して読むことです。一例として「貸金業法」について見てみましょう。

## ポイント① 目的

　どの業法にもその法律が制定されている背景、目的が記載されています。貸金業法の目的は、借主の利益の確保＝多重債務問題の回避、貸金業者の適正な業務の確保＝過度な取り立て等の抑制であると読むことができます。目的は、個別の規定の解釈指針となります。

## ポイント② 定義

　業としての金銭の貸付だけではなく、金銭の貸し借りを媒介する行為も貸金業に含まれると読むことができます。**業法においてもっとも重要なのは、この定義規定**です。本業で貸金を行っていない企業がたまたま要望を受けて別の企業に対して一度だけ無利子で貸付を行う行為は、「業としての金銭の貸付」に該当するのでしょうか？　利子を付けた場合はどうでしょうか？　また、ビジネスモデルにおいて、誰かの債務を自社が代わりに立て替え払いを行って、本人に対して立て替えした費用を請求する行為は「金銭の貸付け」に該当するのでしょうか？

　いずれも、法文と睨めっこしても、すぐに答えが出る問題ではなく、法律が守ろうとしているもの（＝立法趣旨）まで遡ったうえで、法文の解釈・適用が必要となる問題です。お気づきのとおり、**ビジネスモデル、機能の多少の差によって、定義規定に該当する／しない＝規制を受ける／受けないが決まってしまうため、自社がドメインを置いている事業に関連する領域の業法の定義規定はよくよくチェックしておく必要**があります。

## ポイント③ 規制内容

　自社のビジネスが貸金業に該当する場合、「登録」が必要となります。登録を行った貸金業者は、貸金業取扱主任者の設置、証明書の携帯、利息上限の遵守、返済能力の調査、過剰貸付の禁止、貸付条件の提示、誇大広告の禁止など、さまざまな規制を守る必要が出てくるため、体制やオペレーションを整備する必要があります。

## ポイント④ 罰則

　たとえば、貸金業の登録を行わずに貸金業を営んでしまった場合には、10年以下の懲役もしくは3000万円以下の罰金、またはこれの併科という厳しい刑事罰の規定が存在します。

貸金業法（昭和五十八年法律第三十二号）

（目的）

第一条　この法律は、貸金業が我が国の経済社会において果たす役割にかんがみ、貸金業を営む者について登録制度を実施し、その事業に対し必要な規制を行うとともに、貸金業者の組織する団体を認可する制度を設け、その適正な活動を促進するほか、指定信用情報機関の制度を設けることにより、貸金業を営む者の業務の適正な運営の確保及び資金需要者等の利益の保護を図るとともに、国民経済の適切な運営に資することを目的とする。

（定義）

第二条　この法律において「貸金業」とは、金銭の貸付け又は金銭の貸借の媒介（手形の割引、売渡担保その他これらに類する方法によつてする金銭の交付又は当該方法によつてする金銭の授受の媒介を含む。以下これらを総称して単に「貸付け」という。）で業として行うものをいう。ただし、次に掲げるものを除く。

一　国又は地方公共団体が行うもの

二　貸付けを業として行うにつき他の法律に特別の規定のある者が行うもの

三　物品の売買、運送、保管又は売買の媒介を業とする者がその取引に付随して行うもの

四　事業者がその従業者に対して行うもの

五　前各号に掲げるもののほか、資金需要者等の利益を損なうおそれがないと認められる貸付けを行う者で政令で定めるものが行うもの

（登録）

第三条　貸金業を営もうとする者は、二以上の都道府県の区域内に営業所又は事務所を設置してその事業を営もうとする場合にあつては内閣総理大臣の、一の都道府県の区域内にのみ営業所又は事

務所を設置してその事業を営もうとする場合にあつては当該営業所又は事務所の所在地を管轄する都道府県知事の<u>登録を受けなければならない</u>。

第四十七条　次の各号のいずれかに該当する者は、<u>十年以下の懲役若しくは三千万円以下の罰金に処し、又はこれを併科する</u>。
一　不正の手段によつて第三条第一項の登録を受けた者
二　第十一条第一項の規定に違反した者
三　第十二条の規定に違反した者

# 5 適用可能性がある業法の確認

では、ビジネスモデルやプロダクトにおける各機能が、業法に違反するかどうかは、どのように確認をしたらよいでしょうか。自社に適用される業法の特定や業法の内容の理解を進めていくための手段について説明していきます。

## 業法に精通した専門性の高い弁護士に依頼する

業法違反の相談について、弁護士に依頼する際に留意点があります。まず、個別の業法は司法試験の受験科目ではなく、司法修習でも触れることはほとんどないので、多くの弁護士がOJTで知見を高めている領域です。企業法務の経験の浅い弁護士の方の場合、そもそも業法への抵触が論点であることを見逃す（論点落とし）というケースが見受けられます。

業法の抵触の相談はビジネスモデルの根幹に関わる論点です。したがって、**それなりのリーガルフィーをかけてでも、当該業法を管轄する官公庁に出向経験のある弁護士等、熟練の相談相手を選びましょう**。できれば、**弁護士から当該領域に精通した弁護士を紹介してもらうのがよい**

でしょう。適切な弁護士と相談のうえ、業法を的確に解釈し、業法が適用されるかどうかを確認していき、業法が適用されることが事業上不都合な場合には、業法が適用されない形でのビジネスモデルを構築できないか、一緒に検討していき、官公庁から指摘や調査を受けたとしてもしっかりと説明ができるように、法的な理論武装をすることが重要です。1つの法律事務所の意見だけでは、経営者として確信が持てない場合には、セカンドオピニオンとして、別の法律事務所から意見をもらうことも重要です。

## 官公庁へ確認を行う

また、業法への抵触判断については前述のように各法令の所管官庁である各官庁が一次的に行います[1]。近年では政府側の規制改革の意識も高まり、以下のような窓口が整備されているので積極的に利用してみましょう。最新の活用方法・支援内容は各省庁のホームページを確認ください。

### ■ スタートアップ新市場創出タスクフォースへの相談

スタートアップの法務支援を行う弁護士がアサインされ規制対応の相談が可能。約1時間×2回程度まで無料。経産省所管の制度。どのように規制対応したらよいかプロから無償でアドバイスを得られます。

### ■ 内閣官房一元窓口（新技術等社会実装推進チーム）

内閣官房が各省への事前確認、調整、適切な制度の紹介や規制のサンドボックス制度等の申請書類の作成のサポートを得られます。

---

1 厳密には、法律の解釈、適用の最終決定権限は裁判所（最高裁判所）にありますが、法律上、特に争いがない場合、裁判所に判断を仰ぐことはできず（争いがあっても最終的な判断を裁判所が行うのには相応の時間がかかります）、ビジネスのスピード感からも、一次的な対応者である、行政の解釈判断が重要となってきます。

### ■ 特定分野での各省庁への問い合わせ窓口

　以下一例として記載します。さまざまな相談窓口の門戸が開いていますので、自社領域の官公庁のホームページをチェックしてみましょう。

**【業法等に関する官公庁の問合せ先の例】**

| 相談先 | 相談可能な内容 |
| --- | --- |
| FinTechサポートデスク（金融庁） | FinTechビジネスの立ち上げ等の相談を受ける |
| FinTech実証実験ハブ（金融庁） | 実験を通じて整理したい論点について担当チームを組成して支援をしてくれる |
| PPCビジネスサポートデスク（個人情報保護委員会） | 新しいビジネスモデルに関する個人情報、匿名加工情報等の相談窓口 |
| 景品表示法に関する相談窓口（消費者庁） | 事業者がこれから行うマーケティングやキャンペーン等について内容が景品表示法上問題ないか相談できる |
| 食品表示法に関する相談窓口（消費者庁） | 食品表示に関する相談 |

　起業家、経営チームで相談に行ってもよいですし、定義規定は抽象的な規定が多く、あるビジネスの局面において、どのように解釈・適用するかは専門的な議論になりやすいため、専門性の高い弁護士を通じて、官公庁に電話や面会形式で確認してもらうことも有効です。

　なお、**官公庁に確認を行う際、官公庁の誰から、いつどのような見解を得たのか、なんらかのエビデンスを作成**しておくようにしましょう。できれば専門家である弁護士に意見聴取書を作成してもらいましょう。これが適法性を対外的に説明するエビデンスとなります（資金調達における法務DD、業務提携の交渉プロセス、顧客との商談で、このエビデンスの提出を求められるケースがあります）。創業期でリーガルフィー

を極度に節約せざるをえない場面や、社内でリーガルリテラシーがある方がいる場面においては、起業家が官公庁に対して直接確認することも有効です。その場合には、できるだけメール等のエビデンスが残る形でどのようなロジックで適用されるか、されないか確認を取ることが理想です。

　確認した結果、自社のビジネスを行ううえである業法が適用されることが明らかとなったのであれば、業法の内容をしっかりと確認のうえ、業法を遵守する形で事業を進める必要があります。

## 6 グレーの場合の対応方法 ──グレーゾーン解消制度の活用

　弁護士に相談したり官公庁側に確認を行ったとしても、担当者レベルでは回答ができない、担当者の回答の歯切れが悪い等、法令の適用がされるかどうか正直よくわからない、こんなグレーな場面が確実に存在します。**官公庁に意見を仰ぐようなケースの場合、感覚的には全体の20%以上がこのようなグレーゾーンの論点を抱えている印象**です。

　グレーゾーンが増加している背景としては、2010年頃からホットなテーマだった、ソーシャルゲームやSNS等のスマートフォン×インターネットに閉じたビジネスモデルは一巡し、事業機会の大きなテーマが「インターネットの外」に移行しはじめた点が大きいように思います。

　通信インフラの革新やスマートフォンの一層の普及により、誰でもどこでも高速度のネットに接続できるようになったため、事業機会がネットの外に染み出し、UberやAirbnbといった従来型のリアル産業とインターネットを掛け算した新たな事業機会が出現したのです。その結果、起業家としてより法令・ルールと対峙しなければならない場面が増えてきているといえます。Uberが伝統的なタクシー業界・道路運送法と対峙をしたり、Airbnbがホテルや旅館業界・旅館業法と対峙するといったケースです。さらには、暗号資産（仮想通貨）、ブロックチェーンを

活用したWeb3.0などと呼ばれる従来の法がおよそ想定していなかった、新しい事業領域も現れてきています。

　伝統的な産業（金融、物流、医療、交通、農業、飲食等々）を規律するOS（オペレーションシステム）である企業活動を規律する業法は、昭和の時代に制定されたものが多く、レガシーシステムとして慣性の法則が働き、適切なアップデートが行われないまま放置されているものも見受けられます。このような領域でスタートアップが顧客価値を追及したプロダクトを提供していく場合、OSである法律・ルールが古く、そもそもビジネスモデルが実現できない、あるいはルールが適用されるかどうか専門家の目から見ても解釈難易度が高くよくわからないグレーな状況に直面する場面が増えているのです。

## グレーゾーン解消制度の活用のすすめ

　このようなグレーゾーンを論点として抱えたまま、IPOに向けてステージを進む場合、資金調達、重要な業務提携、証券会社による引受審査等のタイミングで、クリティカルな論点として問題が顕在化し、IPO準備における、ノックアウトファクターになる危険性があります。

　したがって、創業初期から顧客やステークホルダーへの説明上、法令の適用の有無を明確にする必要性が高ければ創業期からしっかりとクリアにしていくべきですし、そこまでの緊急度がなくとも、何かしらの論点があれば、**遅くとも事業の業績や成長性に照らしてIPOの実現性が見えてきた、N-3からN-2のタイミングで、クリアにしておく必要**があります。

　このような場面でのおすすめの制度は、**グレーゾーン解消制度の活用**です。これは、**「事業者が、現行の規制の適用範囲が不明確な分野においても、安心して新事業活動を行い得るよう、具体的な事業計画に則して、あらかじめ、規制の適用の有無を確認できる制度」**です。

　この制度が起業家目線で優れていると感じるポイントは次の点です。

## 【グレーゾーン解消制度の概要】

※両大臣間で調整がつかない場合は、内閣官房（再生本部を想定）の
調整や規制改革ホットラインを活用。

### 制度の流れ

①新事業活動を実施しようとする事業者は、その新事業活動に対する規制適用の有無について、事業所管大臣に確認を求める。

②確認の求めを受けた事業所管大臣は、規制所管大臣に規制の適用の有無を確認。規制所管大臣は、事業者の具体的な事業計画に即して、規制の適用の有無を判断し、事業所管大臣に回答（原則、1ヶ月以内で回答。1ヶ月以内に回答が出来ない場合には、1ヶ月毎にその理由を申請者に通知）。

③新事業活動内容の確認の中で、事業所管大臣は事業者からの相談に応じて必要な情報の提供及び助言を行う。

④規制所管大臣の回答は、事業所管大臣から事業者に両大臣連名で通知。回答後、規制所管省庁にて回答内容を公表。
※経済産業省においても同様に公表を実施しており、さらに照会者の同意を前提として照会書の公表を行っている。

⑤両大臣で回答の調整がつかない場合は、内閣官房（再生本部を想定）が調整、又は規制改革ホットラインを活用。

出典：経済産業省のホームページ

① 経産省等の事業所管官庁の担当者が民間企業側の立場に立ち、規制官庁との折衝の支援をしてくれる

　グレーゾーン解消制度の目的は、イノベーションの創出です。グレーゾーン解消制度の申請における交渉や申請対応についても、経済産業省等（事業所管省庁）の担当者がアサインされ、論点となっている規制を所管している官公庁（規制所管省庁）との折衝を窓口として推進してくれます（自分たちの事業がなんらかの業法の適用のある事業の場合、当該業法を所管する官公庁が事業所管省庁となります。特に業法の適用がない企業の場合には、経済産業省が事業所管省庁となります）。

　事業所管省庁の担当者はスタートアップ側の味方です。**申請における折衝についてもギリギリまで匿名で推進を行ってくれますし、藪蛇にならないよう留意してくれたり、回答結果についても、適切な回答内容となるよう一緒になって折衝を行ってくれるケースもあります。**

　行政側に対して、法令の適用の有無を事前に確認できる制度として、

ノーアクションレター（法令適用事前確認手続）という制度が存在しますが、ノーアクションレターの場合、企業側が直接、当該法令を管轄する官公庁とやり取りする必要があり、企業側、経営者側が藪蛇となることを恐れてきちんと相談できないという状況があったように思います（さらに、ノーアクションレターは不利益処分や罰則に関する規定がある法令に照会対象が限定されている点で使いづらさがあります。一方、グレーゾーン解消制度は照会できる法令に制限はありません）。

　事業所管省庁の担当者が間に入る形態をとるグレーゾーン解消制度によって、白・黒をはっきりさせることの心理的なハードルは大きく下がったといってよいでしょう。

② スピード感がある

　法制度上、グレーゾーン解消制度による照会を行った場合、規制省庁側は原則として1か月以内に回答しなければならないという義務付けが存在します（1か月以内に回答できない場合にはその旨を通知する）。したがって、グレーゾーン解消制度を活用することで、事業スピードを落とさずに回答を求めることができます。**ただし、実際に照会の申請を行うまでに、事業所管省庁の担当の方への説明、照会書類の作成、内容確認、規制所管省庁との事前折衝等で、数か月から長くて半年、場合によっては1年かかるケースもあるため、スケジュールとしては余裕を持って相談を行うことが重要**です。

## グレーゾーン解消制度を活用する3つのポイント

　筆者らがグレーゾーン解消制度を実際に利用してみて、制度活用におけるポイントは4つあると思います。

① グレーゾーン解消制度の**活用の前に、法律事務所と事前にきちんとロジックをつめ法的な理論武装**をする
② 事業所管省庁の担当者に**事業のビジョンを伝え、事業の社会的な意**

**義を理解**してもらう

③ 事業所管省庁の担当者も忙しいケースが多いため、**対応が遅くても
粘り強く継続的にアプローチ**する

④ すでに事業、機能としてローンチしているものは対象にならないため、
既存事業について確認を行いたい場合には、新たな機能や開発を付
加する前提で既存事業部分も含めて確認を行う等の工夫が必要

なお、グレーゾーン解消制度による照会の回答結果は、官公庁のホー
ムページで公開されます。グレーゾーン解消制度による回答は、事実上、
1つの法解釈を示すことになり社会全体に有益な情報だからです。回答
書には、"このような前提事実、ビジネスモデルは、XX法に違反するor
しない"旨が記載されます。ビジネスモデルの詳細まではそこに記載さ
れません。**ビジネスモデルの詳細を記載することになる照会書について
は、公開、非公開の範囲を決めることができますので（非公開の範囲は
黒塗り）、事業の競争優位性のコアとなるビジネスモデルの詳細が公開
されることはない点も安心できる点**です。

グレーゾーン解消制度の活用例としては、2023年9月末までに263件
について回答がなされています。事例については、経済産業省のホーム
ページにも記載があるので[2]、自社の事業領域においてなんらかの回答結
果が出ているかチェックしてみましょう。

## 7 | 黒の場合の突破方法──規制のサンド ボックス制度や新事業特例制度等の活用

業法に抵触する場合、きちんと業法を遵守するのが大原則です。しか

---

2 https://www.meti.go.jp/policy/jigyou_saisei/kyousouryoku_kyouka/shinjigyo-
kaitakuseidosuishin/result/gray_zone.html

し、先に述べたように、伝統的な産業を規律するオペレーションシステムとして企業活動を規律する業法は、昭和の時代に設立されたものが多く、レガシーシステムとして慣性の法則が働き、適切なアップデートが行われないまま放置されているものが散見されます。

このような産業領域でスタートアップが顧客価値を追求したプロダクトを提供していく場合、**OSである法律・ルールが古く、法律のほうを改正すべきタイミングに来ているケースもあるのです。現行法上ハードルが存在しビジネスモデルの実現が難しいと感じても、社会的な意義や顧客価値の観点で、法律を変えるべき大義があると考える場合には、必要なアクションを取るべき**でしょう。

現行法上の黒の可能性がある事業領域においては、なかなか勇気を出して声を上げることのハードルがあると思います。しかし、起業家として胸をはることができる信念、ロジックがある場合、既存のルール・法律のほうにこそ問題があるケースも多いといえ、新しい事業のタネが潜んでいるというべきです。その場合、以下に説明するようなルールを変えていくためのアクションを取ることは有効です。取りえるオプションは複数存在し、同時並行的に動いていくことが考えられます。以下、それぞれ説明します。

## 規制のサンドボックス制度（生産性向上特別措置法）の活用

グレーゾーン解消制度がビジネスモデルがある法令に抵触するかどうか一義的にわからない場合＝グレーな場合に活用する制度であるのに対し、本制度は、**行おうとしているビジネスモデルが現行法上は違法と判断される可能性があることを前提に、まずはスモールに事業の「実証」を行うために、参加者や期間を限定して、規制の適用を受けることなく、新しい技術の実証、検証を行うための制度**です。地域や実証テーマに特に制約はありません。より不確実性の高い実証が必要な新技術や早い事業ステージにおいて活用が有効な制度です。後述する、新事業特例制度が、規定の特例を設けて事業を実際に進めていくことを求める制度であ

るのに対して、よりシードステージに近い事業ステージで活用する制度となります。規制のサンドボックス制度によって、短く期間を区切って新技術の有効性や副作用、どのような安全性等の措置が必要かの実証を行い、実際に広く事業として展開する場合には、新事業特例制度を活用するというステップも可能です。活用フローは以下のとおりです。

① 内閣府、内閣官房と事前相談のうえ、事業所管大臣、規制所管大臣に申請
② 官庁側で、新技術等効果評価委員会（内閣府）の意見を聞いて、計画の可否を検討、通知、公表
③ 企業側で実証実験を実施、定期報告、終了報告をし、内容によって全国的な規制の見直しを検討する

2023年12月時点で19件が認定済みとなっており、以下のような事例があります。

金融：前払式支払手段と交換可能なポイントを労働者へ付与することに関する実証
モビリティ：電動キックボードのシェアリング実証
ヘルスケア：ブロックチェーン技術を用いた臨床データのモニタリングシステムに関する実証
飲食：ロボットを用いた無人カフェの営業の実証

実証結果を踏まえて、電動キックボードについて道路交通法が改正されるなど、法改正に至った事例も存在します。

## 新事業特例制度の活用

本制度は、**行おうとしているビジネスモデルが現行法上は違法と判断される可能性があることを前提に、安全性等の確保を条件に、例外的に**

当該企業に限定して、規制の特例措置を要望し、事業計画を認めてもらい、実際に事業を進めていくための制度です。テーマや地域に特に制限はなく、あらゆる分野で申請可能です。(1) の規制のサンドボックス制度が参加者や期間等を限定した「実証」の位置づけであるのに対して、本制度は、規定の特例を設けて「事業を実際に進めていく」ことを求める制度です。実証ではなく実際に事業推進を求めていく意味で、事前調整や制度利用のハードルは規制のサンドボックス制度よりも高いものがあります。制度の利用ステップは以下の3つです。

① 企業単位で規制の特例措置の要望を提出。規制省庁側で検討を行い、回答。GOの場合、特例措置を実施
② 事業者側として、安全性等をどのように確保して事業を推進するかのプランを提出して、認定してもらう
③ 事業の実施状況を随時報告し、規制自体の撤廃、緩和が必要と判断されれば、全国一律で法整備を実施

　認められれば特例として、企業単位での特例措置の適用が行われる点が特徴です。こちらもそれぞれの要望書や計画書の提出の折衝にそれなりの時間がかかるため、ランウェイとの戦いであるスタートアップの場合、スケジュールの時間軸に留意が必要です。

　2023年12月末時点で、16件の活用事例が存在します。以下のような事例があります。

モビリティ：電動キックボード運転時のヘルメット任意着用や走行場所の拡大
インフラ：水素ステーションの遠隔監視型セルフ運転
生活：オンライン質屋
製造：環境負荷が低い不活性ガスを使用した製品の製造販売

## 国家戦略特区

　本制度は、世界でもっともビジネスを行いやすい環境を作ることを目的として、分野や地域を限定して大胆な規制・制度、税制面の優遇を行う規制改革制度です。

　新しく特例措置を作る流れは以下のとおりです。

① 特例措置について提案を行う
② 特区ワーキンググループで調査、検討を行う。必要があれば特区諮問会議が審議を行い、所管大臣の同意を得たうえで対応方針を決定する
③ 特区法、関係法令等の改正等で特例措置が実現される

　設定された特例措置の活用もできます。
　以下一例です。

観光：古民家への観光業法の適用除外
医療：外国医師の業務解禁
都市再生：エリアマネジメントの民間開放
創業：一般社団法人等への信用保証制度の適用
外国人材：外国人家事支援の受入解禁

## 電動キックボードにおける制度活用事例

　規制のサンドボックス制度、新事業特例制度の制度の利用例として、電動キックボードの事業領域における活用の流れについて説明します。

　まず、国内の電動キックボード事業者は、規制のサンドボックス制度を活用することにより、大学内等で電動キックボードの走行の実証実験を行いました。その後、電動キックボードの走行場所の拡大について、電動キックボードの事業者から規制の特例措置についての申請がなされ、

それが認められた結果、複数の事業者の事業が認定されました。

　電動キックボードはこれまで道路交通法上の原動機付自転車（いわゆる、原付バイク）に分類され、自転車専用通行帯を走ることがNGとなっていましたが、これにより自転車専用通行帯の走行が可能となり電動キックボードの普及が期待できます。事業検証の結果を受けて、一定サイズや装置の電動キックボードであれば、16歳以上に関しては免許やヘルメットなしで電動キックボードに乗れるようになる等、道路交通法が改正されることになり、**規制のサンドボックス制度、新事業特例制度を活用して、法整備まで結びついた事例の１つ**といえます。

## グレーな場合、黒の場合の対応のまとめ

　以上述べてきたように、**グレーな場合には①グレーゾーン解消制度の活用、現行法上認められない可能性が高いブラックなケースでは、②規制のサンドボックス制度、③新事業特例制度という３つの制度が官公庁とのコミュニケーションツールとしての三種の神器**といえます。

　その他にも、議員、政党、内閣に対して直接的に法改正を働きかけていくロビーイングの手法もありますが、本稿では詳細について割愛します。スタートアップの事例ではないですが、『ルールメイキング　ナイトタイムエコノミーで実践した社会を変える方法論』(学芸出版社）では、齋藤貴弘弁護士がまさに１人の起業家として、さまざまなステークホルダーに働きかけを行い、風営法の改正に至った１つの事例であり、ロビーイングの実態を学ぶうえでおすすめの書籍です。

　なお、内閣府が「規制改革推進会議」という経済社会の構造改革を進める会議体を設置し、各事業領域におけるワーキンググループを組成、規制の見直しを随時進めています。緊急かつ重要度が高いと考えられる場合、規制改革推進会議に働きかけを行うことも考えられるかもしれません。規制改革推進会議に要望を提出する手続に関しては、規制改革・行政改革ホットライン（縦割り110番）等のホームページを確認してく

ださい。

## 8 GR（Government Relations）とは何か

　ここまで述べてきたことを総括すると、**政府、国をスタートアップの事業推進における重要なパートナーとして位置づけ**、前述したような**制度利用のタイミングだけの単発での関係性ではなく、継続的な関係構築を行っていくこと＝ガバメントリレーションズ**（Government Relations、**通称GRといい、官公庁の方と関係性を構築していくことをいいます）の重要性を指摘できます。**

　企業には顧客、従業員、投資家等のさまざまなステークホルダーが存在しますが、重要なステークホルダーの1つが国、政府です。

　特に、将来の規制環境が自社の事業に重大な影響を及ぼす事業ドメインで事業を推進するスタートアップはGRの点についても意識し、投資をしていくことが必要です。このような**スタートアップにとってGRチームを作り時間を投資していくことは、将来の規制を予測し、自らにとって有利な規制を作り、あるいはプロダクトの規制への早期対応を可能とするため、先行優位性を形成しやすく、事業戦略上、重要なポイント**といえます。

　筆者らが見てきたなかで、GRのポイントとしては、以下の3つがあると思います。

① 自社でなく大義で動く

　国、政府が1社の事業のために規制の姿を考えるということはありえないことです。コミュニケーション上の重要なポイントは、**自社だけではなく国民一般にとっての大義、公正さ、利便性があること、そのためにルール、規制のあるべき姿を伝えていく意識、姿勢**です。

## ② ファクトを伝える

　国や政府が意思決定を行ううえで大きな情報の非対称性があるのは、顧客レベルでのファクトです。**国、政府側には、実際国民がどのような課題を抱えていて、どのようなニーズが存在するのか、ニーズを解決するためのソリューション、新しい技術としてどのような手段があるのか、現在の規制がどのような障害となっているのか等について、圧倒的にファクト情報が足りていません**（このような法律の立法の背景となる事実を「立法事実」といいます）。最前線で顧客課題を観察するスタートアップ企業は、このような立法事実、ファクトを丁寧に伝えていくことで国、政府を動かすことができます（その意味で、規制のサンドボックス制度は、ファクトを国と一緒になって実証、確認するための方法としても位置付けられます）。

## ③ 人間関係が重要

　リレーションというからには、どこまでいっても人と人との信頼関係、人間関係が重要です。先に紹介した制度を活用するにしても、目の前の経営者、担当者が信頼に足りる人物なのかという点は吟味されることでしょう。政策立案の資源は有限です。官僚だから国民のために働くのがあたりまえというスタンスではなく、社内と同様に**相手の状況、忙しさへの配慮を行ったうえでのコミュニケーションが重要**です。

> **まとめ**
>
> - 企業活動によるさまざまな害悪を避けるために、各事業領域ごとにあらかじめ企業活動を行ううえでのさまざまなルールが存在する。違反すると刑事罰、業務停止まで発展するケースがあるため新しいことを行うスタートアップにとって注意が必要。
> - 法令への適合性については、プロダクトローンチ時、新機能追加時、法律改正時にチェックが必要。プロダクトマネージャーは早

めに相談する必要がある。自社の事業ドメインの領域の法律について把握したうえで法改正の動向をウオッチしておく。特に業法の適用の分水嶺となる定義規定と規制の内容（誰がいつどんな対応をする必要があるのか）が大切。

- ビジネスモデル、プロダクトの法令適合性については、当該領域に精通した専門性の高い弁護士に相談すること、法令を所管する官公庁に直接確認することが重要。
- 官公庁側に確認しても明確な回答が得られない場合や専門家でも判断が分かれるグレーなケースではグレーゾーン解消制度の活用を検討する。
- 法律側が古く規制改革の必要性が高い法令はまだ多い。社会的意義があるが既存の法令に抵触する事業を検討する場合には、規制のサンドボックス制度や新事業特例制度等の活用を検討する。

**チェックリスト**

□自社の事業領域に関係がある法令を特定し、最新動向をウオッチするようにしている。

□法令への適合性についてプロダクトチームが適切なタイミングで専門家に相談する相談フローを導入できている。

□グレーゾーン解消制度、規制のサンドボックス制度、新事業特例制度等の制度の概要と活用場面を理解した。

□ガバメントリレーションズの重要性と対応の留意点について理解した。

# 法律事務所・弁護士への相談方法と法務組織の構築方法

　大きな徒労感に苛<ruby>まれていた。

　世界中の人たちを笑顔にしたい。そんなピュアな想いから、わたしは起業した。会社を立ち上げたのは、大学3年生のとき。いわゆる、学生起業というやつだ。プログラミング学習教材をやり込んだり、いくつかのスタートアップでインターンしたりして、基本的な開発技術を身に着けたうえで、準備万端での起業——だと思っていた。

　まずは身近な人たちを笑顔にするプロダクトを作ろうと、スマートフォン向けの時間割アプリを開発。ただの時間割アプリではなく、それぞれの授業の評判や感想を他のユーザーとシェアできる、SNS機能もついているものだ。

　約3か月、寝食も忘れて開発にのめり込み、なんとかアプリを形にする。早速β版をローンチし、これまで業務委託で手伝ってもらっていたデザイナーにも正式に社員になってもらおうと思ったタイミングで、実務上の不明点がいくつも出てきた。利用規約はどうやってつくればいいのか、契約書が適切に書けているのか、社員の雇用はどのように進めればいいのか……専門的な知識が必要だと思われる事項がいくつも出てきて、弁護士への相談が必要だと感じるようになった。

　でも、知り合いに弁護士なんていないし、どうしよう……あ、そういえば。わたしの両親は、地元に根ざした小さな興信所を経営しているのだった。

電話して相談してみると、「いつも見てもらっている弁護士の先生を紹介するよ」と快く答えてくれた。本当にありがたい。いわく、離婚調停に関しては百戦錬磨の先生らしい。その先生は、もう30年以上もお世話になっているという、大ベテランの弁護士さんなのだとか。やはり、持つべきものは家族だ。さっそくアポを取り付けて、その先生の弁護士事務所にお邪魔することになった。

＊　＊　＊

　もはや、わたしもいっぱしの起業家だ。凱旋帰国のような気分で、久しぶりに地元（と言っても都心から1時間くらいで行けるベッドタウンだけれども）に戻る。実家のある駅から各駅停車で3駅ほどの、ターミナル駅へ。その駅の中央改札から10分ほど歩くと、その先生の事務所はあった。

　まるで一昔前のテレビドラマにでも出てきそうな、年季の入った、歴

史を感じさせる建物。「こんな事務所で、スマホアプリについての相談
……？」。一抹の不安がよぎったが、「ずっと実家の会社を見てきてくれ
たのだから」と自分に言い聞かせて、ゆっくりと扉を開けた。

　迎えてくれたのは、ふつうの会社であれば定年を過ぎていそうな、わ
たしの両親よりも一回りくらい年上であろう、明らかにご高齢の男性弁
護士。スマートフォンすら使ったことがなさそうで、また不安がよぎっ
た。でも、この期に及んで引き返すわけにはいかない。これから立ち上
げる会社の顧問弁護士になってほしい旨を伝えた。

「とにかく立ち上げたばかりでお金がなくて……できるだけコストを抑
えたいのですが、たとえば月額5000円で顧問契約を結ぶことは可能でし
ょうか？」

　正直に言えば、これでもかなりキツイ。月5000円でも、年額にすれば
６万円になる。マネタイズの見込みはまだまだなく、すぐには投資を受
けられそうなアテもないなかで、なんとかひねり出した金額だった。そ
の先生は、一瞬顔をしかめたが、すぐに何かを納得したかのように、承
諾してくれた。

「ご、5000円……？　なるほど、時間割アプリですね。学生さん向け、
ね。はい、はい。いいですよ、あなたのご両親にはいつもお世話になっ
ていますから。では、いつでも相談してくださいね」

　なんとか受けてもらえたようで安心した。さっそく、利用規約や契約
書、社員雇用に関して矢継ぎ早に質問を投げかけると、先生はあくびを
しながらこう答えた。

「はい、はい。お悩みはよくわかりました。いまは時間がないから、後

ほどお電話などでまとめてお答えします。ひとまず、今日のところは次
の予定もあるので、いったんこれまでとさせてください。こちらから数
日以内にお電話しますので、待っていてくださいね」

　本当に悩みが伝わっているのだろうか。正直、一抹の不信感はあった
けれど、おじいちゃんとはいえ、この先生もちゃんとした弁護士である
ことに変わりはない。この人もプロだ、しっかりわかっているに違いな
い。そう言い聞かせ、事務所を後にした。

＊　＊　＊

　１週間経っても、電話は来なかった。しびれを切らした僕は、何度か
メールをしたが、いっこうに返信は返ってこない。こちらからも電話を
かけたが、ぜんぜん出てくれない。事務所を訪れてから10日後、ようや
く出てくれたと思ったら……

「はい、はい。よくわかりました。いま忙しいから、またこちらから折
り返します」

とだけ答えて強制的に電話を切られてしまい、それからまた音沙汰なく
１週間が経った。

　信じられないことに、事務所を訪れてから２〜３週間経つのに、何一
つアドバイスをもらえていない。これで本当に顧問弁護士といえるのだ
ろうか？
　でも、この疑問を解消しないと、β版もローンチできないし、人も雇
えない。刻一刻と無為に過ぎていく時間に、焦りばかりが募っていく。

「仕方ない、直接事務所に行こう」

アポイントを取ろうにも電話がつながらないので、また地元に帰り、先生の事務所を訪れた。しかし、何度ピンポンを押しても出ない。夜逃げでもしたのだろうか？　しかし、両親に聞いてみると、最近も変わらず連絡を取れているという。なぜ、わたしにはしっかり応じてくれないのだろうか？

＊　＊　＊

そうこうして悶々とした日々を過ごすなか、久しぶりに以前インターンしていた会社の先輩で、いまは起業家として順調に事業や組織を拡大させている人と食事に行く機会があった。信頼できる人だったので、いまの顧問弁護士にかかわる状況を洗いざらい話してみた。すると、とても驚いた顔をして、先輩はこう言った。

「え？　5000円で顧問弁護士？　はっきり言って、ありえないね……。スタートアップであっても、顧問契約であれば月に4〜5万円かかるのが相場。5000円での契約なんて聞いたことがないし、ハナから何もする気がなく、かたちだけ顧問契約を結んだだけなんじゃないかな？」

なんと……。月に4〜5万円……そのくらい支払わないとダメだったのか……。顧問契約をお願いしたときのあの驚いた表情は、そういう意味だったのか。時間割アプリということで、なんだか学生のお遊びのようなものと勘違いされてしまったのかもしれない……。

こうして、約1か月の無駄な期間を経て、振り出しに戻ってしまった。そうこうしているうちに、競合サービスらしきプロダクトはどんどんユーザー数を伸ばしているようで、わたしのサービスはローンチ前からかなり厳しい状況に置かれてしまっている。手間とコストを惜しまず、しっかりと企業法務が専門の弁護士を紹介してもらい、適切なフィーをお支払いしていれば……。

## 1 | 創業期は、外部の法律事務所、弁護士への依頼が中心

　シード、アーリーステージで、まだまだ人数も少なく組織が明確に機能別の組織となっていない段階では、社長やCxOの誰かが法務を見るケースが多いと思います。この段階では、コスト的にも社内に法律の専門家を置くことは難しいのが通常です。1人目の社内弁護士を採用しようとした場合、スタートアップ側でも教育能力がないため一定以上の経験者を採用する必要がありますが、ストックオプションを入れても最低でも600万〜1000万円程度の年収水準を想定する必要があるため、多くのシード、アーリーステージのスタートアップにとっては正社員としての年収水準と比して、定常的にお願いする業務が少なく、too muchであるケースがほとんどです。

　したがって、**シード、アーリーステージにおいて、財務的にも社外の法律事務所、弁護士の力を借りる必要**があります。

## 2 | 外部弁護士の選定の留意点

　では、どのように外部の弁護士を選んだらよいのでしょうか。ビジョナリーカンパニーでは、誰をバスに乗せるべきか？　が企業経営において真に重要な要素の1つとされていますが、スタートアップの目の前に潜むさまざまなリスクを発見し対応していく役割として、どのような専門家を起業家の助手席に座らせて、リスクを認識、判定してもらうかはとても重要です。

　この点、外部の弁護士・専門家には、大きく2つのタイプが存在し、スタートアップとしては、時と場合により2つのタイプの弁護士をうまく使い分けることが重要です。

## 2つのタイプの弁護士をうまく使い分ける

　1つは企業法務について比較的ジェネラルな知識を持つ**ジェネラリストとしての弁護士です。顧問弁護士にすべきなのはこのタイプ**です。この弁護士に依頼するのは、一般的な契約書のレビューやコーポレート面全般＋この弁護士の得意分野です。特に専門性が高い法律の論点については、ジェネラリストとしての顧問弁護士を経由して、**より専門性の高い弁護士を紹介してもらうネットワークを社内外に持っていること、そのようなクライアントファーストの考え方を持っていることも、重要な判断ポイント**だと思います。

　もう1つは、**特定の領域における法令適合性の判断等、高い専門的な知見が求められるケースについて、肌感、土地勘をもって対応できる専門性が高いスペシャリストタイプの弁護士**です。筆者らの経験では、適切な土地勘、リスクの肌感を持った専門家に依頼をすれば、仮に1時間10万円のタイムチャージでも1時間で確度の高いリスク評価、結論が出ることが多い印象です。一方で、まったく肌感のない専門家から1時間1万円のタイムチャージで意見をもらった場合には、多くの時間がかかるうえ、結論がそもそも間違っており後からビジネスモデルを修正する、というケースも残念ながら見てきています。

## 顧問にすべきは「ハブとなる弁護士」

　重要なのはこのような専門性の高い弁護士のネットワークを持つハブとなるような、弁護士・専門家を顧問弁護士として仲間に入れることです。専門家の知見、スキルは専門家にしか判断できない部分があるからです。

　このことは経営学の知見においても「トランザクティブ・メモリー（Transactive Memory）」として重要視されているコンセプトです。これは、**経営資源としてメンバー間で「Who knows What」を共有することによって、組織の学習効果やパフォーマンスが上がるという考え方**

です。組織における情報の共有化といっても、人の記憶量には限界があり、また全員が同じことを覚えていることは効率がよいとはいえないため、組織メンバーのネットワーク上において「この分野のことが知りたいときには、この人に聞くとよい（Who knows What）」という情報自体を共有することで、組織全体の知の広さと深さを獲得できるという発想です。

　**創業期のスタートアップは、専門性の高い弁護士を多く知っているハブとなる（Who knows whatをたくさん知っている）弁護士を顧問として選ぶことが重要**です。ある証券会社の欧州オフィスのリーガルのトップの年収は数億円規模と聞いたことがあります。理由を尋ねたところ、適切な専門家を引っ張ってくるネットワークがあるという点がその方の重要なバリューということでした。経営資源が乏しい、スタートアップにとっても重要な考え方といえるでしょう。

# 3 外部弁護士に依頼する際の留意点

## コストを気にしすぎると、弁護士が必要な情報を得られない

　次に外部の弁護士に依頼する際の留意点について説明します。依頼者、受任者の金銭的なインセンティブ構造がリーガルリスクの発見と適切な評価を形骸化させてしまう可能性がある点についてです。

　まず、企業法務の弁護士の報酬は基本的にタイムチャージ制です。稼働時間×1時間当たりの稼働単価（日本国内の弁護士であれば、ジュニアですと1〜3万円、ミドル〜シニアですと3〜6万円、トップクラスの弁護士になれば6〜10万円といったケースもあります）で報酬が計算されます。

　このような報酬構造のうえ、依頼するスタートアップ側は資金面に余裕があるわけではないため、どうしてもコストを念頭に置くことになり、

常時ではなく単発で依頼のスコープを相応に絞って依頼を行います。一方で、依頼された弁護士側としても、基本的には多忙であり、かつ依頼者側がスタートアップで金銭的な余力がないことはわかっているため、深く依頼の全体像を把握することなく、あくまで依頼されたスコープ内でのリーガルサービスにとどまってしまうケースが散見します。

　一見すると無駄と思われるビジネスサイドの背景情報などを依頼する側が提供せず、依頼される弁護士側もスタートアップ企業の懐事情に鑑みて聞きにいこうとしない構造があるのです。


　ここに1つの大きな落とし穴があります。弁護士報酬のコストコントロールを過度に意識してリーガルリスクの発見が抜け漏れてしまう可能性が出てきます。法的に重要な論点は、一見すると無駄な背景情報などに隠れているケースも多いため、リスク判断はそのような情報を入手するとより深く正確に機能する側面があります。したがって、**スタートアップとしては、コストキャップ、上限を意識しつつも、ビジネス進捗や採用進捗、ファイナンス進捗、そして今後の戦略、プロダクトの方向性等も含めて、広く弁護士サイドに情報を伝えていくことが重要**です。

　とりわけ、**プロダクトの「新規機能」や「大きなオペレーションの変更」については、思わぬリスクや法令への抵触判断が必要なケースが多いため、時間的な余裕を持ってまえびろに相談することが重要**です。


　ややウルトラCの方法ですが、**外部の弁護士、専門家を自社のSlackやメーリングリスト等のコミュニケーションのスレッドに追加し、不要とも思えるビジネス情報も含めて共有してしまうという方法**もあります。一方で、外部の弁護士・専門家にとっては負荷が高くなり嫌がられるケースも多いため、弁護士側の負担感に配慮した顧問契約での取り決め、工夫が必要かもしれません。

## 弁護士にストックオプションを発行することの是非

　少し脱線しますが、近年弁護士報酬を株式やストックオプションで受け取る弁護士も増えてきている印象です。ストックオプションを発行してもらう代わりに顧問料をなしとするか、あるいは著しく安い金額で受けるケースです。一方、最後の砦機能としてガバナンスを効かせる立場である弁護士は、時として企業価値が毀損したりIPOが延期になったりしたとしても直言しなければならない役回りであり、取得している自身のストックオプションの価値を下げるアドバイスを迫られるケースも存在するため、株式インセンティブが適切なインセンティブといえるかは、弁護士倫理的な論点が含まれている点に留意が必要です。

## 4 ｜ ミドル〜レイターステージ（以降）における1人法務に求められること

　次に、事業が成長し組織規模が大きくなってきたタイミングにおける法務組織について見ていきたいと思います。ミドル〜レイターステージ以降は、組織が規模化し、経営企画、マーケティング、PR、営業、プロダクト、開発、HR、法務、財務経理、総務等、機能別の組織へ発展していきます。

　法務専任者を採用するのは、IPOを意識しはじめるN-3〜N-2くらいのタイミングです。このタイミングでは、上場準備も見据えて、いよいよ社内に法務の専任（あるいは兼務であるものの業務の大部分で法務を担う）メンバーを採用または配置するケースが多いでしょう。

　では1人目の法務はどのような人材が理想でしょうか。財務的にも余力があり事業のエコノミクスがすでに見えている段階であれば、社内で弁護士を採用することも有力な選択肢です。特に、Web3.0、フィンテック、ヘルステック、MaaSといった事業創造と規制がとても近い領域においては、社内において弁護士を採用することで飛躍的に規制への対

応力を高めることができます。

とはいえ、財務的にも採用競争上もなかなか弁護士を採用できるケースは少ないでしょう。このタイミングの1人法務に求められるのは、コミュニケーションスキルをベースとした、**高い交通整理の能力**です。すなわち、社内で対応できそうな契約等の作業については社内で実施しながら、専門性の深さに応じて、外部の顧問弁護士やその他の専門性の高い弁護士に依頼し、外部弁護士の力をうまく引き出せるスキルを持った人材です。

さらに、スタートアップで1人法務を担ってもらう人材には、会社のリスクセンサーとして、人体でいうと網膜や常時作動する反射的な思考部分を担ってもらうことになるため、**"どんな法律かわからないが、これはなんとなく危ない、違和感がある"と気づける力**があることもまた重要だと思います。このような直感は一定の経験が必要になる部分であるため、少なくとも3〜5年以上の法務経験を持っていたほうがよいでしょう。

## 5 | レイターステージ（あるいはそれ以降）における法務組織作りのポイント

### 事業サイド・プロダクトサイドと対立しがち

よりIPOに近づくフェーズですと、企業によっては複数の法務を採用したり、バックオフィスの業務も細分化されたりしてくる状態となります。このステージでは、法務とはバックオフィス、事業サイドとはフロントオフィス（営業、マーケティング等）であり、求められる役割、スキルやマインドセット、報酬体系、人事評価形態は当然異なるため、組織構造上は通常、別組織として位置づけられます。

組織は分けた瞬間に対立しやすい運命にあるといわれています。人事

組織の教科書で紹介される有名な実験の結果としても、**人間は自分から遠い存在に対しては残酷さが増すといわれており、別の組織になった瞬間に敵対構造を作りやすい生き物**といわれます。特に、**スタートアップにおいて成長のアクセルを担うプロダクトサイド、事業サイドと、どちらかというと立ち位置としてはブレーキサイドの法務というのは、感情的に対立しやすい宿命**にあるのです。このような人事組織上、通常同じチームとして認識されてこなかった**2つの機能を、組織内において、どのように有機的にコラボレーションさせていくかがマネジメントチームの腕の見せ所であり、社内できちんとしたリスクマネジメントを機能させるうえで重要なポイント**です。

　それでは、どのようなしくみや構造、文化を作ることができればよりいっそうフロントと法務の2つの組織が有機的に協同していけるのでしょうか。

## 法務に必要な「QDF」

　プロダクトサイド、事業サイドのありがちな意識として、法務やリーガルチェックは面倒くさく、うるさいことばかりをいわれるため、できるだけ最小限の工数でうまくやり過ごしたいという心理は、人によって多かれ少なかれ存在するものだと思います。リーガルサイドにいる担当者は、この点をよく踏まえる必要があります。

　当然ながら、このような心理状態、意識のままでは、適切な情報を提供してもらえないため、法務として十分な役割を果たすことは難しいでしょう。事業サイドには、事業やプロダクトを進めるパートナーとして法務は必要不可欠で信頼できる存在だと、認識してもらう必要があります。そのために、法務に求められるのは、法務とはある種、社内のプロフェッショナル（ファーム）であり、企業の違法行為を抑止する最後の砦としての矜持を持ちながら、一方で事業サイドが社内におけるクライアントであると捉え、プロフェッショナルとして適正なフィーを請求するくらいの心づもりで、**事業サイドのニーズを敏感に察知し、Q**

（Quality：高いクオリティ）、D（Deadline：速いスピード）、F（Flexibilty：柔軟で機転の利く対応）のサービスを提供し付加価値をつけること、その意識を持つことです。

　そのような意識を持たざるを得ない人事上の評価システムやフィードバック体系を整えていくことがマネジメントチームに求められることだと思います。法務においてクライアントファーストの意識が醸成されることで、プロとしての高い品質のサービス提供につながり、それが事業やプロダクトサイドからの信頼の獲得につながりますし、**事業サイドから事業推進の重要なパートナーだと認識されれば、より積極的な・まえもっての情報提供が期待でき、より精度の高い社内における法務サービスの提供、ひいてはリスクマネジメントや企業価値の向上につながっていきます。**

## 6　リーダーのバイアスは、リスクマネジメント機能を形骸化する

　最後に社内の法務等のリスクマネジメント機能を正常に機能させるうえでの、起業家・経営者としての役割の重要性について指摘したいと思います。

　網膜、脳は常に多くの刺激を受け続けています。しかし、コンピュータのCPUと同様に、脳の情報処理のリソースには限りがあるため、あらゆる情報の処理を一度に行うことはできません。そこで、脳は、光、音、匂い等の外的な刺激と感情等の内部的な刺激の一部に着目・注目（アテンション）して、その他からの刺激を遮断し、情報を取捨選択することにより、情報処理を行っているといわれます。

　観察、思考を行うこととは、限られたリソースを、選択と集中の戦略により意識的に配分し、情報処理を行うことを意味するのです。

　このように脳のリソースは限定的であることから、意思決定の際には、

代表的には以下のようなバイアスやヒューリスティック（heuristic：先入観や経験を頼りにする思考方法、意思決定方法）が存在するといわれています。よい面にスポットをあてると「仮説思考」ともいえる思考方法であり、事業をどんどん前に進めていくうえで大変有益な思考方法ですが、リーガルリスクの認識や評価においては、時として深刻なエラーにつながることがあり、注意が必要です。

## 起業家・経営者として注意したいバイアス

### ■ 非注意性盲目

ある事象について特に注意を向けると、他の事象について眼に入らなくなってしまうこと。

たとえば、ある専門家から著作権の問題について指摘されたためその問題だけについて相談していたが、実は他の点についても重大な論点があった……などです。

### ■ 利用可能性ヒューリスティック

個人的にかかわりがある、頻繁に目にする等、思い出しやすい、入手しやすい情報だけから判断を急いでしまうこと。知らない、または入手しにくい重要なファクトを見落として判断してしまうこと。

たとえば、前職でメディアを推進していた際、著作権と個人情報の問題があっただけだったので、その経験を踏まえた対応をしていたが、実は現職では医療系の内容も含んでいたため、薬機法についても対応する必要があった……などです。

### ■ 無変化のバイアス

ものごとはあまり変化しない、一定のままあり続けるだろうと考えてしまうこと。

たとえば、同意さえ取ればメールの中身を見ることは問題ないと考えていたが、経営者が思っていた以上にプライバシーに対する意識が変わ

っており、メールの内容を解析する行為自体について大きく炎上してしまった ……などです。

　経営判断全般にもいえることではありますが、**リスクの評価や対応策における意思決定においても、このようなバイアスが常に存在**すること、そして、**小さい組織であるスタートアップの場合、組織のトップである起業家がそのようなバイアスを持った場合、リスクマネジメントの機能は形骸化してしまうことに起業家は留意、注意が必要**です。このようなバイアスは実は頭がよいといわれる人ほど強く働きやすいという実験結果も存在します。

　バイアス自体、消し去ることはできませんが、バイアスへの対処方針はシンプルです。バイアスは消すことができないということ、バイアスは組織の事業インサイトとリスク発見の両面で悪影響を与えることに留意し、あらゆる意思決定にバイアスがかかっていることを意識したうえで、情報収集、判断、発言をすることです。バイアスがかかった経営トップの発言は、想像以上の影響力を組織に及ぼすことから、重大な判断であればあるほど、バイアスがあることを前提とした、虚心坦懐な対応を心がけることが重要です。

---

**まとめ**

- 企業法務領域の弁護士にはジェネラリストとスペシャリストの大きく2つのタイプが存在。時と場合により2つのタイプの弁護士を使い分けることが重要。
- スタートアップとしてコスト抑制の観点で、弁護士のタイムチャージを抑制しようと相談の範囲を狭めると、かえって適切なアドバイスをもらいづらいことに留意。プロダクトの新機能の実装や大きなオペレーションの変更等、事業変更の重要局面では事業の背景についても幅広く共有、相談するようにする。
- 1人法務の採用ポイントは、一定の幅広い経験と高い交通整理能

力、業界ネットワーク。法務組織作りはフロント組織部門との協調、連携のしくみ作りが重要。

● リーダーのバイアスは企業にとって致命傷になるケースが存在する。リスクマネジメント面だと非注意性盲目、利用可能性ヒューリスティック、無変化のバイアス等に留意しておく。

□ジェネラリストタイプの弁護士との接点や自社の事業領域において経験、知見のあるスペシャリストタイプの弁護士とのネットワークがあり、社内メンバーが相談できるフローを構築している。

□外部の弁護士への依頼、相談する際の留意点について、社内メンバーも理解している。

□1人法務や法務組織作りの留意点について理解した。

□リーダーとして、さまざまなバイアスが存在することに留意した対応を心掛ける。

第 3 章

# 契約

# 利用規約の作成・管理・運用

　わたしは昔から、要領の良いタイプだったと思う。学年で一番の成績や運動能力を誇ったことは一度もないけれど、常に10番以内はキープ。取り立てて得意な科目や苦手な科目はなく、あらゆる科目で、ポイントを絞って必要最低限の勉強をすることで、満遍なく上の下くらいの評価を得ていた。部活や遊びも同様で、とにかくあらゆるジャンルにおいて「いい感じ」だった。

　そんなこんなで、高校時代は部活や遊び、恋愛を十二分に楽しみながら、効率良く受験勉強も進め、トップ私大に進学。大学1〜2年生は、テニスサークルに入り、大学生らしい遊びを満喫した。ただ、2年生の中頃になると、そんな"大学生ごっこ"にも飽きが来て、なんともなしにスタートアップのインターンシップに参加。今までに知らなかった刺激的な世界が広がっていて、どんどんビジネスの世界にのめり込んだ。持ち前の要領の良さを十二分に発揮しながら、すぐに社員顔負けのエース人材に。大学3年生になる頃に「わたし自身の力を試してみたい。起業してみよう」と思うようになったのは、必然的な流れだった。

＊　　＊　　＊

　インターン生の同期の中でも、特に優秀だったエンジニアを口説き落とし、2人で会社を創業。初めは受託開発で軍資金を稼いでいたが、軌道に乗ってくると、自社プロダクトの企画・開発にも着手した。

　議論の末、女性向けアクセサリーに特化したECモールを開発することに決定。最近、領域特化のECモールが流行っていて、いくつか上場や買収などエグジット事例が出ているし、何よりわたし自身が大のアクセサリー好きなので、モチベーションも保ちやすいと思ったからだ。

　約 2 か月ほどかけて、プロダクトのプロトタイプを作成。β 版だけれど、なんとかローンチできる状態まで漕ぎ着けた。ローンチにあたっては、利用規約が必要らしい。昔から、こういう面倒な手続は嫌いだったが、仕方がない。弁護士を雇っているキャッシュの余裕はないので、ノーギャラでも相談できる、法科大学院に通う先輩に相談。

「先輩自身の勉強もかねて、とりあえず、何でもいいので最低限の内容で作ってくれませんか？」。少し渋い顔をされたが、「出世払いしますから！」とゴリ押し。その場で小一時間ほどかけて、規約のひな形を作ってくれた。それを少しだけサービスの内容に沿った文言に整えて、利用規約は完成した。

　さぁ、準備は整った。それにしても、自分の要領の良さには惚れ惚れする。1 年前はインターンを始めたくらいだったのに、もう自分で起業し、自社サービスをローンチできるなんて。誇らしい気持ちで、β 版の提供を開始した。

＊　＊　＊

　出だしはとても順調だった。大手の EC モールにはない、かゆいところに手が届くサービス設計が人気を呼び、20 代の女性を中心にカルト的人気を誇っていった。

　ただ、ローンチから 1 か月も経つと、雲行きが怪しくなってくる。

　EC サイト上でユーザー向けに説明している内容と、利用規約に書かれている内容に、齟齬（そご）が生じていることがわかったのだ。「返品の規定が違う」「いきなりアカウントを削除された」……次々と、ユーザーから苦情が寄せられるようになった。

　さらには、そもそも利用規約の同意がきちんと取得できていなかったことも判明。とりあえず利用規約は表示したものの、「同意」ボタンを押してもらう設計になっていなかったのだ。

＊　＊　＊

そうして不手際がたくさん起きると、どんどん運営に自信がなくなってくる。もともとサイトに「出品禁止物」のリストを表示していたが、後で何か問題が起こるのが嫌だったので、少しでも抵触しそうなものは、どんどん削除していった。

　それから、利用規約も変更。ユーザーに足元を見られないように、こっそりと改変を加える。余計な責任を追及されるのも嫌なので、何か言われたら、免責規定を盾にとって、「当社に責任はありません」と言い続けた。

＊　＊　＊

「学生ベンチャー、ずさんな経営体制の真実」——場当たり的な運営を続けるうちに、そんな見出しが週刊誌に踊ることになった。ユーザーからのクレームはますます殺到し、弁護士も登場。もはや社会問題化し、サービスをクローズせざるをえなくなった。どうしてこうなってしまったのか——。

# 1　利用規約の必要性

　スタートアップがビジネスを開始しようとする場合、まずはユーザー向けに簡単なサービスサイトなどのコンテンツを用意し、それらを少しずつ充実させていくケースが多いです。その中でも初期的な段階で準備を検討しなければならないものとして「利用規約」と「プライバシーポリシー」があります[1]。プライバシーポリシーについては第4章でも解説しますので、本章では利用規約について説明します。

## 「利用規約を作らなければならない」というルールはない

　さて、新たにビジネスを立ち上げようとする起業家の方からは、「利用規約を作ったほうがいいんですよね？」と質問を受けることがよくあります。この質問からは、なぜ利用規約が必要なのかはよくわからないけれど、サービスを提供するためには利用規約を作成しなければならないということを漠然と認識していることがうかがえます。

　それでは、そもそもなぜ利用規約が必要となるのでしょうか。まず、理屈の話だけをすれば、利用規約はサービスを提供するために必須のものではありません。事業者が個人や法人向けにサービスを提供するに際して、**「利用規約を作らなければならない」というルールはどこにも定められていません。**利用規約がなければユーザーとの間で何か問題が発生した際に困るのではないか？と思われるかもしれませんが、事業者と個人間、または、事業者間のトラブルについては、民法や商法という法律に最低限のルールが定められています。極端な話をすれば、ユーザーとの間の契約関係やトラブル対応については、「すべて民法や商法のルールに従う」と考えるのであれば、利用規約は不要となります。

---

1　このほかに特定商取引法に基づきサービスサイト等に掲示することが求められることになる事項について準備することもあります（第8章参照）。

ただし、「極端な話」と説明したように、現実的にはこのようなこと
を考えている事業者はいませんし、事業者から相談を受けた弁護士もこ
のような方法を推奨することはありません。それがなぜかといえば法律
とは決して万能な存在ではないからです。あらゆる事態を想定して法律
に事細かなルールを設けておくことは現実的ではなく、事業者がユーザ
ーとの間であらかじめ合意しておきたい約束事の多くは法律には明確に
定められていません。

　また、法律とは一方の当事者にとってのみ有利なルールを定めるため
のものではなく、当事者の立場を入れ替えても受け入れることができる
か、という観点から設計されています。そのため、事業者がリスクヘッ
ジの観点からユーザーと合意したいと考える事項の多くも法律には明確
に定められていないのです。

　サービスの提供に関連して事業者とユーザーとの間に重要な接点が生
まれる場面は、たとえば、ユーザーに利用登録してもらう場面、ユーザ
ーに実際にサービスを利用してもらう場面、ユーザーから利用料の支払
いを受ける場面、ユーザーとの間でトラブルが発生した場面など数多く
存在します。そして、そのような場面において、事業者がユーザーとの
間で約束しておきたいルールは、提供するサービスの内容や、そのサー
ビスが想定する主なユーザー層によっても大きく左右されます。このよ
うな場面の１つひとつについて、明文化された法律の定めのみを根拠と
して対応するのは非現実的であり、また、サービスを提供する事業者に
とって不利な結論となる場合も当然に想定されます[2]。

　こうした事態が生じてしまうことを回避し、**ユーザーとの契約関係に
ついて、サービスを提供する事業者が主体となって、各サービスの内容
や性質に応じて柔軟に設計することを可能にするためのツールが利用規
約**になります。

---

2　たとえば、無償または低額で利用できるサービスを提供しているにもかかわらず、過大な
　責任を負担してしまうことがありえます。

## 利用規約と契約の違い

　なお、「利用規約と契約は違うのか？」という点について気になった方もいるかもしれないので、その点についてもここであわせて説明します。

　契約の締結というと紙に印刷された契約書に当事者それぞれがサインをして印鑑を押して完成させるイメージを抱く方も多いでしょう[3]。そのようなイメージからすると利用規約では契約を締結することができないのではないかと思われるかもしれません。多くの方はウェブサービスを利用する際に、「利用規約に同意する」と表示されたボタンをクリックしたり、チェックボックスにチェックを入れた上でサービスの利用を開始した経験があると思います。

　利用規約は、単に利用規約を作成しただけではユーザーとの間の合意内容としての効力を発揮しませんが、上記のような方法を通じてユーザーから利用規約の内容に同意してもらうことで、事業者とユーザー間において、利用規約の内容に従った契約が締結されることになります[4]。したがって、利用規約も契約書と同様に当事者間において合意した内容を示すものとして同じ役割を果たすことになります。

　このように当事者間における合意内容を明確にするためのツールという点で利用規約と契約書は共通していますが、両者の違いとして大きな特徴をあげるとすれば、変更手続の違いを指摘することができます。契約書は契約当事者の合意によってその内容を変更するのが一般的ですが、**利用規約については利用規約に定める手続に従って、相手方の同意なく一方的に変更することができる場合**があります。この点については、後

---

3　最近は電子契約サービスが浸透したこともあってこのイメージもだいぶ変わってきました。
4　なお、サービス（ニュースなどの情報を無料で提供しているポータルサイトなど）によっては会員登録手続が存在せず、ユーザーが利用規約に同意するための導線を用意することが難しいこともあります。このようなケースでも、利用規約へのリンクを表示するなどして、利用規約を契約内容とすることがユーザーに対して明らかにされていれば、利用規約の内容をもって当事者間で合意した契約内容とみなすことができる場合があります。

ほど「7. 利用規約の変更」で説明します。

　なお、利用規約と契約書の違いについて、利用規約は契約書とは異なり、相手方との交渉が発生せず、すべてのユーザーについて一律に同一の内容を適用することができるため簡便であるといわれることがあります。確かに、一般論としては、契約書を用いるより利用規約のほうがその内容が定型的であり変更しづらいものであるという認識がある程度広がっているように思います。また、個人向けのサービスについて事業者と個人との間で利用規約の内容に関して交渉が行われることは現実的ではなく、利用規約の内容が（法的に有効な内容であれば）そのままユーザーとの合意内容になります。

　もっとも、法人向けのサービスについては法人との交渉の結果、利用規約の内容を覚書等によって修正することも少なくないので（特に会社やサービスの知名度が低い立ち上げの段階ではそのような要求を受けることが多いです）、利用規約を用いればユーザーとの交渉や利用規約の内容の変更が一切発生しなくなるわけではないことにご注意ください。

## 2 ｜ 他社の利用規約から学ぶ

　スタートアップが利用規約を作成する際によく聞かれる質問として「他社の利用規約を参考にしても問題ないでしょうか？」というものがあります。

　結論からいえば他社の利用規約を参考にすること自体は有益です。起業家の皆さんには、**ぜひ誰もが知る有名な事業者やサービスの利用規約をいくつか実際に読んでみることをおすすめします。**利用規約にどのような内容をどの程度の分量で定めるものなのかイメージを掴むことができるはずですし、複数の利用規約を比較することでサービスの内容にかかわらず共通して定められている事項についても把握することができるはずです。

特に自社が提供しようとするサービスと類似するサービスの利用規約については注意深く確認することをおすすめします。なぜなら、サービスの内容や性質に応じて利用規約に定めるべき内容は当然異なりますので、**類似サービスの利用規約を参考にすることで、先行する事業者がどのようなポイントを重視してサービスを提供しているのか理解することができる**からです。

　なお、このような話をすると「うちのサービスはこれまでにない新しいサービスなので参考にすべき利用規約がない」と反応されることがあります。確かに、新たなサービスである以上、既存サービスとまったく同一のサービスでは意味がないわけですから、その点において細部まで網羅的に参照できる利用規約が存在しないのはそのとおりではあります。しかし、どのようなサービスもそのサービスにおける重要な要素を分解していけば特徴的な点において既存サービスと類似する点は見いだせるはずです。たとえば、ユーザーがサービス内でコンテンツを投稿するタイプのサービスなのか、物品を購入するタイプのサービスなのか、何らかのマッチングを行うためのサービスなのか、といった大きなレベルの分類でも、利用規約を作成する上では十分に有益な先行事例を参考にすることができます。

## 利用規約の「模倣」はNG

　一方で、他社の利用規約について、「参考」にするための利用を超えて「模倣」にまで至ってしまうとさまざまな問題が生じます。まず、そもそも上記のとおり、サービスの内容や性質に応じて利用規約に定めるべき内容はそれぞれ異なるのが通常であり、既存サービスの利用規約を完全に模倣すると、自社サービスの特徴を捉えていない不完全な利用規約が出来上がる可能性があります。また、そもそも自社サービスには不要な規定、不利な規定が定められてしまうリスクもありますので、**他社サービスの利用規約をそのまま模倣することがないように十分に注意**してください。

さらに、模倣の程度によっては、模倣した元の利用規約を作成した事業者から著作権侵害などを理由とするクレームが発生し、また、利用規約を模倣したことが発覚することで炎上する可能性もあるため、このような観点からも他社サービスの利用規約をそのまま模倣することは避けるべきといえます。

## 3 ｜ 「汎用性の高い利用規約」には限界がある

　他社のサービスの利用規約を参考にすることはできても模倣することはできない以上、自社で利用規約の内容を検討する必要がありますが、スタートアップでは社内に利用規約の内容を十分に検討できる人材がいないこともよくあります。そのようなスタートアップからよくある依頼として「汎用性の高い最低限の利用規約を作成してほしい」というものがあります。このような依頼が発生する背景には、利用規約の作成に貴重な予算をなるべく使いたくないという考えや、わざわざ外部に費用をかけて利用規約の作成を依頼するのであれば今後展開する可能性がある別のサービスにも利用できる内容にしたいという考えがあるように思います。

　では、果たして「汎用性の高い利用規約」を作成することは可能なのでしょうか？　確かに、インターネットで検索すると、利用規約のひな形とされるものが大量に発見されますので、弁護士に依頼せず、このようなものを利用して自社の利用規約を完成させている会社も多く存在するのではないかと思います。もっとも、繰り返し説明しているとおり、サービスの内容や性質に応じて利用規約に定めるべき内容はそれぞれ異なりますので、どのようなサービスであっても対応できる利用規約を作成することは不可能です。

　また、多くのサービスに最低限共通する内容（ユーザー登録や退会の手続、IDやパスワードの管理、サービスの停止や終了、準拠法、管轄

に関する規定など）を定めた利用規約を用意したとしても、そこに定められていない内容にこそ、そのサービスの特徴が隠れていますので、そのような利用規約をそのまま用いるだけでは利用規約を作成する意味がありません。たとえば、ユーザーに対してサービス内で利用できるポイントを有償で発行するサービスでは、資金決済法という法律との関係で、ポイントの有効期間を180日に制限することがあり[5]、そのような場合、利用規約にもポイントの有効期間を明記することになります。しかし、ポイントを発行するか否かは提供するサービスによっても異なるため、最低限の内容しか定めていない利用規約にはおのずとポイントに関する規定は定められていない可能性が高く、そのような利用規約のみでサービスを提供すれば、ユーザーとの間でポイントの有効期間をめぐってトラブルを発生させたり、結果として、資金決済法に違反する事態を招く可能性もあります。

　したがって、「汎用性の高い利用規約」を作成するのはおのずと限界があることを十分に理解し、また、仮にそのような利用規約を用いる場合にも必ず自社のサービスの内容や性質を十分に分析・反映できているか検証するように注意してください。


## 4 ガイドラインやQ&Aの活用

　利用規約について自社サービスの内容や性質を踏まえて作りこもうとすると新たな課題が生じることがあります。それは利用規約をどこまで

---

**5** 事業者が発行するポイントが資金決済法が定める前払式支払手段に該当すると、内閣総理大臣への届出や登録が必要となるほか、一定の事項の表示義務や供託義務などが課されることとなり、ポイントを発行する事業者からすると大きな負担が発生することになりますが、発行の日から6か月未満の期間に限り使用することができるポイントであれば、これらの義務は発生しないこととされているため、ポイントの有効期間を180日と設定することがあります。なお、アプリ内で購入できるポイントに有効期間を設定することを禁止しているプラットフォームもあるため、このようなプラットフォームを利用してサービスを提供する場合にはポイントに有効期間を設定することができないことに注意してください。

精緻に作りこむか、利用規約にどの程度まで細かな内容を定めるか、という問題です。たとえば、利用規約にはユーザーの禁止行為を定めることがあります。ユーザーが禁止行為に違反した場合には、サービスの一時的な利用停止や登録抹消、損害賠償といったペナルティを科すこともできるため、サービスを提供する事業者だけではなくユーザーから見ても非常に重要な規定となります。

したがって、禁止行為の内容については事業者とユーザーとの間の認識に齟齬が生じないように丁寧に定めておきたいところですが、利用規約があまりにも長くなるとかえってユーザーにとっては内容を理解しづらくなる可能性が高くなりますし、他の規定とのバランスも悪くなることがあります。

そのほかにも、たとえば、ユーザーが商品を出品することができるオークションやフリマサービスなどに代表されるECサービスを提供する場合、サービスを提供する事業者の立場からすれば、違法な商品は当然のこととして、違法ではないとしても自社サービスで流通させることが不適切と考える商品[6]についてはユーザーによる出品を禁止したいと考えるはずですが、このような出品禁止物を利用規約に逐一定めるのは煩雑です。

そこで、**利用規約自体はシンプルな構成としつつ、ユーザー向けのガイドラインやQ&Aを利用規約の一部を構成するコンテンツとして位置付けた上で[7]、それらを用いてユーザーとの約束事について細かな定めを設けることがあります**。このような方法は、利用規約自体の分量やバランスに配慮しつつ、ユーザーのサービスに対する理解を深めたり、当該サービスを利用する上での細かなルールを周知したりするためには有用といえます。

---

**6** 何をもって不適切と判断するかについては事業者によって個性が出るところですが、放置することで炎上してしまうこともあるので、世間の反応や外部の意見なども踏まえつつ、自社のサービスのポリシーを常に見直せる体制を構築しておくことも重要です。

**7** 利用規約の一部とすることで、ユーザーがガイドライン等に違反した場合も、利用規約違反と判断してペナルティを科すことができるようになります。

## ガイドラインやQ&Aのチェックは甘くなりがちなので注意

　ただし、このようにガイドラインも利用規約の一部とする場合、ユーザーがその内容に拘束されるだけではなく、サービスを提供する事業者もその内容に拘束されることになります。ガイドラインについては、社内の利用規約の作成担当者や外部の弁護士も細かくチェックしていないことが多いため、利用規約の内容とガイドラインの内容に矛盾が生じている場合や、そもそもガイドラインに不正確な内容が記載されていることも散見されます。せっかく作成したガイドラインがユーザーに混乱を生じさせたり、かえって自社に不利な形で適用されたりすることがないように注意してください。

## 5 ｜ 利用規約に対する同意の取得方法

　「1 利用規約の必要性」で説明したとおり、利用規約はユーザーの同意を得ることでサービスを提供する事業者とユーザー間の契約内容として機能することになります。言い方をかえれば、せっかく利用規約を作成したとしても、そもそも利用規約に対する同意を得ていなければ、ユーザーにその利用規約は適用されず、事業者は利用規約に基づくサービスの運用や主張を行うことができません。

　それでは、どのような条件が整えばユーザーから同意を得られたと評価することができるのでしょうか。この点については各事業者がさまざまな方法を用いておりますので、代表的な方法について説明します。

### 「みなし同意」にはリスクあり

　まず、事業者からすると一番簡易な方法ではあるものの有効な同意としては認められないリスクが高いためおすすめしないのは、ユーザーに対して利用規約を表示することもなく「お客様がサービスの利用を開始

した場合には、利用規約への同意があったものとみなします」といった規定（みなし同意）を利用規約に設ける方法です。このような方法は、ユーザーが利用規約を確認する機会がなく、自らが利用規約の適用を受けることについて認識・判断する機会がないにもかかわらず、一方的に利用規約の適用を認めようとするものであり、ユーザーの有効な同意があったものとは認められないものと考えられます。

## おすすめの同意の取得方法は？

　一方で、利用規約の全文をスクロールしなければ同意のためのボタンやチェックボックスが起動しないしくみを採用しているケースもあります。これはユーザーが利用規約の内容を十分に確認できる機会を設けた上で同意を取得する方法であり、同意としては当然有効と考えられますが、一方で、ユーザーが利用規約をスクロールしているうちに内容を確認することやスクロールそのものが面倒になって手続から離脱してしまう恐れもあり、サービスの利用登録を促したい場面においてはマイナスに作用する懸念があります。

　そこで、実務上、よく採用されているのは、**サービスの利用登録に至るまでのプロセスにおいて、利用規約へのリンクをわかりやすい場所に設置してユーザーが利用規約の全文を確認できる機会を担保した上で、「利用規約に同意する」または「利用規約に同意して申し込む」といった内容を表示したボタンをクリックさせたり、チェックボックスにチェックを入れさせる方法**です。

　なお、せっかくこのように利用規約への同意を取得するプロセスを整備していたとしても、そのログがまったく残っていない場合には、万が一ユーザーから利用規約への同意を争われた場合に反論できなくなる可能性がありますので、**ユーザーから同意を取得したログは必ず確認できるようにしてください。**

# 6 | 利用規約の運用

　さて、ここまで利用規約を作成することの意義やユーザーから同意を得るための方法について説明してきましたが、これはサービスを提供するための入り口の話であり、実際にユーザーに対してサービスを提供していく過程では、利用規約をユーザーに対してどのように適用していくかという問題が生じます。ここでは特に重要となるユーザーに対する禁止行為の定めについて説明します。

## ポイントは「ユーザーの禁止行為をどのように設計するか」

　ユーザーが増えてくれば、ユーザーが利用規約に違反するケースも当然増加します。特に個人向けのサービスでは、ユーザーによって、事業者としては許容できない方法によるサービスの利用や、他のユーザーに対して迷惑や損害を与えるような行為が行われることがあります。そのような場合に備えて、利用規約に禁止行為や禁止行為が認められた場合のペナルティが明確に定められていなければ事業者は適切に対応することができません。特にユーザーの行為が違法であるとまでは断定できないケースは多く存在するので、あらかじめ**違法行為に限らず禁止行為を広く定めておくことで事業者は適切な対応を講じることができるようになります。**

　たとえば、ユーザーが自ら商品を出品することができるオークションやフリマサービスなどに代表されるECサービスにおいて、出品者であるユーザーが商品の詳細をあえて記載せずに出品することがあります。そのような出品画面を閲覧したユーザーが、断片的な情報から商品の詳細を想像して商品を購入した結果、実際に届いた商品が想像とは大きく異なるものだったということがあります。そのような出品自体は詐欺には該当しないかもしれませんが、ユーザー保護やトラブル防止を考慮するとあらかじめこのような出品を禁止しておきたいはずです。また、ユ

ーザー間の取引が成立した際に発生する手数料が事業者の売上となるようなプラットフォーム型サービスでは、ユーザーがユーザー間のメッセージ機能を利用して結託し、プラットフォーム内では取引が成立していないように見せかけて、プラットフォーム外で取引してしまうと、事業者には損害が発生することになります。そこで、事業者としては、当該メッセージのやり取り自体は違法とはいえないとしても、プラットフォーム外に他のユーザーを誘導する行為そのものを禁止しておきたいと考えるはずです。

　このように**ユーザーの禁止行為をどのように設計するかという問題は、事業者にとってサービスの健全性や収益を確保するために非常に重要な検討事項**といえます。

　ここで気をつけなければならないのは、どのような根拠に基づき禁止行為への違反（利用規約違反）を認定するかという点です。単に、怪しいからといった主観に基づき利用規約違反を認め、利用登録を抹消してユーザーに損害を与えてしまった場合、当該措置は利用規約に反するものとしてむしろ事業者が責任を追及される可能性もあります。また、そのようなリスクを回避しようと考えて「当社が禁止行為に該当すると認めた場合には当社はユーザーの利用登録を抹消することができる」といった抽象的な内容だけ定めているような場合には、この規定自体が消費者契約法に違反するものとして無効と判断される可能性もあります[8, 9]。

　したがって、**事業者はできる限り合理的な内容の禁止行為を利用規約に定め、さらには、客観的な根拠に基づき利用規約違反を認定し、その客観的な根拠を積み上げるために普段からユーザーの利用動向について**

---

8　利用規約の内容に合理性がない場合、消費者の利益を守るために設立されている適格消費者団体から利用規約の是正を求められたり、訴訟を提起されたりすることがあるので注意が必要です。

9　禁止行為についてあらゆる事態を想定して利用規約に細かく内容を列挙することは現実的ではありません。そこで「その他当社が合理的な根拠に基づき不適切と判断する行為」といった内容のバスケット条項を利用規約の中に設けることがよくあります。ただし、このようなバスケット条項は、無効と判断されるリスクもあるため、可能な限り具体的かつ網羅的に禁止行為を列挙したうえでバスケット条項を設けることが望ましいです。

の把握・分析を続けることが必要となります[10]。

　また、利用規約に違反した場合のペナルティとして、「4　ガイドラインやQ&Aの活用」において、サービスの一時的な利用停止や登録抹消、損害賠償といったものを列挙しました。これ以外にも、たとえば、ユーザーが投稿したコンテンツの削除や当該サービスの利用によりユーザーに生じた売上金の没収といったペナルティも考えられますし、一時的な利用停止についても段階的に利用停止期間を長くするといったことも考えられます。

　違反行為が1回認められればどんな軽微なものでも重たいペナルティを与えるといった対応方針を取るのではなく、違反行為の性質（内容、影響範囲、過去の違反の有無など）とバランスが取れたペナルティを科すことはユーザーとのトラブルを回避するために重要な視点となります。

# 7 ｜ 利用規約の変更

　サービスを継続的に提供していればおのずと利用規約の変更を必要とする場面が訪れます。サービスの提供を開始する場面では、利用規約を契約内容とするために慎重に利用者の同意を取得していた事業者でも、利用規約を変更する場面では、リスクのある対応を取ってしまうことがあります。

　まず、これまでにも説明してきたとおり、利用規約は利用規約に定めた内容について当事者間で合意された契約内容となる以上、その内容を変更するためには原則として相手方の同意が必要となります。サービスの提供を開始するタイミングであれば、たとえば、会員登録と同時に利用規約への同意を取得することが簡単にできますが、サービス提供後に

---

10　悪質なユーザーは常に抜け道を探しているため、そのようなユーザーの手口や傾向を分析するチームを社内に設置したり、または、そのような対策をビジネスとして提供している企業も存在します。

利用規約を変更するたびにユーザーから同意を再取得するのは事業者にとっては煩わしく、できれば回避したい手続です。特に軽微な変更について毎回ユーザーから同意を取得するのは現実的でもありません[11]。

## 「定型約款」の制度を利用すれば利用規約の変更は簡単になる

そこで、登場するのが「定型約款」という概念です。**定型約款とは、定型取引（ある特定の者が不特定多数の者を相手方として行う取引であって、その内容の全部または一部が画一的であることがその双方にとって合理的なもの）において、契約の内容とすることを目的としてその特定の者により準備された条項の総体を指し、定型約款を契約の内容とする旨の合意がある場合などは、定型約款の個別の条項についても合意したものとみなされます（民法548条の2第1項）。**したがって、事業者が不特定多数のユーザー向けに同じ内容のサービスを提供する場合、そのサービスを提供するために用意された利用規約は定型約款に該当することが多いと考えられます。

そして、定型約款は、①定型約款の変更が相手方の一般の利益に適合するとき[12]、②定型約款の変更が、ⅰ契約をした目的に反せず、かつ、ⅱ変更の必要性[13]、変更後の内容の相当性、この条の規定により定型約款の変更をすることがある旨の定めの有無及びその内容その他の変更に係る事情に照らして合理的なものであるときは、定型約款の変更をすることにより、変更後の定型約款の条項について合意があったものとみなし、個別に相手方の合意を得ることなく契約の内容を変更することができるとされています（民法548条の4第1項）。

また、個別に相手方の同意を得ることなく定型約款の変更をするとき

---

11　なお、商品を購入する場面など、取引を行うたびに利用規約に同意するタイミングを設けることができるサービスの場合には、最新の利用規約を適用するための同意を取得しやすいので、利用規約の変更に柔軟に対応できる場合が多いです。
12　利用料の減額などがこれにあたります。
13　法令の変更、経済情勢の変動、サービスの運営状況などが考慮されます。

は、事前に、その効力発生時期[14]を定め、かつ、定型約款を変更する旨及び変更後の定型約款の内容並びにその効力発生時期をインターネットの利用その他の適切な方法により周知[15]しなければならないとされています（民法548条の4第2項）。

　したがって、上記のとおり、**事業者の利用規約が定型約款に該当し、かつ、当該定型約款を契約の内容とする旨のユーザーの合意がある場合などについては、ユーザーにとって利益となる変更を行う場合、または、ユーザーにとって不利益となる変更であるが一定の要件を充たす場合、ユーザーの同意を得ることなく利用規約を変更することが可能となります**。このように事業者としては定型約款に関する制度を利用することで、利用規約の変更に際してユーザーの同意が必要となる場面を減らすことが考えられます[16、17]。

## 8 ｜ 限定なき免責は認められない

　利用規約において禁止行為のほかに事業者にとって非常に重要な規定として免責規定があります。免責規定は、事業者がユーザーに対して損害賠償責任を負う場合を限定し、さらには、賠償しなければならない損

---

**14**　変更内容の軽重に応じて、数日から数週間程度の予告期間を設けるべきと考えられており、一般的には周知してから2週間以上の期間を設けたうえで変更の効力を発生させることが多いですし、重要な変更を行う場合には、1か月以上の期間を設けることも珍しくありません。
**15**　ユーザーへのメール配信のほかウェブサービスやアプリ内の新着情報欄への掲示、ポップアップ表示、プッシュ通知などを活用することが考えられます。
**16**　そもそもユーザーにとって利益となる変更なのか不利益となる変更なのかという判断について悩むことも多いですし、ユーザーにとって不利益変更となる場合も上記の要件を充足するといえるか悩ましい場面に遭遇することがよくありますので、変更内容や手続については慎重に検討するようにしてください。
**17**　事業者の利用規約が定型約款に該当しない場合には、ユーザーから明示的に利用規約の変更について同意を得るか、または、事業者が利用規約の変更についてユーザーに十分に告知したうえであれば、変更の告知後もユーザーが異議なくサービスの利用を継続することをもって、黙示的に利用規約の変更への同意があったと認定できる場合があるものと考えられます。

害額を制限するために機能します。

　事業者からすれば**あらゆる場合について一切の責任を負わないように
ユーザーとの間で合意したいところではありますが、このような合意は
消費者契約法上無効**とされています。すなわち、事業者の損害賠償責任
を全面的に免除する利用規約の規定（消費者契約法8条1項1号・3号）
や、事業者に故意または重大な過失が認められる場合に事業者の損害賠
償責任を一部でも免除する規定（消費者契約法8条1項2号・4号）に
ついては、無効とされます[18]。

　消費者契約法を意識せずに利用規約が作成されていた古い時期の利用
規約にはいまだに「事業者は一切の責任を負いません」という内容の免
責規定だけが定められているものを見ることがありますが、直近リリー
スされたサービスであるにもかかわらず、このような利用規約を参考に
してしまったと思われる利用規約もたまに見かけるので注意が必要です。

　なお、消費者契約法は、消費者と事業者との間で締結される契約につ
いて適用されるため、法人や個人事業主をユーザーとして想定している
場合には、消費者契約法は適用されません。もっとも、法人や個人事業
主向けのサービスであるからといって、無限定に免責規定を定めるのは
リスクがあります。利用規約は定型約款に該当する場合があり、定型約
款においては不当条項の効力は発生しないものとされており（民法548
条の2第2項）、この不当条項の典型例として、故意または重過失によ
る損害賠償責任を免責する規定が該当すると考えられています。

　したがって、BtoCサービスに限らず、BtoBサービスにおいても、免
責規定の定め方は利用規約の一部を無効としてしまわないようにするた
めに非常に重要なポイントとなりますので注意してください。

---

**18**　事業者に軽過失が存在する場合に損害賠償責任の一部を免除する規定は有効です。なお、
2022年の消費者契約法改正により、事業者の損害賠償責任の一部を免除する規定について、
事業者の重大な過失を除く過失による行為にのみ適用されることを明らかにしないもの（た
とえば、「法令に反しない限り1万円を上限として賠償します」といった規定）は無効とさ
れたため、この観点からも利用規約の免責規定の定めが有効な定めとなるように注意する必
要があります。

- ユーザーとの契約関係について、サービスを提供する事業者が主体となって、提供するサービスの内容や性質に応じて柔軟に設計する（法律に明示的に定められている内容を補完したり排除したりする）ことを可能にするためのツールが利用規約である。

- 他社の利用規約を参考にすることは、利用規約に対する一般的な理解を深めるだけではなく、自社のサービスの利用規約において定めるべき内容の解像度を上げるためにも有益である。

- サービスの内容や性質に応じて利用規約に定めるべき内容はそれぞれ異なるため、テンプレートにとらわれることなくそのサービスに適した内容を検討する必要がある。

- 利用規約の定めを補完し、また、ユーザーのサービスに対する理解を深めるためには、利用規約とは別にサービスのガイドラインやQ&Aを作成し活用するのが有益である。

- 利用規約に対する同意は、サービスの利用登録時などに、リンクを用いながらユーザーが利用規約の全文を確認できる機会を担保した上で、「利用規約に同意する」旨のボタンをクリックさせたり、チェックボックスにチェックを入れさせる方法によって取得するのが簡便である。

- 事業者にとって、サービスの健全性を維持し収益を確保するためには、ユーザーによるサービスの不適切な利用を防止することを目的として、できる限り合理的な内容の禁止行為を利用規約に定めることが重要である。その上で、客観的な根拠に基づき利用規約違反を認定し、その客観的な根拠を積み上げるために普段からユーザーの利用動向についての把握・分析を続けることが必要となる。

- 利用規約が定型約款（定型取引において、契約の内容とすることを目的としてその特定の者により準備された条項の総体）に該当

し、かつ、当該定型約款を契約の内容とする旨のユーザーの合意
がある場合などについては、ユーザーにとって利益となる変更を
行う場合、または、ユーザーにとって不利益となる変更であるが
一定の要件を充たす場合、ユーザーの同意を得ることなく利用規
約を変更することが可能となる。
● 利用規約に事業者の免責規定を設ける際には、過度に免責範囲を
広げることで消費者契約法や民法に違反し無効とならないように
注意する必要がある。

# 契約審査のポイント

　まさか自分が起業家になるなんて、思ってもみなかった。幼い頃から、人と関わることは大の苦手。休み時間も、みんなが校庭に出てドッジボールをする中、教室で本を読んでいるような、とても内向的な少年として育った。

　でも、その分、ゲームやコンピュータは大好きだった。学校の勉強もそっちのけで、だんだんとパソコンの自作までにものめり込んでいって、簡単なアプリも趣味で開発してしまうような高校生になった。

　もっと情報技術の面白さを探求したい——そのために、大学で情報技術の研究に取り組みたい気持ちが芽生えた。はじめて学校の勉強に向き合うことにして、必死になって受験勉強に取り組んだ。

　結果、有名大学の理工学部に合格。情報科学の分野をリードする教授の研究室に入り、寝食も忘れて研究にのめり込んだ。

＊　＊　＊

　気づけば、修士課程も終わろうとしていた。このまま博士号を取り、研究者としての人生を歩むつもりだった。しかし、そんな僕の前に、思いもよらない選択肢が現れた——起業だ。

　折しも、「AI」や「機械学習」という言葉がメディアを賑わせていた時期。僕が専門にしていた研究は、たまたまそうしたジャンルに分類されるようなものだった。いくつかのスタートアップでインターンをしていて、ビジネスに詳しい研究室の友人から、AI技術を活用した事業を手がけるスタートアップの設立に誘われたのだ。

　「自分が研究してきた技術が、実社会にどんな影響を与えられるのか、少し腕試ししてみるのも悪くないかもしれない」。そう思った僕は、共同創業者として起業。研究室のネームバリューもあいまって、徐々に引

き合いが増えていき、気づけばビジネス誌の「期待のAIスタートアップ」特集に取り上げられるまでにもなっていた。

＊　　＊　　＊

　博士課程には進んだものの、研究そっちのけで、事業にのめり込んでいた僕の前に、再び転機が訪れた。誰もが知っている、あの有名な大手メーカーが、共同研究開発を持ちかけてきたのだ。
　僕らが夢中で作ってきた事業に、億単位の企業価値がついた。さらに、この企業の資金やリソースを活用すれば、もっと面白い研究開発や事業にだって取り組める。テンションが上がらないはずがなかった。

　天にものぼるような気持ちになった僕たちは、すぐに共同研究開発契約を結ぶことを決めた。正直、契約についての細かい知識はなかったが、一応ざっとだけ目を通して、意気揚々と契約書にサイン。

　念のため弁護士に相談することも頭をよぎったが、必要ないと判断した。僕たちの仕事は、技術力をふんだんに活かした、革新的な事業をスピーディーにつくり出すことだ。契約なんかに時間やお金、労力をかけている余裕はない。

　起業家として新たなフェーズに突入することがひしひしと感じられ、完全に舞い上がっていた。

＊　＊　＊

「こんなはずじゃなかった」——それから1年半。僕たちは、深い絶望の淵に叩き落とされていた。

　大手メーカーと提携して、そのリソースも活かしてさらに事業を拡大していった僕たちは、ますますメディアの注目を集め、ベンチャーキャピタルからの投資相談も頻繁に来るようになった。幸運にも、考え方がフィットし、僕たちのことをよく理解してくれるベンチャーキャピタルに出会い、投資を受けることを本格検討しはじめる。

　デューデリジェンスを進める段になり、大手メーカーとの共同研究開発の契約書をベンチャーキャピタル側の弁護士に提出したところ、驚くべき事実がわかったのだ。

「これは大変な契約書ですね……10年間の競業禁止、損害賠償の免責が一方的に存在しています。損害賠償や情報開示、中途解約など、片面的な義務や権利もたくさん入っている。何よりひどいのは、知的財産権がすべて、相手側の企業に移転されていますね」

　なんと、共同研究開発と言いながら、実質上は大手企業による搾取に近いかたちの契約だったのだ。これでは、投資はおろか他社との協業も満足に進められない。端的に言って、"詰んで"しまったのだ。

結局、大手メーカーとの契約をまき直すことになった。しかし、こちらの要望に素直に応じてくれる可能性は低く、かなり長期戦かつ泥仕合になることが予想される。これではせっかく勢いに乗っている事業も、ストップせざるをえない。

　あのとき、しっかりと専門家にレビューしてもらったり、もっと慎重に判断したりしていれば──完全に、後の祭りだった。

# 契約締結の意義とスタートアップにおける代表的な契約

## 契約書を作成する2つの意義

　事業とは契約の集合体といえます。スタートアップは株式会社として契約の主体となり、事業を成長させていく過程で、顧客、従業員、業務委託先、金融機関、提携先等とさまざまな契約書を結んでいきます。上場するまでにその数は、数百を優に超える会社もあるでしょう。事業体として契約書を作成し締結する意義、必要性は以下の2つに集約されます。

■ **契約締結におけるコミュニケーションを通じ、事業成功に向けた最適なパートナーシップ関係、インセンティブ関係をデザインすること**

　**契約は契約書を作成する過程、プロセスこそが重要**です。契約はコミュニケーションの内容を法的な強制力が働く形で文字に落としたものにすぎません。契約の締結をきっかけとして、お互いにWin-Winとなる最適な関係性をデザインすること、後日の認識の食い違いがないように、文字でしっかり明記し認識を**明確にするコミュニケーションに大きな意義**があります。

■ **後日の証拠とすること**

　万が一、事前に話し合われた内容について違反があった場合、契約書を作成しておかなければ、後日、裁判等で契約内容を証明することができません。そこで、相手が契約に違反するかもしれないという性悪説に立ち、契約書という形で捺印までする必要性があります。契約書作成とはお互いにビジネスを始めるうえでの前向きな関係構築の起点でもありながら、契約書を作成する背景には、どこかで相手を信頼していない性悪説の部分があるのです。

なお、契約を一度締結すると強制力が働き、契約内容に違反した場合、違反された側は相手に対して、契約違反により被った損害の賠償請求をすることができます。交渉の結果、賠償を受けられない場合、訴訟を提起して裁判所の判決を得られれば、最終的には国家権力を背景として、相手方の財産、預金口座を差し押さえる等、強制執行まで行うことができます。

## スタートアップが締結する契約の例

　では、スタートアップの創業期からIPOに至るまで、典型的にどのような契約を結んでいくのでしょうか。一例としてあるECの企業が締結する契約を創業期から見ていきたいと思います。

---

- 会社を創業し株式会社を創設。共同創業だったため共同創業者間で、「創業株主間契約」を締結
- オフィスを借りるため、オフィスオーナーと「賃貸借契約」を締結
- 創業融資を得るために、銀行と「金銭消費貸借契約」を締結
- エンジェル投資家から資金調達を行うために、「投資契約」を締結
- 開発を外部のエンジニアにお願いするために「業務委託契約」を締結
- 正社員１人目を採用したので、社員と「雇用契約」を締結
- 自社ブランドの製品を製造、発注するために「製造委託契約」を締結
- 在庫を倉庫で保管するために「倉庫保管契約」を締結
- 顧客との間の売買に関する「利用規約」を作成、顧客との間で売買契約を締結。同時に、個人情報の取り扱い指針として「プライバシーポリシー」を策定・公開し同意を取得

---

- 配送を外部の3PLに委託すべく「運送業務委託契約」を締結
- 卸販売をするために代理店と「販売代理契約」を締結
- 大企業から業務提携の話を持ちかけられたため、「秘密保持契約」を締結
- 締結の交渉が成立したため「業務提携契約」を締結
- 自社製品でキャラクターのIPを利用すべく、IP企業と「ライセンス契約」を締結
- AIスタートアップと商品のレコメンド機能の研究開発を行うべく「共同研究開発契約」を締結
- 自社アプリをiOS/Androidでリリースすべく、「Apple/Googleのデベロッパー利用規約」に同意
- Amazonでの出店販売を行うべく、「Amazonの出店規約」に同意
- TVCMを行うためにVCから資金調達すべく、「投資契約」「株主間契約」「総数引受契約」等を締結
- 広告代理店や芸能事務所と「広告業務委託契約」や「出演契約」を締結
- 従業員向けにストックオプションを発行すべく、「新株予約権割当契約」を締結
- 社外取締役との間で「取締役委任契約」を締結
- IPO準備に向けて監査法人と「監査契約」、主幹事証券と「アドバイザリー契約」を締結
- 資金調達を行うべく「転換社債型新株予約権付社債引受契約」を締結
- 飛び地への進出のため企業を買収。「株式譲渡契約」を締結

　いかがでしたでしょうか。事業とは契約の集合体であることの意味、事業ステージに応じてさまざまな契約を締結する必要が出てくることが上記の例で理解できるかと思います。

## 2 | 契約書はどのように準備し交渉すべきか

スタートアップ企業は、創業期から事業ステージごとにさまざまな契約と対峙していく必要がありますが、契約への対峙のコツを3つお伝えします。

### 契約のコツ① 重要な契約は自社で契約書をドラフトする

通常、初稿（ファーストドラフト）の内容をベースにして交渉が進みます。契約を提示された側は全面的に契約を書き換えることについて、社内工数的にも心理的にもハードルが生じるため、相手方の内容をベースにしてクリティカルな点についてのみチェックするよう意識が働きやすいです。したがって、**ファーストドラフトをどちらが行うか、というところから交渉が始まっている**と考えるべきでしょう。

自社にとって重要な契約ほど、自社で契約書のドラフトを作成して、提示する姿勢が重要です。重要な契約であれば、相手との信頼関係や公正さを失わない範囲で、自社にとって最大限有利な形でのドラフトを提示しましょう。契約書のドラフトには専門的な知識が必要となるため、外部の適切な弁護士に依頼することが重要です。自社のバリューチェーンにおいて反復継続する取引（顧客との契約、仕入先との契約、雇用契約、業務委託契約等）はできるだけ自社専用のひな形を作成して、社内のイントラネットで最新版と利用用途を管理、アップデートしておけば、作成工数を削減できます。

### 契約のコツ② メリハリをもった契約審査

自社でドラフトを作成すべき契約、あるいは丁寧にチェックを行うべき契約かどうかはどのように判断すればよいでしょうか。結論としては、**相手方に義務付けたいことが契約書に記載されているか、当社として想定していない義務が記載されていないかを押さえ、また会社の財務諸表**

（P/L、B/S、C/F）、企業価値、レピュテーション等、会社経営に与え**るインパクトの大きさで判断する必要**があります。現場実務の実際のところ、すべての契約をきちんと確認することにはハードルがあることは事実ですので、自社の事業ステージごとに、金額のインパクトについて基準を設けて、重要な契約については社長や役員決裁にする、必ず顧問弁護士の綿密なレビューを必須とする等、メリハリのあるリスク管理の体制を作ることが重要です。

　このような観点で、先ほど例に出したあるECスタートアップの創業からM&Aに至る契約までの中で、重要と考えられる契約書を5つほど練習材料としてピックアップしてみるとよいでしょう。

## 契約のコツ③ 自信がなければ法律事務所にレビューを依頼

　重要な契約については、自社で契約のドラフトを作成することが重要ですが、特に相手方が大企業の場合、相手方が用意した契約書をレビューする立場となることも多いです。内容については事業推進者がしっかり目を通しながら、**自信がなければ法律事務所に契約レビューを依頼することが重要**です。依頼時の留意点として、できる限りビジネス上の背景を伝えるとよいでしょう。法律事務所への相談の留意点については前述したとおりです。近時AIを活用した契約書レビューサービスの導入が進んでいます。契約の取扱い件数が多い企業は、このようなサービスを活用して契約リスクをコントロールすることも有効です。

## 3 ｜ 契約書の作成・審査の3つのポイント

　次に具体的にどのような観点で契約書の審査を行うべきでしょうか。重要な3つの視点について解説をします。

## ポイント① 契約の文言を明確に記載する
## （一義的に読めるように規定）

　契約書はコミュニケーションとしての明確性が重要です。自社の利益としてしっかりと確保したい点については、**契約の文言を具体的かつ明確に**落とし込みましょう。1つひとつの文言の設計により利益やキャッシュフローの獲得状況が変わってきます。たとえば売買契約としてEC事業の売主の立場であれば、以下のような点です。

- 具体的な代金の額（または具体的な決定ロジック）、代金の支払期限、代金が支払われなかった場合の遅延損害金の額、損害賠償額の予定
- 商品配送費用のコスト負担
- 商品の納入の確認方法、返品ルール
- 商品に欠陥があった場合の対応方法、期限
- 商品の配送途中で不可抗力（地震等）で商品が壊れてしまった場合の対応

## ポイント② ビジネスオペレーションを想起しどのような
## リスクが潜んでいるかを想像し対応する

　適切な契約書の作成、審査を行うためには、事業のオペレーションを理解し、過去どのようなトラブルが多かったのか、今後どのようなトラブルが起きそうなのかを具体的に想像し、契約書の中に落とし込むことが重要です。今回の取引におけるビジネスフローの詳細を書き出して、**各ビジネスフローがP/Lやキャッシュフローにどのようなインパクトを与えるかを検討、想像して、リスクを洗い出すといった方法が有効**です。
　弁護士にレビューを依頼する際に、“契約の相手から契約書が送られてきたのでレビューをお願いします”だけですと、弁護士側としても、十分な対応ができませんので、上記の点を意識し、背景を伝えてあげる

と契約書審査の精度が上がるように思います。

## ポイント③ 法令や業法との関係性に注意

　契約書を作成、レビューする際に、法令、業法との関係性に注意を向けることが必要です。具体的には以下のようなケースです。

- そもそも書面を作成しなければ契約として有効に成立しないものは書面を作成する必要がある（保証契約）
- 法令上、契約書等の書面で明記しなければならないものが決まっているケース（業務委託先への不当な圧力、搾取を防止することを目的とする下請法という法律では契約条件として提示が必要な項目が決まっています。これを契約の中に記載するかどうかは別として、商談のプロセスにおいて書面を提示する必要があります。その他にも貸金業法や金融商品取引法、消費者契約法などは消費者保護の観点から一定のルールを設けています。）

# 4 ｜ 締結する／しないとヤバイ条項

　契約類型や契約条項は細かく分類していけば、およそ数百存在すると思いますが、それらのうち**筆者らが見てきたなかで、スタートアップにとって、締結すること、しないことがクリティカルな条項の上位6つについて説明**します。

## クリティカル条項1位：競業避止義務

　典型的には以下のような条項です。

> 甲（＝スタートアップ側）は、本契約期間中及び本契約終了後2年間、自己又は第三者をして、乙（相手方）が行う事業と同一又は類

似する事業を、直接的又は間接的にも行ってはならない。

　このような規定は将来の事業展開の可能性を大きく狭めるもので、締結に当たっては極めて慎重な判断が必要です。大企業との業務提携や合弁事業の立ち上げの際に、大企業側から提示があるケースがあり、以下のような点について交渉を行う必要があります。

- **競業避止義務を負うのはそもそも一方のみか、双方か**
- **競業禁止となる主体の範囲**（子会社、出資先まで含めるか）
- **競業となる「事業」の具体的な中身、定義**
- **競業禁止となる期間**
- **競業行為の具体的な範囲**

　競業避止義務と近いものとして、独占交渉権に関する条項があります。以下のような条項です。

> 甲（＝スタートアップ側）は、○年○月○日から△年△月△日までの間、甲に係る合併、株式交換、株式移転、会社分割、株式交付、事業譲渡、経営統合、業務提携、株式発行その他これらに類する取引に関し、いかなる第三者に対しても、情報提供、提案、勧誘、協議、交渉又は取引の実行を一切行ってはならない。

　こちらも大企業との提携やM＆A等の場面で提示されるケースがあります。競合との交渉を禁止するもので、実際に事業上の制約となる競業避止義務ほどの制約ではありませんが、交渉における力関係を削がれることになりますのでその点に留意が必要です。同時に他の企業と契約交渉を進めることが制約されることによって、交渉相手から提示されたオプション以外でもっとも望ましい代替案（BATNA：Best Alternative to Negotiated Agreement.）のオプションが減ることになるためです。

通常、BATNAが多ければ多いほど自社に交渉を有利に進められます。

## クリティカル条項2位：知的財産権の移転

典型的には以下のような条項です。

> 本件業務を通じて生じた成果物及び本件業務の過程で生じる発明、
> 考案又は創作について、特許権、実用新案権、意匠権、商標権、著
> 作権（著作権法第27条及び第28条の権利を含む。）等の知的財産権
> を受ける権利及び当該権利に基づき取得される知的財産権は、すべ
> て乙（＝相手方）に帰属するものとする。

　このような条項は、業務委託契約に含まれる他、大企業との業務提携
契約にも含まれるケースがあります。**スタートアップにとって、知的財
産権は競争優位性のコアになるケースも多いため、提携や協業にあたっ
て以下の点に注意する必要**があります。

- 提携や協業において発生した権利が誰に帰属するか
- 帰属する権利の範囲
- 帰属する権利の対価関係の設定
- 一方に権利が帰属する場合でも、他方が永続的な無償ライセンスを
  受けられる等、他方がどの範囲で利用できるか

　知的財産権の移転よりも、見る頻度としては低いですが、業務提携や
合弁事業を立ち上げる際に、相手方または合弁会社に対して、独占的な
ライセンス権の付与を求められるケースがあります。独占的なライセン
ス権の付与とは、自社が保有する何らかの知的財産権を利用できる権利
を相手に独占的に付与することを意味します。

　独占的なライセンスについて、自社は引き続き利用できるケース／自
社は利用できないケースが存在し、競業避止義務の議論と同様に、事業

にとっての大きな制約となるため、範囲、期間等について丁寧な検討が必要となります。また、知的財産と同様に、業務委託や共同研究を通じて発生したデータの利用権や利用範囲に関する設定についても注意する必要があります。

## クリティカル条項3位：エクイティファイナンスにおける契約── 買取条項、ドラッグ・アロング・ライト

　投資契約の概要については後の章で詳述しますが、ベンチャーキャピタルとの間で締結する中でもっとも注意を要する条項である、買取条項について解説します。典型的には以下のような条項です。

> 投資者は、発行会社又は経営株主が本契約に違反した場合、その保有する発行会社の株式の全部又は一部を買い取ることを、発行会社及び／又は経営株主に対して請求する権利を有する。

　買取とは発行した株式を買い戻し、調達した資金を投資家に対して返還することを意味します。調達したキャッシュをそのままスタートアップが保持していることは稀有で、買取義務が発生した場合、スタートアップ側あるいは経営者として、返済することは通常困難です。過去、このような場面で破産申立て等の事態に発展したケースもあったという話もあります。

　このようなことにならないように、**買取条項については、買取義務が発生する要件、トリガーの設計が大切**です。さらっと読むと"契約違反"したからには買取義務が発生することは当然のようにも読めますが、契約違反といっても、情報開示に関する規定における月次の資料の送付が少し遅れただけでも、**形式上、契約違反と読めるケースもあるため、"重大な契約違反"に限定したり、重要な点に関する表明保証違反に限定する等、トリガーの内容の精緻化が重要**です。

　また、エクイティファイナンスでクリティカルなのは、株主間契約で

規定されるドラッグ・アロング・ライト（強制売却権／同時売却請求権）の規定です。エグジットがIPOではなく、M＆Aが有力に想定される企業の場合、VC側が契約条件として提示を行います。通常ドラッグ・アロング・ライトが強制的に発動されるケースは少なく、事前に丁寧なコミュニケーションのうえ売却プロセスが行われるのが通常ではありますが、創業者としては自分の意に反して、会社のM＆Aを強制されかねないリスクが存在する条項のため、同様に、どのような場合に、請求権を行使することができるのか精緻化が必要です。要件の設計のポイントは以下です。

- 売却時の株価の最低ラインを設定する
- 売却時の判断に必要な議決権の数（当該ラウンドのVCの2/3以上の書面での同意等）、機関の特定（取締役会・経営株主の承認まで必要か）
- ドラッグ・アロング・ライトを発動できる時期を設定する（投資から3年後あるいは上場努力義務に規定された期日を超えた場合等）

## クリティカル条項4位：金銭消費貸借契約 ── 財務コベナンツ

　スタートアップは創業融資に始まり、銀行との融資の取引を重ねていきます。そのなかで、ステージや事業状況に応じて、財務制約条項（財務コベナンツ）と呼ばれる条項が入るケースがあります。典型例としては残キャッシュが一定額を下回った場合や2期連続で赤字となったような場合に、融資の返済に関する期限の利益がなくなり全額返済の義務が発生する等の例で、金融機関が融資資金を確実に回収するために入れる条項です。
　**CFO業務や財務経理業務の引継ぎがきちんとなされず、財務コベナンツについてしっかり把握していなかったことから、いつのまにか抵触してしまったというケースも存在**するようです。どのような財務状況で返済義務が生じるのかは、その後の投資家にとっても重大な関心事とな

るため、丁寧に把握しておく必要があります。

## クリティカル条項5位：反社会的勢力の排除

　後の章で詳述しますが、どんなに注意をしていても契約を締結した相手方が反社会的勢力に該当するケースが存在します。特に近時、**反社会的勢力の方がエンジェル投資家を名乗りスタートアップに出資し、後に実はその方が反社会的勢力だったことが判明するというケースが散見**されます。判明した場合には、契約関係を解消することができるように、創業期からの準備として、反社会的勢力であることが判明した場合には、契約を解除することができる条項をひな形としてあらゆる契約に入れていく必要があります。反社会的勢力と契約関係がある会社は上場することができませんので、上場準備という観点でも重要な規定です。

　典型的には以下のような条項をあらゆる契約に入れておくことが重要です。

（反社会的勢力の排除）
本契約の当事者は、相手方に対し、本契約締結時において自身（自身が法人の場合は、代表者、役員又は実質的に経営を支配する者も含む。）が暴力団、暴力団員、暴力団員であった時から5年を経過しない者、暴力団準構成員、暴力団関係企業、総会屋、社会運動標ぼうゴロ、政治運動標ぼうゴロ、特殊知能暴力集団、その他反社会的勢力（以下「暴力団等反社会的勢力」という。）に該当しないことを表明し、かつ将来にわたっても該当しないことを確約する。
2　本契約の当事者は、相手方が前項の該当性の判断のために調査を要すると判断した場合、その調査に協力し、これに必要と判断する資料を提出しなければならない。
3　本契約の当事者は、相手方が暴力団等反社会的勢力に属すると判明した場合、催告をすることなく、本契約を解除することができる。

> 4　前項の規定により、本契約を解除した場合には、契約を解除した当事者は相手方に生じた損害を賠償する責を負わない。

## クリティカル条項6位：片面的な権利や義務

　力関係の差が大きい大企業との契約の際に、片面的な権利や義務となっている条項が提示されるケースがあります。たとえば以下のようなケースです。

- 損害賠償義務をスタートアップ側だけが負う。大企業側は故意または重過失の場合等に限定されている
- 開示した情報の秘密保持義務をスタートアップ側だけが負う
- 大企業側が一方的に契約を中途解約することができる

　相手側との力関係や関係性にもよりますが、**一方的な権利や義務は通常のビジネスの関係性では公平とはいいがたいため、できる限り双方が同等の権利、義務を負う形が理想**です。

# 5 ┃ 個別契約についての留意点

　次に実務上よく見る契約トップ10（筆者らの主観に基づきます）について、契約審査においてクリティカルなポイント等について解説をします。なお、創業者の株主間契約、エクイティ調達時の投資契約、株主間契約等、M&Aの際の株式譲渡契約については資本政策上の重要度が極めて高いため、別の章で取り上げます。また、雇用契約については労働関連として別の項目で取り上げます。なお、公正取引委員会が2022年3月に「スタートアップとの事業連携及びスタートアップへの出資に関す

る指針」[19]を発表しています。個別契約の留意点についてさまざまな言及がされているので、チェックしてみてください。

## 実務上よく見る契約トップ10

### ■ 秘密保持契約

　秘密保持義務を負う「情報」の定義に留意が必要です。**開示した資料の一切を秘密情報の範囲に含めるか、それとも秘密であることを明記、明言したもののみとするのか、大きく２通りの設計方法**があります。また、秘密保持義務を負う期間も重要です。さらに、スタートアップ側が一方的に秘密保持義務を負う規定も多く存在する印象ですので、双方が負う内容となっているか注意が必要です。

### ■ 共同研究開発契約

　**「共同研究」の中身が一体何を指すのか、スコープを明記**することが何よりも重要です。この定義により共同研究の成果物である発明に関する特許権やその他の権利の射程・範囲が決まるためです。また、成果物が誰に帰属するのか、帰属しなかった側にはどのような利用権があるのかきちんと合意する必要があります。他にも、大手企業との時間軸の違いで失敗するケースも存在するため、いつまでにお互いに何をコミットするのか期限を明記することも重要です。

### ■ 売買契約

　**売主**であれば**キャッシュフローの確保が重要ですので価格決定のロジック、支払期限、支払遅延の場合のサンクションの設計**、**買主**であれば商品がきちんと届くかどうか、商品に欠陥があった場合のサポートが重要ですので、**欠陥品があった場合の対応等を丁寧に記載**することが重要

---

19　「スタートアップとの事業連携及びスタートアップへの出資に関する指針」https://www.jftc.go.jp/dk/guideline/unyoukijun/startup.html」

です。

### ■ 製造委託契約

売買契約と同様、受託者としては、キャッシュフローの確保、委託者としては製造物の欠陥品への対応が最重要です。

### ■ 業務委託契約

何を委託するのか、**委託内容の範囲、委託により発生した権利の帰属関係が重要**です。また個人情報の取扱いを委託する場合には、個人情報の取得、管理方法について明記する必要があります。

### ■ 賃貸借契約

事業が急に成長してすぐに引っ越したい、あるいは市況の変化で資金調達が難しくなったため安いオフィスに引っ越したい等、オフィスを移転したいというニーズは突然訪れます。交渉力の問題は存在しますが、可能な限り柔軟に解約できるように、**解約前の通知期限をできる限り短く、また過大な賠償金を負わずにすむように交渉することが重要**です。

### ■ ライセンス契約

ライセンスの対象と範囲、対価（算定ロジックを含む）を明記することが重要です。

### ■ 販売代理契約

卸販売（売り切り）なのか、仲介にすぎないのか（顧客と直接の契約になるか）、明確にすることが重要です。それにより顧客への一次的な責任範囲が決まります。また卸販売の場合、再販売価格を拘束することは独禁法上NGである点に留意が必要です。

## ■ 業務提携契約

スタートアップとしては大企業と提携する際に締結することが多いです。業務提携契約の中では前述したような、競業避止義務、知的財産権の移転に関する条項等、クリティカルな条項が含まれるケースが多くあります。

## ■ GAFA等のプラットフォームを利用する際の利用規約

アプリを提供する企業はApple／Googleのデベロッパー向け利用規約に同意する必要がありますし（Appleの場合、「App Store Review ガイドライン」、Googleの場合は「デベロッパープログラムポリシー」等があり、内容としてはAppleのほうが厳しいとされます）、ECの事業者であればAmazonや楽天の出店規約に同意して販売チャネルの確保に動きます。いずれも利用規約自体は交渉の余地はなく、原則として規約をきちんと確認して規約に違反しないよう事業を進める必要があります。

ただし、その**規約がプラットフォーマーとしての「優越的な地位」を「濫用」していると認められる場合には、独禁法に違反することになる**ため、スタートアップとしては、**規約の運用や変更において独禁法違反の可能性**がないか、**可能性があるのであれば公正取引委員会を経由して調査、取締りを行ってもらえることがあるというオプションが存在する**ことは、頭の片隅においておきましょう。

---

まとめ

- 契約書を作成、締結する意義は、①インセンティブ関係のデザインと②後日の紛争に備えた証拠作成の点にある。
- 取引金額、キャッシュフローのインパクトが大きい重要な契約は、自社で契約書のドラフトを行うことが重要。法律事務所をうまく活用する。
- 契約審査のポイントは、①文言の明確化、②オペレーションフロ

ーの想像とリスクの洗い出し、③法令や業法への配慮。

- 類型的に締結する／しないとリスクが高い条項を知っておく（競業避止義務、知的財産権の移転、エクイティファイナンスにおける買取義務、ドラッグ・アロング・ライト、融資における財務コベナンツ、反社会的勢力の排除、片面的な権利・義務など）。

**チェックリスト**

- □契約締結の意義を理解した。
- □自社の事業ステージや契約の重要度に応じた、メリハリの付いた契約審査フローが整備されている。
- □事業にとって重要度が高い契約は、できるだけ自社で契約のドラフトを作成するようにする。
- □類型的に、自社の事業領域的に締結する／しないとリスクが高い条項を把握している。

# 第 4 章

# 個人情報

# 個人情報の意味、取得時の留意点、管理の仕方

「まさか、こんなことになるなんて」——気づいたときには、完全に手遅れだった。

　わたしは新卒でいわゆるITメガベンチャーに入社し、20代のほとんどを仕事に捧げた。営業からマーケティング、プロダクトマネジメントまでさまざまな部署を経験したが、とにかくビジネスそのものが楽しくて仕方なかった。必死の思いで考えた施策でよい結果が得られたとき、目標を大幅に上回る成果を出せたとき、脳汁がドバドバと出ているのを感じた。寝る間も休日も惜しんで、ほぼすべての時間を仕事に捧げた。

　ただ、30歳になって結婚し、子どもが生まれてからは、少し考え方が変わった。家族の時間も大切にするようになり、限られた時間で最大限の成果を出していく志向性になった。

　そんな中、仕事と子育ての両立がいかに大変かを痛感。助け合えるママ友が切実に欲しくなる。とはいえ、あまり積極的にご近所付き合いをするタイプではない。ウェブ上でご近所の同じような悩みを抱えている人に出会えるといいけれど、そういうアプリは見つからない——そんなわたし自身の切実な悩みへの対処策を考えるうちに、「ないなら、わたしが作っちゃえばいいのでは？」と思い立った。

＊　＊　＊

　そうして"ママ起業家"になったわたし。近隣に住む子育て世代とつながれる、子育てSNSを開発した。幸い、これまでの仕事のつながりか

ら、何人か手伝ってくれる人も現れはじめ、順調にβ版の開発まで漕ぎ着けた。

　β版のローンチにあたって、登録時にどんな情報を入力するか考える必要があった。いまや、「データは21世紀の石油」と言われている。ビジネスを勝ち抜くために、データ活用の巧みさは成否を分ける……ということで、取得したデータの利用方法が明瞭に見えているわけではなかったが、氏名やメールアドレス、行動ログを取得することにした。もちろん、しっかりと登録時に同意は取る設計に。

　ただ、利用目的が見えていなかったので、「当社のあらゆるビジネスのため」という、包括的で曖昧な利用目的にしておいた。まぁ、利用目的なんて形式的なものなので、何か書いてあれば問題ないだろう。嘘は言ってないし。

　β版の評判はとてもよく、その3か月後には、対応地域を増やして正

式リリース。利用者数は、早々に1万人を突破。メディアの取材や入社希望者も次々と現れるようになり、わたしは一世を風靡するママさん起業家になった。すべてが順調だと思っていた。

* * *

　綻びは突然、訪れた。

　元をたどれば、β版リリースから1か月が経った頃。メンバーが飲み会でPCを紛失してしまったのだけど、ローカル領域に顧客の個人データが入っていたのだ。何でも、ちょっとした作業のために、コピペしてExcelに貼っておいたらしいのだ。しかも、そのメンバーが軽い気持ちでそれをSNSに投稿してしまい、「ずさんな情報管理だ」と炎上してしまった。

　ただ、わたしが会社を代表して誠実に謝罪すると、すぐに炎上はおさまった。みんな、数日経つと別のネタに飛びついてしまうし、すぐに忘れられるだろう。知り合いの弁護士に軽く相談してみたところ、本当は行政機関である個人情報保護委員会に報告しなければいけないらしいけど、そんな面倒なことをやっている時間的余裕はない。まぁバレないだろうと思い、放置していた。

　それから1年後。大企業からの大型の資金調達が決まりそうだった。これでより一層アクセルを踏めると思い、胸が躍っていた——しかし、ちょうどそのタイミングで、1年前の炎上事件がまたメディアで話題になった。正直、わたし自身も忘れかけていたので、青天の霹靂だった。ジャーナリストの方にそのときの対応を聞かれ、個人情報保護委員会への報告を怠っていたこともうっかり喋ってしまうと、当時を上回る大炎上に発展。

　投資の話がなくなったのはもちろん、サービスも停止に追い込まれた。たった数週間にして、絶望の淵に追い込まれてしまった——。

# 1 | データの重要性

　起業家から新たな事業の相談を受ける際に弁護士が必ず確認すること
があります。それは、どのようなデータを、どのような目的・方法で取
得し、どのように利用・管理するのかという点です。

　おそらく10年ほど前までは企業が取得するデータの利活用の具体的な
内容について厳格な検討を行わずにサービスをローンチしていたケース
も多かったのではないかと思います。しかし、現在は、サービスのロー
ンチ前にデータの取扱いについて慎重に検討を行う事例は大企業だけで
なくスタートアップでも増加してきています。スピードを重視するスタ
ートアップにとってみればサービスのローンチ前に時間を必要とする検
討項目は可能な限り減らしたいと考えるのが自然です。それにもかかわ
らず、これから提供するサービスにおけるデータの取扱いについて、積
極的に専門家に相談する起業家が増えていることには隔世の感がありま
す。それはビジネスにおけるデータの重要性の高まりとともに、個人の
プライバシーを保護する要請も高まり、データ保護への関心が高くなっ
たことを意味しているといえます。

## 個人データについて起業家が持つべき認識

　まず、細かな知識や論点についての理解を深める前に、起業家の方に
覚えていてほしいのは、自社が提供するサービスにおいてユーザーに関
するデータを利活用しようとする際には、そのことによって何らかの利
益を受けることができるためサービスを支持してくれるユーザーだけで
はなく、**むしろ自分のデータを利活用されるのであればそのサービスを
利用したくないと考えるユーザーも存在する**ということです。会社が提
供するサービスの価値を評価する際に、そのサービスが社会全体に対し
て提供することができる「価値」とユーザー個人が考える「価値」の間
にずれが生じることは決して珍しいことではありません。

したがって、自社のサービスにユーザーのデータを利活用する際には、冒頭に記載したように、**どのようなデータを、どのような目的・方法で取得し、どのように利用・管理するのかということを丁寧に検討**すると同時に、**そのことによって不利益を被るユーザーはいないのか、さらに社会からは自社のデータの利用方法についてネガティブに評価される可能性はないか、それらの可能性を踏まえてユーザーや社会に対して自社のサービスに関してどのようなメッセージを届けるべきかという視点をあわせて持つことが重要**です。このような視点を持つことによって、はじめてユーザーからも社会からも支持されるデータの利活用が可能となります。

## 2　個人情報保護法に登場する用語

　ここまで特に解説を加えることなく「データ」という言葉を用いてきました。個人情報保護法は「データ」に関するルールを定める法律ですが、個人情報保護法上は、単に「データ」と表現されているわけではなく、「個人情報」「個人データ」などの表現が用いられています。馴染みのない言葉も多いと思いますので個人情報保護法が定める主要な用語を表のようにまとめました（「統計情報」は個人情報保護法が定める用語ではありませんが登場頻度が高い概念なのでここであわせて説明します）。

　なお、ここで記載している具体例は、個人情報保護委員会が公表している**「個人情報の保護に関する法律についてのガイドライン（通則編）」**[1]を参考にしています。このガイドラインは弁護士や法務担当者以外の方でも理解できるようにわかりやすく工夫して作られていますので、起業家の方も一度目を通してみることをおすすめします。最近は、法務担当者がいないスタートアップでも、弁護士に具体的な相談を開始する前に

---

1　https://www.ppc.go.jp/personalinfo/legal/guidelines_tsusoku/

社内でこのガイドラインや、ガイドラインとあわせて個人情報保護委員会が公表している「『個人情報の保護に関する法律についてのガイドライン』に関するＱ＆Ａ」[2]を確認しているケースが増えています[3]。

## 【主要な用語一覧】

| 用語 | 内容 | 具体例 |
|---|---|---|
| 個人情報<br>（法２条１項） | 生存する個人に関する情報のうち、①氏名、生年月日その他の記述等により特定の個人を識別することができるもの（他の情報と容易に照合することができ、それにより特定の個人を識別することができることとなるものを含む。）、②個人識別符号のいずれかが含まれるもの | ・氏名<br>・氏名と組み合わせた生年月日、連絡先（住所・電話番号・メールアドレス）<br>・本人が判別できる映像情報（防犯カメラの映像等）<br>・特定の個人を識別できる音声録音情報<br>・特定の個人を識別できるメールアドレス<br>・個人情報を取得後に当該情報に付加された個人に関する情報<br>・電話帳、新聞、ホームページ、SNS等で公にされている特定の個人を識別できる情報 |

2　上記のガイドラインやQ&Aを含めこちらのウェブページにてさまざまな参考資料を確認することができます。https://www.ppc.go.jp/personalinfo/legal/
3　このガイドラインはすべての分野に適用されるガイドラインになりますが、このほかに特定の分野（金融関連分野、医療関連分野、情報通信関連分野）にのみ適用される特定分野ガイドラインがあります。

| 個人識別符号<br>（法2条2項） | ①個人の身体の一部の特徴を変換した文字、番号、記号その他の符号であって、特定の個人を識別することができるもの、②役務の利用・商品の購入に関して割り当てられ、または個人に発行されるカード等に記載・記録された文字、番号、記号等であって、個人ごとに異なるものとなるように設定されることにより、特定の個人を識別することができるもの | ①に該当するもの<br>• DNAを構成する塩基の配列<br>• 顔の容貌<br>• 虹彩<br>• 声紋<br>• 歩行の態様<br>• 指紋<br><br>②に該当するもの<br>• パスポート番号<br>• 基礎年金番号<br>• 免許証番号<br>• 住民票コード<br>• 個人番号（マイナンバー）<br>• 被保険者証番号 |
|---|---|---|
| 要配慮個人情報<br>（2条3項） | 本人の人種、信条、社会的身分、病歴、犯罪の経歴、犯罪により害を被った事実その他本人に対する不当な差別、偏見その他の不利益が生じないようにその取扱いに特に配慮を要する個人情報 | • 人種<br>• 信条<br>• 社会的身分<br>• 病歴<br>• 犯罪の経歴（前科）<br>• 犯罪の被害を受けた事実<br>• 身体障害、知的障害、精神障害等<br>• 健康診断その他の検査の結果<br>• 保健指導・診療・調剤に関する情報 |

| | | |
|---|---|---|
| | | • 被疑者または被告人として、逮捕、捜索、差押え、勾留、公訴提起その他の刑事事件に関する手続が行われたこと |
| | | • 非行少年またはその疑いのある者として、保護処分等の少年の保護事件に関する手続が行われたこと |
| 個人情報データベース等（16条1項） | 個人情報を含む情報の集合物であって、特定の個人情報を電子計算機やその他の方法で検索することができるように体系的に構成したもの | • 電子メールソフトに保管されているメールアドレス帳（メールアドレスと氏名を組み合わせた情報を入力している場合） |
| | | • インターネットサービスにおいて、ユーザーが利用したサービスに係るログ情報がユーザーID によって整理され保管されている電子ファイル（ユーザーID と個人情報を容易に照合することができる場合） |
| | | • 従業者が、名刺の情報を業務用パソコン（所有者を問わない。）の表計算ソフト等を用いて入力・整理している場合 |

| | | • 人材派遣会社が登録カードを、氏名の五十音順に整理し、五十音順のインデックスを付してファイルしている場合<br><br>※市販の電話帳、住宅地図、職員録、カーナビゲーションシステム等は該当しません |
|---|---|---|
| 個人情報取扱事業者<br>（16条2項） | 個人情報データベース等を事業の用に供している者 | |
| 個人データ<br>（16条3項） | 個人情報データベース等を構成する個人情報 | • 個人情報データベース等から外部記録媒体に保存された個人情報<br>• 個人情報データベース等から紙面に出力された帳票等に印字された個人情報 |
| 保有個人データ<br>（16条4項） | 個人情報取扱事業者が、開示、内容の訂正、追加または削除、利用の停止、消去及び第三者への提供の停止を行うことのできる権限を有する個人データ | |
| 統計情報 | 複数人の情報から共通要素に係る項目を抽出して同じ分類ごとに集計して得られる情報 | • アンケート回答者を年代ごとに分類した年齢分布 |

## 変化の激しい個人情報保護の動向を押さえておく

　情報量が多くてすでにうんざりされてしまった方もいるかもしれませんが、他にも「匿名加工情報」「仮名加工情報」「個人関連情報」など、個人情報保護法には重要な用語が多く存在します（これらの用語については次節で説明します）。**「匿名加工情報」は2017年の改正個人情報保護法の施行で、「仮名加工情報」と「個人関連情報」は2022年の改正個人情報保護法の施行で新たに導入**されたものです。

　個人情報保護法の特徴として、他の法律と比べると、時代や技術の変化・進歩にあわせて迅速に新たな変更が加えられていることがあげられます。個人情報保護法の改正動向や改正法を前提とした最新の実務動向をキャッチアップしていないと企業は適切なデータの利活用ができず個人情報保護法に違反するリスクを抱えることになります[4]。起業家の方は個人情報保護法の内容を細かく理解する必要まではありませんが、どのような議論がなされているのか大まかにでも把握するようにしてください。

　個人情報保護法は企業の関心も高く、他の法律と比べると新聞や経済誌でも取り上げられることが多いため、情報収集を行う機会には恵まれています（情報が多すぎるため整理できないときは顧問弁護士などと最新の動向についてディスカッションする時間を設けてみるのも有益と思います）。

---

4　最近は、電気通信事業法など個人情報保護法以外の法改正による影響も生じているほか、国内の議論だけではなくGDPR（EU一般データ保護規則）やCCPA（カリフォルニア州消費者プライバシー法）といった国外の制度にも注意を払わなければならなくなりました。これら（特に海外の制度）がダイレクトに影響するスタートアップは必ずしも多くはありませんが、存在すら知らなければ検討するタイミングを逃すことになりますので、広くアンテナを張るように心がけてください。

# 3 | 個人情報とは？

　さて、すでに説明したとおり、個人情報保護法には、多くの重要な用語が登場し、それぞれについて定義が設けられていますが、馴染みのない方にとっては理解しづらいものや誤解しやすいものが含まれています。まずは、すべての検討の出発点となる「個人情報」に関する理解を深めていきましょう。

　個人情報とは、「生存する個人に関する情報のうち、①氏名、生年月日その他の記述等により特定の個人を識別することができるもの（他の情報と容易に照合することができ、それにより特定の個人を識別することができることとなるものを含む。）、②個人識別符号のいずれかが含まれるもの」と説明しました。これだけではまだわかりづらいのでいくつかの具体例をもとに個人情報の範囲についてイメージを明確にしていきたいと思います。

## 住所や電話番号、メールアドレスは？

　まず、氏名が個人情報に該当することに疑問を抱く方はいないでしょう（厳密にいえば同姓同名の個人が存在する可能性はありますが、そのような氏名であっても個人情報に該当すると考えられています）。

　では、住所や電話番号はどうでしょうか。住所だけであれば同じ住所に複数の人が住んでいることもありえますし、電話番号も同じ電話番号が時を経て異なる人に利用されることもあります。結局はケースバイケースで判断するしかないわけですが、**「他の情報と容易に照合することができ、それにより特定の個人を識別することができる」（容易照合性）と判断される性質のものは個人情報に該当**します。たとえば、自社のデータベースなどに氏名と一緒に管理されている住所や電話番号は特定の個人を識別することが可能ですから個人情報に該当することになります。

　メールアドレスだとさらに悩む方がいるかもしれません。メールアド

レスも個人の名前をそのまま表現しているようなもの（例：taro_yamada@mirai-no-kigyouka.com）であれば特定の個人を識別することが可能なものとして、それ自体が単独で個人情報に該当しますが、記号を羅列しただけのようなもの（例：abc_xyz@mirai-no-kigyouka.com）であればこのメールアドレス単独で特定の個人を識別することはできません。ただし、このようなメールアドレスも氏名と一緒に管理されているのであれば、特定の個人を識別することが可能な情報として個人情報に該当します。

　したがって、氏名と紐づけて、ユーザーの住所や連絡先、決済情報等を管理している場合には、これらの情報はすべて個人情報として取り扱わなければなりません。ユーザーに関するさまざまなログを取得している場合、それらのログを個別に分解すれば特定の個人を識別することができないため、個人情報として取り扱う必要はないと誤解されている方がいますが、上記のとおり、ユーザーの氏名などと一緒に管理することで、「他の情報と容易に照合することができ、それにより特定の個人を識別することができる」情報となり、個人情報に該当することがありますので注意が必要です。

## 情報単独ではなく情報全体の保管状況がポイント

　このように、企業が保有する情報の個人情報該当性を検討する際には、保有している情報を細分化して個別に個人情報該当性を検討するのではなく、**保有する情報全体をどのように関連付けて保管しているかという視点を持つことが重要**です。

　保有している情報を可能な限り個人情報に該当しない情報（非個人情報）として整理したいと考える方も少なくないので、強引な解釈を採用して自社が保有する情報を非個人情報として扱っている例も散見されますが、語弊をおそれずにいえば、個人情報に該当するか悩む情報があるのであれば個人情報として取り扱うと整理してしまったほうが、結果として後々の事故は防ぎやすくなります。たとえば、メールアドレスを個

人情報と非個人情報に分類するために、1つひとつ目視で確認して個人の識別可能性について吟味するのは時間の無駄ですし、事後的に判断が誤っていたことが発覚することも当然ありえますので、メールアドレスは一律に個人情報として取り扱うと決めてしまうほうがコスト面からもリスク面からも判断として優れているというケースもあるわけです[5]。

　なお、このような話をすると「企業が取り扱う情報はすべて個人情報と考えたほうがよいのですね……」と落胆した顔をされることが多いのですが、実務上、非個人情報として整理されることが多いものとして、統計情報があります。たとえば、個人に対するアンケートの調査内容を集計した統計情報は、特定の個人との対応関係が排除されている限りにおいては非個人情報として取り扱うことが可能となります。当然、非個人情報には個人情報保護法が適用されないため、たとえば、アンケート結果を集計した統計情報を第三者に提供するためにアンケートを実施した本人から同意を取得する（個人情報を第三者に提供するために本人から同意が必要となる点については次の設例で説明します）といった対応は不要となります。

## 4 ｜ 個人情報を取得・利用する際に気をつけること

　自社で取り扱う情報が個人情報に該当するか否かの検討が終わったあとは、実際にユーザーから個人情報を取得し、当該個人情報を利用するための体制を整える必要があります。

　個人情報保護法は、個人情報取扱事業者（事業を開始すればユーザーやその他の個人に関する情報を何らかのデータベース上で管理すること

---

5　取り扱う情報ごとに別々のデータベースに保管していれば個人情報には該当しないのではないかという質問をよくうけますが、双方のデータベース上の情報を特別な費用や手間をかけることなく照合することができる場合には、「他の情報と容易に照合することができ、それにより特定の個人を識別することができる」情報となり、個人情報に該当することになります。

になるので皆さんも**起業すれば基本的には個人情報取扱事業者に該当するものと考えてください**[6]）が、個人情報を取得し利用する場面を想定していくつかのルールを定めています。

それらのルールのうち、主要なものとしては次があげられます。

---

① 個人情報を取り扱うに際して**利用目的をできる限り特定**しなければならないこと（17条1項）

② 個人情報を取得した場合、あらかじめその利用目的を公表している場合を除き、速やかにその**利用目的を本人に通知し、または公表しなければならないこと**（21条1項）

③ 個人情報は利用目的の範囲内で利用し、事前に本人の同意を得ずに、特定された**利用目的の達成に必要な範囲を超えて個人情報を取り扱ってはならない**こと（18条1項）

④ 偽りその他**不正の手段により個人情報を取得してはならない**こと（20条1項）

⑤ **違法または不当な行為を助長し、または誘発するおそれがある方法により個人情報を利用してはならないこと**（19条）

---

④と⑤については、真っ当にビジネスを展開している企業において問題となることは多くはありませんが、たとえば、④については、判断能力が乏しい未成年者から本来不要な情報を取得するケースや、虚偽の情報を示すことで個人情報を取得するケース、もともと不正に取得された情報であることを知りながらその情報を取得するケースなどが該当し、⑤については、違法行為を行うことが予見される事業者に個人情報を提供するケースや、採用選考の際に性別や国籍の差異を理由に差別的な取

---

6　以前の個人情報保護法では、個人情報データベース等に含まれる個人情報によって識別される特定の個人の数の合計が、過去6か月以内のいずれの日においても5000を超えない者は、個人情報取扱事業者に該当せず、個人情報取扱事業者としての義務が課せられませんでした。現在は、このような制度は設けられておらず、特定の個人として識別できるユーザーの数が少数でも個人情報取扱事業者に該当するため注意してください。

り扱いを行うために個人情報を利用するケースなどが該当します[7]。

## 「利用目的」に関する注意点

きちんとした企業であっても悪意がなくうっかり違反してしまうことが多いのは、①から③です。

まず、利用目的は「できる限り特定」しなければならず（①）、個人情報を提供してくれるユーザーにとって予測可能性があることが重要なので、個人情報をどのような事業にどのような目的で利用するのか想定できるように特定されていることが必要となります。

したがって、本設例のように「当社のあらゆるビジネスのため」といった定め方ではもちろん特定されているとはいえませんし、**「事業活動に用いるため」「マーケティング活動に用いるため」といった抽象的・一般的な記載は許容されていません**。どのような事業に個人情報を用いるのかといった対象を特定した上で、特定された事業においてどのような目的で個人情報を利用するのか特定する必要があります（たとえば、EC事業において住所を商品の配送のために用いる、新商品に関する広告配信のために購買履歴を用いるなど）。

事業を開始するタイミングでは、取得した個人情報をどのように用いることができるか緻密に検討しておらず解像度が低いケースのほうが圧倒的に多いわけですが、だからといって抽象的・一般的な利用目的しか準備できていない場合には個人情報保護法に違反してしまうため注意が

---

7　以前に、破産者の情報をデータベース化してインターネット上で公開した企業に対して、個人情報保護委員会が勧告を行い、その後刑事告発したことで話題になりましたが、過去に個人情報の取扱いに関連して炎上した事例には、違法または不当な行為を助長し、または誘発するおそれがある方法により個人情報を利用したといえる事例が少なからず含まれます。

必要です[8]。

　一方、特定された利用目的の達成に必要な範囲を超えて個人情報を取り扱うことは事前に本人の同意を得ない限り禁止されているため（③）、必要最低限の利用目的のみを特定している場合、新たな目的で個人情報を利用しようとするたびにユーザーから同意を得なければならないこととなり手続が非常に煩雑になります（そもそもユーザーから再度同意を取得すること自体が簡単ではないことも多いです）。

　したがって、**利用目的を特定する際には、抽象的・一般的な内容とならないように具体的な内容を検討しつつ、利用目的の範囲が狭くなりすぎないように、事業の成長に応じて将来想定されるさまざまな場面を同時に思い描く必要**があります。これは非常に難易度の高い作業ではありますが、手を抜けば抜くほど将来の自分たちの首を絞めることになるため、類似の事業を提供している企業や、自社が関心のある領域ですでに事業を提供している企業がどのような利用目的を定めているかといったことも参考にしながら、検討を進めていくことをおすすめします。

　さらに、個人情報を取得した場合、あらかじめその利用目的を公表している場合を除き、本人に対する利用目的の通知または公表が必要となります（②）。つまり利用目的を社内で定めるだけでは足らず、それをきちんとユーザーに通知または公表することが必要となるということです。加えて、たとえば、オンライン上でユーザーからユーザー登録時に個人情報を取得するようなケースの場合、**あらかじめ利用目的を明示**することが求められており（21条2項）、ユーザーが登録情報を送信するための**送信ボタンをクリックする前にその利用目的が確認できるようにすることが望ましい**とされています。

---

**8**　なお、一度利用目的を特定するとそれ以降変更することができないわけではなく、変更前の利用目的と関連性を有すると合理的に認められる範囲内で利用目的を変更することは可能であり（17条2項）、利用目的を変更した場合には、変更後の利用目的を本人に通知または公表する必要があります（21条3項）。したがって、本人が通常予期しうる限度を超えて利用目的を変更したり、新たな利用目的を追加したりする場合には、本人の同意を得る必要があるので注意が必要です。

このような場面で機能するのが**プライバシーポリシー**です[9]。新たにビジネスを立ち上げる際には、プライバシーポリシーを用意しなければならないということをぼんやりとイメージされている起業家の方も多いと思いますが、プライバシーポリシーは、このように個人情報取扱事業者が特定した利用目的をユーザーに向けて伝えるためのツールとしても機能します。

## 5 プライバシーポリシーの作成

### 他社のプライバシーポリシーを確認してみる

　それではプライバシーポリシーにはどのような内容が定められているのでしょうか。これからプライバシーポリシーを準備する起業家の方は、自社のプライバシーポリシーを作成する前に、**他社のプライバシーポリシーや他社がユーザー向けに作成・公表しているデータの取扱いに関するコンテンツ[10]を読んでみてください。**そして、その際には日本を代表する有名な企業（特に個人情報の取扱いがおのずと多くなる個人向けのサービスを提供している企業がおすすめです）のものや、自社が立ち上げようとしているビジネスと共通点があるビジネスを展開している企業のものを確認するようにしてください。

　プライバシーポリシーの作成に際して、最初から一部の先進的な大企業と同じように詳細なプライバシーポリシーなどを作成する必要はない

---

**9**　たとえば、多くの企業がサービスサイトのトップページにプライバシーポリシーへのリンクを設けておりますが、このようにホームページのトップページから1回程度の操作で利用目的を記載したプライバシーポリシーに遷移できるようにしておくことで、利用目的を公表・明示したことになります。

**10**　以前は、企業の個人情報の取扱いに関するポリシーについて、プライバシーポリシーのみが公表されているケースが多かったですが、近時は、プライバシーポリシーとは別に、プライバシーポリシーの内容をよりわかりやすく具体化して説明したものを公表する企業が増えてきており、この流れは今後も続くものと予想されます。

ですが、ユーザー向けに丁寧に作りこまれたものを眺めるだけでも、将来自社が用意すべきコンテンツの方向性についてイメージを持つことができると思います。

　また、ライバル企業のプライバシーポリシーを確認することで、類似するサービスの提供に際してライバル企業がデータの取扱いについてどのような論点を検討したのか推測できることがあります[11]。ここまでくると主に専門家が検討すべき領域かもしれませんが、ぜひ起業家の方もこのような作業を通じてデータの取扱いに関する感度を高めていってください。

## プライバシーポリシーの記載内容

　さて、それでは実際にプライバシーポリシーを作成する際にはどのような内容を記載すればよいのか説明します。**大前提として、個人情報保護法に「個人情報取扱事業者は、プライバシーポリシーを作成しなければならない。」と定められているわけではなく、プライバシーポリシーに定める内容についても、個人情報保護法に直接的に定められているわけではありません**（ただし、個人情報保護法上、公表することが求められている事項がいくつかあるため、それらの内容についてはプライバシーポリシーに定めるのが簡便ですし、本人から同意を取得する必要がある事項について同意取得の前提となる情報を、プライバシーポリシーを用いて提供するのが簡便です）。

　したがって、**プライバシーポリシーに定める内容は、その企業が提供する事業の内容や、取得する個人情報の種類[12]、利用目的、利用態様などに応じて、オーダーメイド**となります。もっとも、いくつかの企業のプライバシーポリシーを実際に見てもらえればわかるとおり、プライバ

---

**11**　なお、利用規約の検討に際しても同様のプロセスを経ることは有益です。
**12**　ユーザーのプライバシー保護の観点からすると、個人情報保護法上の個人情報に限定することなく、ユーザーに関するパーソナルデータに関しては広くプライバシーポリシーが適用される対象とすることが考えられますし、実際にそのような企業は増えています。

シーポリシーに定められている内容はある程度共通しています。

　一般的には、①**事業者の名称、連絡先、代表者の氏名**、②**事業者が取得するユーザーに関する情報の項目**、③**ユーザー情報の取得方法**、④**取得した情報の利用目的**、⑤**第三者提供、外国の第三者に対する提供、共同利用及び情報収集モジュール（たとえば、Google Analyticsなど）の有無・内容**、⑥**保有個人データに関する開示、訂正、削除、利用停止等の権利行使に応じる手続**、⑦**問い合わせ窓口**、⑧**プライバシーポリシーの変更手続**などが定められていることが多いです。

　そして、繰り返しになりますが、プライバシーポリシーを作成したら、トップページにプライバシーポリシーへのリンクを設けるなどして、ユーザーがアクセスしやすいところに掲示することが重要です。利用目的の通知・公表を忘れてしまうと個人情報保護法違反となりますが、利用目的に関する記載が含まれたプライバシーポリシーを定め、ユーザーから情報を取得する際（たとえば、ユーザー登録時など）にユーザーがその内容を確認できるようにすることで、このようなリスクを避けることが可能となります。


# 6 　個人情報の管理

　個人情報の取扱いについて、比較的慎重に検討を行っている起業家でも見落としがちなのが、個人情報の管理に関する検討です。データ戦略の検討やプライバシーポリシーなどの整備は、通常、サービスのローンチまでに行われるので起業家の関心やモチベーションもこの段階までは高いレベルで維持されていますが、個人情報の管理体制については、ローンチ後の守備固めとしての意味合いが強いので、どうしても後手にまわりがちです。

　個人情報保護法は、個人情報取扱事業者は、利用目的の達成に必要な範囲内において、個人データを正確かつ最新の内容に保つとともに、利

用する必要がなくなったときは、当該個人データを遅滞なく消去するよう努めなければならないと定めている（22条）ほか、個人データの漏えい、滅失または毀損の防止その他の個人データの安全管理のために必要かつ適切な措置を講じる義務（23条）、従業員に対する監督義務（24条）、個人データの取扱いを委託する委託先の監督義務（25条）を定めています。

### 安全管理措置への対応が遅れがち

　これらのなかでも特に安全管理措置についてはまったく検討できていないスタートアップもそれなりに存在します。具体的には、個人データの取扱いに関する基本方針や社内規程を整備するほか、組織的安全管理措置、人的安全管理措置、物理的安全管理措置、技術的安全管理措置の4つの観点から体制整備することや外的環境の把握[13]が求められます（詳細については先ほど紹介した「個人情報の保護に関する法律についてのガイドライン（通則編）」の「10（別添）講ずべき安全管理措置の内容」をご確認ください）。

　冒頭の設例のように顧客情報を取り扱う担当者が自身のPCに情報を保管した結果、外部に顧客情報が漏えいしてしまったようなケースでは、安全管理措置義務違反を問われる可能性があります。

## 7 ｜ 漏えい時の対応

　さらに、個人情報取扱事業者は、個人データの漏えい、滅失、毀損等

---

**13**　個人情報取扱事業者が、外国において個人データを取り扱う場合（たとえば、外国にある支店・営業所に個人データを取り扱わせる場合や外国にある第三者に個人データの取扱いを委託する場合など）、当該外国の個人情報保護に関する制度等を把握した上で、個人データの安全管理のために必要かつ適切な措置を講じなければならないとされています。外国にある第三者の提供するクラウドサービスを利用して個人データを保存するような場合もこれに該当します。

が発生した場合で、個人の権利利益を害するおそれが大きいときは、当該事態が生じた旨を個人情報保護委員会に報告し（26条1項）、また、漏えいしてしまった本人に対して通知（26条2項）をしなければなりません（その対応の前提として、被害の拡大防止や原因の究明、再発防止策の検討が必要となることはいうまでもありません）[14]。

　ここでいう「個人の権利利益を害するおそれが大きいとき」とは、健康診断結果等の要配慮個人情報が含まれる個人データが漏えい等した場合、クレジットカード番号など財産的被害が生じるおそれがある個人データが漏えい等した場合、不正アクセスなど不正な目的をもって個人データを漏えい等させられた場合、1000人分を超える個人データが漏えい等した場合などが該当します[15]。

# 8 ┃ レピュテーションへの配慮

　以上に説明したとおり、個人情報に関しては検討しなければならないことが多く存在します。その意味では起業家にとって非常に厄介なトピックではあります。しかし、個人情報保護法に違反した場合、または、個人情報保護法には違反していなくても個人情報の取扱いについてユーザーや社会からの支持を得られない場合、企業のレピュテーションは大きなダメージを受けます。

　起業家の方には、現代においてデータを取り扱うためには、個人情報保護法を遵守することは当然の前提として、ユーザーや社会との対話を繰り返し、専門的な議論や国際的な動向にも注意を払いながら、自社のサービスを構築することが求められているということを意識してほしいと思います。

---

**14**　また、法的な義務ではありませんが事案の内容等に応じて公表することが望ましいと考えられています。
**15**　これらの事象が発生したおそれがある場合も含まれます。

- ユーザーのデータを利活用する際には、どのようなデータを、どのような目的・方法で取得し、どのように利用・管理するのか検討すると同時に、ユーザーや社会に与える影響の分析やそれを踏まえて発信すべきメッセージの内容を検討することが重要である。
- データの利活用に際しては、個人情報保護法に登場する「個人情報」、「個人データ」などの基本的な用語を理解する必要がある。特に個人情報保護法は時代や技術の変化・進歩にあわせて法改正の都度新たに重要な制度が導入されるため最新の動向にアンテナを張る必要がある。
- 個人情報とは、生存する個人に関する情報のうち、①氏名、生年月日など特定の個人を識別することができるものか、②マイナンバーやパスポート番号など個人識別符号のいずれかが含まれるものをさし、①については、他の情報と容易に照合することができ、それにより特定の個人を識別することができるものも含まれる。
- 個人情報取扱事業者は、①個人情報の利用目的をできる限り特定し、②個人情報を取得した場合には、あらかじめその利用目的を公表している場合を除き、速やかにその利用目的を本人に通知または公表し、③個人情報は利用目的の範囲内で利用し、事前に本人の同意を得ずに、特定された利用目的の達成に必要な範囲を超えて個人情報を取り扱ってはならず、④偽りその他不正の手段により個人情報を取得せず、⑤違法または不当な行為を助長し、または誘発するおそれがある方法により個人情報を利用してはならないとされている。
- 個人情報の利用目的を公表したり、個人情報保護法上、本人の同意を取得することが必要な事項についてその前提となる情報を提供するために、プライバシーポリシーを定め、公表することが多い。

- 個人情報取扱事業者は、①利用目的の達成に必要な範囲内におい
  て、個人データを正確かつ最新の内容に保つとともに、利用する
  必要がなくなったときは、当該個人データを遅滞なく消去するよ
  う努めなければならないほか、②個人データの漏えいなどの防止
  のために安全管理措置を講じる義務、③従業員に対する監督義務、
  ④個人データの取扱いを委託する委託先の監督義務を負っている。
- 個人情報取扱事業者は、個人データの漏えいなどが発生した場合
  で、個人の権利利益を害するおそれが大きいときは、当該事態が
  生じた旨を個人情報保護委員会に報告し、また、漏えいしてしま
  った本人に対して通知しなければならない。

**チェックリスト**

- □データを利活用する際の基本的な視点について理解した。
- □個人情報保護法に登場する基本的な用語や最新の動向にアンテナ
  を張る必要性を理解した。
- □個人情報の定義について理解した。
- □個人情報を取得し利用する際に守らなければならないルールについ
  いて理解した。
- □プライバシーポリシーを作成する意義、プライバシーポリシーに
  定める一般的な内容について理解した。
- □個人データを管理する際に守らなければならないルールについて
  理解した。
- □個人データの漏えい時の対応に関する概要を理解した。

# 個人情報活用時の留意点

　絶望の大炎上から、1年。一念発起して立ち上げた子育てSNSが、メンバーのミスによる情報流出、そしてそれに対してわたしが適切な対応を取らなかったことで、サービス停止に追い込まれてしまったのだ。

　しかし、それでも会社に残って再チャレンジを誓ってくれたメンバーがいた。こんなわたしに、まだついてきてくれる人がいるなんて——わたしは再起を決意した。

　社内のデータ管理体制を整えたのはもちろん、ただ前と同じものを復活させるだけでは、一度失った勢いを取り戻せるかわからない。そこで今回はただ子育ての情報を交換できるだけでなく、専門家からのアドバイスがもらえる機能を付け加えた。

　子育ての際、特に悩むのは食事だ。自分が食べるものにはこだわっていなくても、子どもにはしっかりとしたものを食べさせたい。でも、栄養士でもなければ、どんな食事が子どもにとっていいのかわからない——そんな悩みを持っている親は多いはず。そう思って、新機能を考案した。毎回の食事の写真を送り、さらに定期的に子どもの健康診断の結果や病歴を登録すると、それらを栄養士が分析し、アドバイスをくれるものだ。そんな機能をつけて、再リリースした。

　すると、月額課金のプレミアム機能だったにもかかわらず、大きな人気を博した。やはり、わたしの直感は間違っていなかったのだ。3か月間で、以前の登録者数を超えて、わたしは絶望の淵から這い上がったママさん起業家として、再び脚光を浴びることになった。

＊　＊　＊

　さらなる躍進のために、次の打ち手を考えていた。そこで目をつけた

のが、データビジネスだ。気づけば、わたしたちは子育てに関する膨大なデータを持っていた。毎食何を食べて、その結果としてどんな健康状態にあるか——データの宝庫であることに気づいたのだ。

　もちろん、データの取扱いには慎重にならなければいけない。同じ轍を踏まないよう、慎重にリサーチした。すると、匿名加工すれば、第三者に提供しても問題ないということがわかった。つまり、誰のデータなのかわからなくすれば、このデータを売買しても問題がないのだ。
　宝の山をそのままにしておくなんてもったいない。わたしたちは、このデータから個人名を取り除いたものを、ライフサイエンス系の企業や研究機関に提供するビジネスを始めた。ただし、用意周到なわたしたちは、企業から個人名も欲しいといわれた場合に備えて、いつでもデータを復元できるようにしておいた。すると、売上は大幅アップ。もともと

個人向けのサービスで、なかなか直近の売上に結びつきづらかったビジネスモデルをカバーでき、会社としての財政も健全化した。

＊　＊　＊

「ママさん起業家、再び暗雲!?　ずさんなデータ管理、再来」——その半年後、こんな見出しが週刊誌を賑わせた。

　問題の原因は、新しく始めたデータビジネスだった。データを匿名化するにあたって、その作業が面倒だったため、外部の会社に委託していたのだけれど、その委託先の会社が、データを自社のビジネスに無断で活用してしまったというのだ。さらには芋づる式に、わたしたちと共同研究をしている企業に無断提供していた点も指摘された。データの扱いには十分慎重になったつもりだったが、まだまだ甘かったのだ。

　こうして、わたしたちは再びサービス停止に追い込まれ、ユーザーの同意を取り直さなければいけなくなった。今度という今度は社員も大幅に減り、サービスとしてのレピュテーションも、取り返しがつかないレベルで傷ついてしまった。

　なぜだろう。なぜまた、こんなことになってしまったのだろう。わたしは今度は本当に、目の前が真っ白になった——。

## 1 | 取得に際して本人の同意が必要な要配慮個人情報

　企業が個人情報を保護するために講じるべき基本的な対応の1つとして、個人情報の提供を受ける本人からプライバシーポリシーなどへの同意を取得することが必要であるという認識は広く浸透しています。そして、ここで取得する同意について、そもそも個人情報を取得するためにも本人の同意が必要であると考えている起業家の方は少なくありません。もっとも、個人情報保護法は個人情報を取得する場面では原則として本人の同意を求めていません。前の設例でも説明したとおり、個人情報を取得する場面においては、利用目的をできる限り特定することや利用目的の通知・公表を行うこと、個人情報を適正に取得することといった対応は求められていますが、本人からの同意の取得までは必要とされていないのです。

　ただし、個人情報保護法はこの原則に対する例外として、**要配慮個人情報については、その取扱いに特に慎重な配慮を要することから、取得に際して本人の同意を必要**としています（20条2項）。要配慮個人情報は前の設例でも解説しているとおり、本人の人種、信条、社会的身分、病歴、犯罪の経歴、犯罪により害を被った事実、健康診断等の結果[16]その他本人に対する不当な差別、偏見その他の不利益が生じないようにその取扱いに特に配慮を要する個人情報を指し、設例で取得している病歴も要配慮個人情報に該当しますので、本人の同意なく取得することはできません。

---

[16]　なお、近時は多くの便利なウェアラブル機器が登場し、個人向けのヘルスケアサービスも多数登場しているため、以前と比べるとセンシティブな個人情報が簡単に取得できるようになりましたが、たとえば、血圧、脈拍、体温等の個人の健康に関する情報を、健康診断等とは関係のない方法により知り得た場合には、健康診断等の結果に該当しないため、要配慮個人情報には該当しないことになります。

# 2 | 加工処理の落とし穴

スタートアップからは、データの取扱いに関して、「個人情報に該当しないように情報を匿名化する予定です」「匿名化しているので自由に利用できますよね」といった相談を受けることがよくあります。

「匿名化」という言葉に対するイメージも人によって異なるものと思われますが、このような相談を受けるケースで相談者がイメージしていることが多いのは、取得した個人情報について個人名をマスキングするといったものであり、個人名が特定できなければ個人情報保護法は適用されず自由に利用できるのではないかという考えがその背景にありそうです。

では、個人情報保護法は個人情報の匿名化についてどのような制度を設けているのでしょうか。

個人情報保護法には、「匿名加工情報」という概念が登場します。**匿名加工情報とは、個人情報に含まれる記述や個人識別符号を削除・置換**[17]**することで、特定の個人を識別することができないように個人情報を加工して得られる個人に関する情報**であって、**当該個人情報を復元することができないようにしたもの**をいい（2条6項）[18]、設例に登場する要配慮個人情報を加工して匿名加工情報を作成することも可能です。匿名加工情報は、個人情報とは異なり、**利用目的の通知または公表を行う必要はなく、あらかじめ特定した利用目的の範囲外の利用も可能**ですし、**本人の同意を得ることなく匿名加工情報を第三者に提供することが可能**となります。

---

17　他の記述等に置換する場合には、置換後の情報を置換前の情報に復元可能な規則性がない方法により置換する必要があります。

18　たとえば、氏名、住所、生年月日が含まれる個人情報を加工する場合には、氏名、住所、生年月日を削除することで、匿名加工情報を作成することができます。

## 個人情報のマスキングだけでは「匿名加工情報」にはならない

このような説明だけを見ると匿名加工情報とは非常に便利な制度なのではないかと思われるかもしれません。実際に、匿名加工情報は事業者間におけるデータ取引やデータ連携を含むデータの利活用を促進するために導入されたものです。しかし、実態としては、匿名加工情報に該当するための適切な加工が行われているといえるか判断が難しいケースが多く、今のところそこまで活用例は多くありません。

特に、単に個人情報をマスキングするだけでは匿名加工情報には該当せず個人情報のままですので、原則として第三者に提供することはできず、安易に「匿名化」という言葉を用いないように注意が必要です。匿名加工情報を作成する場合には、個人情報保護委員会が公表する「個人情報の保護に関する法律についてのガイドライン（仮名加工情報・匿名加工情報編）」を必ず確認してください[19]。

<br>

## 3 今後の動向が注目される「仮名加工情報」

匿名加工情報が当初の期待ほど利用されなかったこともあり、2022年に施行された改正個人情報保護法によって「仮名加工情報」という制度も導入されました。

**仮名加工情報とは、個人情報に含まれる記述や個人識別符号を削除・置換[20]することで、他の情報と照合しない限り特定の個人を識別するこ**

---

19　なお、個人情報取扱事業者が匿名加工情報を作成する場合、①基準に従った適切な加工、②情報漏えいを防止するための安全管理措置、③匿名加工情報に含まれる個人に関する情報の項目の公表、④第三者に提供する匿名加工情報に含まれる個人に関する情報の項目および提供方法の公表、⑤本人を識別するために匿名加工情報を他の情報と照合する行為の禁止（43条）といった義務を負います。

20　他の記述等に置換する場合には、置換後の情報を置換前の情報に復元可能な規則性がない方法により置換する必要があります。

とができないように個人情報を加工して得られる個人に関する情報をいいます（2条5項）[21]。匿名加工情報とは異なり個人情報を復元できないことは要件とされていない点が大きな特徴です。さらに、匿名加工情報とは異なり、利用目的の公表が必要となり、第三者提供は原則として禁止されるといった特徴があります（41条）。また、個人情報とは異なり、変更前の利用目的と関連性を有すると合理的に認められる範囲を超える利用目的の変更も可能となります[22]。

　仮名加工情報については、これから実例が積み重ねられることになるため、現時点ではどの程度活用されることになるかわかりません。もっとも、従来は、ビジネスの進展や技術の進歩に伴って、当初特定した利用目的の範囲から逸脱する個人情報の利用方法を思いついても、本人から再度同意を取得することが困難であるため新たな利用を断念していたケースがありましたが、仮名加工情報にすれば、当初の利用目的とは異なる目的での利用も可能となるため、そのような場面でどの程度活用されていくか今後の動向が注目されます。

　なお、匿名加工情報と同様に、仮名加工情報を作成する際にも、個人情報保護委員会が公表する「個人情報の保護に関する法律についてのガイドライン（仮名加工情報・匿名加工情報編）」を必ず確認するようにしてください。

---

21　たとえば、会員ID、氏名、年齢、性別等が含まれる個人情報を加工する場合には、氏名を削除することで仮名加工情報を作成することができます。
22　個人情報取扱事業者が仮名加工情報を作成する場合、匿名加工情報と同様に、①基準に従った適切な加工、②情報漏えいを防止するための安全管理措置、③本人を識別するために仮名加工情報を他の情報と照合する行為の禁止（41条）といった義務を負います。

# 4 | 第三者提供における同意取得

## ユーザーの同意取得が必要になる場合とは

データの取扱いに関する検討を開始した企業からは、「どのような場合にユーザーの同意を取得しなければならないのでしょうか？」という質問を受けることが非常に多いです。

**企業にとってユーザーの同意を取得しなければならない**のは、多くの場合、

① **個人情報の利用目的を変更する場合**

② **個人データを第三者に提供する場合**

が中心となります。

もちろんすでに説明したとおり、たとえば、要配慮個人情報を取得する場合や個人データの越境移転（外国にある第三者への個人データの提供）を行う場合には本人の同意が必要となるなど、他にも本人の同意が重要な役割を果たす場面はありますが、スタートアップに関しては、上記①②に関する同意取得を検討する場面が圧倒的に多いです[23、24]。

## 同意取得の前提と具体的な取得方法

まず前提として、個人情報保護法は、**個人情報取扱事業者は、一部の例外を除き、あらかじめ本人の同意を得ないで、個人データを第三者に提供してはならないと定めています（オプトイン方式、27条1項）**。本人からすれば自分の知らない間に見ず知らずの第三者に対して自身に関

---

23　本節8「『個人関連情報』にも注意する」でも説明するように、2022年に施行された改正個人情報保護法により、個人関連情報を個人データとして取得する場面における同意取得も重要な検討事項になりました。

24　なお、プライバシーポリシーに対する同意は、ユーザーから個人情報保護法上必要となる同意を取得するだけではなく、プライバシー権に基づく差止請求権や損害賠償請求権を行使しないというユーザーの意思表示を含むものと考えられています。

する情報を提供されてしまうのは不利益が大きいため本人の同意が求められているわけです。

　ここで企業の頭を悩ませるのが同意の取得方法であり、具体的にどのタイミングでどのように同意を取得すればよいのかということを考えなければなりません。ここでいう同意とは、本人の承諾する旨の意思表示を個人情報取扱事業者が認識することをいい、事業の性質や個人情報の取扱状況に応じて、本人が同意をしてもよいか判断するために必要と考えられる合理的かつ適切な方法によらなければならないとされています。

　具体的には、

① 本人からの同意する旨の口頭による意思表示を得る方法
② 本人からの同意する旨の書面（データ形式を含みます）を受領する方法
③ 本人からの同意する旨のメールを受信する方法
④ 本人に同意する旨の確認欄へチェックしてもらう方法
⑤ 本人に同意する旨のホームページ上のボタンをクリックしてもらう方法
⑥ 本人に同意する旨の音声入力、タッチパネルへのタッチ、ボタンやスイッチ等による入力をしてもらう方法

などが考えられます。

## 同意取得時の注意点

　企業の立場からすればできるだけ簡単な方法を採用したい（複雑な方法を採用することでユーザーから面倒なサービスと思われてしまい、サービスへの登録や利用を断念されてしまうのを防ぎたい）と考えるわけですが、一方で、簡単な方法にしすぎた結果、ユーザーがその内容を認識していないのにもかかわらず、いつの間にか同意が取得されていることになるような方法は避けなければなりません。

上記の選択肢の中で現実的な方法をとるのであれば、プライバシーポリシーに個人データを提供する第三者に関する情報（提供先を個別に明示することまでは求められていませんが、想定される提供先の範囲や属性を示すことは望ましいとされています）などを記載した上で[25]、④（本人に同意する旨の確認欄へチェックしてもらう方法）や⑤（本人に同意する旨のホームページ上のボタンをクリックしてもらう方法）の方法と組み合わせることで、ユーザーが能動的に自らの意思で同意しているエビデンスを残すことが考えられます[26, 27]。

　逆に、プライバシーポリシーなどに「このサービスを利用することで同意したものとみなします」といった定めを設けることや、同意を取得するためのチェックボックスにデフォルトでチェックを入れておくような対応は事後的に同意の効力を否定されるリスクがあるので避けたほうがよいといえます。

　また、同意の取得のタイミングについては、「あらかじめ」とされている以上、当該個人データが第三者へ提供される時点よりも前に同意を得る必要があります。この点については、上記のとおりプライバシーポリシーに第三者提供に関する項目を設けた上で、サービスの利用登録時や個人情報を取得するタイミングでプライバシーポリシーへの同意を取得するのが個人情報取扱事業者とユーザーの双方にとって簡便といえま

---

**25**　個人情報を第三者に提供することを想定している場合には、利用目的としてその旨を特定することも必要となります。

**26**　本人の同意は第三者提供に際してその都度得ることは必須ではなく、プライバシーポリシーへの同意によって包括的に同意を取得することも可能です。

**27**　なお、実態としては、プライバシーポリシーを読み込んでいるユーザーは少なく、ユーザーによる能動的な同意の意思表示に見えていたものが実は形式的なものにすぎなかったということは十分にありえます。事業者からすると手間は増えますが、ユーザーや社会からの信頼を得るために、ユーザーにとって予期しづらい内容のデータを取得する場合や予期しづらい目的でデータを利用する場合には、プライバシーポリシーへの同意を取得するだけではなく、よりわかりやすくその点をユーザーに積極的に伝え、明示的な同意を取得することも考えられます。そして、今後はこのような判断を求められる場面が増えていくものと予想されます。

す[28]。

　なお、個人データの第三者提供に関しては、個人データの流通に関するトレーサビリティを確保するために、個人データを第三者に提供する個人情報取扱事業者と、第三者から個人データの提供を受ける個人情報取扱事業者の双方について、第三者提供に関する事項の確認や記録の作成が義務付けられています（29条・30条）。

　本人から同意を取得すれば問題ないと考えてこれらの義務を失念してしまったり、または、第三者提供を行う提供元にしか義務がないと思い込んでしまったりしていることが原因で、これらの義務に違反している企業は意外と多いので注意が必要です。

## 5　同意取得が不要となる場合

　さて、ここまで個人情報取扱事業者が本人の同意を得て第三者に個人データを提供する場面について説明してきましたが、個人情報取扱事業者はいかなる場合にも本人の同意を得なければ第三者に個人データを提供できないのでしょうか。

　個人情報保護法は、この点についていくつかの例外を設けています。具体的には、次のものについては、本人の同意取得は不要とされています（27条2項・5項）[29]。

---

**28**　サービスの利用登録時に同意を取得しようとする場合、プライバシーポリシーだけではなく利用規約への同意もあわせて取得するケースが多いです。このような場合、現状は、プライバシーポリシーと利用規約の両方へのリンクを並列に並べてその内容を確認できるようにした上で、1つの同意ボタンをクリックすれば両方に対する同意を取得できたことにするサービスが多いように思われますが、今後は、ユーザーにそれぞれの内容を確認する機会をより積極的に与え、また、より明確な同意を取得するために、それぞれについて個別に同意を取得する事業者も増えていくことが予想されます。

**29**　そのほかにも法令に基づく場合や、人の生命、身体または財産の保護のために必要がある場合であって本人の同意を得ることが困難であるとき、学術研究機関等に個人データを提供する場合で当該個人データを学術研究目的で取り扱う必要があるときなどについても、本人の同意なく第三者に個人データを提供することが可能です（27条1項）。

> ① 本人の求めに応じて本人が識別される個人データの第三者への
>   提供を停止するオプトアウト手続を採用している場合
> ② 委託に伴い委託先へ提供する場合
> ③ 合併など事業の承継に伴い承継先へ提供する場合
> ④ 共同利用に伴い共同利用者へ提供する場合

　①については、たとえば、住宅地図業者や名簿業者など、事業の性質上本人との接点なく大量の個人データを取得することが想定され、本人から逐一同意を取得することが困難なケースにおいて用いられています。

　②から④については、形式的には個人データの提供元と提供先がそれぞれ異なる以上、提供先は本人から同意を得る必要が生じる「第三者」に該当することになるはずですが、本人との関係において、提供元と提供先を一体として取り扱うことに合理性が認められることから、本人の同意を取得しなければならない「第三者」には該当しないものとされています。

　以下では、これらのうち特に利用する可能性が高い、個人データについて、②委託に伴い委託先へ提供する場合と、④共同利用に伴い共同利用者へ提供する場合について解説します。

## 6 ｜ 委託先への提供

### 個人データを委託できる場合とは

　まず、個人情報取扱事業者が利用目的の達成に必要な範囲内において個人データの取扱いの全部または一部を委託することに伴って当該個人データが提供される場合には、**データの提供先である委託先は「第三者」に当たらず、本人の同意を得ることなく個人データを提供することがで**

**きます**（27条5項1号）[30]。

　もともとは、データの打ち込みなど情報処理を委託するために個人データを提供する場合や、百貨店が注文を受けた商品の配送のために宅配業者に個人データを提供する場合などが典型例として想定されていました。

　近年はデータが持つ価値の重要性が高まっていることから、設例のようにデータの分析を委託するケースが増加しています。個人データの提供先は、委託された業務の範囲内でのみ、本人との関係において提供元である個人情報取扱事業者と一体のものとして取り扱われることに合理性があるため、委託された業務以外の目的で当該個人データを取り扱うことはできません。たとえば、設例のように委託先が提供された個人データを委託された業務と関係なく自社の営業活動等のために利用する場合や、複数の個人情報取扱事業者から個人データの取扱いの委託を受けている者が、各個人情報取扱事業者から提供された個人データを区別せずに混ぜて取り扱っている場合（「混ぜるな危険の問題」といわれています）などがこれに該当します。

　本人の同意を取得していないのにもかかわらず、委託先において個人データがこのような利用をされてしまった場合には、個人情報保護法に違反する第三者提供が行われたと評価されることになるので注意が必要です[31]。

## 委託する場合には監督義務も負う

　さらに、**委託元である個人情報取扱事業者は委託先に対する監督義務**

---

**30**　なお、外国にある事業者に個人データの取扱いを委託する場合には、原則として、個人データを外国にある第三者に提供することについての同意が必要になります。近時は、個人データに関する処理が国外で行われているケースも増えているため、この点に注意してください。

**31**　逆にスタートアップが顧客から委託を受ける立場となる場合にも、スタートアップは委託された業務以外の目的で個人データを取り扱ってはならないので、自社がどのような根拠に基づきいかなる範囲でデータを取り扱うことができるのかについては十分に意識する必要があります。

**を負います**（25条）。取扱いを委託する個人データの内容を踏まえ、個人データが漏えい等した場合に本人が被る権利利益の侵害の大きさを考慮した上で、委託する事業の規模や性質、個人データの取扱状況（個人データの性質や量もあわせて考慮します）などに起因するリスクに応じて、必要かつ適切な監督を行うことになります。

　具体的には、①適切な委託先を選定し、②委託先における委託された個人データの取扱状況を委託元が確認できるような内容を盛り込んだ委託契約を締結し[32]、③定期的な監査等を通じて委託先における個人データの取扱状況を把握するなどの対応が求められます。

## ルールのすり抜けは高くつく

　ところで、委託に伴い個人データを委託先に提供する場合には本人の同意が不要であるということを知ると、発想を悪い方向に逆転させて、本人の同意なく個人データを第三者提供するために、締結する必要がない業務委託契約を締結しようとする起業家が現れることがあります。しかし、当然委託する業務内容に照らして必要のない個人データを本人の同意なく提供することは許されませんし、そもそも形式上業務委託契約が締結されていたとしても委託の実態が存在しなければ原則どおり本人の同意が必要となります。

　確かに個人情報保護法は、スタートアップからすると難解かつ面倒なルールも多く定められていると思いますが、このような方法で法の規制をすり抜けようと努力するよりは、正面からきちんと個人情報保護法を遵守するための努力をしたほうが、結果としてコストもリスクもおさえられるということは理解してください。

---

[32] ビジネスモデルによっては、スタートアップ側が大企業の委託先に該当することになりますが、このような場合、大企業からはスタートアップでは遵守することが困難な委託契約の締結を求められることもありますので、委託契約の内容については十分に精査するようにしてください。

## 7 | 共同利用者への提供

### 個人データを共同利用できる場合とは

　次に、共同利用について説明します。特定の者との間で共同利用される個人データが当該特定の者に提供される場合であって、**①共同利用される旨、②共同利用される個人データの項目、③共同利用する者の範囲、④共同利用する者の利用目的、⑤個人データの管理について責任を有する者の氏名または名称および住所**（法人の場合には代表者の氏名も必要）**について、あらかじめ、本人に通知し、または本人が容易に知り得る状態に置いているときには、共同利用者は「第三者」に当たらず、本人の同意を得ることなく個人データを提供することができます**（27条5項3号）。

　したがって、共同利用を行う際には、上記の5項目についてプライバシーポリシーに定めた上で、共同利用が開始されるまでにその内容を公表することが多いです。また、③の共同利用する者の範囲については、本人が将来共同利用される範囲を判断できる程度に明確にする必要があるため、その範囲が明確である限りにおいては、必ずしも事業者の名称等を個別にすべて列挙する必要はないものの、本人がどの事業者にまで利用されるか判断できるようにしなければならないとされています。

　共同利用は、もともとは親子会社間やグループ企業内で利用するような場合が典型例とされていましたが、委託と同様に、近年はデータが持つ価値を最大化するために、グループ外の他社と積極的に共同利用するケースも存在します。特に設例のように研究目的で共同利用する場合、プロジェクトの進捗に応じて利用目的の変更を迫られることがあります。共同利用者の利用目的については、本人が通常予想できるであろうと客観的に認められる範囲内で変更することができ、その際には、変更前に、変更しようとする内容について、本人に通知するか本人が容易に知り得

る状態に置かなければならないので注意してください（27条6項）。

# 8 ｜ 「個人関連情報」 にも注意する

## 「個人関連情報」 とは

　最後に、2022年に施行された改正個人情報保護法で新たに導入された「個人関連情報」に関して説明します。前の設例で説明した個人情報に関する説明を見た際に、勘のいい方はCookieに代表される端末識別子や閲覧履歴、位置情報などを氏名などと紐づけずに保有していた場合、それらは個人情報に該当しないことに気づいたかもしれません。そうするとこれまでに説明した内容からすれば、これらの情報は、個人情報に該当しない以上、個人データにも該当しないため、第三者提供に際して本人の同意は不要であるという結論になります。

　しかし、情報の提供元においては個人情報に該当しないものの、ターゲティング広告などの普及に伴い、提供先においては他の情報と照合することで個人を特定することができるという事態が生じるようになりました。このような場合に本人の同意なくこれらの情報が提供されることで本人に不利益が生じる可能性があるため、第三者提供に準じる規制が課せられることになりました。

　まず、個人情報保護法は、**生存する個人に関する情報であって、個人情報、仮名加工情報及び匿名加工情報のいずれにも該当しないものを「個人関連情報」と定義**しています。上記のとおり**氏名と紐づいていないCookieや閲覧履歴、位置情報などがこれに該当**します。その上で、個人関連情報を提供する際に、提供先が当該個人関連情報を個人データとして取得することが想定されるときは、**本人から同意を取得できていることを提供元が確認しなければならないものとされています（31条）**。

## 「個人関連情報」の注意点

　ここで注意しなければならないのは、①その前提として提供先において本人から同意を取得することが必要となり、また、②提供先が個人関連情報を個人データとして取得することを提供元が知らなくても、提供先の事業内容、提供先の第三者との取引状況、提供する個人関連情報の項目、提供先における個人データの利用状況等の客観的事情に照らし、個人データとして取得することが想定される場合には、本人から同意を取得できていることを確認しなければならないということです。

　個人関連情報を提供する提供元が同意を取得することまでは求められていませんが[33]、提供先との契約において第三者提供に関する同意を取得することを義務付けるか、または、提供先において個人関連情報と提供先が保有する他の情報を突合することを禁止するなどの対応が求められることになるので、いずれにしても今後は慎重な対応が求められることになります。

### まとめ

- 本人の人種、信条、病歴、犯罪の経歴など本人に対する不当な差別、偏見その他の不利益が生じないようにその取扱いに特に配慮を要する要配慮個人情報については、取得に際して本人の同意が必要となる。
- 匿名加工情報は、個人情報とは異なり、利用目的の通知または公表を行う必要はなく、あらかじめ特定した利用目的の範囲外の利用も可能であり、本人の同意を得ることなく匿名加工情報を第三者に提供することが可能であるが、個人情報を復元することができないようにする必要があることから、匿名加工情報への該当性に関する判断が難しく、今のところ積極的には活用されていない。

---

33　提供元が同意取得を代行することは可能とされています。

- 仮名加工情報は、匿名加工情報とは異なり、個人情報を復元できないことは要件とされていないものの、利用目的の公表が必要となり、第三者提供が原則として禁止される。また、個人情報とは異なり、変更前の利用目的と関連性を有すると合理的に認められる範囲を超える利用目的の変更も可能となるといった特徴があり、今後の活用動向が注目される。
- 個人情報取扱事業者は、一部の例外を除き、あらかじめ本人の同意を得ないで、個人データを第三者に提供してはならず、本人の同意が必要となる第三者提供を行う場合には、プライバシーポリシーに第三者提供に関する項目を設けた上で、サービスの利用登録時や個人情報を取得するタイミングでプライバシーポリシーへの同意を取得するのが簡便といえる。
- 実務上、本人の同意を得ずに第三者に個人データを提供できる場面として、個人データについて、①委託に伴い委託先へ提供する場合と、②共同利用に伴い共同利用者へ提供する場合がある。
- 委託に伴い委託先へ提供する場合については、委託元は委託先に対する監督義務を負い、委託先は委託された業務以外の目的で当該個人データを取り扱うことはできない。
- 共同利用に伴い共同利用者へ提供する場合については、①共同利用される旨、②共同利用される個人データの項目、③共同利用する者の範囲、④共同利用する者の利用目的、⑤個人データの管理責任者等について、プライバシーポリシーに定めた上で、共同利用が開始されるまでにその内容を公表することが多い。
- 氏名と紐づいていないCookieや閲覧履歴、位置情報などは個人関連情報に該当し、個人関連情報を提供する場合には、提供先においては本人から同意を取得し、提供元においては提供先が本人から同意を取得できていることを確認しなければならない。

□要配慮個人情報の定義や取扱い上の留意点について理解した。

□匿名加工情報の定義や取扱い上の留意点について理解した。

□仮名加工情報の定義や取扱い上の留意点について理解した。

□個人データの第三者提供に関する取扱いの原則と例外を理解した。

□個人データの第三者提供に際して本人の同意を取得する方法を理解した。

□委託に伴い個人データを委託先へ提供する場合の留意点について理解した。

□共同利用に伴い個人データを共同利用者へ提供する場合の留意点について理解した。

□個人関連情報の定義や取扱い上の留意点について理解した。

# 第 5 章

# 知的財産

# 知的財産の全体像

「これしかない！」

　起業アイデアを思いついたとき、興奮のあまり、いても立ってもいられなくなった。

　新卒でメガベンチャーに入社して、5年が経った。とにかく早く1人前のビジネスパーソンとしての実力を身に着けて、いずれは起業して自分のビジネスで世界を変えたい——そう思っていた僕は、20代のほとんどを仕事に捧げた。いくつものサービスの事業部で圧倒的な成果を挙げ、新規事業部門に配属。そこでも複数のサービスを立ち上げて軌道に乗せた頃、起業のアイデアが湧いてきたのだ。

　きっかけは、久しぶりに休みを取って、九州旅行に出かけていたとき。のどかなマンゴー畑の光景をぼーっと眺めていると、天啓が訪れた。「マンゴーテックだ！」と。

　昨今、いわゆるアグリテックと呼ばれる、農業をテクノロジーで変革する分野のビジネスが注目を集めていて、僕自身も新規事業としてアグリテックサービスの立ち上げを検討したことがあった。ただ、すでにめぼしいジャンルでは先行するプレイヤーがおり、なかなか参入しづらい。よい参入領域が思いつかず、立ち消えになった。

　そこで、マンゴーである。調べたところ、先行するサービスはほとんどない。僕が本気を出せば、世界一のサービスを作れる自信があった。そうして僕は早々に会社を辞め、マンゴー農園向けの効率化サービスの立ち上げに取り掛かった。

＊　＊　＊

　前職のツテを使い、心強いCOOとCTOにも仲間になってもらって、着々と準備を進めていった。プロダクトの構想がかなり詰まってきて、

いよいよ具体的なサービス名を決める段階に。今までにないサービスだけに、わかりやすさが命だ——そう思って、連想しやすい「マンゴートレール」という名前に決めた。

そうして迎えた、β版リリース。引き合いは上々だ。有名メガベンチャー出身の精鋭が立ち上げたアグリテックスタートアップということで、メディアからの注目も高く、僕は一躍時の人となった。キャッチーなネーミングの「マンゴートレール」も受けていて、調子に乗った僕たちは早々に「マンゴートレールTシャツ」や、「トレールポーズ」のようなポーズまで作った。ただ、無駄なことではない。これもPR戦略の一環だ。

しかし、その3か月後。興奮の絶頂にあった僕たちのもとに、一枚の警告書が届く。なんと、まったく同じ名称のサービスが、1年ほど前にローンチされていたというのだ。商標登録はおろか、同一名称のサービスがないかのリサーチも怠っていた僕らの、完全なる過失だ。せっかく「マンゴートレール」という名称で広まっていたのに、サービス名称の

変更を余儀なくされてしまった。

＊　＊　＊

　勢いが挫かれる出来事は続いた。その2か月後、そろそろ特許を取ったほうがいいのではないかという話が出て動き始めたところ、特許化することが難しいことが判明したのだ。

　ローンチ直後、まだ特許を出願していない状態で、NDAなどを結ばずに、さまざまな業界関係者に情報を公開していた。それがアダとなり、特許の取得が困難になってしまったのだ。これからずっと、競合の参入障壁がものすごく低い状態で、ビジネスを展開しなければならないということだ。

　その半年後には、さらなる打撃が加わる。農業系の大企業と共同研究も進めていたのだが、その契約の過程で、知的財産権やノウハウの帰属先をよく確認せずに進めてしまった結果、サービスの根幹となる技術の権利が、その企業と共有状態になってしまっていたのだ。正直、共同研究とは名ばかりで、そのプロジェクトはブランディング以上の実質的な意味は持っていなかった。それにもかかわらず、僕らが全身全霊を賭けて開発している権利を共有しなければいけないなんて……。

　サービス名、特許権、ノウハウ……興奮のあまり、スピーディーにサービスを立ち上げて市場に投入することを重視し、本来しておくべき確認を怠ってしまっていたのだ。どうして、事前によく確認して進めなかったのだろう——そう思ったときには、後の祭りだった。

# 1 知的財産権の重要性

新たな事業を展開しようとする際には、その過程で新たな価値が創造され具体化されていくことがあります。それは製品の外観に現れる形で具体化されることもありますし、より目には見えにくい技術として具体化されることもあります。また、製品そのものではなく、製品やサービスを市場に売り出す際のマーケティングにおいてブランドやコンテンツとしてその価値が具体化されることもあります。

いずれにしてもその「価値」をどのようにして守り、また、活用するのかということがスタートアップにとって非常に重要な課題となります。さらに、事業を進めていく過程では、多くの時間と労力と資金を費やして生み出された価値が他の第三者に模倣され、公正な競争環境が阻害されてしまったがためにその状態を排除する必要に迫られる場面もありますし、また、自社だけではなく第三者にその価値を活用させることで事業の価値を増大させることが必要な場面もあります。

いずれの場面においても、その価値が「知的財産権」という形で具体化されているか否かは、心血を注ぎ新たな価値を生み出した起業家が、自身にとって有利な形で事業を展開していくために重要なメルクマールとなります。そのためにはまずは「知的財産権」という言葉が意味する内容を知る必要があります。

スタートアップが知的財産権を積極的に取得、活用するメリットは以下の4点です。

## メリット① 事業運営の継続の観点（守り）

自社で素晴らしい発明等をし事業を推進していたとしても、特許権として権利を取得できていなければ、競合他社や第三者によって特許権を取得され、自社が事業推進できなくなる可能性が生じます。したがって、**自社の事業で活用している発明、技術については積極的に特許権を取得、**

**権利確保することで、自社事業の継続**につながります。

　ただし発明が生まれる場合であっても、保護と公開のトレードオフ、スピード感と明細書の作り込みのトレードオフ等、その保護戦略についてはさまざまな留意点があります。詳細は、229頁「特許出願の判断基準」を参照してください。

## メリット② 継続的な競合優位性の獲得（攻め）

　競合他社とまったく同じ商品を提供していたのでは、純粋な価格競争となり、粗利率は低くなり販管費を賄うことができず、中長期的に利益を創出することは難しくなります。**中長期で利益を創出していく観点では、どうしても、継続的な競争優位性**（他社との違い作り×違いが継続すること。Moat＝堀ともいわれます）**を構築する必要**があります。

　経営資源が少ないスタートアップがこの競合優位性を作って行くハードルは高いものがありますが、知的財産権の取得は継続的な競争優位性の構築につながる重要な要素となります。たとえば、特許についていえば、発明を利用する独占権を20年間にわたって得ることができるからです。典型的な例としては、新薬の開発における製薬メーカーによる特許権の取得です。新薬を開発するうえで行う莫大な投資が正当化されるのは、投資の先に創薬に関する発明を独占的に実施できる特許権を取得できるからです。新薬の特許を取得したメーカーは、新薬の製造、販売によって、価格競争に巻き込まれず、中長期で大きな利益を創出することができます。

## メリット③ 資金調達力の向上（IR能力の向上）

　ベンチャーキャピタルとしても、当該スタートアップのプロダクトがコモディティとならず、継続的な競争優位性を持つに至るか、投資判断において重視します。

　顧客に対するプロダクトの粘着性（スイッチングコスト、習慣化のしやすさ）の高さ、オペレーションの模倣困難性、経営チームのクオリテ

ィといった部分が競争優位性の点で評価されやすい部分ですが、重要な1つの要素となるのが、知的財産権を取得していることです。たとえば、特許権を保有していることや特許出願を行っていることは、ベンチャーキャピタルの投資委員会において、競争優位性を説明するうえでの加点要素として、とても説明がしやすい要素です。

　特許出願を積極的に行っているスタートアップは結果として、将来において競争優位性を持つにいたると評価されやすく、**ベンチャーキャピタルからの資金調達の成功率やバリュエーションにも影響**を及ぼすように思います（実際、ある調査では、特許出願しているスタートアップのほうが資金獲得確率が格段に高い結果が出ています）。

## メリット④ 営業力や提携力の向上（市場からの評価の向上）

　特にBtoBの世界では、特許権等の知的財産権を持っていることは営業の受注率に寄与する部分が出てきます。それだけ技術的に優れているという**品質面のアピール**にもつながりますし、競合製品が特許権侵害により、いずれ市場からなくなる可能性を示唆するからです。また、権利を保有することにより、大企業としても積極的に提携するメリットが高まるため、交渉を有利に進めることができるでしょう。

# 2 ｜ 知的財産権の概略

　たとえば、「特許権」や「著作権」といった権利であれば、その言葉を聞いたことはあるでしょうし、ある程度具体的なイメージが浮かぶ人も多いのではないかと思います。それでは知的財産権と呼ばれる権利にはどのようなものが含まれているのでしょうか。次の表は特許庁による知的財産権の整理です。全体像を把握するのに有益なのでここで紹介します。

　特許権、著作権のほかにも、商標権や意匠権、営業秘密なども事業を

## 【知的財産の種類】

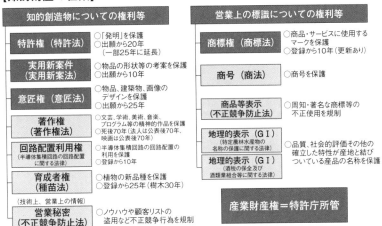

出典：特許庁「知的財産権について」
(https://www.jpo.go.jp/system/patent/gaiyo/seidogaiyo/chizai02.html)

進めていくなかでよく登場する言葉です。各権利の詳細については次節以降で解説しますが、本節では各知的財産権の概略について簡単に解説します。

## 特許権

　まず、**特許権は「発明」を保護**するもので、**「発明」とは、「自然法則を利用した技術的思想の創作のうち高度のもの」を意味**します（特許法2条1項）。

　「発明」には、**①物の発明、②方法の発明、③物を生産する方法の発明の3種類**があります。実務上、よく用いられるのは、①物の発明（例：機械装置や化学物質）と②方法の発明（例：分析方法）ですが、ライフサイエンス分野などでは、③物を生産する方法の発明（例：特定の化学物質の製造方法）が登場することもあります。

　なお、情報通信技術（ICT）を利用して実現されたビジネスの方法に関する発明については、ビジネス関連の発明として「ビジネスモデル特

許」を取得できる可能性があります。

いずれにしても、特許権を取得して発明を保護するためには**特許出願を行う必要**があります。

## 商標権

**商標権は、企業名や商品名、サービス名、ロゴなどを保護するための権利**です。自社が使用する商品やサービスの名称と第三者の商品やサービスの名称を区別・識別することで、自社がこれまでに築き上げてきた信用や、これから生み出される信用に法的な保護が与えられることになるのです。

特に、商品やサービスについては、継続的に同じ名称を使用し続けることによって、その名称自体が、高級感や高品質といったポジティブなイメージを象徴する名称として消費者に認知され信頼を生じさせることがありますし、また、商品やサービスの潜在的な顧客に対するマーケティングのためにも商品やサービスの名称は非常に重要な機能を果たします。

商標として保護されるのは文字や図形、記号だけではありません。これらの平面的に表現されるものに限らず、立体的な形状も商標として保護されますし、最近では、音や色彩といったものも商標として保護されるようになりました。たとえば、株式会社ヤクルト本社の「ヤクルト」のプラスチック容器の形状や、大幸薬品株式会社の「正露丸」のCMで用いられているラッパの音、株式会社セブン‐イレブン・ジャパンのコンビニエンスストアで用いられている３色（オレンジ・レッド・グリーン）のコーポレートカラーなどが商標登録されて話題となりました。

多くの企業では、まずは、企業名や商品・サービス名として、文字商標の登録を検討することになります。当然、どのような言葉でも商標として登録できるわけではなく、一定の制限が存在します。たとえば、自社の商品・サービスと他社の商品・サービスを区別することができない商標（例：商品「スマートフォン」について商標「スマホ」）や、あり

ふれた氏や名称のみを表示する商標（例：「佐藤商店」）は登録することができません。

　また、他社の商標ですでに消費者から広く認識されている商標や、他社がすでに登録している商標について、その商標と同一または類似する商標を、他社の商品・サービスと同一または類似する自社の商品・サービスに使用するために商標を登録することもできません。

　なお、他社の著名な商標と同一または類似する商標について、上記の例とは異なり、他社の商品・サービスとは同一または類似とはいえない商品・サービスに使用した場合にも、その商品・サービスが当該他社と経済的・組織的に何らかの関係がある者によって提供されたかのような印象を与える場合には商標を登録することができません。

　特許権については、各企業の事業の性質に照らして、特許権を取得することが事業戦略上そこまで重要ではないこともありますが、自社の信用を保護する商標についてはすべての企業において重要といえます。技術開発系のスタートアップでなければ知的財産権は重要ではないと決めつけずに、**早期に弁理士に相談することをおすすめします**。特許と比較すれば検討事項は少ないのでそれほど時間やコストをかけずに対応してもらうことができます。

## 意匠権

　**意匠権は、物の形状や画像を対象として、視覚を通じて美感をおこさせるものに認められる権利**になります。従来は、自動車や電化製品、家具などのデザインを保護するために活用されることが多かったため、目に見える形で「物」を生み出す伝統的なメーカーなどにおいては重要な権利として認識されていたものの、スタートアップから意匠権に関する相談を受けることはほとんどありませんでした。

　しかし、近時の意匠法改正によって、ウェブサイトの画面やアプリのアイコンといった画像についても一定の要件を充たすものについては意匠権の保護対象となったため、今後、ウェブやアプリによってサービス

を提供することを前提とする企業においても、意匠権を活用することの重要性が増していくことが想定されます。

## 著作権

　著作権は数ある知的財産権のなかでももっともイメージが湧きやすいものではないかと思います。小説や絵画、音楽、映画、漫画、写真など私たちの身の回りには多くの著作物があふれています。事業を進めていく上では、たとえば、**企業ウェブサイトの案内文やプロダクトの説明画像、ソフトウェアを構成するプログラムなどが著作物に該当**しますが、コンテンツビジネスなどを提供する場合を除き、これらの権利を積極的に活用して事業を発展させていくということは多くないように思います。

　一方で、自社のサービスや広告において、第三者の著作権を侵害していないかチェックすることは非常に重要です。特に、競合他社が作成したコンテンツをほぼそのまま流用することで著作権侵害を理由に損害賠償を求められるケースが多いので、**従業員や業務委託先によるコンテンツの作成・承認の流れを検討する必要**があります。

　また、提供しているサービスが、動画や文章、写真などのコンテンツをユーザーに投稿させるタイプのプラットフォームサービスである場合などでは、ユーザーによって第三者の著作権を侵害するコンテンツがアップロードされることもあるので、自社による著作権侵害ではなくユーザーによる著作権侵害をどのようにして防止するかという観点を持つことも重要になります。

## 不正競争防止法

　不正競争防止法は、これまでに説明したものとは異なり、「○○権」といった権利を保護するための法律ではありません。したがって、保護される対象となる範囲がその他の知的財産権と比べると不明瞭になりやすいという側面はあるものの、一方で、「不正競争行為」として、他人の著名な会社名やブランド名を利用する行為や、他人の商品の形態の模

倣、営業秘密の不正な取得、ドメイン名の不正な取得を禁止しているため、商標権や意匠権または当事者間の契約関係によっては十分な保護が与えられないケース（たとえば、ノウハウを保護したいケース）においても不正競争防止法が救済手段として機能することがあります。

このように**不正競争防止法も自社の知的財産を防御する場面において重要な役割を果たす法律の１つ**であることを覚えておいてください。

# 3 自社の知的財産と向き合う際の視点

　ここまで説明したいずれの知的財産権も企業にとって非常に重要な権利となりますが、その企業の事業ドメインや事業展開の進捗によって、どの知的財産権に着目・注力すべきであるかという観点は大きく変わります。**起業家には、自社にとって適切なタイミングで、適切な知的財産権を、適切な方法で保護する視点が求められます。**たとえば、ディープテックといわれる領域やバイオ創薬の領域については、法律家が注意を促すまでもなく、知的財産は事業戦略における重要な要素として強く認識されていますし、事業の初期的段階から知的財産権を確保することが重要な課題として設定されていることがほとんどです。

　また、スタートアップといってもすべての起業家が新たな技術を発明するわけではなく、既存の技術を利用しているだけでも十分に魅力的な製品・サービスは生み出されていきます。しかし、そのようなスタートアップにとっても知的財産権はやはり重要といえます。たとえば、製品やサービスに用いるブランド名やロゴが市場に浸透していくことは、他社との差別化やマーケティング活動において会社にとって大きな価値を有することになります。

　もし、この点を意識せずブランド名などについて商標登録を行うなど適切に保護しないまま事業を拡大させてしまうと、苦労してユーザーや市場からブランド名を認知されるようになったタイミングで、突如とし

て第三者から商標権を侵害していると警告書を受領するといったことが
あります。このような事態を防ぐためにも定期的に自社の知的財産の棚
卸しを行うことを推奨します。

**まとめ**

- 知的財産権は、事業運営の継続、継続的な競争優位性の獲得、資
  金調達力の向上、営業力や提携力の向上といった観点から、スタ
  ートアップにとって重要な権利となる。
- 知的財産権には、特許法が定める特許権、商標法が定める商標権、
  意匠法が定める意匠権、著作権法が定める著作権などが含まれる。
  また、権利そのものではないが不正競争防止法によって営業秘密
  などが保護されている。
- 企業の事業ドメインや事業展開の進捗によって、その企業が着目・
  注力すべき知的財産権は異なる。事業戦略上、特許が重要ではな
  い企業であっても、自社のブランドを構築するために商標は重要
  となる。

**チェックリスト**

□知的財産権の重要性について理解した。
□特許権の概要について理解した。
□商標権の概要について理解した。
□意匠権の概要について理解した。
□著作権の概要について理解した。
□不正競争防止法の概要について理解した。

# 特許権・商標権・意匠権について

　僕はずっと、小説家を目指していた。生まれつき体が弱く、人と話すのもあまり得意ではなかったため、必然的に屋内で1人で過ごす時間が多くなった。特に図書室で過ごすのが好きで、気になった本は片っ端から読んでいった。本を読むとしんどい現実世界とは別の場所に行ける楽しさを感じ、小説からノンフィクションまで貪り読んでいた。自然に「自分でも本を書いてみたい」と思うようになり、中高生の頃は小説をこっそりと書きためていた。

　そんな少年時代を送ったので、大学でも文学部に進学。特に好きだった英米文学の勉強をしながら、自分でも小説を書き、コンクールに応募することも何度かあった。ただ、なかなかよい結果が出ない。そもそも、うまく書けている手応えすらない。箸にも棒にもかからない結果を繰り返すうち、心が折れてきて、だんだんと自分で小説を書く時間も減っていった。

　そうして鬱々とした気分になっていた最中に出会ったのが、プログラミングだ。家庭の事情で仕送りが減り、アルバイトを増やさなければいけなくなったが、対人関係に不安があったので、飲食や教育は気が乗らなかった。そこで、たまたま見つけた、IT企業での学生アルバイトに応募してみたのだ。たまたま小説の話で盛り上がったこともあり、無事アルバイトに採用してもらえた。初めは事務作業の手伝いをしていたが、あるとき開発部門で人手が必要になり、たまたま簡単な作業を手伝ったら、これがドハマりした。なんとなく、小説を書くのと似ていると感じた。現実とは違う世界を、自分の手で生み出す点では同じだからだ。そうしてプログラミングにのめり込むようになり、学業もそこそこに毎日のようにアルバイトをしていた。

＊　＊　＊

　アルバイトを始めて１年が経った頃。ちょうどAIブームの真っ盛りだったこともあり、僕もAIのプログラミングを勉強したり、業務で関わったりしていた。そんな中で、ふと思ったのだ。「AIに小説を書かせられないか？」。

　天から啓示を受けた気分になった。幼い頃から好きだった小説と、最近になって出会ったプログラミングが、ここでつながるとは。「小説を書くAIを作りたい！」。その思いで居ても立っても居られなくなった僕は、アルバイトが終わった後、睡眠時間を惜しんで開発にいそしんだ。

　そして半年後、ついに完成した。好きなジャンルの小説やキャラクターを入れたら、自分好みの小説を書いてくれるプログラムだ。これさえあれば、自分の好きな世界にずっと浸っていられる──夢のようなソフトウェアだ。何人かの同僚エンジニアに試してもらったところ、これがとても好評だった。すっかり有頂天になった僕は、「世界中の人にこのソフトを使ってもらいたい！」と、このソフトを引っさげて起業することにした。

　なかなかマネタイズは難しかったが、これまでにない画期的なソフトウェアは、SNSですっかり評判に。気づけば、ユーザー数は数万人規模になっており、それに伴ってAIの学習素材も増えることになるので、精度もどんどん高まっていった。注目の学生起業家としてメディアの取材を受けることも増えて、いくつかのベンチャーキャピタルから投資の相談も来るようになった。しがない小説家志望だった僕が、まさか起業家としてもてはやされるなんて──僕は完全に舞い上がっていた。いくつか競合も現れはじめていたが、技術力でも情熱でも負ける気がしなかったので、まったく意に介さずにいた。

＊　＊　＊

　しかし、挫折は突然訪れた。

　創業から1年が経った頃、会社（と言っても僕の自宅だが）に一枚の警告書が届いたのだ。差出人は、後発で競合サービスを開発しているメガベンチャーで、何でも僕らが特許権侵害をしているというのだ。僕のサービスのコアとなる技術の特許をそのメガベンチャーが持っているとのこと。「冗談じゃない」。僕はこのサービスを日本で初めて生み出した人間だ。むしろ、パクったのはそっちじゃないか。こんなのは無視だ！

　その後も定期的に警告書が届いたものの、無視し続けていた。すると、なんと訴訟に発展してしまう。「上等だ、パクったのはそっちだ」。しかし、裁判の中で、僕の主張は認められない。結局、僕は敗訴し、サービスの根幹部分のアルゴリズムを変更しなければいけなくなった。

　特許権を取ったというだけで、そんなに強い立場が取れるなんて。こんなことなら、僕も最初から特許権を取得しておけばよかった——。

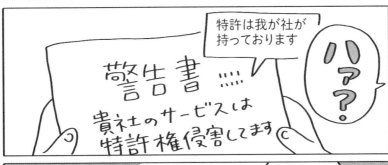

前節では、知的財産権の全体像について説明をしてきました。本節では、事前登録が必要となる、特に実務上重要な3つの権利、特許権、商標権、意匠権についてより詳しく解説をし、関連して、重要となる不正競争防止法の活用場面についても解説します。

## 1 特許権の詳細

起業家として事業推進するにあたって、特許に関して最低限、理解しておく必要があるのは、以下の2点です。

① 特許権を創業期から積極的に取得することによって、**継続的な競合優位性を高め、参入障壁を上げること**ができること。前提として、特許を受けることができる発明とは何か、特許権の取得方法、活用、権利を侵害された場合の対応方法を理解すること
② 自社のプロダクトが第三者の特許権を侵害する可能性があることを考慮し、**チェックする体制を整えていく**こと

### 特許権における「発明」とは

あらためて、特許権とは、「発明」を権利者が一定の期間、独占的に実施（生産、使用、販売など）することができる権利のことをいいます。

前節でも解説したとおり、「発明」とは特許法によると「自然法則を利用した技術的思想の創作のうち高度のもの」をいうとされています。わかりづらい表現ですが、「技術的な創意工夫」という理解で大丈夫です。

この発明も、①物の発明、②方法の発明、③物を生産する方法の発明の3種類に分類されます。近年盛り上がっている、代替肉を研究開発するスタートアップを例に考えた場合、①物の発明とは、代替肉自体の発明、②方法の発明とは、代替肉を適切に保存する方法の発明、③物を生産する方法の発明とは、代替肉をうまく生産するプロセスの発明のこと

をいい、それぞれが発明として、特許登録の対象になりえるということです。

## 保護されるのはあくまで「アイデア」

また、自然法則（自然界において経験的に見いだされる原理・原則を意味します）を利用する必要があるため、ゲームのルールのように人が決めた約束事に過ぎないものは発明には該当しませんし、保護されるのはあくまで「思想」＝アイデアになります。

## 特許として認められる要件

これまで「発明」の内容について説明してきましたが、「発明」に該当すればすべて特許として認められるわけではありません。特許として認められるためには、

① 産業上の利用可能性があること
② **新規性**があること
③ **進歩性**があること
④ 同一の発明について**先に出願されたものがないこと**
⑤ 社会の秩序を乱す発明や道徳に反する発明でないこと

といった要件をみたす必要があります。

このなかでも特に重要なものとして、新規性について説明します。特許法は、技術を公開した者に対して一定の独占的な権利を与えるかわりに、公開された技術に触れた第三者がその技術を利用することで、さらなる技術革新が生まれることを期待する制度といえます。

したがって、**特許出願前にすでに知られた技術に対して新たに特許権を与える必要はない**ということになります。たとえば、**守秘義務を負っていない者に対して発明の内容を知らせてしまった場合や、論文やウェブサイトなどで発明の内容が公開されている場合には新規性が否定され**

**ます**（なお、発明者が自ら公開した場合については一定の要件をみたしていれば救済されます）。

　冒頭の設例のように、特許出願前に第三者に対して発明の内容を開示してしまうと苦労して生み出した発明について特許を受けられなくなるリスクがありますので、**自社の技術について開示・公開を検討する際には、その範囲、方法、タイミングについて慎重に検討**するようにしてください。

## 一定期間の独占権が付与されるが、発明内容の情報が公開される

　先ほど説明したとおり、特許制度は技術を公開した者に対して、その見返りとして一定の独占的な権利を付与する制度です。

　**独占権を得られる期間は、原則として出願日から20年間**です。スタートアップが置かれている市場、競争環境、現在の非常に早いプロダクトライフサイクルを考えると、20年というのは多くの場合十分な年数といえます。

　特許権者は、特許権を侵害した者に対して、①差止請求の実施（＝競合の排除）、②損害賠償請求（＝金銭的な補填）を行うことができ、③ライセンス契約の交渉のきっかけともなるため、特許権は大変強い権利といえます。

　特許権を付与する特許法の根底には、素晴らしい発明をした人に対して特許権という発明を利用することができる独占的な権利を一定の期間付与し、その代わりに、特許発明の内容は広く公開してもらい、人類のイノベーション、産業創出の後押しをしていこうという思想があり、**特許情報の内容は原則として特許出願の1年半後に公開されオープン**になります。

　一定期間の独占権の付与と発明内容の情報公開が、ある種トレードオフの関係となっています。特許権という独占的な権利を得たいのであれば、情報をオープンにしなさい、オープンにするのが嫌なのであれば独占的な権利の付与は認められない、という設計になっているのです。な

お、特許情報だけでなく、商標、意匠についても「特許情報プラットフォーム（J-PlatPat）」(https://www.j-platpat.inpit.go.jp/) のサイトで確認することができます。

## 特許出願の判断基準

### ■特許を取得できても、出願しないほうがよい場合もある

特許権を侵害していると主張するためには、自社の特許内容を第三者が侵害しているという証拠を得る必要があります。自社の特許が他者に侵害されているかどうかについて、ソースコード等の機密資料を入手せずに、外部から判断できるかどうかを「侵害検出性」といいます。

ソフトウェア領域等、ソースコードの内容を確認しなければ侵害しているかどうかが判断のつきにくい領域は侵害検出性が低く、商品として小売店等で入手でき、商品設計の中身を分解しながら内容の確認が容易な場合には、侵害検出性は高いといえます。

ソフトウェア領域等、侵害検出性が低い領域において、自社で特許を取得したとしても、他社が侵害しているかわからない、立証できないのでは、そもそも特許を取得する意味がなく発明の内容をオープンにして技術を業界に広めてしまうだけの結果になります。**ソフトウェア領域等、侵害検出性が低い発明、技術は、特許出願せず、外部非公開のノウハウとして社内で蓄積していったほうがよい側面**があります。

一方で、特許出願を行わない場合、同じ技術について競合他社に先に特許を取られてしまうと、特許権の侵害のリスクを背負いながら、ビジネスを行うことになりかねません。

したがって、**自社商品の機能、特徴について、競合他社がアクセスして認識し（アクセス可能性）、特許出願する可能性（特許出願可能性）が高いと考えるのであれば、自社の事業を守っていく観点から、侵害検出性が低くても、積極的に特許出願を行っていくべき**といえるでしょう。

現在では多くのプロダクト、サービスについて、何らかの手段を用い

てアクセスをして、UI、UXや機能面の確認をすることができるでしょう。自社のサービス、プロダクトにおいて、実際に活用している、あるいは将来活用を予定している技術、発明に関しては、競合がまずアクセスできない特別な事情がない限り、侵害検出性が低くとも、優先順位をつけながらも、積極的に特許権を取得しに行くのがよいといえます。

## 特許権出願の事前準備

### ■ 重要な「特許請求の範囲（クレーム）」

特許権を取得するには、特許庁に対して、特許出願を行う必要があります。出願後に、様式のチェック（方式審査）と、特許審査官による審査（実体審査）が行われます。審査を通過した場合のみ特許査定を受けることができます。

出願や登録等する際に、所定の料金の納付が必要になります（出願審査請求料や登録料はクレームの数によりますが合計して数十万円程度）。

特許出願は、特許出願のプロである弁理士に相談をしながら行います。特許出願は非常に高度な専門性が要求される領域ですので、自社の事業ドメイン、技術ドメインにおいて豊富な知見を持っている弁理士を選ぶことが重要です。

特許出願を行う際には、出願書類に以下を添付する必要があります。

① 明細書
② 特許請求の範囲（「クレーム」といいます）
③ 必要な図面
④ 要約書

このなかでも、重要なのが②のクレームです。先ほど、発明とは「技術的な創意工夫」と説明しましたが、この創意工夫は言葉によって表現する必要があり、この**クレームの文言の書きっぷりで獲得できる権利の**

**範囲は大きく変わってきます。**

　対象を広く捕捉できるような抽象的な文言とすることによって、権利の範囲は拡大しますが、権利の範囲が広すぎると特許出願としてはNGとなるケースも多く存在します。一定の広いクレームの文言の記載で出願して、特許庁とのコミュニケーションのなかで、範囲を限定すべきか、限定すべきとしてどの範囲で限定すべきか模索していく方向性もあります。起業家としては、弁理士任せにせず、特許権を取得する目的を達成できる適切な文言を弁理士と一丸となって考えていくことが大切です。

### ■ 先行技術調査も必須

　なお、出願時には先行技術調査を行うことが重要となります。すでに同じような発明が公開されている場合、そもそも特許を受けることができず、特許権が設定されている技術を無断で使うと特許権の侵害となる可能性もあります。先行技術調査は、先に挙げた、「特許情報プラットフォーム（J-PlatPat）」のサイトで行うことができます。

## 特許権の取得の流れ

　特許出願の手続の基本的な流れは以下のとおりです。

① 弁理士と出願について打ち合わせを実施。出願書類を作成して、特許庁へ出願を実施
② 特許庁に対する審査請求（実体的な審査開始の要求。出願から3年以内に実施の必要あり）
③ 原則として出願日から1年6か月経過後、出願内容が一般に公開されます（出願公開）
④ 審査請求後、審査官からの結果通知
　• 審査請求後、特許査定が行われるか、このままの出願内容では特許査定が認められない場合、その理由が通知されます（拒絶理由通知）。特許庁の通知に理由がないことを反論したり、特許

発明の内容を補正したりすることで、拒絶理由を解消していくプロセスが発生します。

- 審査請求からなんらかの通知が行われるまでの平均期間は、2018年時には14.1か月、2022年時には10.0か月となっています。

⑤ 特許査定、特許登録

　**権利を取得しようとする立場からすれば、可能な限り広い範囲で特許権が認められたほうが競合他社との競争優位性を確保できる**わけですが、**一方で、広い範囲で特許を取得しようとした結果、特許の内容を審査する特許庁から特許として登録することを拒絶されることや、仮にいったん特許として登録されても第三者からその有効性を争われ特許庁や裁判所に事後的に特許が無効と判断されてしまうケース**もあります。

　スタートアップからすれば特許を取得するまでのスピードやコストが非常に重要なポイントとなる一方、せっかく特許として認められても活用可能性が低い特許では意味をなさないため、特許を出願する際には、これらのポイントについてバランスよく検討する必要があります。そのためには、スタートアップに寄り添ってくれる弁護士や弁理士を戦略パートナーとして早期から活用することが非常に重要となります。

　なお、2018年より特許審査に関するスタートアップ支援策として、面接活用審査およびスーパー早期審査の制度の運用が開始されており、スタートアップの特許出願の利便性がより一層向上しています。これから特許出願を検討する方はぜひ内容を確認してみてください。

## スタートアップが特許出願手続において留意すべきポイント

　スタートアップが特許出願手続において、留意すべきポイントは以下の3点です。

### ■ ポイント① 特許出願をする発明を出願前に公開してはいけない

　特許権を取得するためには、発明が世の中に公開されていないもので

## 【特許審査の流れ】

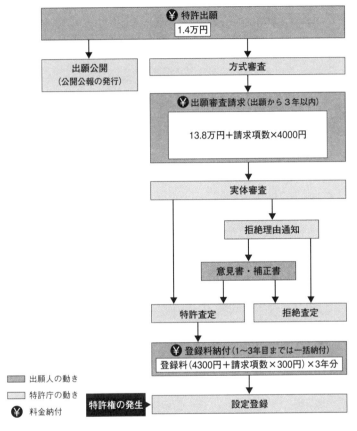

出典：特許庁ホームページ

なければならないという新規性という要件があります。そのため、**第三者に対して公開する前に、必ず「特許出願」を行う必要があります**（実体的な請求となる、審査請求までは不要です）。

　ローンチしようとしているプロダクトやプロダクト内の新規機能に関して、プロダクトマネージャーは、事前に特許出願を行うべき発明があ

るかどうかのチェックを行い、ある場合には外部に公表する前に、弁理士と連携して特許出願を実施する必要があります。どうしても、出願前に第三者に知らせる必要がある場合には、秘密保持契約を締結して、秘密保持義務を負ってもらう必要があります。

　資金のない創業期のスタートアップでは、特許権を取得するために莫大な費用がかかるという思い込みで、そもそもプロダクトのローンチ前に、特許出願を行わないケースを目にしますが、**出願費用だけであれば、弁理士報酬も含めて、50万円以内に収まるケースが多い印象のため、有望と思われる発明を保有している場合、見切り発車であっても、特許出願を行うことは有効**です（出願した発明を備えたサービス、プロダクトの売れ行きや資金調達状況を加味しながら、その後の対応を検討することも可能です）。

　弁理士事務所とは、状況に応じて、月に1回程度の定例会議を設けて、自社のプロダクトの開発方針を共有して、新しい発明がないか、他者の特許権を侵害していないか、定期的にレビューを受ける体制を作りましょう。

### ■ ポイント② 出願後、1年半で出願書類が公開され、誰でも見られる状態となること

　前述したとおり、特許権という独占的な権利は、発明情報の公開、オープン化の対価として付与されます。**この情報公開のタイミングは、出願日から1年半後**となります。

　情報が公開されると競合他社もこれらの出願内容を確認、把握し、示唆を得て、プロダクトのキャッチアップが可能となる恐れがあるため、出願から公開までの1年半という猶予期間の時間の使い方が重要となります。仮に、独占権を取得するメリットよりも、出願公開して発明内容を世間一般が知ることのデメリットのほうが大きいと判断される場合には、特許出願を行わずクローズなノウハウ、技術として保有することも検討すべきでしょう。

■ **ポイント③ 出願後1年以内であれば、出願内容の改良が可能（国内優先権）**

　**国内優先権とは、国内で一度出願した特許出願について、出願から1年以内であれば、出願内容を改良することを認める権利**のことです。大前提として、特許出願後に、新規事項を追加する補正は禁止されているため、明細書の内容は吟味する必要があります。とはいえ、一定の見切り発車の中でプロダクトをローンチすることも多いなか、顧客、ユーザーの反応によって、プロダクトの内容が変わり、特許出願を行っていた発明の内容についても変更の必要性が生じるケースも多いことから、1年以内であれば、改良が認められています（当初の明細書の内容を修正できるわけでないことに注意してください）。なお、特許法では、同一の発明について複数の出願があった場合には、最も先に出願をした人が特許を受けることができる先願主義が採用されているため、この観点からも特許出願後の補完的な対応を可能とする国内優先権は重要です。

## 職務発明について

　発明を行うのはあくまで現場の従業員です。従業員が発明を行った場合、契約や就業規則、職務発明規程などにおける特許を受ける権利の帰属に関する規定の有無で以下のように取扱いが分かれることになります。

■ **規定ナシの場合**

　会社が契約や就業規則に職務発明の取扱いについて定めを置かない場合には、**特許を受ける権利は発明者個人に帰属する形**となります。ただし、会社側は自由に利用することができます。この場合、会社側は従業員に対して利益を与える必要はありません。

■ **規定アリの場合**

　**会社が契約や就業規則に職務発明の取扱いについての定めを置く場合には、特許を受ける権利は、最初から会社側に帰属する形**となります。

この場合、**従業員は金銭等の経済上の利益を会社側から受ける権利を有する**ことになります。就業規則とは別に職務発明規程を設けている会社も多いです。

　発明を行う可能性がある従業員を雇用する場合、会社としてはいち従業員に特許を受ける権利が帰属することは避ける必要があり、就業規則や社内規程に職務発明の取扱いに関する定めを設けて、特許を受ける権利を会社側に帰属させる必要があります。

　この場合、対価の支払いに関しての設計が必要で、この対価については、不合理な金額であってはならないとされています。この点、経済産業省は、対価の設計に関して、ガイドラインを公表していますので、定常的に発明を行っていくスタートアップにおいては、このガイドラインを参考に、弁理士と相談をしながら、対価設計を行っていく必要があります[1]。

## ビジネスモデル特許について

　近年、スタートアップ界隈でビジネスモデル特許の取得の重要性が指摘されています。ビジネスモデル特許について、特許庁は、**ビジネス関連発明について「ビジネス方法がICT（Information and CommunicationTechnology＝情報通信技術）を利用して実現された発明」と定義**しています。特許制度は、自然法則を利用しないものを保護しませんが、アイデアがICTを利用して実現された発明は、ビジネス関連発明として特許の保護対象となります。これは、ビジネスモデル特許が例外だというわけではなく、ICTを構成するコンピュータやネットワークなどが自然法則に基づいて成立した装置によって成立しており、これは全体として「自然法則を利用している」といえるからです。

　以上を整理すると、特許庁の図のとおり、「ビジネスモデル特許＝ビ

---

1　特許法第35条第6項の指針（ガイドライン）https://www.jpo.go.jp/system/patent/shutugan/shokumu/shokumu_guideline.html

**【ビジネスモデル特許の成立要件】**

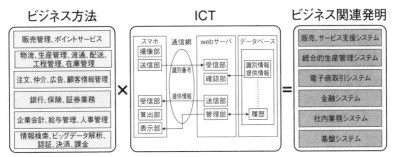

出典：https://www.jpo.go.jp/system/patent/gaiyo/sesaku/biz_pat.html

ジネス方法× ICT」といえます。

## ■ 具体例① Amazonのワンクリック特許

ワンクリックで商品を購入する際に、複数の注文を１つの注文にまとめることでユーザーの利便性を向上させました。2018年に特許権存続期間が満了しています。

## ■ 具体例② フリーの自動仕訳システム

会計処理の対象である各取引の内容について形態素に分解して、各形態素についての勘定科目の出現頻度をもとに、その取引を、適切な勘定科目に自動的に仕訳をすることで、企業の負担を軽くしました。

最近は勘違いされている方もかなり減少した印象がありますが、一昔前まではその言葉のとおり、「ビジネスモデル」自体が特許として保護され、そのビジネスモデルと類似するサービスを一掃できるのではないかという期待のもとに相談を受けることがよくありました。しかし、知的財産権は抽象的なビジネスモデルそのものを保護するものではありません。このようなものについてまで特定の人に独占させてしまえば、イノベーションは大きく阻害されてしまいます。特許もその例外ではな

く、ビジネスモデル特許も保護される対象はあくまで「自然法則を利用した技術的思想の創作のうち高度なもの」＝「発明」であり、上記のとおり、具体的には、情報通信技術を利用して実現されたビジネスの方法に関する発明を意味します。

このようにビジネスモデル特許は類似するビジネスモデルを広く排除する機能を有しているわけではありませんが、同じビジネスの方法を用いれば特許権侵害となりえるという点で競合の参入を一定程度けん制することが可能になりますし、スタートアップにとっては特許を取得することによる知名度の向上（PR効果）なども期待できます。このような特徴や効果も踏まえ、積極的に弁理士に相談しましょう。

## 特許権侵害の対策

特許権侵害について、特許が存在していることを知っていたかどうかは関係なく、知らなくても、知っていても、特許権が取得されている発明を利用してしまった場合には、特許権侵害となります。**特許出願されている発明内容については、すべて「特許情報プラットフォーム（J-PlatPat)」で公開されているため、事前に調査することが事実上義務付けられていると考えたほうがよい**でしょう。

特許侵害の判定は、前述したとおりで、自社のプロダクトが、先行する発明を侵害していないか、以下のプロセスでチェックする必要があります。

① 特許となっている「特許請求の範囲」（＝クレーム）を複数の要素に分解する
② 自社の製品、方法の要素を①と比較
③ ①の要素をすべて満たしているかどうかを判断する

ある発明が「A＋B＋C」の要素で、自社の発明が「A＋B＋D」の要素の場合には、特許権侵害となりません。「C」と「D」の要素について、

文言上異なったとしても、発明の目的に照らして実質的な解釈が行われることから一見して侵害の有無を判別できないケースも多いため、先行する発明が多い領域においてプロダクト開発を進めていく場合には、あらかじめ、当該領域に詳しい、弁理士や弁護士に相談することが重要です。

## 2 | 商標権の詳細

### 商標の登録は必須

　特許権は発明を保護する権利ですが、**商標権は会社のロゴ、ブランドを守る権利**です。商標を保護することにより、ブランドを保有する会社側の利益を守るだけではなく、商標を見て購買行動を行う消費者をも保護しようとしています。

　スタートアップは、自社の会社名、会社のロゴ、プロダクト名、プロダクトのロゴ、その他集客、宣伝機能を持つ商標について、商標権を取得することにより、自社のブランドを保護していくことができます。

　ここでいう「商標」とは、商標法では以下のように定義されています。

---

　この法律で「商標」とは、人の知覚によつて認識することができるもののうち、文字、図形、記号、立体的形状若しくは色彩又はこれらの結合、音その他政令で定めるもの（以下「標章」という。）であつて、次に掲げるものをいう。
　一　業として商品を生産し、証明し、又は譲渡する者がその商品について使用をするもの
　二　業として役務を提供し、又は証明する者がその役務について使用をするもの（前号に掲げるものを除く。）

---

要するに、商品、プロダクトに付されて使用されるトレードマークのことです。**商標権の保護の対象となる商標としては、文字や図形だけではなく、立体的な形状、動き、ホログラム、音、位置、色彩等も、広く保護の対象**となりますが、文字や図形以外の商標は取得のハードルが高く、実務的には、文字や図形の商標の取得を検討することが多いでしょう。

商標の例として、典型的なのはAppleのロゴマークです。

出典：Apple社

このロゴマークがiPhoneに付されていることによって、以下のようなマーケティング上の効果が生まれます。

- "これは、Appleが製造、販売しているスマートフォンだ" と認識できる（**出所表示機能**）
- "Appleが製造、販売しているから、品質は信頼できるものだ" と感じる（**品質保証機能**）
- "TVCMでよく見るAppleの製品で、広告でよく見ているものだ" と認識する（**宣伝広告機能**）

仮に自社やプロダクトのロゴマークの商標権を取得していない場合でも、周知性が高いブランドについては、不正競争防止法上、差止請求をすることが可能です。しかし、少なくとも、TVCMを実施する前のスタートアップのプロダクトでは、なかなか不正競争防止法上の周知性の

要件をクリアすることは難しいでしょう。そのため、自社のブランドやマーケティング投資の効果をきちんと守っていく観点から、プロダクトの立ち上げ前に、商標登録を行っておくことが重要です。

## 商標権の取得のポイント

商標権を取得するためには、特許と同様に商標権の出願を行う必要があります。

出願時のポイントとしては、商標権は商標を利用する商品やサービスとセットで認められるもののため、**商品カテゴリー、サービスのカテゴリー（指定商品、指定役務）を指定**する必要があります。この区分は、1類～45類まであります。1類～34類までが商品、35類～45類までがサービスとなっています。

商標権はあくまで、当該商標をあらかじめ指定した商品・サービスの領域内でのみ利用することができる権利で、カテゴリーの指定によって、商標権の権利の範囲が変わってきます。そのため、商標登録のカテゴリーを適切に選ぶことは、非常に重要なポイントとなります。

スタートアップが挑戦する事業領域は、検証が必要な未顕在のマーケットであることが多く、ビジネスモデルの展開としても、幅広い展開が想定されます。したがって、**現時点のビジネスモデルだけでなく、将来的な事業展開の予測も考慮しながら、少し幅広くカテゴリーの選定**を行っていく必要があります。

商標の取得に関しても、自社の事業領域において知見のある弁理士に相談しながら、カテゴリーを決めていくことが重要です。

商標の場合、特許が保護する発明とは異なり、新規性が商標登録の要件ではないため、会社名やプロダクト名、ロゴが公開されたローンチ後でも、商標出願を行うことができます。ただし、先に出願を行った者の早いもの勝ちで権利化される権利であるため、名称、デザイン決定後、ローンチ前に商標出願しておくと安心でしょう。

## 商標権の効力と侵害された場合の対応

　商標権を取得した商標権者は、あらかじめ選んだカテゴリー内（指定商品または指定役務）について、登録商標の使用をする権利を独占的に保有します。

　そして、商標法では、①登録された商標と同一または類似する商標を、②登録された商標と同一または類似するカテゴリー（指定商品または指定役務）内において使用された場合、商標権が侵害されたとして、商標の使用の差止めや損害賠償を請求することができます。

## 商標権侵害に関する判断基準

　商標権についても、知っている知らないにかかわらず、商標を使用した場合には、商標権侵害となります。特許と同様、登録されているすべての商標について、「特許情報プラットフォーム（J-PlatPat）」で公開されているため、名称やブランドを作る際には、事前にこのデータベースを調査することが事実上義務付けられていると考えたほうがよいでしょう。

### ■ 商標が似ていたらどうするか？

　自社が取得しようとしている社名、商品名が、先行して取得されている商標に類似しているケースは案外多いと思います。

　それでは、商標の類似性はどのように判断すればよいのでしょうか？　この判断は、商標を登録してもらえるかどうかという場面だけではなく、商標を侵害するかどうか（自社が商標権者であれば他社が商標権を侵害しているといえるかどうか、自社が商標権者でなければ他社から商標権を侵害しているといわれるかどうか）の判断に影響するため、非常に重要です。

　類似性の判断について、一般的には、自社の商標と他社の商標を比較し、これらの商標が同一または類似する商品・サービスに使用されたと

仮定した場合に、提供元（出所）について混同（同一であると誤認されることや同一とはいえないまでも両社の間にグループ会社関係があるなど密接な関連性があると誤認されること）が生じるおそれがあるかどうかによって判断されます。

さらに、ここでいう**「混同」が生じるおそれがあるかどうかについては、①商標の外観、②商標の称呼、③商標の観念から総合的に判断**します。要は、消費者からして、**見た目や呼び方、イメージが紛らわしいといえるかどうかによって判断する**ということです。

特に、サービス内容をイメージしやすい名称を用いる場合、当然他社がすでにその名称を使用し商標登録している可能性が高いので注意が必要です。類似性の判断は難しい判断が求められるので少しでも迷った場合には弁護士、弁理士に相談しましょう。

### ■ 商標的使用でなければ、商標権の侵害にならない

商標権はブランドの出所を保護する権利のため、**ブランドの出所の誤認が発生しない場面での使用は、「商標的使用」とはいえず、商標権侵害とはなりません。**たとえば、複数のSaaSサービスを統合するサービス上において、サービスの内容を説明するために、連携している他社のSaaSサービスのサービス名を利用したとしても、あくまで商品内容を説明するために利用しているにすぎず、商標的使用には当たらない形となります（一方、説明の態様によっては、消費者が「他の商品かな？」と誤認することがありえ、このような利用方法だと商標的使用に該当する可能性が高いので注意が必要です）。

なお、商標的使用ではなくても、自社サービスにおいて登録商標が使用されている場合、商標権者から登録商標である旨の表示（Ⓡ登録番号第XXXX号　等の表示）を行うよう要請される場合があります。これは、当該登録商標が普通名称となって、商標権の効力が及ばなくなることを避けるための措置です。

# 3 | 意匠権の詳細

## 意匠権についての最新の改正

　**意匠権**とは、**物品や一定の要件を満たした画像の特徴的なデザインに対して与えられる独占的な権利のことです。**意匠法上、「意匠」とは以下のように定義されています。

> 「意匠」とは、物品（物品の部分を含む。以下同じ。）の形状、模様若しくは色彩若しくはこれらの結合（以下「形状等」という。）、建築物（建築物の部分を含む。以下同じ。）の形状等又は画像（機器の操作の用に供されるもの又は機器がその機能を発揮した結果として表示されるものに限り、画像の部分を含む。次条第二項、第三十七条第二項、第三十八条第七号及び第八号、第四十四条の三第二項第六号並びに第五十五条第二項第六号を除き、以下同じ。）であつて、視覚を通じて美感を起こさせるものをいう。

　ざっくりいうと、見た目からして美しいと感じさせる以下のものが「意匠」に含まれます。

- 物の形、模様、色彩
- 建築物の形
- 機器の操作の用に供される画像（例：ウェブサイトの画像、アイコン画像）
- 機器がその機能を発揮した結果として表示される画像（例：医療用測定結果表示画像、時刻表示画像）

　特許権が技術発明に対して付与される権利だったのに対して、**意匠権**

## 操作画像に該当する画像の例

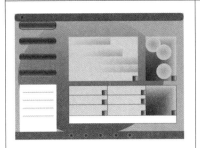

**商品購入用画像**
（ウェブサイトの画像）

**商品購入用画像**
（クリックするとソフトウェアが立ち上がる画像）

出典：特許庁「意匠の審査基準及び審査の運用〜 令和元年意匠法改正対応〜」

## 表示画像に該当する画像の例

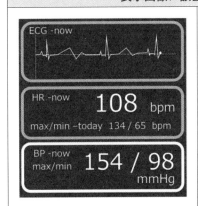

**医療用測定結果表示画像**

**時刻表示画像**
（壁に投影された画像）

出典：特許庁「意匠の審査基準及び審査の運用〜 令和元年意匠法改正対応〜」

**はいわば、デザインに対して付与される権利**です。

　注目すべき点として、前の設例でも簡単に触れたとおり、2020年に施行された改正意匠法により、ウェブサイトや一定の画像も「意匠」に含まれることになりました。近年、UI、UXのデザインに対する投資が拡大したことを踏まえて、意匠権が保護する範囲が大幅に拡大されることになっています。これにより、従来、意匠権は主にものづくり企業が検討すべきものでしたが、スタートアップを含めた、優れた**デザインのUI、UXを提供する企業全体が意匠権を獲得するチャンス**が生まれてきたといえるでしょう。

　意匠権を取得した意匠権者は、業として登録意匠やこれに類似する意匠を利用する権利を独占的に有します。他者が、意匠権者の承諾なく、意匠権を侵害する場合には、特許権や商標権と同様に、差止請求や損害賠償請求を行うことができます。

### 特許権と同様に新規性がポイント

　特許権と同様に新規性が要件となり、また先願主義が適用されるため、第三者が自社よりも早く同一または類似のプロダクトをローンチしたり、意匠権の出願を行ってしまうと、意匠権の取得が困難となるため、自社だけでなく第三者がプロダクトをローンチする前に出願手続を完了させておく必要があるといえます。

## 4 ｜ 不正競争防止法の詳細

　不正競争防止法とは、法律上**「不正競争」に類型化された行為によって、営業上の利益を侵害された場合には、損害賠償請求や差止請求をすることができることを認める法律**です。

　仮に、特許権や商標権を保有していなくとも、悪意をもって、自社のブランドや信用を毀損する行為に対して、法的に対処していく根拠とな

る法律であり、潤沢な資金をもって知的財産権の取得を行うことができないスタートアップにとっては、実務上検討する場面も多いように思います。

　ここでは、不正な競争行為に直面した場合、「武器」として知っておくとよい4つのポイントについて簡単に解説します。この法律は武器となる一方、スタートアップとして、競争激化に伴い、第三者の利益を侵害しないよう、「防御」の側面からもチェックしておきましょう。

## ポイント① 周知な商品等表示の混同惹起行為

　**自社のブランド、商品名、ロゴ等が世の中によく知られている場合、自社と同一かよく似た表示を行って混同を生じさせた場合、その行為を不正競争として、禁止することができます。**

　自社のブランドが世の中によく知られている（周知性）ことを立証する必要があり、スタートアップにとっては利用ハードルは高いといえます。周知性については、必ずしも全国的に周知である必要はなく、少なくともある地域において周知であればよいとされています。商品のシェア、売上、広告宣伝の方法、頻度、広告宣伝費の額、雑誌記事やテレビ番組で取り上げられた回数、程度、評価等によって立証をしていきます。

## ポイント② 著名な商品等表示の冒用

　**自社のブランド、商品名等が、「著名」といえる場合には、その表示と同一かよく似た表示を行う行為自体が禁止されます。**①の混同惹起行為との違いは、自社のブランド等が「著名」といえる場合には、そもそも、混同を生じさせなくとも、使用行為自体を禁止する点にあります。この著名性とは、周知性よりもハードルが高く、立証は容易とはいえず、スタートアップにとって利用頻度は多くないでしょう。

　ポイント①、②について、周知性も著名性の立証もそれなりにハードルが高いため、やはりスタートアップとしては、本格的にマーケティン

グ活動に動く前に、自社、商品名、ロゴ等について、商標権の取得を行っておくべきでしょう（商標権を取得しておけば、商標権侵害を主張すればよいので著名性や周知性の立証は不要です）。

## ポイント③ 形態模倣

自社の商品の外観のデザインについて、**他人が商品のデザインに依拠して実質的に同じ商品を販売する行為は「不正競争」として禁止できます**（ただし、ありふれた商品形態や、商品の機能確保のために不可欠な形態については保護されません）。保護期間は、オリジナル商品が販売されてから3年間です。3年間経過してしまうと、不正競争として咎めることができなくなるため、物づくりスタートアップなどで、重要な商品については、販売前から、意匠登録を検討しましょう。

## ポイント④ 営業秘密の侵害

**自社が保有する「営業秘密」について、不正に持ち出される等の被害にあった場合、差止め、損害賠償等の請求をすることができます。**役職員がソースコードをもって競合他社に転職し、競合他社において利用した場合などが、適用場面です。

ここでいう、営業秘密とは、①秘密管理性（秘密管理の意思が従業員に明確に示され管理されていること）、②有用性（情報が客観的にみて事業活動にとって有用であること）、③非公知性（保有者の管理下以外で入手できないこと）を満たしている必要があり、立証のハードルはそれなりに高いものがあります。

営業秘密管理の体制づくりについて、創業ステージにおいてはなかなか手が回らない部分かと思いますが、事業成長が見え始めたタイミングから、経済産業省のホームページを参考に、ディフェンス面の体制作りの一環として始めていくとよいでしょう[2]。

その他、不正競争防止法では、ドメイン名を不正に取得する行為の禁

止、自社の信用を毀損させる行為の禁止、品質等の誤認を惹起する行為の禁止等についても、定めています。

　なお、最後に、特許庁のサイト「スタートアップ向け情報」を紹介します。一覧性が高く、非常に優れたサイトになっています[3]。

**まとめ**

- 特許権を創業期から積極的に取得することによって、継続的な競合優位性を高め、参入障壁を上げることができる。特許権とは「発明」を権利者が一定の期間、独占的に実施することができる権利であり、発明とは「自然法則を利用した技術的思想の創作のうち高度のもの」のこと。特許として認められるためには、新規性があるなどさまざまな要件をみたす必要がある。特許の独占権を得られる期間は、原則として出願日から20年間。
- スタートアップが特許出願手続において、留意すべきポイントは①特許出願をする発明を出願前に公開してはいけない、②出願後、1年半で出願書類が公開され、誰でも見られる状態となること、③出願後1年以内であれば、出願内容の改良が可能（国内優先権）。
- 商標権は会社のロゴ、ブランドを守る権利である。商標を保護することにより、ブランドを保有する会社側の利益を守るだけではなく、商標を見て購買行動を行う消費者をも保護する。スタートアップは、自社の会社名、会社のロゴ、プロダクト名、プロダクトのロゴ、その他集客、宣伝機能を持つ商標について、商標権を取得することにより、自社のブランドを保護していくことができ

---

2　営業秘密管理指針、保護ハンドブック、契約書のひな形の参考例、テレワーク時における秘密情報管理のポイントなどの記載があり、大変参考になります。
経済産業省のホームページ　「営業秘密～営業秘密を守り活用する～」
https://www.meti.go.jp/policy/economy/chizai/chiteki/trade-secret.html
3　https://www.jpo.go.jp/support/startup/index.html

る。
- 意匠権とは、物品や一定の要件を満たした画像の特徴的なデザインに対して与えられる独占的な権利のこと。ウェブサイトや一定の画像、UI、UXデザインも「意匠」の対象となりえる点に留意。
- 特許権、商標権、意匠権の保有者は、侵害者に差止請求、損害賠償請求等ができる。
- 自社の事業、プロダクトが第三者の登録されている知的財産権を侵害していないか事前チェックする必要がある。特許、商標、意匠については、「特許情報プラットフォーム（J-PlatPat）」のサイトで確認することができる。

**チェックリスト**

□特許の意義、特許権の取得方法、活用方法、権利を侵害された場合の対応について理解。自社内でどのような発明が存在し、今後生まれてくる可能性があり、特許取得の方針について明確に合意できている。

□特許出願する発明に関するプロダクトを特許出願する前に発表してはいけないことを組織で認識、理解している。

□商標の意義、商標権の取得方法、活用方法、権利を侵害された場合の対応について理解し、会社やプロダクトのロゴ等、保護すべき商標について商標権の取得を検討する。

□意匠の意義、意匠権の取得方法、活用方法、権利を侵害された場合の対応について理解し、プロダクトのUI、UX等、保護すべき意匠について意匠権の取得を検討する。

□自社の事業が、プロダクト立ち上げ時において第三者の知的財産権を侵害していないかチェックしている。

# 著作権について

　とにかく、数打てば当たる作戦を取る。それが僕の、起業家としての生存戦略だった。「何者かになりたい」。そんな一心で、新卒で大手コンサルティングファームに入社。しかし、先輩やクライアントの使いっぱしりのような業務に追われ、睡眠時間すらまともに取れない日々。こんなことをやるために、血を吐く思いで就職活動に勤しんだわけじゃない。もっと自分でビジネスの、いや人生の舵取りがしたいんだ！──そんな想いをふつふつと育てていった僕は、入社から1年が経った頃に居ても立ってもいられなくなり、何のプランもなしに辞表を提出。とりあえず、1人会社として法人登記した。

　しばらくは、クラウドソーシングで地道な作業を受託しながら、なんとかギリギリの生活を続けていた。収入は3分の1近くに減り、家賃すらまともに払えなくなったが、実家に戻ることでなんとか食いつないだ。ただ、自分で案件も働く時間もコントロールできる感覚はとても快適で、自分で人生の舵取りをしている感覚を、大いに味わっていた。

　そんな生活も半年経つと、なんとか自分の力で生活できるくらいの収入を得られるように。とはいえ、この延長線上では、なかなかビッグになるのは難しそうだ。やはり何か収益性の高いビジネスを立ち上げなければいけない──そう思った僕は、寝る間も惜しんでさまざまなアイデアを試した。メディアからEC、コンサルまで数十個のアイデアを試したが、なかなか当たらない。そんな試行錯誤を半年繰り返した頃、ようやく行き着いたのが、YouTuber／VTuber事業だった。

　時はまさに、YouTube戦国時代。さまざまなYouTuberやVTuberが跋扈し、日々目まぐるしい速度でトレンドが移り変わっていた。しかし、僕はずっと暇さえあればYouTubeをサーフィンするのが趣味──というか唯一の趣味──だったので、そのトレンドにはしっかりとついてい

けていた。最近は素人でも簡単に動画制作が行えるソフトも充実していて、クラウドソーシングサービスを使えば手軽に専門家の手も借りられるので、トレンドをうまく捉えた動画をいくつか制作。すると、これが大ヒットした。一度作ってしまえば、再生数が増えるほど広告収入が自動的に増えていくこのしくみに、僕は感動した。思い切って、すべての受託仕事を切り、自分のYouTubeチャンネルを育てることに全振りすることを決めた。

　そうしてYouTubeチャンネルの運営をメイン事業にしてから、半年が経った。忙しい現代人のために、既存のコンテンツを要約して紹介する動画が特に人気を集め、いつしかコンサル時代の3倍くらいの収入を得られるようになっていた。

　有頂天になった僕は、さらに動画のバリエーションを増やし、既存のキャラクターが自由自在にコラボする動画フォーマットを確立した。これがまた大ウケし、再生数はうなぎのぼりに増えていった。

＊　＊　＊

　成功の最中、一通の手紙が届いた。中身を見てみると、コラボさせたキャラクターの著作権を持っている企業からの、動画削除の請求だった。

「何だって？　二次創作は愛すべきネットカルチャーじゃないか。愛を持ってキャラクターを使っているのに、何がいけないんだ」

　そう思って放置していたが、その後も何通も手紙が来て、これ以上反応がなければ裁判に発展させるとの警告までされた。さすがにビビった僕は、その動画を削除し、謝罪した。稼ぎ頭の動画が、なくなってしまった。
　さらに悪いことは続いた。動画が削除されたことに気づいたジャーナリストが、一連の著作権侵害を嗅ぎ取り、告発記事を出したのだ。著作権のガイドラインもメディア倫理もないずさんなチャンネル運営者の実態として、その記事はSNSで大きく拡散。チャンネル運営者である僕は悪の権化として大バッシングを受け、ついにはチャンネル自体がBANされてしまった。
　せっかく築き上げた地位が、短期間ですべてなくなってしまった。チャンネル運営者として実名を出してSNSもやっていたため、社会的信用も地に堕ちた。もう、おしまいだ——。

# 1 | 著作物とは

　著作者の権利は、著作物に対して発生します。この著作物とは一体どのようなものでしょうか。著作権法によれば、**「著作物」とは「思想又は感情を創作的に表現したものであって、文芸、学術、美術又は音楽の範囲に属するもの」をいう**とされています。著作権法では、以下の9つの著作物の例があげられています。

---

① 小説、脚本、論文、講演その他の言語の著作物
② 音楽の著作物
③ 舞踊または無言劇の著作物
④ 絵画、版画、彫刻その他の美術の著作物
⑤ 建築の著作物
⑥ 地図または学術的な性質を有する図画、図表、模型その他の図形の著作物
⑦ 映画の著作物
⑧ 写真の著作物
⑨ プログラムの著作物

---

　これらはあくまで例示であって、著作物はこの9つに限定されるわけではありません。自社の事業のオペレーション上、どのような「創作的な表現物」が著作物とされるのか、著作物の定義の理解が大変重要になるため、少し詳しく、4つの定義のポイントについて見てみたいと思います。自社の事業活動において、以下の4つのポイントを踏まえて、どのような著作物が発生しているか、改めて整理してみましょう。

## 著作物になるポイント① 思想または感情

　著作物であるためには**思想または感情**を表現したものである必要があ

ります。このことは裏返しとして、思想や感情とはかかわりのない、「単なるデータや事実は著作物から除かれる」ことを意味します。自社の事業においてさまざまなデータや事実を集めたとしても、それだけでは著作物にはならないということです。

## 著作物になるポイント② 創作的

　著作物であるためには「創作的」な表現でなければなりません。ただ、ここでいう**「創作的」とは、高度なオリジナリティまでは必要なく、その人なりの個性が表現されていれば十分とされています。**幼稚園児が描いた絵でも創作性が認められるといわれます。一方、よくあるありふれた表現や他人の絵を単に模写しただけの絵は正確な描写であっても、創作的とはいえません。たとえば、あるアイデアを表現するための言い回しが同じようなものにならざるを得ない場合、その表現はありふれた表現であるとして、著作物として保護されません。また、短い単語の組み合わせ等を著作物として認めてしまうと、長期間にわたり独占権が生じ、他人の創作活動を制限する可能性が出てしまうため、短い単語の組み合わせは創作性が否定される方向に働きます。

## 著作物になるポイント③ 表現物

　頭の中にあり外部に表現されていない単なるアイデアは著作物とはいえません。著作物といえるには、**表現されている必要があります。**アニメーションを制作するうえでの物語の世界観、コンセプト、キャラクターの設定自体は、それが具体的に表現されていなければ著作物とはいえません。アイデアと表現を二分して、著作権の保護が及ぶのは表現に限定されます。表現は、演奏等、無形的な表現でも著作物に該当します。

### 著作物になるポイント④ 文芸、学術、美術または音楽の範囲に属する

　この要件だけを見ると事業を推進するうえで作成するものは、ほとんど該当しないように思えてしまうかもしれませんが、ジャンル分けは厳密にとらえられておらず、**広く「知的、文化的な範囲に含まれていればよい」**と考えられています。ただし、この要件によって、机や椅子といった実用品については、著作物に含まれないものが出てきます。

　以上をまとめると、**データ、歴史的事実、実用的な一部のデザインを除いて、その人なりの個性が表現されている表現物（ただし、アイデアそのものとはいえないこと）であれば、「著作物」に該当する**ととらえてよいでしょう。実際の著作権侵害の紛争、裁判においては、著作権が認められる「創作的表現の範囲」がとても重要な論点となってきます。

## 2 ｜ 「著作権」はいくつもの権利の束

　ここまで説明をしてきたような、**創作的な表現物が「著作物」と認められる場合、著作権法上、その著作物を創作した人（著作者）には、「著作権」と「著作者人格権」という大きく分けて2つの権利が発生**します。

　「著作権」から説明します。「著作権」は、次の表のようにさまざまな権利（支分権といいます）から構成されており「権利の束」と言われます。著作権は、後述する著作者人格権と異なり譲渡することもできます。このことから、著作権を持っている人のことを著作者と区分して、「著作権者」と呼びます。

**【著作権を構成する権利の束】**

| 支分権の一覧と内容 | 禁止できる行為の例（＝許可なく行われた場合、差止請求や損害賠償請求ができる） |
|---|---|
| **複製権**：著作物を無断でコピーすることを禁止できる権利 | Vtuberのキャラクターのイラスト作成 |
| **上演権**：創作した脚本、振付を無断で公に上演することを禁止できる権利 | Vtuberが創作した物語の脚本を劇場で上演する |
| **演奏権**：創作した音楽を無断で公に演奏することを禁止できる権利 | Vtuberが作曲した音楽をライブハウスで演奏する |
| **上映権**：創作した著作物を無断でスクリーン、ディスプレイ等の画面に映写して公に見せることを禁止できる権利 | Vtuberが制作した映画を映画館で上映する |
| **公衆送信権**：テレビ、ラジオ等の放送、ケーブルテレビなどの有線放送、インターネットによる送信等で、公衆に向けて送信することを禁止できる権利 | Vtuberが制作した映像作品をテレビやインターネット上で配信する |
| **口述権**：著作物を無断で朗読する行為を禁止できる権利 | Vtuberが執筆した小説を劇場で朗読する |
| **展示権**：絵画等の美術の著作物について、他人が勝手に公衆に見せるために展示することを禁止できる権利 | Vtuberのキャラクターの絵を展示会で展示する |
| **頒布権**：映画の著作物の複製物について、無断で販売、レンタルすることを禁止できる権利。ここで「映画の著作物」とは劇場用の映画のみならず、画面の動きがあるTV番組やゲーム等を広く含む | Vtuberが制作した映画を映画館に配給する |

| | |
|---|---|
| **譲渡権**：著作物（その複製物を含む）を無断で譲渡により公衆に提供されることを禁止できる権利。なお、著作権者が卸売店等に一度譲渡したり、譲渡を許諾した場合、その後の譲渡（卸売店から小売店への譲渡やその後の転売）には権利が及ばなくなり、これを「消尽（しょうじん）」という | Vtuberが制作したイラストを販売する |
| **貸与権**：著作物の複製物を無断で公衆に対してレンタルすることを禁止できる権利 | Vtuberが制作した音楽CDをレンタルショップで貸出する |
| **翻訳権**：著作物を無断で他国の言語に翻訳することを禁止できる権利 | Vtuberが創作した日本語漫画の英語版を制作する |
| **翻案権**：マンガを原作として、アニメやグッズを作る等、元の作品に新たな創作を加えて、別の著作物を作成することを禁止できる権利 | Vtube動画を原作としてアニメ化する |
| **二次的著作物の利用権**：著作権者は、自身の著作物を翻案して創作された二次的著作物についても権利を得ることができる。マンガがアニメ化された場合、マンガの原作者はアニメに対しても権利を有することができ、アニメを利用する場合には、アニメの製作者だけでなく、原作者からも同意を得る必要がある | Vtube動画をアニメ化したものを、DVDに複製して販売する |

## 民事上の責任追及

　著作権者は、これらの権利の対象となる行為を排他的に独占して行うことができます。すなわち、他者が著作権者の許可なく利用しようとした場合には、それを禁止する（差し止める）ことができたり、著作権を侵害しているコピー品の廃棄を求めたりすることができます。また、損害が発生した場合には、損害賠償請求を行うことができます。

請求できる損害としては、以下のような例が考えられます。

- 著作権者の販売する正規商品の売上が下がった場合、本来著作権者が得られたであろう営業利益
- 侵害者が侵害商品を販売することによって得た利益
- 侵害者が権利者からライセンスを受けていたとしたら支払ったであろうライセンス利用料

## 刑事上の責任追及

著作権侵害の場合、10年以下の懲役または1000万円以下（法人の場合には3億円以下）の罰金、著作者人格権侵害の場合には、5年以下の懲役または500万円以下の罰金に、処せられる可能性があります。いずれも、原則として**告訴した場合にのみ起訴、処罰が可能**となります。後述する、類似性の判断が微妙なケースでは刑事罰が問われるケースは少ないと思いますが、デッドコピーで悪質なケースにおいては、刑事告訴を行うことは有効でしょう。

## 権利の発生要件

前節でも整理したとおり、知的財産権といわれる権利の中には、著作権の他、特許権、実用新案権、意匠権、商標権等があります。このうち、著作権以外の権利については、権利を取得するためには、特許庁へ権利取得の申請を行い、事前登録を受ける必要があります（方式主義）。一方、**著作権の場合、このような手続は一切必要なく、著作物の創作を行えば、創作時点から著作権という権利が発生**します（無方式主義）。したがって著作権を取得するためには©（マルシー）表示は必要ありませんが、2023年に著作権者が不明の場合の裁定制度の改正がありました。この改正によると誰が著作権者かわからず、利用希望者から意思確認の連絡があり、これに返信しなかった場合には著作物が利用されることになるため、自社の著作物について何らかの形で権利者を表示することは

今後重要になりそうです。

## 権利制限規定

　著作権者は、著作物の利用に関して、独占的で排他的な権利を持っているため、著作物を利用するためには、当該著作物の著作権者から許諾を得る必要があります。しかし、およそあらゆる利用について許諾が必要とすると、文化の発展に寄与するという著作権法の法目的に反する場面が出てきます。そこで、**著作権法は、一定の場合、例外的に著作権者の権利が制限される「権利制限規定」を置いています**。日本の著作権法は、利用目的、態様に応じた個別の権利制限規定のみを設けています（一方、米国著作権法では、個別規定に加えて、フェアユース規定という包括的な権利制限規定が存在しています）。

　著作権法30条〜47条の7などにさまざまな権利制限規定が掲載されていますが、スタートアップとして、活用の頻度が高そうな権利制限規定を以下に掲載します（2023年時の著作権法）。このなかでも、引用の要件の充足性の判断は実務家にとっても難しい部分が多いため、事前に法律家に相談するようにしましょう。


・引用（著作権法32条1項）の条文
「公表された著作物は、引用して利用することができる。この場合において、その引用は、公正な慣行に合致するものであり、かつ、報道、批評、研究その他の引用の目的上正当な範囲内で行なわれるものでなければならない」


・電子計算機における著作物の利用に付随する利用等（著作権法47条の4）の概要
「ネットワークを通じた情報通信の処理の高速化を行うためにキャッシュを作成することなどができる」

- 送信可能化された情報の送信元識別符号の検索等のための複製等（著作権法47条の5第1項1号）の概要

「インターネットを用いた情報の検索サービスを業として行う者は、違法に送信可能化されていた著作物であることを知ったときはそれを用いないこと等の条件の下で、サービスを提供するために必要と認められる限度で、著作物の複製・翻案・自動公衆送信を行うことができる」

- 情報解析のための複製等（著者権法30条の4）の概要

「コンピュータ等を用いて情報解析（※）を行うことを目的とする場合、必要と認められる限度において記録媒体に著作物を複製・翻案することができる。ただし、情報解析用に広く提供されているデータベースの著作物については、この制限規定は適用されない」

※情報解析とは、大量の情報から言語、音、映像等を抽出し、比較、分類等の統計的な解析を行うことをいう

## 著作権の保護期間

**個人の場合**には、著作物が創作されたときから保護され、著作者の死後70年間著作権が存続するのが原則です。法人が著作者の場合には、著作物が公表されたときから70年間保護されます。特許権の保護期間が原則として出願から20年とされていることを考えると、死後70年間はかなり長いといえるでしょう。

# 3 著作者人格権とは何か

著作物といえるためには、「思想・感情」を表現している必要があると説明しました。著作物は表現者の人格と深く結びつき、人格そのものであるとさえいわれる場合もあります。著作権法は、この点を踏まえて、著作者に対して、「著作者人格権」という権利を付与しています。

著作者人格権は、著作権と同様、以下の表の３つの権利の総称です。著作権は財産権であり譲渡可能なのに対して、著作者人格権は個人の人格と結びついていることから譲渡ができず、相続もなされない点で、権利の性質を異にします。実務上、業務委託契約により、第三者に対して著作物の制作を依頼した場合、制作された著作権を譲り受けることができますが、**著作者人格権は制作をした著作者に残ってしまうため、その後、著作者人格権を行使されないようにするために、「人格権の不行使特約」を盛り込む必要**が出てきます。

**【著作者人格権を構成する３つの権利】**

| 著作者人格権の一覧と内容 | 禁止できる行為の例 |
|---|---|
| **公表権**：著作物を公表するかどうか、公表するタイミング、方法を決定することができる権利。公表権は、一度公表された著作物については認められない | 事前同意なく著作物を公表されてしまうこと |
| **氏名表示権**：著作物の公表時に、著作者の氏名を表示するかどうか、どのような名義で表示するのかを決定することができる権利 | 匿名の作品を実名で販売したり、著作者の氏名を別人の氏名で記載したりすること |
| **同一性保持権**：著作者の意に反して作品の改変を受けない権利 | 著作物のタイトルを無断で改変すること<br>著作者に無断で、著作物の一部を改変すること |

# 4 「著作者」には誰がなるのか

　著作権法上、著作者は「著作物を創作する者」と規定されています。「創作」とは思想・感情を独自の表現として具体化する行為のことをいい、アイデアを出しただけの人や創作に当たって資金提供をしただけの人、

制作物の発注者は、著作者には該当しない点に注意が必要です。現在の働き方では、1つのプロダクトを作るに当たって、社内外のさまざまなステークホルダーに仕事をお願いすることが想定されるため、**きちんと仕事の成果物である著作権が会社側に帰属するよう、契約書等で設計をする必要**があります。社内、社外の注意点について少し見てみましょう。

## 社内の従業員が創作するケース（職務著作）

　創作行為を行うのは必ず個人となりますが、企業活動を営むうえで、従業員である個人に著作権が帰属してしまうことは不都合が多いことから、**職務著作という制度が存在し、職務著作の要件を満たしている場合には、従業員によって創作された著作物は、法人が著作者となりその権利も法人に帰属する**ことになります。職務著作の要件は以下のとおりです。

---

① 法人等の発意に基づき

② 法人等の業務に従事する者が（＝社員、役員の他、派遣社員も含む。業務委託先は含まれない）

③ 職務上作成する著作物で（＝プライベートでの制作物は当然含まれない）

④ 法人等の著作名義で公表すること（プログラムの著作物に関しては公表は不要。職務上作成されても個人の名義で公表された場合には、職務著作とはならない）

---

## 社外のフリーランス、企業に対して発注するケース

　社外の個人、企業に対して、業務委託として会社の業務を依頼した場合、その業務プロセスにおいて、発生した著作権等の権利は、当然には会社側に帰属しません。そこで、**業務委託契約等を締結することを通じて、委託料の支払いの対価として著作権が移転することを明記する必要**

**があります。**スタートアップの創業期における1つの失敗事例として、業務委託契約を締結せず、会社のホームページやソースコードといった著作物の著作権が、明確に会社側に帰属していないといった事例が散見されるため、**簡単なものでよいので、業務委託契約は締結するようにしましょう。**

## 5 │ 事業推進にあたり、著作権について 起業家が知っておくべきこと

以上の基礎知識を踏まえ、起業家として事業推進するにあたって、著作権法上、最低限、理解しておく必要があるのは以下の2点です。

① 著作権を侵害された場合の具体的な対応方法（前提として、著作物、著作権の基本的な理解をしたうえで、自社の事業オペレーションでどのような著作物が発生しているのかの理解）
② 第三者が保有する著作権を事業推進において侵害してしまう可能性があることを理解し、適切に権利処理を行い、組織的な予防策をとること

以下、それぞれについて説明をしていきます。

## 6 │ 著作権侵害への対処

著作権を保有することは、スタートアップにとっては継続的な競合優位性を獲得していくうえで、重要な要素の1つであるといえます。著作権は排他的で独占的な権利の側面があるため、顧客に対して自社の著作物を通じて集客、あるいは課金することができれば、競合はそのままの形では模倣することができないからです。Netflixをはじめとするビデオ

オンデマンドの各プレイヤーが作成するオリジナルコンテンツが典型例です。

経営資源がないスタートアップが競合優位性を獲得するのはとても難しいことですが、**著作権を保有することで著作物単位で潜在的な競合を排除できるようになります**。特に、**著作権は、特許や商標と異なり、国による事前の審査、登録がなくても、著作物の創作をもって創作時から発生する権利であるため、スタートアップとしては創業期からスピード感をもって獲得しやすい権利**であるといえるでしょう。

したがって、スタートアップは、自社の事業オペレーションにおいて、一体どのような制作物に著作権が発生しているのかを知っておく必要があり、自社の著作権が侵害される典型的なケースや侵害された場合にどのように対処すべきか理解しておく必要があります。

スタートアップが著作権を保有する典型的な場面、著作権侵害が問題になりやすい場面の例は、以下のとおりです（ただし、すべての場面で著作権を保有し、著作権侵害を主張することができるわけではありません）。

**【スタートアップと著作権の関わり方の整理】**

| 著作権を取得できる可能性がある場面 | 著作権侵害が問題になる場面 |
| --- | --- |
| プロダクトにおける、UI、UXの制作、FAQ等の顧客向けコンテンツの制作 | 競合等の第三者が自社のUI、UX、顧客向けコンテンツを見て模倣した |
| 集客に関する、オウンドメディアの制作 | 競合等の第三者がメディアの内容を見て模倣した |
| キャラクター、音楽、イラスト、動画等の制作 | 競合等の第三者が制作物の内容を見て模倣した |

## 著作権の侵害を主張するには

著作権者は、著作物を独占的に利用する権利を保有します。著作権者は、著作権を侵害されてしまった場合、侵害者に対して、侵害行為の差

止請求や損害賠償請求を行うことができます。著作権侵害を主張するには、以下の4点を充足している必要があります。

### ■ 要件① 創作物に対して著作権を保有している

ここまで説明をしてきたとおり、自身の創作物が著作物に該当することが必要です。データ、歴史的事実、実用的な一部のデザインを除いて、その人なりの個性が表現されている表現物（ただし、アイデアそのものとはいえないこと）であれば、「著作物」に該当するといえます。

### ■ 要件② 相手方の創作物が、自身の著作物に「依拠」している

相手方が自身の作品を知ったうえで自分の作品を作っているといえることが必要です。**作品の存在を知らずたまたま似通っただけでは、依拠したとはいえません。**有名で社会的によく知られている作品である場合には、依拠の立証はしやすいですが、あまり有名な作品ではない場合、依拠の立証はそれなりにハードルが高いといえます（相手方のアクセス可能性について、間接証拠を積み重ねる形での立証となります）。

### ■ 要件③ 類似性が認められる

まったく同一の著作物（デッドコピー）を無断で利用すれば当然類似性があるとして著作権侵害が認められますが、まったく同一ではなくても、類似していれば、著作権侵害が認められます。

判例では、**「既存の著作物の表現上の本質的特徴部分を、新しい著作物からも直接感得できる程度に類似しているか」が判断基準**とされています。2つのイラスト表現で著作権侵害が争われた場合、2つのイラスト表現の「共通部分」が「本質的特徴にあたる部分なのか？」、それとも「本質的特徴ではない部分が共通しているにすぎないのか？」が、類似性の判断の分かれ目とされます。

この類似性の判断は、実務上かなり難しく、裁判所の判断はケースバイケースといえ、デッドコピーではない場合など著作権侵害といえるか

微妙なケースでは、場合によってはセカンドオピニオンの取得も行いながら、類似性の判断をしていく必要があります。

### ■要件④ 著作物の利用権限を持っておらず、権利制限規定にも該当しない

前述のように、引用等の権利制限規定に該当する場合、当該著作物を利用することができます。したがって、権利侵害していると主張するためには、権利制限規定に該当していないことが必要です。

## 著作権を侵害されたときの対応手順

次に、侵害された場合の実際の対応手順について、見ていきます。

### ■対応手順① 事実確認と方針決定

自社の著作権が侵害されている事象を発見した場合、専門家に相談のうえ、著作権侵害を構成することができるのか、適切な責任追及の方法（民事責任、刑事責任）について検討。必要な証拠の収集とともに、理論武装を行う。

### ■対応手順② 民事責任の追及

相手との関係性、侵害行為の規模、悪質性、対応の必要性、緊急性の高さから、侵害行為の中止の催促と損害賠償請求の実施について、以下のアクションを検討していきます。

- 相手方の関係者に接触して、著作権侵害であることを指摘、直談判により状況を解決する（筆者らが見てきたケースでは、これにより解決できるケースが多い）
- 弁護士を代理人に立てて、著作権侵害を行っていることを指摘し侵害行為の中止を促す（書面の送付または内容証明郵便の送付）。状況に応じて、相手方または相手方の弁護士と交渉

- 相手方がこちらの請求に応じないケースにおいては、訴訟を提起し、訴訟を通じて解決を図る

### ■ 対応手順③ 刑事責任の追及

侵害行為の悪質さ、対応の必要性、緊急性の高さから判断し、刑事事件として責任追及すべき案件の場合には、刑事告訴を実施し、刑事事件としての立件化を推進していきます。

---

## 7　第三者の著作権を侵害しないために

次に、自社におけるプロダクト、コンテンツ、メディア作りに当たって、第三者が保有する著作権を侵害しないよう権利処理し、予防していく方法について説明をします。

### 著作権の権利処理とは

著作権とはこれまで見てきたとおり、著作物を無断で利用されない排他的で独占的な権利です。したがって、**著作権が及んでいる著作物を著作権が及ぶ態様で利用する場合には、著作権者から利用許諾を受けるか、著作権の権利譲渡を受ける必要**があります。このプロセスを「権利処理」と呼びます。著作物を利用するうえでの一般的な権利処理のプロセスを以下に示します。

【著作物を利用するうえでの権利処理のプロセス】
① 利用したいものは、そもそも「著作物」といえるのか？　その利用は著作権が及ぶ範囲か？
　　↓　はい
② 著作物は保護期間内のものか？
　　↓　はい

③ 権利制限規定によって自由に利用することができる場合か？

  ↓ いいえ

④ **適法に利用するためには、権利処理として、利用許諾または権利譲渡を行う必要がある**

---

　**「利用許諾」とは、著作権者から著作物を利用しても問題ない旨の許諾をもらうことをいい、後日の認識違いを防止する観点から、ライセンス契約を書面で締結するのが一般的**です。ライセンス契約の中では、許諾の対象物、許諾の範囲、許諾の期間、許諾の対価の金額、禁止事項、許諾が独占的か非独占的か等について、規定を設けます。

　また、著作権者から著作権自体を譲ってもらい、利用者が著作権者となって利用することも可能です。このように著作権者から著作権を譲り受けることを著作権の「権利譲渡」といいます。権利譲渡を行う場合には、著作権の譲渡契約を締結します。権利譲渡の契約をする際の注意点として、翻訳権や翻案権といった著作権法27条に規定される権利、28条に規定される二次的著作物の利用に関する権利は、契約書に明記しない場合、権利譲渡の対象ではないとされてしまうため（61条2項）、契約書の文言には、「甲は、乙に対して、著作権（著作権法27条及び28条に規定する権利を含む）を譲渡する」といった書き方をする必要があります。

## 権利侵害をしないための組織作り

　最後に、権利侵害を予防するための取り組みについて見ていきましょう。

　DeNAは、2017年に自社のキュレーションメディア事業での不祥事について、第三者委員会による調査報告書を発表し、DeNAグループが運営する10サイトで記事の一部に著作権侵害等の可能性があると指摘され、最大74万7643件の画像で複製権侵害の疑いがある報告を行っています。

　この報告書の中で、その原因と再発防止策として、以下の点が指摘さ

れています。これらの指摘は、コンテンツを大量に制作する企業だけでなく、あらゆるスタートアップに参考になるでしょう。第三者委員会の報告書についてはホームページに掲載されていますので、チェックしてみてください。**コンテンツを日常的に創作する企業においては、著作権や権利処理に関する社内研修の実施と社内対応マニュアルの策定、第三者の権利を侵害することがないように周知徹底をすることが重要**となってきます。

---

**■原因・背景分析**

① iemo社及びペロリ社の買収によりキュレーション事業へと新規参入する段階で、同事業に関する分析・議論が尽くされず、**事業リスクが適切に把握されなかったこと**。

② iemo社及びペロリ社の買収後、キュレーション事業を開始する局面において、**同事業の潜在的なリスクに対する予防策が十分に講じられなかったこと**。

③ キュレーション事業を拡大していく過程においても、同事業の**リスクに対するチェックや手当てが十分ではなかった**ために、リスクの顕在化を招くとともに問題の早期発見が遅れたこと。

④ キュレーション事業においては事業運営に対する「自己修正」を妨げる要因が複数存在していたこと。

**■再発防止策**

① DeNAが目指すべき企業としてのあり方を正しく認識し直すこと～**「永久ベンチャー」は免罪符ではない**

② 事業のあり方について再検討すべきこと～**数値偏重から公正な稼ぎ方へ**

③ 事業参入後の必要十分なチェックやふり返りを継続していく体制とプロセスを検討すべきこと～経営判断・事業運営における**全社的なリスク感覚の醸成**

④ キュレーション事業に関して、適切な再検討を行うこと～社会から広く受け入れられるキュレーション事業に向けて

出典：DeNA ホームページ「第三者委員会調査報告書の受領及び今後の対応方針について」https://dena.com/jp/press/3323から抜粋して引用。太字は筆者加工

＊　＊　＊

　最後に、ここまでの知的財産権に関する解説の総括として、スタートアップが知的財産権に関して押さえておくべき重要な権利の比較表とチェックリストを作成しましたので、参考にしてください。

**【知的財産権の権利比較表】**

| | 特許権 | 商標権 | 意匠権 | 著作権 |
|---|---|---|---|---|
| 保護の対象 | 発明 | ブランド | 物品、画像等のデザイン | 創作的な表現物 |
| 権利の効力 | 独占（差止請求、損害賠償請求可能） | 独占（差止請求、損害賠償請求可能） | 独占（差止請求、損害賠償請求可能） | 独占（差止請求、損害賠償請求可能） |
| 保護期間 | 出願日から20年（更新NG） | 登録日から10年（更新可能） | 出願日から25年（更新NG） | 法人の場合、公表後70年 |
| 権利の取得方法 | 特許出願（登録制） | 商標出願（登録制） | 意匠出願（登録制） | 創作（登録不要） |
| 権利取得時の注意点 | ・プロダクトローンチ前に出願が必要<br>・出願後、1年半後には公開される | ローンチ前に出願が望ましい（ローンチ後でも権利化可能） | ローンチ前に出願が必要 | |

| 取得に必要な費用（代理人報酬を除く）※2018年時点 | • 出願時：<br>1.4万円<br>• 審査請求：<br>1件17万円<br>（請求項の数が8つの場合）<br>• 登録時：<br>6700円<br>（請求項の数が8つの場合で、3年間権利保持の場合） | • 出願時：<br>3400円＋<br>（8600円×区分数）<br>• 登録時：<br>10年分で3.29万円×区分数 | • 出願時：<br>1.6万円<br>• 権利登録：<br>1〜3年目は年あたり8500円、<br>4〜20年目は年あたり1.69万円 | |
|---|---|---|---|---|
| 出願から査定までの平均期間※2018年時点 | 審査請求から約14.1か月<br>• 早期審査を使えば平均約5.1か月<br>• スーパー早期審査を使えば平均約2.5か月 | 出願から平均9.3か月 | 出願から平均7か月 | |
| 権利侵害の確認方法 | 「特許情報プラットフォームJ-PlatPat」 | 「特許情報プラットフォームJ-PlatPat」 | 「特許情報プラットフォームJ-PlatPat」 | デザイナーやライター等が依拠して模倣していないか確認が必要 |

**【ビジネス上の知的財産権に関するチェックリスト】**

| ビジネス場面 | 対応事項 |
|---|---|
| 会社名、サービス・プロダクト名の決定 | ①「特許情報プラットフォーム J-PlatPat」で他社の**商標権**を侵害していないかチェック<br><br>• 同一または類似の名称でも、他社の登録商標の「指定商品・指定役務」と同一または類似の商品・役務でなければ、利用OK<br><br>②問題ない場合、文字商標として**商標登録**を推進<br><br>• 一般用語となっている文字については商標登録のハードルは高い |
| 会社、サービス、プロダクトのロゴの決定 | ①「特許情報プラットフォーム J-PlatPat」で他社の**商標権**を侵害していないかチェック<br><br>②問題ない場合、画像商標として**商標登録**を推進<br><br>• 文字商標として取得できる場合には、画像商標までは不要なケースも<br><br>③他社の著作物に依拠し、その創作的な表現と同一または類似の表現を取っていないか、制作プロセスをチェック（**著作権侵害の確認**） |
| プロダクト開発、機能開発 | ①「特許情報プラットフォーム J-PlatPat」で他社の**特許権**を侵害していないかチェック。専門性が高い領域のため、専門領域の弁理士への依頼が必要<br><br>②問題ない場合、**特許出願について検討** |

| | |
|---|---|
| | ● サービスローンチ前に出願することが必須<br>● 出願後、1年間は出願内容の改良はOK（当初の明細書の変更は不可な点に注意）<br>● 出願すると1年半後に公開される<br>③知財戦略の策定。特許出願の方針に関して、自社のビジネス領域に詳しい弁理士との定例会議の実施 |
| プロダクトのデザイン、UIの制作 | ①「特許情報プラットフォームJ-PlatPat」で他社の**意匠権**を侵害していないかチェック。専門性が高い領域のため、専門領域の弁理士への依頼が必要<br>②問題ない場合、**意匠権取得について検討**<br>③他社の著作物に依拠し、その創作的な表現と同一または類似の表現を取っていないか、制作プロセスをチェック（**著作権侵害の確認**） |
| オウンドメディアの制作、記事制作、マーケティング上のクリエイティブの制作 | 他社の著作物に依拠し、その創作的な表現と同一または類似の表現を取っていないか、制作プロセスをチェック（**著作権侵害の確認**）<br>※知財領域ではないが、景表法や薬機法のチェックも重要 |
| 競合他社の開発、機能リリースの情報の確認 | 自社が保有する**知的財産権を侵害**していないかチェック<br>侵害していると考えられる場合には、弁護士に相談して対応を協議<br>● 経緯、事実関係の確認、証拠保全<br>● 理論武装、対応協議 |

| 社内の従業員向けの対応事項 | 機密情報の取扱いルールや従業員向けの就業規則、NDA等を確認 |
| --- | --- |
| | セキュリティポリシーの策定 |
| | 機密情報取扱規程の制定 |
| | 職務発明規程の制定（従業員の発明について会社が特許を取得した場合、従業員には相当の利益の手当てを行うこと等）　等 |
| 社外の業務委託向けの対応事項 | 業務委託契約書上、知的財産権の帰属について取り決める（通常、業務委託料の支払の対価として一切の知的財産権は会社側に帰属させる） |
| | ● 著作権を譲渡する場合、著作権法27条、28条の権利も移転する旨の他、著作者人格権の不行使について明記 |
| | ソースコード等、社内の機密情報へのアクセス等のセキュリティポリシーの策定 |
| | ※知財領域ではないが、下請法上の対応も重要 |

**まとめ**

● 創作的な表現物が「著作物」と認められる場合、著作権法上、その著作物を創作した人（著作者）には、「著作権」と「著作者人格権」という大きく分けて2つの権利が発生。著作権は複製権や譲渡権等のさまざまな権利から構成されており「権利の束」といわれる。保護の対象となる「著作物」とは「思想または感情を創作的に表現したものであって、文芸、学術、美術または音楽の範囲に属するもの」をいい、データ、歴史的事実、実用的な一部のデザインを除いて、その人なりの個性が表現されている表現物（た

だし、アイデアそのものとはいえないこと）であれば、「著作物」に該当する。著作権者は権利侵害者に対して損害賠償請求や差止請求をすることができる。

- 著作権以外の権利については、権利を取得するためには、特許庁へ権利取得の申請を行い、事前登録を受ける必要があるが（方式主義）、著作権の場合、このような手続は一切必要なく、著作物の創作を行えば、創作時点から著作権という権利が発生する（無方式主義）。

- 自社のプロダクト、コンテンツ、メディア作りに当たって、第三者が保有する著作権を侵害しないよう留意し、第三者が著作権を保有する著作物を利用する場合には、権利制限規定の範囲内での利用にとどめたり、直接利用許諾を得る等の権利処理を行ったりす必要がある。

- コンテンツを日常的に創作する企業においては、著作権や権利処理に関する社内研修の実施と社内対応マニュアルの策定、第三者の権利を侵害することがないように周知徹底をすることが重要。

**チェックリスト**

☐著作物、著作権の基本的な理解をしたうえで自社の事業オペレーションでどのような著作物が発生しているのか特定、把握できている。

☐自社が保有する著作物は競争優位性の源泉になると心得て、著作権侵害に対応できる準備をしている。

☐自社事業で第三者の著作物を利用する場面において、権利処理のオペレーションを整え、必要な社内マニュアルや社内教育を実施している。

第 6 章

# 労務

# シード・アーリー期の労務管理（採用）

わたしはその会社に、すべてを賭けていた。

有名国立大学をトップに近い成績で卒業したわたし。有名学生団体の代表も務めていた実績もあり、就活では引く手あまた。外資系コンサルティングファームから日系大手企業まで、多くの有名企業の内定を勝ち得た──でも、就職したのは無名のHRスタートアップだった。

たまたま学生時代にインターンしていた会社で、社長と意気投合。学生ながらに他の社員と変わらぬ業務を任せてもらえ、飛び抜けた成果を出していた。就活も応援してくれていたが、内定先の中からどこを選ぶか決めかねていたわたしに「うちの取締役にならないか」と声をかけてくれたのだ。

そうしてわたしは、有名企業の内定をすべて蹴って、無名のHRスタートアップの取締役として社会人生活をスタートした。3年間、寝食を忘れる勢いで働き、会社は気づけば数人規模から100人近くにまでなっていた。

＊　＊　＊

しかし同時に、社長との方向性のズレも顕在化していった。まずはやってみて、それから対応策を考えるタイプの社長と、慎重派のわたし。当初はその攻守のバランスがいい化学反応を起こしていたのだが、次第にそれは亀裂となっていき、社内派閥のようなものまでできてしまった。

ある日、決定的な方針の違いから、怒鳴り合いの喧嘩をした社長とわたし。ついに堪忍袋の緒が切れて、辞職を決意した。

でも、会社を辞めたとはいえ、わたしの得意領域や人脈は、この会社を基盤としている。自分のやりたいことを実現するため、自分でHRス

タートアップを立ち上げ、前職の従業員でわたしの派閥に属していた人たちを、1人ひとり口説いて連れてきた。

　立ち上げたばかりのスタートアップで、やることはてんこ盛りだったので、雇用契約書や就業規則も整備していなかったが、前職の社長の方針に不満を持っていたメンバーが続々とついてきてくれた。もちろん渋った人もいたが、「こんな会社残っていたって、絶対に先はありませんよ！」「あの社長ヤバい連中と付き合っていること、知ってますか？」とそれなりに脚色して脅すと、みんなついてきてくれた。

　それでも人手が足りなかったので、学生インターンも大量募集。給料は出す余裕がなかったが、社会経験を積ませてあげるのでおあいこだ。大丈夫、みんなこうしている。さらには、自社プロダクトの開発にも着手したかったが、まだアイデア段階でうまくいくかわからない。最悪、撤退するときに人件費を調整できるよう、業務委託名目でエンジニアを

たくさん抱えることにした。報酬支払は頻繁に遅れたが、業務委託ゆえに替えがきくから、問題ないだろう。

＊　＊　＊

　その半年後。わたしは誰もいない、だだっ広い真夜中のオフィスの窓から、1人空を見つめていた。

　なんと、前職とまったく同じ事態が起こったのだ。中心メンバーに、仕事はとてもできるけれど、わたしと少し考え方が合わない人がいた。でも、とにかく人手不足だったので、わたしはなんとか我慢して、対立しながらも会社をまわしていたのだが、ある日彼が退職したのだ——それも、彼と親しかった主要メンバー数人を引き連れて。

　しかも彼は、ほぼ競合となる、別のHRスタートアップを立ち上げた。完全に、わたしが前職の社長に対してした仕打ちと同じだ。まさか、自分が同じように裏切られるなんて想定していなかったわたしは、何も打つ手がなく彼らをただ眺めていることしかできなかった。

　さらに悪いことは続いた。会社の先行きが不透明になったのと同時に、実質上のタダ働きをさせていた元インターン生や、報酬の支払いを後回しにしていた業務委託エンジニアから、未払い賃金の請求を受けることに。とはいえ、そのすべてをすぐに支払うキャッシュの余裕はない。
「どうしてこうなってしまったのか」——わたしは深夜のオフィスで、1人絶望していた。

# 1 | 引き抜きの方法には要注意

　スタートアップにとって、もっとも大きな課題の1つは人材採用です。会社を立ち上げたばかりのタイミングであれば創業者があらゆる業務を1人で引き受けることも可能ですが、会社の成長や事業の進捗とともに、創業者だけで開発、営業、販売、管理とすべてのタスクを進めていくのは困難となり、徐々に創業者以外の会社に関わる人材の確保を考えはじめることになります。しかし、創業して間もない会社の場合、資金も信用も十分でないため、募集をかけたからといって創業者が求める人材や優秀な人材が応募してくることは期待できません。

　そのような背景もあり、創業間もないスタートアップにおいては、まずは創業者の昔からの友人知人に声をかけるケースも少なくありません。特に創業者が以前に勤務していた会社の元同僚などに声をかけるケースがよく見られますが、このようなケースにおいては、違法な引き抜きを行わないように気をつける必要があります。

　もちろん「もしよかったらうちの会社で働いてみませんか？」と声をかけるだけで違法となることはありません。しかし、このように遠慮しながら勧誘してもなかなか首を縦に振ってもらえることはないので、多少強引な誘い文句を使うことはよくありますし、なかにはついつい過激な手法を用いて勧誘してしまっているケースがあります。たとえば、そのような事実や根拠が存在しないにもかかわらず「この会社はもうすぐ倒産するから今のうちに退職したほうがよい」などと虚偽の事実を伝えて強引に転職を迫るようなケースでは、社会的相当性を逸脱した引き抜き行為として違法と判断される可能性があります。

　そのほかにも、創業者が以前に勤務していた会社との関係性が悪くなって退職しているようなケースでは、その会社への嫌がらせも兼ねて大量の従業員が同時期に一斉に退職するように誘導することがあり、このような場合にも引き抜き行為は違法と判断される可能性があります。

「創業2」でも説明したとおり労働者には職業選択の自由（憲法22条1項）が保障されており、転職の自由がありますので、引き抜き＝直ちに違法となるわけではありませんが、**①引き抜かれた者の地位、②引き抜かれた者の数、③引き抜かれたことによる会社への影響、④引き抜きの態様などを考慮した結果、社会的相当性を逸脱した違法な引き抜き行為と判断される可能性はありますので、注意**してください。

　なお、違法な引き抜きがあったと疑われるようなケースでは、人材を引き抜かれた会社から引き抜き行為を中止するように警告状を受領したり、訴訟を提起され損害賠償を請求されたりすることがあります。創業間もないスタートアップがわざわざこのようなリスクを負うのは避けるべきであり、他社に勤務する第三者に引き抜き目的で声をかけるときには、その方法について配慮するようにしてください[1]。

## 2 ｜ 「労働条件通知書」「雇用契約書」「就業規則」は雇用の3点セット

　会社は従業員（労働者）の採用時に労働契約を締結します。そして、**労働契約の締結に際しては、労働者に対して労働条件を明示**しなければなりません（労働基準法15条1項）。具体的には、労働者にとって非常に重要な労働条件である、賃金、労働時間、労働契約の期間、就業場所、始業・終業の時刻、所定労働時間を超える労働の有無、休憩時間、休日、賃金の決定、計算及び支払の方法、賃金の締日・支払時期、退職に関する事項などを労働条件通知書などによって明示することになります[2,3]。

　なお、明示する際の手段は原則として書面の交付が求められますが、労働者が希望すれば電子メール等による送信も認められます（労働基準法施行規則5条）。そして、この労働条件明示義務に違反した場合には、

---

1　なお、人材獲得の手段として、社員紹介制度を導入することもありますが、紹介してくれた従業員に対して賃金とは異なる性質の報酬を支払う場合、職業安定法40条に違反してしまうことがあるので制度設計する際には注意してください。

30万円以下の罰金に処される可能性がある（労働基準法120条１号）ほか、労働者から労働契約を即時解除される可能性もあります（労働基準法15条２項）。また、あらかじめ提示した労働条件と実際の労働条件が異なる場合には、会社・労働者間で紛争（賃金支払や損害賠償が求められる）が生じることもあります。

労働条件明示義務違反が独立して問題となるケースは少ないものの、まずは採用時にこのような義務を負うことは覚えておいてください[4]。

## 「労働条件通知書」と「雇用契約書」はどう違う？

さて、ここでよく質問される内容を紹介します。それは「労働条件通知書」と「雇用契約書」の違いについてです。

まず、大前提として、労働条件通知書などを通じて労働者に対して労働条件を明示することが労働基準法によって義務付けられているのとは異なり、労働基準法やその他の法律上、会社と労働者との間で雇用契約書を作成し締結することは義務付けられていません。したがって、雇用契約書を作成せず口頭による合意のみで労働契約を締結することは可能ではありますが、会社と労働者の双方がその内容に合意したことを証拠として残すために**雇用契約書を作成するほうが望ましい**といえます。

これに対して、労働条件通知書は一方的に会社が労働者に対して労働条件を示すための書面であるため、雇用契約書とは別の書面として用意

---

2　厚生労働省が労働条件通知書のひな形を公表しているので参考にしてください。
https://www.mhlw.go.jp/stf/seisakunitsuite/bunya/koyou_roudou/roudoukijun/roudoukijunkankei.html
3　細かな話ですが、パートタイマー（１週間の所定労働時間が同一の事業所に雇用される通常の労働者の１週間の所定労働時間に比べて短い労働者）については、本文記載事項以外の内容（昇給・賞与の有無など）についても労働条件の明示が求められています。労働者については、パート、アルバイト、嘱託、契約社員などさまざまな名称が使用されることがありますが、それが実態としてどのような契約形態を指しているのか不明瞭なケースもあり、適切な労務管理が行われていないことも多いので気をつけてください。
4　なお、2024年４月１日から、改正労働基準法施行規則が施行され、労働条件明示義務の内容が変更されます。たとえば、労働条件として、就業場所や業務の変更の範囲についても明示が求められるようになります。

することができます。もっとも、雇用契約書を労働者に示すことによって労働条件明示義務を果たすこともできるため、実務上は**「労働条件通知書兼雇用契約書」というタイトルの書面を作成して利用する会社も多い**です。

　さらに、**労働条件の明示は就業規則[5]によって行うことも可能**です。労働条件に関する細かなルールについて、労働条件通知書にすべてを細かく記載して労働者に明示するのは現実的ではなく、就業規則に細かな内容を定めておいた上で、労働条件通知書には「詳細は就業規則第○条参照」と記載することもよくあります。

## 「就業規則」についての注意点

　それでは、就業規則については、会社の判断で会社が望む時期にその内容面も自由に作成してよいのでしょうか。結論から述べますと、従業員の規模が一定の基準を超える場合、使用者は就業規則を作成しなければなりません。具体的には、**使用者は、常時使用する労働者が10人以上の場合、一定の事項について就業規則を作成し[6]、労働者の意見を聴いた上で、労働基準監督署に届け出なければなりません**（労働基準法89条、90条）[7]。

---

**5**　就業規則とは、労働者が遵守すべき服務規律や労働条件の細目を定めた規則の総称であり、就業規則という名称ではなくてもこのような性質を有するものは就業規則に該当します。なお、就業規則にしても雇用契約にしても、労働基準法で定める内容に違反する内容は、その部分について無効となり、無効となった部分については労働基準法で定める基準によることになります。また、就業規則で定める基準に達しない労働条件を定める労働契約は、その部分について無効となり、無効となった部分は、就業規則で定める基準によることになります。

**6**　厚生労働省が就業規則のひな形を公表しているので参考にしてください。
https://www.mhlw.go.jp/stf/seisakunitsuite/bunya/koyou_roudou/roudoukijun/zigyonushi/model/index.html

**7**　なお、労働者が10人以上にならなければ就業規則を作成する意味がないわけではなく、労働者が10人未満であっても、就業規則を通じて労働条件を一元的にコントロールすることが可能となるため、従業員を雇用するのであれば就業規則を作成するのが望ましいですし、実際に早い段階から就業規則を整備する会社も多く存在します。

なお、ここでいう「労働者」には、正社員だけでなく、契約社員[8]やパートタイマーも含まれる一方で派遣社員[9]は含まれないことや、一時的に退職者が出て10人を下回っている場合でも**常態として10人以上雇用している場合には、就業規則を作成する必要があるので注意**してください。就業規則には、絶対に定めることが必要となる「絶対的必要記載事項」と、制度があるのであれば就業規則への記載が必要となる「相対的必要記載事項」があります。

　絶対的必要記載事項には、始業・終業の時刻、休憩時間、休日、賃金の決定、計算及び支払の方法、賃金の締日・支払時期、退職に関する事項などを記載しなければならず、すでに説明したとおり、労働条件通知書の記載事項と重複しているところがあります。そして、このようなプロセスを経て作成した就業規則を労働者との間の労働条件とするためには、就業規則の周知（電子的データとして記録して従業員がパソコンなどでいつでも確認できるようにしておけば問題ありません）が必要となります[10]。

　このように、従業員の採用に際しては、労働条件通知書、雇用契約書を作成し（上記のとおり労働条件通知書兼雇用契約書とすることで1つの書面で兼ねることができます）、会社の規模に応じて就業規則なども準備することになりますが、特に就業規則については、定めるべき内容の量が多く、また、細かい内容も含まれているため、会社によるチェックが行き届かず、外部の専門家にその作成を丸投げしてしまうことも多

---

8　労働契約にあらかじめ雇用期間が定められており、契約期間の満了によって労働契約は自動的に終了する労働者を意味します。

9　人材派遣会社（派遣元）との間で労働契約を結んだ上で、派遣元が労働者派遣契約を結んでいる会社（派遣先）に派遣する労働者を意味します。

10　就業規則を変更することも可能です。もっとも、就業規則を変更することで労働条件を労働者にとって不利な内容に変更する場合、原則として労働者との合意が必要となります。例外的に変更内容（不利益の程度、変更の必要性、変更後の就業規則の内容の相当性）や変更のプロセス等に照らして合理性が認められる場合には、会社が労働者の合意を得ずに一方的に就業規則を変更することもできますが、その有効性については厳格に判断されることになるため、可能な限り労働者の合意を得るようにしてください。

いです。

　しかし、会社のことを十分に理解していない弁護士や社会保険労務士に適当に依頼した結果、他社で使用したひな形がほぼそのまま流用され、会社の実情とかけ離れた内容の就業規則が作成されてしまうこともあるため注意してください。また、就業規則を一度作成したあとも、定期的にメンテナンスを実施して、会社の実態や運用との間に矛盾が生じていないか、チェックするようにしてください。

## 3　業務委託やインターンシップの名を借りた雇用

### 「業務委託契約」や「請負契約」は後から「雇用」と判断されてしまうことも

#### ■ 起業家が持つバイアスを自覚する

　スタートアップでは、業務委託契約や請負契約を利用して人材を確保することがよくあります。その背景には、可能な限り雇用契約の締結を避けたいという経営者の狙いがあります。なぜなら、日本では、「労働者」として労働基準法や労働契約法が適用される者が企業内に発生すると、「使用者」である企業側にとってはさまざまな制約が発生するからです。会社と労働者との間には情報量や交渉力に大きな格差があるため、さまざまな場面で労働者が保護され、その結果、会社には従業員に対する義務や制限が発生するのです。たとえば、時間外労働に対して割増賃金（残業代）を支払わなければならなかったり、解雇権が大きく制限されたり、労災保険への加入義務が発生したりします。

　会社や事業の成長に100％の力を注いでいるスタートアップの経営者からすると、深夜休日を問わず24時間365日会社のためにベストを尽くし続けることが当たり前の感覚になっているため、それを会社に関与する他の者に対しても求める傾向があります。おのずと多く働いた人に対

してきちんと残業代を支払うといった発想には馴染みづらく、また、期待するパフォーマンスが出せなければ次の人にその役割を交代させることで組織の流動性を高める方向にバイアスがかかります。

このような会社にとっては、雇用契約を締結して労働者を雇うのはメリットよりもデメリットのほうが大きくなるため、業務委託や請負を活用して会社にとって必要な業務を遂行させる手法がとられることになります。

しかし、これは「業務委託契約」や「請負契約」という名称の契約であれば労働基準法や労働契約法が適用されないといった単純な問題ではありません[11]。「うちは業務委託のメンバーしかいないので雇用はしていません」という説明をスタートアップの経営者から受けることはよくありますが、その実態は極めて雇用に近いということがよくあります。

### ■ 「雇用」と判断される基準を理解しておく

では、雇用に該当するか否かについてはどのように判断すればよいのでしょうか。雇用契約を締結する「労働者」について、労働基準法では「職業の種類を問わず、事業又は事務所に使用される者で、賃金を支払われる者をいう」と定められており（労働基準法9条）、労働契約法では「労働契約は、労働者が使用者に使用されて労働し、使用者がこれに対して賃金を支払うことについて、労働者及び使用者が合意することによって成立する」と定められています（労働契約法6条）。

この2つの条文からは、使用の有無と賃金の支払の有無が労働基準法や労働契約法が適用される労働者性を認定する重要なポイントとなることがわかります。そして、実務上は、この2つのポイントをあわせて**「使用従属性」**と呼び、①仕事の依頼、業務従事の指示等に対する諾否の自

---

11　なお、2023年4月にいわゆるフリーランス新法が成立し、遅くとも2024年秋ごろには施行される予定です。この法律によって、いわゆるフリーランスについて、下請法における下請事業者と同様の保護や労働者と類似する保護が一定の範囲において与えられることになりました。

由の有無、②業務遂行上の指揮監督の有無、③時間的・場所的拘束性の有無、④代替性の有無、⑤報酬の算定方法等を使用従属性（労働者性）について判断するための主要な判断要素としています[12]。

　たとえば、依頼された業務を拒否することができず（①）、当該業務を進めるにあたって細かく指示を受け（②）、勤務時間も決められており（③）、本人が自ら業務を遂行することが当然の前提とされており（④）、報酬が勤務時間に応じて決定され欠勤した場合にはその分が控除されることになっている場合には（⑤）、労働者性が認められることになります。

　脱法的な意図はなかったとしても、業務委託先や請負先との間でこのような関係性が認められる場合、業務委託契約や請負契約という名称の契約を締結していたとしても、実態としては雇用と評価され、実際の稼働時間に応じて未払残業代の支払いを事後的に求められることもありますので、十分に気をつけてください。

　特に、**①仕事の依頼、業務従事の指示等に対する諾否の自由の有無と、②業務遂行上の指揮監督の有無については、依頼者側の立場からすればそのコントロールを強めたくなりがちですが、雇用と評価されるリスクと表裏の関係にある**ことは覚えておいてください[13]。

## インターンシップにも未払残業代などのリスクがある

　さらに、以前からよく見られる手法として、インターンシップとして学生に対して募集をかけるケースがあります。もちろんインターンシップ自体は違法なものではなく、企業からしても早期に優秀な学生との接点を持つことができる点で非常に有用な制度です。

　**インターンシップは、企業体験や企業見学といった趣旨のものであれ**

---

**12**　さらに、判断が困難なケースでは、⑥機械・器具の負担関係、⑦報酬の額、⑧専属性等も総合的に考慮した上で、労働者性の有無を判断することになります。

**13**　なお、最近は、副業・兼業をするために、労働者から業務委託契約の締結を希望されるケースも現れてきていますが、そのような場合であっても実態として雇用と評価されることは十分にありえますので注意してください。

**ば**インターンの方は労働者には該当しませんし、無給でも問題ありません**。問題となるのは、企業体験や企業見学といって募集をかけておきながら、実態としては応募したインターンを軽作業や事務作業を行わせるための人員として利用し、交通費程度の支払いや最低賃金を下回るような安い日当のみを支払うケースです。**インターンについても上記と同様に労働者性が認定されれば、未払残業代の支払を求められるリスクがありますので十分に注意する必要**があります。

　特にインターンシップは、会社側も学生のために善意で行っている取り組みであると自分自身を錯覚させてしまうことがあり、問題が大きくなってから炎上してしまうケースもあるので、安易な制度設計を採用することがないように注意してください。

# 4 ┃ 競業避止義務

## 初期から人材流出時のリスクヘッジを

　スタートアップでは人材の流動性が非常に高く、短期間で創業メンバーの一部を含めてメンバーのほとんどが入れ替わるといったことも珍しくありません[14]。しかし、特に初期的なフェーズのスタートアップにおいては、会社を退職する者についてその後のリスクヘッジを考えて十分な手当が行われているケースは少ないのが実情です。

　ここで思い出していただきたいのが「創業2」でも触れた競業避止義務です。「創業2」では、起業家が起業するタイミングで、以前に勤務していた会社との関係で、守秘義務違反や競業避止義務違反、不正競争防止法に違反するリスクがあることを説明しました。設例では起業家の

---

14　キーパーソンに離職されるのを防ぐために、リテンションプランとして、ストックオプションや業績連動型の報酬制度を導入することも多いです。

立場が逆転して元従業員から同じことを起こされるリスクを抱えていることを取り上げています。

　つまり退職者が会社の情報を利用したり、会社と競合する新たな企業を立ち上げたりする可能性があるということです。そのリスクの大きさは会社の事業の進捗や退職者のポジションにも左右されるところではありますが、**雇用契約書や就業規則に秘密保持義務[15]や競業避止義務[16]に関する記載をし、役職員が退職する際には改めて誓約書を取得することをおすすめします**。

**まとめ**

- 労働者には職業選択の自由が保障されており、転職の自由があるため、他社の役職員に対する引き抜きが直ちに違法となるわけではないが、①引き抜かれた者の地位、②引き抜かれた者の数、③引き抜かれたことによる会社への影響、④引き抜きの態様などを考慮した結果、社会的相当性を逸脱した違法な引き抜き行為と判断される可能性がある。
- 使用者は労働者の採用時に労働契約を締結するとともに、労働契約の締結に際しては、労働者に対して賃金や労働時間などの労働条件を明示する必要があるため、実務上は、労働条件通知書兼雇用契約書を用いることが多い。
- 使用者は、常時使用する労働者が10人以上の場合、一定の事項について就業規則を作成し、労働者の意見を聴いた上で、労働基準監督署に届け出て、労働者に就業規則を周知しなければならない。
- 使用者は、労働者を雇用することで、労働基準法や労働契約法に

---

**15** 秘密保持義務の範囲が不明瞭であったり、合理的な範囲に限定されていない場合には、秘密保持義務が有効に認められないリスクがあるので、秘密保持の対象とすべき会社にとって重要性の高い情報を具体的に列挙するなどして、その範囲を明確にすることも考えられます。

**16** 「創業2」でも触れたとおり、合理的な範囲を超える競業避止義務は無効と判断されるリスクがあるので注意してください。

従い、さまざまな義務や制約を負うことになる。契約上は業務委託や請負の形式を採用していたとしても実態に照らして使用従属性があれば労働基準法や労働契約法が適用される労働者と認められる可能性がある。

- 自社からの人材流出に備えて、雇用契約書や就業規則に秘密保持義務や競業避止義務に関する記載をし、役職員が退職する際には誓約書を取得することが有用である。

**チェックリスト**

□他社の役職員を採用目的で勧誘する際に違法な引き抜きと評価されないようにするためのポイントを理解した。

□使用者は労働者に対する労働条件明示義務を負っていること、労働条件通知書兼雇用契約書を用いてこの義務を果たすことができることについて理解した。

□使用者が就業規則の作成義務を負う要件、就業規則の内容、作成プロセスの概要について理解した。

□労働者性の有無に関する判断要素を理解した。

□人材流出に備えた対応策について理解した。

# ミドル期の労務管理（労務管理）

　自分で言うのも何だけれど、僕は「超」がつくほど体育会系の価値観の中で生きてきた自覚がある。

　物心がついた頃には、野球好きだった父に、スパルタで野球の指導を受けはじめる。そのままリトルリーグに入り、シニアリーグ、高校野球と、野球だけにすべてを捧げてきた。甲子園にはギリギリのところでいけなかったものの、大学もスポーツ推薦で名門校に。引き続き野球漬けの毎日を送った。

　しかし、大学野球の引退が近づいた頃、人生に悩むようになった。残念ながら、プロに行けるほどの実力と実績はない。もし野球を続けたいなら、社会人野球チームに入ることになるが、その先にプロになれる可能性は、正直あまり高くないと思う。このまま野球の夢を追い続けていたら、どこかで路頭に迷ってしまうのではないか——。

　そう思った僕は、一般企業への就職を検討することにした。これまで本当に野球しかしてこなくて、学力や教養はほとんどなかったが、それでも有名大卒であることには変わりない。また、長い野球部生活で培ったコミュニケーション能力やガッツも評価されたようだ。コンピュータのことなんて何もわからなかったが、大手IT企業の営業職として内定が出た。

　社会人になると、持ち前のガッツと愛嬌、コミット力をふんだんに注ぎ、同期の中でも突出した営業成績を出していった。やればやるほど結果が出るのが面白く、毎日夜遅くまで残業。土日もほとんど仕事に充てていた。

　そうして5年が経った。僕は小さな事業部の事業部長を任されるまでになっていたが、たまたま映画『スティーブ・ジョブズ』を観たことが

きっかけで、「自分だけの力でどこまでやれるのか試してみたい」という気持ちに。同期にも転職したり、起業したりする人が現れはじめたのに触発され、勢いで会社を辞め、起業することにした。

とはいえ、技術力は皆無だ。得意を最大限活かすため、いわゆる営業支援のプロダクトを開発することに決めた。前職時代のエンジニアもCTOとして口説き落とし、スタートアップとしての活動をスタートした。

＊　＊　＊

出だしは順調だった。

大手IT企業のトップ営業パーソンが起業したという話は業界内で話題になり、投資の話もいくつか来るように。なかでも条件が良さそうなところから、シード投資を受けることを決めた。持ち前のガッツと営業力を武器に、使える時間はすべて会社につぎ込み、事業をグロースさせていった。

メディアの取材も増え、人もどんどん増えていった。しかし、これで安心するわけにはいかない。ビジネスモデル的には薄利多売で、とにかくたくさん売ることがキモになるプロダクト。「全員、共同創業者！」を標語に、取締役も社員も、寝食を忘れて働く気概のある人だけを採用し、労働時間の絶対量を武器に会社を伸ばしていった。社員が50人ほどになっても、勤怠管理は特に行わず、言ってしまえばけっこう適当に労働時間を管理した。スタートアップなんて、そんなものだろう。

世間では、働き方改革の波が来ている。しかし、これは逆にチャンスだと思った。みんなが労働時間を減らしている今こそ、僕らのハードな働き方は、明確な競合優位性になる。「36協定が何だ！」——そう叫びながら、とはいえ残業代を払っている体裁だけは必要なので、一律のみなし残業代制度を導入した。超過残業代の支払いは、実質的にほぼゼロだったのだけれど。でも、「死ぬほど働きたい」と思っている人しか採っていなかったし、不満はどこからも出なかった。なにせ、やればやるほど売上が伸び、アドレナリンが出るのだ。

　途中で、裁量労働制という便利なしくみがあることを知る。うちにピッタリの制度じゃないか。とにかく形だけでも、すぐに導入を決定した。また、管理監督者であれば残業代は管理しなくてよいということなので、モチベーションアップの意味も込めて、今までより一層役職の数を増やして、成果を出した人はどんどん役職を与えていった。

＊　＊　＊

　そうして気づけば、IPOが視野に入ってきた。シリーズA、シリーズBの調達も終え、そろそろ主幹事をどこの証券会社にするのかを決めるフェーズに。すべてが順調だ——そう思っていた。

　しかし、デューデリジェンスの段階で、雲行きが怪しくなってくる。「御社は固定残業代の制度を導入されていますが、きちんと基本給と区分されていますよね？」——何のことだ、まったくわからない。ポカンとする。「裁量労働制も確かに締結して届け出されていますが、誰に適用しているのですか？」——何を言っているんだ。うちは全員そうだ。新卒1年目だって事務職だって、アウトプットで評価される……そんなやり取りを繰り返すうちに、証券会社の人たちの顔が曇る。

「基本的な労務管理が、一切できていないですね。いくら事業が伸びているとはいえ、これではいまのままでは上場は無理です。はっきり言って、会社を根本から作り変える必要があると思います」

そう突きつけられた。僕は憤慨した。この人は何もわかっていない、僕らの思想を。しかし、どの証券会社も、反応は同じだった。何ということだ。「死ぬ気で働く」という僕らの武器が、アダとなっていたなんて——。

# 1 | 労働時間の管理

## 取締役とは異なる「労働者」

スタートアップにおいては創業者をはじめとしてハードワーカーのみで構成されていることがよくあります。休日や深夜を問わずメール、メッセンジャー、Slackなどでのやり取りが続くことも珍しいことではありません。

創業者からすれば、やるべきことは増え続ける一方で、人手は足りない状況が続く以上、スピードを落とすことなく成長を続けるためには、労働時間を気にしている余裕はありません。

そして、創業者は多くの場合、会社の取締役でもあるので、会社の成長のために創業者が労働時間にとらわれることなく働くことについて（創業者自身の健康を害してしまうことは会社にとって致命的なリスクではありますが）法的なリスクが生じることはありません。なぜなら取締役は「労働者」ではなく、労働基準法が適用されないからです。

「労務1」のストーリーでも「労働者」に該当するか否かが1つのポイントとなりましたが、本節でも「労働者」という概念は重要なポイントとなります。なぜなら、企業は「労働者」の労働時間を管理・把握しなければならず、それらを怠ることによりさまざまな不利益を被るからです。そして、会社の成長に伴いスタートアップにも取締役とは異なる「労働者」が徐々に増加することになりますが、労働者の労働時間を適切に管理・把握できているスタートアップは決して多くはありません。

## 労働時間を管理・把握することの意味

大前提として、企業が労働者の労働時間を管理・把握することの意味は大きく2つに分かれます。

## ■ 労働時間管理の目的① 労働者の健康や安全を守る

　1つは、当然の話ではありますが、労働者の健康や安全を守るためです。長時間労働により労働者が健康上の問題を抱えれば、企業にとっては効率性の低下にとどまらず離職による人材流出といった結果を招く可能性がありますし、労働者から損害賠償請求を受ける可能性もあります。このような問題意識から、近年、労働者の健康や安全を守るために、**企業が労働者の労働時間の状況を把握する義務が明文化**されています（労働安全衛生法66条の8の3)[17]。

　なお、労働時間の状況を把握する方法について、労働者の主観や自己申告に任せていては正確な記録を残すことができない可能性があるので、原則として[18]、客観的な方法、具体的には、タイムカードによる記録やパソコンのログインからログアウトまでの時間の記録などを取得する方法によることが求められており、その記録について3年間保存することが求められています（労働安全衛生規則52条の7の3)[19, 20]。

## ■ 労働時間管理の目的② 時間外労働の把握

　労働時間を管理・把握することのもう1つの意味として、会社の割増賃金支払義務の有無や労働時間の上限規制を逸脱していないかといったことを判断するための起点となることがあげられます。つまり、会社は時間外労働を行った労働者に対し通常の労働時間の賃金額に一定の割合

---

17　労働安全衛生法では、労働時間の状況の把握のほか、長時間労働者に対する医師による面接指導制度や産業医制度についても定められています。50人以上の労働者が存在する場合、ストレスチェックの実施や、産業医の選任、衛生委員会の設置など、会社として対処すべき事項が増えますので、会社の管理体制を強化しなければならない1つの基準として「50人」という数字は覚えておいてください。

18　例外的に一定の要件を充足した場合には自己申告によることも許容されています。

19　なお、労働時間を管理する際に、たとえば、1日単位の労働時間の記録について15分単位で記録を行い、15分に満たない端数を切り捨てた上で賃金を計算するといった処理は許されないので注意してください（ただし、1か月における時間外労働等の時間数の合計に1時間未満の端数がある場合に、30分未満の端数を切り捨て、それ以上を1時間に切り上げることは、常に労働者にとって不利益となるものではないことから許容されています）。

20　労働時間の把握方法については、厚生労働省が公表している「労働時間の適正な把握のために使用者が講ずべき措置に関するガイドライン」も参考にしてください。

を乗じた割増賃金を支払わなければならず、また、そもそも時間外労働についても無限に行わせることが許容されているわけではなく上限が定められていて、これらのルールに適法に対応するためには大前提として労働者の労働時間を管理・把握していることが必要となるわけです。

さて、それではここでいう「労働時間」とは何を意味するのでしょうか。労働時間とは「労働者が使用者の指揮命令下に置かれている時間」をいうとされており[21]、具体的には、指揮命令の有無を客観的状況に照らして判断することになります。

よくある会社側の言い分として、「会社としては残業の指示は出しておらず、従業員が勝手に残業していただけだ」という説明を聞くことがありますが、従業員が業務と関連する行為を行っていることを会社が黙認しているような場合であれば、当該業務の遂行に要した時間は「労働者が使用者の指揮命令下に置かれている時間」に該当する可能性がありますので注意が必要です。

# 2 ｜ 36協定について

## 時間外労働を行わせるには「36協定」の締結が必須

それでは、そもそも使用者である企業は労働者に対してどのような手続を経ることで時間外労働を行わせることができるのでしょうか。従業員を雇用して間もない起業家のなかには、「時間外労働に対して残業代を支払えば問題ない」「残業時間が80時間や100時間を超えると問題になるらしい」といった誤った認識や中途半端な知識しか有していないケースも多く見られます。

**労働基準法上は、労働時間は、原則として、1日8時間・1週間40時**

---

21　たとえば、通勤時間や始業前の準備時間は通常は労働時間に含まれません。

間とされています（労働基準法32条）。そして、**この原則に対する例外としていわゆる「36（サブロク）協定」を締結し**[22]、**所轄労働基準監督署長へ届出を行えば、時間外労働を行わせることができるようになります**（労働基準法36条1項）[23]。**つまり、36協定の締結・届出なく、従業員に対して時間外労働をさせれば違法**となります[24]。

## 「36協定」があっても時間外労働には上限がある

　それでは、36協定の締結・届出を行う場合、時間外労働はどの程度の範囲で認められるのでしょうか。

　まず、時間外労働の上限は原則として、月45時間以内かつ年360時間以内とされています（労働基準法36条4項）。そして、この例外として、臨時的にこの原則を超えて労働させる必要がある場合には、①時間外労働と休日労働の合計が月100時間未満であること、②時間外労働が年720時間以内であること、③時間外労働が月45時間を超えるのが年6か月以内であること、④時間外労働と休日労働の合計について、連続する直近の「2か月平均」「3か月平均」「4か月平均」「5か月平均」「6か月平均」がすべて1月当たり80時間以内であること、といった条件の範囲内で時間外労働を行わせることができます（労働基準法第36条5項・6項）。

　これらのルールに違反して時間外労働を行わせた場合には、6か月以下の懲役または30万円以下の罰金が科せられるおそれがあります。

---

22　なお、36協定は労働者の過半数を代表する者との間で書面により締結することになりますが、この従業員を代表する者を選定する方法にもルールがあり、たとえば、実質的に会社が当該従業員代表を指定しているような場合には、36協定は無効となる可能性がありますので注意してください。

23　使用者は労働者に対して毎週少なくとも1回の休日を与えなければならず（労働基準法35条1項）、休日に労働させる場合にも36協定の締結が必要となります。

24　前提として雇用契約や就業規則に時間外労働を命じることができる旨が規定されている必要があります。

# 3 | 労働時間制度のバリエーション

## 自社の働き方にあった労働時間制度を活用する

　上記のとおり、労働基準法上、労働時間は、原則として、1日8時間・1週間40時間とされており、休日は少なくとも週に1回（または4週間を通じて4日以上）与える必要があるとされています。

　しかし、一口に労働者といっても、使用者の業態や労働者が行う業務の内容やその裁量の程度によって、予想される繁忙状況や期待される働き方はさまざまであり、一括りに同じ制度を適用するのは使用者・労働者双方にとって効率が悪く合理的ではありません（使用者からすれば不要な残業代を支払うことにもつながります）。

　また、ワーク・ライフ・バランスやダイバーシティ・エクイティ＆インクルージョンを実現する上で、労働者に対して選択肢を用意できることの重要性は増しており、会社の知名度や給与、福利厚生面において大企業に劣るスタートアップが優秀な人材を獲得するためには、さまざまな労働時間制度の活用が重要になります[25]。

　以下の表に、労働基準法が定める諸制度の概要をまとめたので、本書では諸制度のイメージを把握してください[26]。

---

**25**　なお、最近は、従業員の待遇について大企業と比較して遜色ない水準・制度を設けているスタートアップも増えてきています。

**26**　なお、もともと一部のスタートアップでは、テレワークも積極的に活用されていましたが、2020年から猛威を振るった新型コロナウィルス感染症の影響もあり、多様な働き方を確保することが社会全体で求められ、現在、大企業であるかスタートアップであるかを問わず、テレワークは急速に広がりました。テレワークを実現するにあたっては、以下で紹介するフレックスタイム制の導入などが考えられます。

**【労働基準法が定める労働時間制度】**

| 名称[27] | 概要 | 留意点[28]・必要な手続 |
|---|---|---|
| 1か月単位の変形労働時間制（労働基準法32条の2） | 1か月以内の一定期間を平均して1週間あたりの労働時間が40時間以内となるように定めたときは、特定の週において1週間の法定労働時間を超えて、または特定の日の1日の労働時間を超えて労働させることが可能となる制度 | ・所定の事項[29]について、労働者の過半数を代表する者との間で労使協定を締結するか、就業規則に定めること<br>・労使協定による場合は、所轄労働基準監督署長に届け出ていること<br>・労使協定による場合は、就業規則にも同様の規定が定められていること |

---

27　ここに掲載されている制度以外にも、1週間単位の変形労働時間制（労働基準法32条の5）がありますが、規模が30人未満の小売業、旅館、料理店および飲食店の事業に限定されているため本書では割愛します。また、企画業務型裁量労働制（労働基準法38条の4）といって、企画・立案・調査・分析を内容とする職種を対象として、実際の労働時間にかかわらず、あらかじめ定められた労働時間を労働時間とみなすことができる制度がありますが、労使委員会の決議が必要となり、導入のためのハードルが高いため本書では割愛します。さらに、高度プロフェッショナル制度（労働基準法41条の2）といって、高度の専門的知識等を有し、職務の範囲が明確で一定の年収要件を満たす労働者を対象として、労働基準法に定められた労働時間、休憩、休日及び深夜の割増賃金に関する規定を適用しない制度がありますが、労使委員会の決議やその他の措置が必要となり、導入のためのハードルが高いため本書では割愛します。

28　労使協定は労働者の過半数で組織する労働組合と締結することも可能ですが、本書が想定するスタートアップにおいて労働組合が存在することは現実的ではないため、記載を省略しています。なお、各制度に共通する留意点として、労使協定や就業規則については労働者に周知されていることが必要です。

29　対象労働者の範囲、対象期間、期間中の労働日・労働時間など。

| 名称 | 概要 | 留意点・必要な手続 |
|------|------|------------------|
| １年単位の変形労働時間制（労働基準法32条の４） | １か月を超え１年以内の期間を平均して１週間あたりの労働時間が40時間以内となるように定めたときは、特定の週において１週間の法定労働時間を超えて、または特定の日の１日の労働時間を超えて労働させることが可能となる制度 | • 所定の事項[30]について、労働者の過半数を代表する者との間で労使協定を締結し、所轄労働基準監督署長に届け出ていること<br>• 就業規則にも同様の規定が定められていること |
| フレックスタイム制（労働基準法32条の３） | １日の労働時間の長さを固定的に定めず、一定期間（清算期間）の総労働時間を定めることで、労働者がその総労働時間の範囲で各労働日の始業および終業の時刻や労働時間を決定することが可能となる制度（コアタイムやフレキシブルタイムを設けることが可能） | • 就業規則において、一定範囲の労働者につき始業および終業の時刻をその労働者の決定に委ねる旨を定めていること<br>• 所定の事項[31]について、労働者の過半数を代表する者との間で労使協定を締結していること<br>• （清算期間が１か月を超える場合には）労使協定を所轄労働基準監督署長に届け出ていること |

---

30　対象労働者の範囲、対象期間、期間中の労働日・労働時間など。
31　対象労働者の範囲、清算期間、清算期間の起算日、清算期間における総労働時間など。
　コアタイム（労働者が労働しなければならない時間帯）を定めるときはその開始と終了時刻、
　フレキシブルタイム（労働者がその選択により労働することができる時間帯）に制限を設け
　るときはその開始と終了の時刻についても定めなければなりません。

| 名称 | 概要 | 留意点・必要な手続 |
|---|---|---|
| 事業場外労働のみなし労働時間制（労働基準法38条の2） | 労働者が労働時間の全部または一部について事業場外で業務に従事し、労働時間を算定し難い場合に、所定労働時間（＝みなし時間）を労働したものとみなす制度 | <ul><li>就業規則に定められていること[32]</li><li>事業場外における業務を遂行するためには通常所定労働時間を超えて労働することが必要となる場合において、通常必要とされる時間を定めるときは、労働者の過半数を代表する者との間で労使協定を締結し、所轄労働基準監督署長に届け出ていること</li></ul> |
| 専門業務型裁量労働制（労働基準法38条の3） | 業務の性質上、業務遂行の手段や方法、時間配分等を大幅に労働者の裁量にゆだねる必要がある特定の業務について、実際の労働時間にかかわらず労使協定であらかじめ定めた時間を労働時間とみなす制度 | <ul><li>就業規則に定められていること</li><li>所定の事項[33]について、労働者の過半数を代表する者との間で労使協定を締結し、所轄労働基準監督署長に届け出ていること</li><li>対象とできる業務が、新商品や新技術の開発に関する業務、情報処理システムの分析または設計に関する業務、広告等の新たなデザインの考案に関する業務、公認会計士や弁護士の業務等に限定されていること</li></ul> |

---

32　原則として労使協定の締結は不要です。
33　対象業務、1日あたりのみなし労働時間数、健康・福祉を確保する措置など。

# 4 割増賃金の計算方法

　さて、ここまで労働時間の考え方や、労働者に時間外労働を行わせるための方法、使用者が導入できる労働時間制度について説明してきました。それでは、実際に労働者に時間外労働が発生した場合には、使用者はどのような対応を取ることになるのでしょうか。

　使用者である企業は、**労働者に時間外労働や休日労働、深夜労働をさせた場合には、通常の労働時間の賃金額に一定の割合を乗じた割増賃金を支払わなければなりません（労働基準法37条１項）。**それぞれの概要は以下のとおりです。

**【労働基準法が定める割増賃金】**

| 種類 | 支払う条件 | 割増率 |
|---|---|---|
| 時間外<br>（時間外手当・残業手当） | 法定労働時間（１日８時間・週40時間）を超えたとき | 25％以上 |
| | 時間外労働が限度時間（１か月45時間、１年間360時間等）を超えたとき | 25％以上[34] |
| | 時間外労働が１か月60時間を超えたとき | 50％以上 |
| 休日<br>（休日手当） | 法定休日（週１日）に勤務させたとき | 35％以上 |
| 深夜<br>（深夜手当） | 22時から５時までの間に勤務させたとき | 25％以上 |

出典：東京労働局「しっかりマスター労働基準法　割増賃金編」
（筆者らにより一部改変）

---

**34**　25％を超える率とするよう努めることが必要とされています。

たとえば、所定労働時間（企業が法定労働時間の範囲内で独自に定める労働時間で、就業規則や雇用契約書に記載されている始業時間から終業時間までの時間から休憩時間を引いた時間がこれに当たります）が午前10時から午後６時（休憩１時間）の企業で、午前９時から午後11時まで働いた場合、実働した13時間のうち、７時間が所定労働時間、１時間が法定時間内残業[35]、４時間が法定時間外残業（割増率25％以上）、１時間が法定時間外かつ深夜残業（割増率50％以上）となります。

　なお、ここでいう通常の労働時間の賃金額（割増賃金を算定する際のベースとなる１時間当たりの賃金）とは、たとえば、月給制を採用している場合であれば[36]、月給[37]を月における所定労働時間数（月によって所定労働時間数が異なる場合には、１年間における１か月の平均所定労働時間数）で割ることによって算出されます（労働基準法施行規則19条１項４号）。

# 5 ｜ 固定残業代制度

## 運用次第ではハイリスクな「固定残業代制度」

　上記のとおり、時間外労働が発生した場合には、割増賃金を支払わなければならず、企業は労働者の労働時間を正確に把握した上で、割増賃金を算定しなければなりません。特に管理体制が十分に整備されていない企業からすれば割増賃金の算定は面倒な事務作業となるため、一定の

---

**35**　所定労働時間が法定労働時間である８時間を下回る場合、所定労働時間は超過しているが法定労働時間内にはおさまる法定労働時間内残業が生じることになります。労働基準法上は法定労働時間内残業に対する割増率の適用はありませんが、就業規則において法定労働時間内残業に対しても割増賃金を支払う定めを設けている場合には、割増賃金を支払う必要があります。

**36**　年俸制を採用していても割増賃金は発生するので注意してください。

**37**　家族手当、通勤手当、住宅手当などは除外されます。

割増賃金の発生が継続的に見込まれるのであれば、固定の残業代を支払うことで煩雑な割増賃金の算定を避けたいというニーズが存在します。

　前提として、固定残業代を支払うこと自体は、法所定の計算による割増賃金を下回らない限りは適法となるため、実際に導入している企業も多く見られます。しかし、固定残業代制度の意味を正確に理解せずに導入した結果、後になって未払残業代を支払わなければならなくなった企業も少なくないため、導入に際しては十分に注意してください。

　まず、**固定残業代制度を導入するためには、①固定残業代が基本給や他の手当てと明確に区分されていること（明確区分性）、②固定残業代が割増賃金の対価として支払われていること（対価性）、③固定残業代が労働基準法所定の割増賃金に不足する場合において当該差額を支払う旨の合意が存在すること（差額支払合意）、が必要**となります。

　これらの要件をみたさずに、無効な固定残業代制度に基づき固定残業代に相当する金額が支払われている場合、それは時間外労働に対する残業代の支払いとはみなされないため、別途残業代を支払わなければならず、さらにその際には固定残業代に相当する金額が割増賃金を算定する際のベースとなる賃金に組み込まれるため、結果として支払われなければならない残業代の総額は固定残業代制度を設けていなかった場合に比べて増加してしまいます。

　結局、固定残業代制度とは、時間外労働が発生しなかった場合にも固定残業代を支払わなければならず、あらかじめ定めていた固定残業時間を超えた時間外労働に対しては別途割増賃金を支払わなければなりません[38]。固定残業代制度が無効と判断された場合にはさらに割増賃金が増加する、という点において、導入のメリットよりもデメリットが勝る可能性もあるため慎重な検討が必要となります。

---

[38]　このような事態を回避するためあらかじめ定める固定残業時間を多く設定しようとするケースがありますが、予定する固定残業時間があまりにも多いとその有効性自体が否定されるリスクがあるので注意が必要です。

## 高まる「未払残業代」のインパクト

　特に以前は「固定残業代さえ支払っておけば追加の残業代の支払いは発生しない」と勘違いしている起業家がそれなりに存在し、上場準備中に多額の未払残業代が発生していることが発覚したケースもあるため、安易に導入することはおすすめしません。

　なお、以前は賃金請求権に関する時効は2年とされていたため、未払残業代についても過去2年分を遡って支払えば問題ありませんでしたが、2020年4月1日から時効が3年となり、これから発生する賃金については、3年間は遡って請求されるリスクがあるため、未払残業代の発生が以前よりも企業にとって大きなインパクトを与えることになる点に注意してください（なお、今後、さらに時効期間が5年に伸長される可能性があります）[39]。

# 6 | 管理監督者

## 「名ばかり管理職」は否定される

　ここまでの説明で労働者の労働時間管理の重要性や（企業に悪意はなくとも）未払残業代が発生してしまうリスクについては理解してもらえたのではないでしょうか。ここまで説明すると企業の経営者からは「そもそも役員以外に残業代を支払わなくてもいい役職者はいないのか？」と質問を受けることがあります。

　労働基準法は、監督または管理の地位にある者（管理監督者）について、労働時間、休憩及び休日に関する規定を適用しないと定めています

---

[39] 2017年には、電通が事実上の未払残業代として約23億円を支給すると公表したほか、ヤマト運輸も約230億円の未払残業代を支給することを公表して話題となりました。

（労働基準法41条2号）。すなわち、管理監督者については、時間外手当や休日手当が発生しないということになります（管理監督者であっても深夜残業に対する手当は発生する点に注意してください）。

　企業からすれば、管理監督者に対しては時間外手当や休日手当を支給する必要がないので、できるだけ多くの従業員を管理監督者にできないものだろうかと考えたくなります。しかし、「名ばかり管理職」というフレーズを目にしたことがある方も多くいると思いますが、ここでいう「管理監督者」に実態のない管理監督者は含まれません。

　すなわち、**管理監督者とは、経営者と一体的な立場にある者をいい、その役職名によって形式的に判断されるものではなく、①職務内容の重要性、②責任と権限の範囲、③実際の勤務態様、④賃金等の処遇から総合的に判断**されることになります。

　したがって、形式的に「○○長」といった役職が付与されていたとしても、職務内容や権限がその他の一般的な従業員と特に変わらず、労働時間も厳格に管理されており、賃金等についてもその他の一般的な従業員との間に差がない場合には、管理監督者とは認められません。

　実際には、ここまで極端に管理監督者性が明確に否定されるケースは少なく、微妙な判断が求められるケースのほうが多いですが、普段から全従業員の中に占める管理監督者の割合を意識したり、職務内容や権限の有無について管理監督者にふさわしい内容を言語化するように試みたりするだけでも、管理監督者該当性の判断が曖昧なままリスクを抱えてしまうケースを減らすことができますので、定期的に上記の観点から自社の管理監督者に実態が備わっているか確認するようにしてください。

**まとめ**

- 使用者は、労働者の健康や安全を守り、また、割増賃金の支払の要否や労働時間の上限規制を逸脱していないか判断するため、労働者の労働時間を管理・把握する必要がある。

- 労働時間は、原則として、1日8時間・1週間40時間とされており、この原則に対する例外として、36協定を締結し届出を行えば、時間外労働を行わせることができるようになる。ただし、この時間外労働にも制限があり、時間外労働の上限は原則として、月45時間以内かつ年360時間以内とされている。
- 労働時間制度の例外として、1か月単位の変形労働時間制、1年単位の変形労働時間制、フレックスタイム制、事業場外労働のみなし労働時間制、専門業務型裁量労働制などが存在する。
- 使用者は、労働者に時間外労働や休日労働、深夜労働をさせた場合には、通常の労働時間の賃金額に一定の割合を乗じた割増賃金を支払わなければならない。
- 固定残業代制度を導入するためには、①明確区分性、②対価性、③差額支払合意が必要となる。無効な固定残業代制度に基づく支払いは時間外労働に対する残業代の支払いとはみなされず、別途残業代を支払わなければならないため注意が必要である。
- 労働者が、①職務内容の重要性、②責任と権限の範囲、③実際の勤務態様、④賃金等の処遇から総合的に判断して、経営者と一体的な立場にある管理監督者と認められた場合には、当該労働者に対する時間外手当や休日手当が発生しない。

チェックリスト

□労働者の労働時間を適切に管理する必要性について理解した。
□労働者に時間外労働を行わせるためのルールについて理解した。
□労働時間制度の原則形態と例外を認める諸制度の概要について理解した。
□割増賃金の計算方法について理解した。
□固定残業代制度の概要と留意点について理解した。
□管理監督者への該当性に関する判断基準について理解した。

# レイター期の労務管理
# （解雇・ハラスメント）

　ついにここまで来た——。

　大学生の頃から転売ビジネスで荒稼ぎしていた俺に、普通の企業に入って、ぬるま湯のような社会人生活を送る選択肢はなかった。「とにかくがむしゃらにビジネスがしたい」。その一心で、新卒から数社、スタートアップ企業を渡り歩く。最後の会社では取締役にまでなったが、他の経営陣の無能さに耐えきれなかった。自分で何から何までやるのが一番いいはずだと強く思い、社会人5年目の夏、独立起業を果たした。

　受託のウェブ制作で日銭を稼ぎつつ、大ホームランを狙えそうなtoCサービスのアイデアを試しまくった。たぶん、7年で100個はアイデアを試したんじゃないかと思う。社員にもとにかくフルコミットを求め、朝から晩まで、休日も正月もなく仕事に打ち込んだ。

　そうしてガムシャラに数を撃ちまくり、ようやく軌道に乗る兆しを見せたコスメサービスに行き当たる。ここぞとばかりに一気に資金調達をし、採用も強化。幸い、時代の波にも乗り、3年で若者の誰もが知っているようなサービスにまで成長した。

　シリーズCの大型調達の具体的な検討を進めていたとき、ついにIPOが視野に。主幹事も決まり、証券引受審査を通過、上場申請、上場承認と順調に上場に向けたプロセスが進んでいった。

＊　＊　＊

　しかし、そんな大事なときに、事件は起こった。上場承認後、東証への投書があり、証券会社に連絡が行った結果、内部調査が入ることになったのだ。

俺は不正なんてやってない——そう思って焦ったが、どうもそういうことではないらしい。

　自分で言うのも何だが、俺はかなりのワンマン社長だ。これまでも、数え切れない社員をクビにしてきた。たとえば数か月前、事業のアクセルを踏むときに、「もっと慎重に事業を進めるべきだ」と進言したヤツを、幹部にもかかわらずその瞬間に能力不足を理由として解雇した。社内はざわついたが、「これが俺のやり方。ついてこられないなら辞めてくれてかまわない」と言い回り、反対しそうな従業員を1人ずつ呼び出し、「嫌なら辞めてくれてかまわないよ」と面談した。

　何も間違ったことはしていない。経営は仲良しサークルじゃない。この激しい市場環境の中で、少しでも価値観や求めるスピード感が合わなかったら、命取りになる。何も無理して働かせているわけじゃないのだ。

　辞めなかったのに不満気な従業員は、懲戒処分として降格させたり、仕事を与えなかったりと、明確にスタンスを示した。それなら流石に辞めるだろうと思ったのだ。

＊　　＊　　＊

　しかし、ヤツらは辞めなかった。次第に、多くの従業員がヤツらに同情的な態度を示すようになり、気づけば俺に対して友好的に接してくれる人はほとんどいなくなっていた。「これだから無能は……」。この大事な時期に、思わぬ足かせとなり、俺はとても苛ついていた。

　それでも、俺の味方でい続けてくれる従業員が、何人かいた。なかでも、創業初期からのメンバーである、セールスの女性社員Aは、何かと気にかけて声をかけてくれた。孤独な心には優しさが染みて、気づけば「a子ちゃん」と下の名前で呼ぶ間柄になり、話したいことがあるけれど日中忙しくて時間が取れないときは、夜中に会社近くの俺の自宅まで来てもらうこともあった。無能社員に頭を悩まされるなか、唯一の癒やしだ。移動中のタクシーの中で手をつないだことはあったが、何か深い関係性になったわけではないから、セクハラになる心配もないだろう。

＊　　＊　　＊

　しかし、調査の結果、社内でのパワハラやセクハラが問題視され、証券会社としては引き受けることができないという態度に急変。結局その後。上場申請を取り下げざるをえなくなった。どうしてこんなことになってしまったのだろう――。

# 1 | 解雇

　労働者との雇用契約はいくつかの原因によって終了します。労働者の一方的意思表示によって将来に向けて雇用契約を解消させる「辞職」、使用者と労働者との合意による「合意退職」、定年など一定の事由の発生により退職する「自然退職」、有期雇用契約における期間満了による終了（雇止め[40、41]）、そして最後に使用者の一方的意思表示によって将来に向けて雇用契約を解消させる「解雇」があります。

　この中で特に問題となりやすいのは解雇です。解雇には大きく分けると**普通解雇**と**懲戒解雇**の2種類があります[42]。

　普通解雇であれば、通常は後述のとおり、解雇予告を行うか、解雇予告手当を支払って解雇することになります。懲戒解雇の場合も同様のプロセスを経ることになりますので、原則として解雇予告手当を支払わずに即時解雇することはできません。また、懲戒解雇を行う場合には、就業規則等で退職金制度を設けているにもかかわらず退職金を支給しないケースがよくありますが、全額の不支給が認められるのは極めて例外的な場合に限られるので注意が必要です。

---

**40**　有期雇用契約の期間が満了した場合、有期雇用契約の更新の申込みを使用者が拒絶（これを「雇止め」といいます）することについて、客観的に合理的な理由を欠き、社会通念上相当であると認められないときは、使用者は、従前の有期雇用契約の内容である労働条件と同一の労働条件で当該申込みを承諾したものとみなすとされています（労働契約法19条）。したがって、使用者としては、雇止めが制限されないように、労働者との間で更新回数の限度についてあらかじめ合意したり、更新時に次回以降は更新しないことについて合意したりすることが考えられますが、このような契約上の手当てとともに、普段から契約更新を期待させる言動をしないように注意することが重要です。なお、有期雇用契約の期間満了を待たずに、期間中に労働者を解雇するためには「やむを得ない事由」が必要であり（労働契約法17条）、認められるためのハードルが非常に高いためこの点についても注意が必要です。

**41**　なお、有期雇用契約の更新が行われ、雇用期間が通算で5年を超える場合には、無期雇用契約への転換権が従業員に発生するため注意が必要です。

**42**　労働者に責められるべき事情がなくても、使用者の経営上の理由による整理解雇が行われる場合もあります。たとえば、資金調達に成功せず業績不振を理由に整理解雇を実施したい場合であっても、①人員削減の必要性、②解雇回避に向けた努力、③人選の合理性、④手続の相当性の4つの観点から、その有効性を慎重に判断する必要があります。

## 従業員を解雇するにはさまざまな制限がある

　解雇はいずれの類型であっても使用者の一方的意思表示によって雇用契約が終了する点で労働者に与える影響が非常に大きいです。そのため解雇は無制限に認められるものではなく法律上さまざまな制限があります。

　まず、法律上解雇が禁止されている場合を挙げておきましょう。

---

① 国籍、信条、社会的身分を理由とする解雇禁止（労働基準法3条）

② 業務上の負傷疾病による休業期間およびその後30日間の解雇禁止、産前産後の休業期間およびその後30日間の解雇禁止（労働基準法19条）

③ 労働法規違反を監督官庁に対して申告したことを理由とする解雇禁止（労働基準法104条2項など）

④ 性別を理由とする解雇禁止（男女雇用機会均等法6条4号）

⑤ 婚姻、出産等を理由とする解雇禁止（男女雇用機会均等法9条2項・3項）

⑥ 育児休業・介護休業等を理由とする解雇禁止（育児・介護休業法10条・16条等）

⑦ 公益通報をしたことを理由とする解雇禁止（公益通報者保護法3条）

⑧ 通常の労働者と同視すべき短時間・有期雇用労働者に対する、短時間・有期雇用労働者であることを理由とする解雇禁止（パートタイム・有期雇用労働法9条）

⑨ 障害者であることを理由とする解雇禁止（障害者雇用促進法35条）

---

　これらの類型に該当しなかったからといって、使用者に自由な解雇が認められるわけではありません。まず、前提として解雇事由が就業規則や雇用契約書等に定められている必要があり、また、使用者は、解雇を

行うためには、原則として、少なくとも30日前に労働者に解雇を予告するか、または解雇予告手当（30日分以上の平均賃金）を支払わなければなりません（労働基準法20条1項）。

## 従業員を解雇するには「客観的に合理的な理由」が必要

　労働者とのトラブルを抱えた使用者からは、解雇予告手当を支払うので今すぐにでも解雇したいという相談を受けることがあります。

　しかし、使用者は解雇予告手当を支払えば労働者を解雇できるわけではありません。**労働契約法は、解雇について、客観的に合理的な理由を欠き、社会通念上相当であると認められない場合は、権利濫用として無効**となると定めています（労働契約法16条）。つまり、労働者に金銭を支払えば解雇ができるというような単純な問題ではなく、**解雇のハードルは極めて高い**といえます。

　仮に、解雇が無効と判断された場合、その労働者が会社に復職することによって会社に混乱が生じることが懸念されるほか、解雇から復職までの期間に支払うべきであった賃金の支払義務も発生します。

　それでは、ここでいう客観的に合理的な理由とはどのような場合に認められるのでしょうか。多くの場合、使用者は就業規則に解雇の規定を設けており、労働者側の事情による解雇事由として、業務能力の不足・勤務成績の不良、健康上の理由による労働能力の喪失、勤怠不良、協調性の欠如、規律違反などを定めているケースが多いです[43]。

## 勤務成績不良による解雇も無効とされる場合がある

　ここで注意してほしいのは、就業規則に解雇事由を定めていれば解雇権の行使が権利濫用とならないわけではありません。上記のとおり、客観的に合理的な理由があるか否か、社会通念上相当であると認められる

---

[43]　具体的な解雇事由を事前にすべて想定して就業規則に定めることは困難ですので、実務上は、包括条項として「その他前各号に準ずる事由があるとき」といった規定を設けることが多いです。

か否かは、その事案ごとに個別具体的に判断されることになります。特に、使用者側からすると、勤務成績の不良を理由とする解雇については慎重な判断が必要です。そもそも勤務成績が不良であるといえるのか、勤務成績が不良であるとしてそれはどの程度のものなのか、といった点について客観的な事実に基づいて認定する必要があります。

　勤務成績の不良を理由とする解雇は、抽象的な印象に基づき実行されることや、真の解雇理由は別にあるにもかかわらず解雇の結論ありきで無理やり実行されることが多く、このような解雇は無効となるリスクが高いため注意が必要です。また、過去の裁判例に照らすと、仮に勤務成績の不良が認められたとしても、使用者が解雇を回避するための措置を講じていたか否かが重視されており、突然解雇するのではなく改善のための指導や教育の機会などを与えていたことが重要となります[44]。

## 2 ｜ 退職勧奨

### 退職勧奨そのものは違法ではないが、その方法には注意が必要

　さて、ここまで解雇のハードルが高いことについて説明してきました。使用者としては解雇が無効となるリスクは負いたくないため、できる限り労働者には自発的に辞職してほしいと考えます。そこで、実務上は、**いきなり解雇するのではなく、退職勧奨といって労働者に対して自発的に辞職の申し出を行うように働きかけをすることが多い**です。

　退職勧奨については労働基準法や労働契約法に定めがある制度ではないため、法的に要求される手続などが定められているわけではありませんが、事実上退職の強要と評価されてしまうような働きかけを行えば、

---

**44**　なお、3か月や6か月程度の試用期間を設けて従業員の適格性を判断した上で本採用することがあります。本採用後の解雇と比べると若干緩やかに判断されるものの、試用期間内や試用期間終了後の本採用拒否が自由にできるわけではないので注意が必要です。

退職に関する意思表示が取り消されたり、不法行為責任（損害賠償責任）を問われることもありますので注意が必要です。

　裁判例においても、社会通念上相当と認められる限度を超えて、労働者に対して不当な心理的圧力を加えたり、名誉感情を不当に害するような言葉を用いることで、自由な退職意思の形成を妨げてしまう言動は許されないと判断されています。

　スタートアップは、そもそも人材の流動性が高く、自発的に辞職する労働者も多いのではないかと思いますが、一方で、急成長した会社の変化についていけない労働者が退職することなく会社にとどまりつづけ、かつ、モチベーションを失った結果、周囲に悪影響を与えるようなケースも多く存在します。そのようなケースでやむを得ず退職勧奨を実施するケースもあれば、設例のように経営者が自分にとって都合のよい人材を残すためだけに強引な手法で退職勧奨を実施するようなケースもあります。

## 退職勧奨を行う際の注意点

　それでは、退職勧奨を実施する際には、どのような点に注意すべきでしょうか。

### ■「話せばわかってくれる」という油断は厳禁

　まず、使用者と労働者の間には使用者が感じている以上に分厚い壁が存在していることを認識するところから出発してください。そこまで規模の大きくないスタートアップでは、日常的にそれぞれの顔が見える距離でコミュニケーションを取っていることもあり、使用者側が労働者との信頼関係が醸成されていると考えがちです。しかし、退職勧奨を行う場面においては、信頼関係に対する根拠のない期待を前提として、何も準備せずに「私が話せばわかってくれる」というような態度で臨むのは避けるべきです。

■ 相手を敵視せず、プレッシャーを与えないコミュニケーションを

　また、いうまでもなく労働者は敵ではありません。期間の長短はあっ
てもともに歩んできた**仲間に対する敬意は忘れずに「退職させること」**
**のみに焦点を当てた話し合いをするのではなく、労働者の今後の生活も**
**考えた前向きな話し合いをすべきです**[45]。

　そして、具体的には、**退職勧奨の回数、時間、言動、場所、使用者側**
**の人数などに気をつけて実施**してください。たとえば、退職勧奨を何度
も繰り返したり、夜遅い時間や長時間にわたって実施したり、激しい口
調や同意を強要する発言、人格を否定する発言を用いたり、狭く暗い部
屋で実施したり、大勢で囲むような形で実施[46]したりすると、退職勧奨
が違法と判断される可能性があります。


■ 必ず書面を作成する

　適切な方法で退職勧奨を実施することができ、労働者との間で自発的
に退職する旨の意思表示があった場合にも、**使用者としては油断せずに**
**労働者の退職に際して清算条項**（守秘義務などを除きお互いに債権債務
が存在しないことを確認する条項）**を含む書面を作成し合意**するように
してください。

　そのときは円満な形で退職するように見えていた労働者が事後的に会
社に対して牙をむくことはありますし、適法に実施しようとも退職勧奨
を実施すること自体が労働者との間では禍根を残しやすい行為ではある
ため、使用者としては将来の紛争も視野に入れてリスクヘッジを行う必
要があります。

---

[45]　たとえば、転職活動のサポートを実施したり、転職活動に必要な期間を猶予したり、金
　　銭の支給を申し出るのも有効です。
[46]　ただし、1対1だと使用者にとっても記録が残らず不便ですので、2対1としたうえで、
　　労働者と話をする者と記録（録音することも多いです）をとる者に役割分担することをおす
　　すめします。

# 3 懲戒処分

## 懲戒処分の種類

　使用者は、業務命令や服務規律に違反するなどして企業秩序を乱した労働者に対して、不利益措置（制裁罰）をとることができ、これを「懲戒処分」といいます。

　懲戒処分としては、一般的に以下の内容が定められることが多いです。

**【主な懲戒処分】**

| | |
|---|---|
| 戒告 | 始末書の提出を求めずに労働者の将来を戒める処分 |
| 譴責 | 始末書の提出を求めて労働者の将来を戒める処分 |
| 減給 | 労働者の賃金の一部を差し引く処分 |
| 出勤停止 | 労働者の労務提供を一定期間禁止する処分 |
| 降格・降職 | 労働者の役職・職務等級等を引き下げる処分 |
| 諭旨解雇 | 退職届の提出を勧告し、応じない場合には懲戒解雇とする処分 |
| 懲戒解雇 | 使用者が雇用契約を一方的に解消する処分 |

## 懲戒処分にも「客観的に合理的な理由」が必要

　懲戒処分も解雇と同様に限定なく実施できるものではなく、労働契約法は、①使用者が労働者を懲戒することができる場合において、②労働者の行為の性質及び態様その他の事情に照らして客観的に合理的な理由を欠き、③社会通念上相当であると認められない場合は、懲戒処分は権利濫用として無効となることを定めています（労働契約法15条）。

　すなわち、懲戒処分を行うためには以下が求められることになります。

① 就業規則に根拠があること（懲戒事由や懲戒の種別を定めることになります）
② 客観的に合理的な理由に基づき就業規則に定めがある懲戒事由に該当するといえること
③ 相当性があること

　たとえば、経営者の合理性に欠ける指示に従わなかったことを理由として行う降格処分[47]は、仮に就業規則に「会社の業務上の指示、命令に従わなかったとき」といった懲戒事由が定めてあったとしても懲戒事由には該当しないことになりますし、設例のような経営者の主観のみに依存する懲戒処分も無効です。

　上記①から③のうち、具体的な内容を想像しづらいのが③の相当性です。たとえば、懲戒事由と比べて処分内容が重すぎる場合や、過去の先例から逸脱している場合、就業規則等で定める手続が実施されていないような場合には、相当性が否定され懲戒処分が無効となることがあります。

## 懲戒処分には「適正な手順」も必要

　懲戒処分の手続については就業規則に特段具体的な定めを設けていない企業もありますが、懲戒委員会による審議や労働者に対する弁明の機会の付与について定められていることもあります。これらの手続が定められている場合には、当該手続を経ずに行われた懲戒処分は無効となる可能性が高いので注意してください。

　なお、仮に就業規則に弁明の機会の付与に関する規定が設けられていないとしても、労働者に対して適正手続を保障する観点から、弁明の機

---

**47**　懲戒処分としての降格ではなく、人事権の行使としての降格については、その必要性や合理性があれば会社の裁量権の範囲内の行為として適法となりますが、たとえば、制裁的に賃金を減額するために降格させるといったケースの場合には、人事権の裁量を逸脱する濫用的な降格として無効と判断される可能性があります。

会を付与することが望ましいと考えられています。弁明の機会の付与は労働者のためだけではなく使用者にとっても当該労働者との間で紛争に発展する可能性やその後の展開を予想するのに有益なため、そのような観点からも弁明の機会を付与することが望ましいといえます。

# 4 パワーハラスメント

　昨今、職場内のハラスメントに関する報道等を目にする機会が増えています。労働者の権利意識の向上に伴い、社会の企業に対する監視の目も強まるなかで、インターネットが普及した結果、情報収集や情報発信が以前と比較して格段に容易になり、企業はその対応を1つ誤るだけで大炎上するような時代になりました。

　近時は、本節で解説するパワーハラスメントやセクシャルハラスメント以外にもマタニティハラスメント、ジェンダーハラスメント、モラルハラスメントなどさまざまな類型のハラスメントが問題となっており、経営者はこのような社会構造の変化についても十分に理解し認識する必要があります。

　ただ、これらは価値観の変容に伴い以前よりも強く意識されるようになった側面はあるものの、**あらゆるハラスメントに共通しているのは他者に対する理解や尊重の欠如であり、その本質は同一ともいえます。**したがって、知識としてハラスメントの類型を学び対策を講じるだけではなく、より根源的には経営者としての普遍的な良識が問われていることを強く意識してください。

## パワーハラスメントの定義と類型

　さて、パワーハラスメントという言葉については多くの方が認識されていると思いますが、その具体的内容について理解している人はまだまだ少数にとどまるのではないでしょうか。**パワーハラスメントとは、職**

場において行われる、①**優越的な関係を背景とした言動であって、②業務上必要かつ相当な範囲を超えたものにより、③労働者の就業環境が害されるもの**と定義されています。

　したがって、客観的に見て（＝対象者の主観によって決まるわけではありません）、業務上必要かつ相当な範囲で行われる適正な業務指示や指導についてはパワーハラスメントには該当しません。また、上司の部下に対する行為だけではなく、同僚間や部下から上司に対する行為もパワーハラスメントに含まれることになります。

　パワーハラスメントの類型は以下のとおりです。暴行や侮辱など積極的な作為だけではなく、設例のように仕事を与えないといった不作為も含まれることに注意してください。

### 【パワーハラスメントの類型】

| 類型 | 具体例 |
|---|---|
| 身体的な攻撃 | 暴行・傷害<br>・殴打、足蹴りを行うこと<br>・相手に物を投げつけること |
| 精神的な攻撃 | 脅迫・名誉毀損・侮辱・ひどい暴言<br>・人格を否定するような言動をとること（相手の性的指向・性自認に関する侮辱的な言動をとることを含む）<br>・業務の遂行に関する必要以上に長時間にわたる厳しい叱責を繰り返し行うこと<br>・他の労働者の面前における大声での威圧的な叱責を繰り返し行うこと<br>・相手の能力を否定し、罵倒するような内容の電子メール等を当該相手を含む複数の労働者宛てに送信すること |
| 人間関係からの切り離し | 隔離・仲間外し・無視<br>・自身の意に沿わない労働者に対して、仕事を外し、長期間にわたり、別室に隔離したり、自宅研修させたりすること |

| | |
|---|---|
| | • 1人の労働者に対して同僚が集団で無視をし、職場で孤立させること |
| 過大な要求 | 業務上明らかに不要なことや遂行不可能なことの強制、仕事の妨害 |
| | • 長期間にわたる、肉体的苦痛を伴う過酷な環境下での勤務に直接関係のない作業を命ずること |
| | • 新卒採用者に対し、必要な教育を行わないまま到底対応できないレベルの業績目標を課し、達成できなかったことに対し厳しく叱責すること |
| | • 労働者に業務とは関係のない私的な雑用の処理を強制的に行わせること |
| 過小な要求 | 業務上の合理性なく、能力や経験とかけ離れた程度の低い仕事を命じることや仕事を与えないこと |
| | • 管理職である労働者を退職させるため、誰でも遂行可能な業務を行わせること |
| | • 気にいらない労働者に対して嫌がらせのために仕事を与えないこと |
| 個の侵害 | 私的なことに過度に立ち入ること |
| | • 労働者を職場外でも継続的に監視したり、私物の写真撮影をしたりすること |
| | • 労働者の性的指向・性自認や病歴、不妊治療等の機微な個人情報について、当該労働者の了解を得ずに他の労働者に暴露すること |

## パワハラ予備軍の経営者が思っていること

　パワーハラスメントが問題となった際に経営者から「これでは適切な指導も教育もできない」という不満をぶつけられることがあります。こういった不満を抱える経営者の方には一定の共通点があります。それは**会社がまだ小規模だった頃のノリから脱却できず、深夜労働を厭わず少人数で激しく衝突しながらも鼓舞し合っていた時代の仕事の仕方を引きずっている**という点です。

会社も人数が多くなれば同じ行動原理や目標を共有できているとは限りません。組織は30人や50人を超えただけでも大きく変質します。特に上場が目前に迫れば転職者も急激に増加していきますが、その中には会社に対するウェットな思い入れや経営者に対する関心を持ち合わせていない従業員も当然含まれます。**経営者はそれをよい悪いという次元の問題として捉えるのではなく、会社の規模が大きくなるとはそういうことであるということをクールに受け止めなければなりません。**

　その切り替えに失敗した結果、適正な指導や教育のレベルを逸脱し、パワーハラスメントと疑われる行為をして従業員との間で紛争を抱えてしまった経営者や上場審査に影響が生じてしまった企業も残念ながら少なからず存在します。

## パワハラ防止法の制定

　なお、大企業においては2020年6月、中小企業においても2022年4月から施行されている労働施策総合推進法（パワハラ防止法）によって、企業はパワーハラスメント防止のために、労働者からの相談に応じ、適切に対応するために必要な体制の整備や必要な措置を講じるように義務付けられました。具体的には、①事業主の方針等の明確化およびその周知・啓発、②相談に応じ、適切に対応するために必要な体制の整備、③職場におけるパワーハラスメントに係る事後の迅速かつ適切な対応、④相談者等のプライバシーを保護するために必要な措置の実施と周知、⑤相談をしたことなどを理由として解雇その他不利益な取扱いをされない旨の周知・啓発が必要となります。

## 5 | セクシャルハラスメント

## セクシャルハラスメントの定義と類型

**セクシャルハラスメントとは、一般的には、相手方の意に反する性的な言動**を意味するものとされています。相手方の主観が重要となる点でパワーハラスメントとは異なります。性的な言動は、①性的な内容の発言と②性的な行動に分類され、その具体例は以下のとおりです。

**【性的な内容の発言・性的な行動の具体例】**

| 性的な内容の発言 | ・性的な事実関係を尋ねること |
|---|---|
| | ・性的な内容の情報（噂）を意図的に流布すること |
| | ・性的な冗談やからかい |
| | ・食事やデートへの執拗な誘い |
| | ・個人的な性的体験談を話すことなど |
| 性的な行動 | ・性的な関係を強要すること |
| | ・必要なく身体へ接触すること |
| | ・わいせつ図画（ヌードポスター、ヌードスクリーンセイバーなど）を配布・掲示すること |
| | ・強制わいせつ行為、強姦など |

　さらに、セクシャルハラスメントは、対価型と環境型に分類されます。対価型セクシャルハラスメントとは、労働者の意に反する性的な言動に対する労働者の対応（拒否や抵抗）により、その労働者が解雇、降格、減給、労働契約の更新拒否、昇進・昇格の対象からの除外、客観的に見て不利益な配置転換などの不利益を受けることをさします。また、環境型セクシャルハラスメントとは、労働者の意に反する性的な言動により労働者の就業環境が不快なものとなったため、能力の発揮に重大な悪影響が生じるなどその労働者が就業する上で看過できない程度の支障が生

じることをさします。

## 「嫌がっていなかった」は通用しない

　セクシャルハラスメントが問題となった際に、相手方が嫌がっていなかったので問題ないと思っていたという弁明をする当事者は多いです。しかし、当たり前の話ではありますが、このような場面においては被害者がその意思を表明できないことも多く、相手方が明確に拒絶していなかったといった説明は通用しません。

　上記の性的な言動の具体例を見れば明らかなとおり、冗談のつもりであったとしてもそもそも職場において行う必要がないものしか含まれていないわけですから、万が一職場において性的な言動に該当しうるものが発見された場合には、社内におけるコミュニケーションの在り方そのものから見直す必要があることを意識してください。

　なお、セクシャルハラスメントについては男女雇用機会均等法を除きパワハラ防止法のような法律は存在していませんが、「事業主が職場における性的な言動に起因する問題に関して雇用管理上講ずべき措置等についての指針」において、パワーハラスメントと同様に、①事業主の方針等の明確化およびその周知・啓発、②相談に応じ、適切に対応するために必要な体制の整備、③職場におけるセクシャルハラスメントに係る事後の迅速かつ適切な対応、④相談者等のプライバシーを保護するために必要な措置の実施と周知、⑤相談をしたことなどを理由として解雇その他不利益な取扱いをされない旨の周知・啓発が必要とされています。

　パワーハラスメントにしてもセクシャルハラスメントにしても、社内規則でそれらに該当する行為を禁止することや役職員に対する研修を通じて防止することは重要ですが、これらの措置を講じてもハラスメントをゼロにすることは事実上不可能です。経営者としては、まずはハラスメントに対する自らの意識を十分に改革した上で、それでもハラスメントは発生することを前提として、従業員が利用しやすい相談窓口を設け、それを周知し、相談が発生した場合には迅速かつ適切に対応（被害の拡

大防止・事実の調査・対象者への処分）できるようにして、再発防止に
向けた対策も講じられるように体制を整備することが重要です。

まとめ

- 雇用契約は、労働者の意思表示による辞職、使用者と労働者の合意による合意退職、有期雇用契約の期間満了による終了、使用者の意思表示による解雇など、いくつかの原因によって終了する。
- 解雇は大別すると普通解雇と懲戒解雇の2種類があり、解雇に関する法定の手続があるほか、客観的に合理的な理由を欠き社会通念上相当であると認められない解雇は権利濫用として無効となるといった制限がある。
- 解雇のハードルは高く、事後的に有効性を争われた結果解雇が無効となるリスクもあるため、通常は、解雇を実行する前に退職勧奨を実施し、従業員による自発的な退職を促すことになる。退職の強要とならないように、退職勧奨の回数、時間、場所や退職勧奨時の具体的な言動には十分に気をつけなければならない。
- 使用者は、就業規則の定めに基づき、業務命令や服務規律に違反するなどして企業秩序を乱した労働者に対して懲戒処分を行うことができるが、合理的な理由や相当性のない懲戒処分は無効となる。
- パワーハラスメントとは、職場において行われる、①優越的な関係を背景とした言動であって、②業務上必要かつ相当な範囲を超えたものにより、③労働者の就業環境が害されるものを意味し、暴行や侮辱など積極的な行為が認められるものだけではなく、仕事を与えないといった不作為も含まれる。
- セクシャルハラスメントとは、相手方の意に反する性的な言動（①性的な内容の発言、②性的な行動）を意味し、対価型セクシャルハラスメントと環境型セクシャルハラスメントに分類される。相

手方の主観が重要な判断要素となる点でパワーハラスメントとは異なる。

# 第 7 章

# 資金調達

# 資金調達の種類、
# 手続と契約

　正直にいえば、ファイナンスなんて、スタートアップにとっては大きな問題じゃないと思っていた。

　投資ファンドならいざ知らず、スタートアップの本業は、革新的なプロダクトで世界を変えること。むしろ、資金調達やファイナンスにばかり気を取られて、プロダクト開発や事業推進が疎かになってしまったら、本末転倒。そう考えて、ファイナンスの勉強は、あえてしすぎないようにしていた——それがアダとなるなんて、露とも知らずに。

　新卒で外資系コンサルティングファームに入社し、3年ほど揉みくちゃにされながら修行を積んだ後、大学のときの親友から声がかかった。彼女はエンジニアだったのだが、どうしても挑戦してみたいプロダクトのアイデアが浮かび、ビジネス面で支えてくれる人を探しているという。そこで、ちょうどコンサルでビジネスパーソンとしての地力をつけていた僕に、白羽の矢が立ったのだ。

　彼女のアイデアは、皆の目を引くような派手さはなかったものの、贔屓目抜きにしてもとてもセンスのよいもので、「これは当たるのではないか」という予感を覚えた。ちょうどコンサルの仕事にも飽きがきており、新たな挑戦をしたい気持ちが出てきていた僕は、二つ返事でオファーを承諾。共同創業することになった。

　彼女と僕が起業するときに決めていたのは、「受託開発はやらない」ということ。とにかく自分たちのプロダクト開発に集中することを最優先にして、もし本当に資金が尽きたら、潔く解散しようというもの。生き残るための経営はしない、ということだ。

ということで、前職のツテをたどりながら、出資してくれるシード
VCを探した。幸い、すぐによい人たちが見つかり、シード投資を受け
られることが決まった。ファイナンスについてはほぼ無知なのだが、ど
うやら最近は、シード期のエクイティファイナンスをしやすくしてくれ
る「J-KISS」という制度が流行りらしい。正直、あまりしくみは理解し
きれていなかったが、現在のバリュエーションを気にせずにガンガン調
達できるしくみらしい。あまりファイナンスに思考のリソースを割きた
くなかった僕らは、このJ-KISSのしくみを使って、合計で3500万円の資
金調達を実施した。

＊　　＊　　＊

　暗雲が立ち込めはじめたのは、その半年後。
　十分なシード資金を調達できた僕らは、より一層、プロダクト開発に
精を出した。β版の時点からかなり評判が良かった。わりと有名で大き
めなVCから、シリーズAの大型調達の話も来た。「この機を逃さずに一
気にアクセルを踏んで、開発とグロースを加速させたい」。そんな思い
から、シリーズAの資金調達に踏み切った。

「これ、いままでのJ-KISSのポストバリュエーションキャップ、7000万
円ですか？　これでは優先株式を発行すると大幅に希釈化しちゃいます
が、大丈夫でしょうか？」

　シリーズAの投資契約時に、投資担当者からこんなことを聞かれた。
よくわからないが、どうやら僕と共同創業者の持分が大幅に減ってしま
うらしい。少しモヤモヤはしたが、僕らは金のために起業したのではな
い。ここでもまた、よく考えずに承諾した。

＊　　＊　　＊

　その後、シリーズBでも優先株式での資金調達を実施。その頃から、プロダクト開発に集中できないストレスがかなり高まっていた。

　気づけば5社の株主を抱えるまでに至っていたのだが、投資契約時に結んだ事前承諾事項が多すぎて、いちいち承認を得るのにとても高い工数負荷がかかるのだ。

　負荷がかかるだけならまだいい。事業のピボット、増資のタイミング、バリュエーション……大きめの経営判断を下そうとすると、必ず株主の誰かが反対する。結果として、実現しなかった意思決定も少なくない。気づけば、プロダクト開発に割ける時間も、ほとんどなくなっている。

　株主との調整に工数が割かれて、プロダクト開発がロクにできない。おまけに、自分たちの株の取り分はすでに50%を切ってしまっていた。一体、僕らは何のために起業したのだろう──。

# 1  資金調達の種類と希釈化の意味

　まず資金調達の種類について説明します。次の表は、スタートアップが接する頻度の高い資金調達の種類（融資、資本性ローン、転換社債型新株予約権付社債、J-KISS、普通株式、みなし優先株式、優先株式）をまとめたものです。

　上のほうが返済の必要がある純粋な融資、下のほうが複雑性の高いエクイティファイナンスとなります。

**【スタートアップの資金調達の種類】**

| | 資金調達の種類 | 内容・特徴 | 返済の必要 | バリュエーションの実施 | 株式発行のタイミング |
|---|---|---|---|---|---|
| （純粋なデット） | 融資 | 純粋な融資。保証協会を付けるケース（保証料がかかる）とつけないケース（プロパー）が存在 | 有 | 無 | 無 |
| | 資本性ローン | 日本政策金融公庫等が扱うスタートアップ向けローン。赤字フェーズでは低利率、黒字化後高利率に融資条件が変化する[1] | 有 | 無 | 無 |
| | 転換社債型新株予約権付社債（＝通称：コンバーティブルノート） | 出資と引き換えに新株予約権付社債の発行を行い、社債を新株予約権を行使する際に出資の代わりに用いることができるスキーム。まだ赤字等、純粋な融資を行うにはリスクが高いフェーズ、あるいは社債発行後のモニタリング次第で、アップサイドを狙いにエクイティに転換したいニーズが存在するケースで用いられる融資手段。金融機関等の社債権者が株式に転換できるオプションを持つ点が特徴。新株予約権の行使を行わない場合、社債の内容にしたがって、返済（償還）の必要がある点に注意が必要 | 有・転換した場合には無 | 無（将来の転換価格の算定方法を合意） | 転換したタイミング |

---

1　資本性ローンとは別に通常の融資に新株予約権を付与するケース（新株予約権付融資）もあります。

| | | | | | |
|---|---|---|---|---|---|
| | J-KISS（＝新株予約権の発行） | 出資と引き換えに新株予約権を発行、将来一定の条件に適合するファイナンスが実施された場合、当該ファイナンスで発行される株式に転換できる旨を新株予約権の内容として定める方法。新株予約権の発行のため資金調達時にバリュエーションを行う必要がなくシード、アーリーステージで用いられやすい手法。Coral Capitalの前身である500 Startups Japanが公表したスキームでひな形が公開されている。近時、創業期のエクイティファイナンスで一般化しつつある調達方法。将来のバリュエーションを行わないといっても、実務上、投資家として最低ラインの出資シェアを確保する観点で、将来の転換価格の上限（バリュエーションキャップ）が設けられるケースがあり、キャップの有・無／上限の設計が交渉ポイント | 無 | 無（将来の転換価格の算定方法を合意） | 転換したタイミング |
| | 普通株式 | 出資と引き換えに普通株式を発行するスタンダードな株式発行 | 無 | 有 | 調達時 |
| | みなし優先株式 | 普通株式を発行しつつ、将来一定の条件に適合するファイナンス（適格ファイナンス）が実施された場合、優先株式に転換するスキーム。シード、アーリーステージでまだ優先株を発行するまでもないが、投資家として将来の優先株発行に備えて優先株への転換を担保したい場合に活用。種類株式発行のような定款変更の手続は不要で優先株式ほどの手続的な重さはない。一方、登記実務上、転換する際に他の株主の同意等が必要とされており、手続が煩雑でJ-KISS登場以来、実務上利用する頻度は高くない印象 | 無 | 有 | 調達時 |
| （条件が精緻なエクイティ） | 優先株式 | 出資と引き換えに普通株式よりも、投資家にとって経済的、ガバナンス上有利な内容が定められた種類株式を発行するスキーム。シリーズA以降で一定規模以上のエクイティファイナンスを実施する際はほとんどこのスキームが用いられる | 無 | 有 | 調達時 |

## エクイティでの資金調達は起業家の持分比率の希釈化を意味する

　スタートアップは、デット（＝融資）とエクイティ（＝株式発行）について、ハイブリッドで資金調達を行っていきます。

　融資の特徴としては、会社と銀行との間の金銭消費貸借契約であり、

返済の必要がある資金調達方法で定期的に利子（近年は低金利で１％弱〜２％前後。スタートアップ向けのベンチャーデットでは５〜７％前後）を支払う必要がありますが、株式発行と異なり創業者の持株比率が希釈化することはありません。

株式発行による資金調達は、返済の必要がない自己資本であり、キャッシュフローだけを見るとメリットがありますが、新規に株式（＝会社の社員たる地位、権利のイメージ）を発行することにより、**創業者である起業家の持分比率は、創業時100％だった割合が新たに発行するたびに希釈化**していきます。

一度、希釈化した持株比率は、創業者が何らかの資金調達を行って株式の買戻しを行わない限り（創業者がもともとキャッシュを持っている等のケースを除き、通常困難です）、上昇することはなく、**不可逆的である点に注意が必要**です。以下が保有している株式の議決権の割合ごとに株主総会で意思決定できる事項です（取締役会設置会社の場合）。

**【株式の保有比率に応じて意思決定できること】**

| 議決権の割合 | 創業者として行えること |
|---|---|
| 2/3以上 | 会社法上「特別決議」を求められている重要な意思決定（M&Aや株式の有利発行等）を単独で決定できる。逆にこれを下回ると単独での意思決定ができない |
| 1/2超（過半数） | 会社法上「普通決議」を求められる主要な意思決定（取締役の選任、報酬の決定等）を単独で決定できる。逆にこれを下回る場合、単独で決定できず、また、意思に反して取締役を解任されるリスクが生じる |
| 1/3超 | 上記「特別決議」を単独で阻止できる。これを下回ると、特別決議を単独で阻止することはできない |

## 特別決議を要する事項一覧

譲渡制限株式の買取
特定株主からの自己株式の取得
全部取得条項付種類株式の取得
譲渡制限株主の相続人に対する売渡請求
株式併合
募集株式・募集新株予約権の発行における募集事項の決定
募集事項の決定の取締役（会）への委任
株主に株式・新株予約権の割当を受ける権利を与える場合の決定事項の決定
総数引受契約の承認（取締役会非設置会社の場合）
監査等委員である取締役・監査役の解任
役員の責任の一部免除
資本金の額の減少
定款の変更
事業譲渡の承認
解散
組織変更
合併、会社分割、株式交換、株式移転、株式交付

## 普通決議を要する主要な項目

自己株式の取得
株式分割
総会検査役の選任
株主総会の延期・続行
役員の選解任（解任について特別決議事項の場合がある）
役員の報酬の決定
会社と取締役との間の訴えにおける会社の代表者の選定
計算書類の承認
準備金の額の減少
資本金の額の増加、準備金の額の増加
剰余金の配当・処分

# 2 | 希釈化の適切な程度とは

IPOするスタートアップの創業社長として、IPO時にどの程度の持株比率を有しているのが、適切でしょうか。

**【IPO時における創業社長の持株比率の例】**

| No | 企業名 | 市場区分 | IPO時の創業者の保有株式<br>（自己株式を含んだ保有率） |
|----|--------|----------|------------------------------------------------|
| 1 | WACUL | マザーズ | 大淵 亮平氏：20.33% |
| 2 | ウェルスナビ | マザーズ | 柴山 和久氏：24.84% |
| 3 | プレイド | マザーズ | 倉橋 健太氏：29.65%<br>柴山 直樹氏：19.78% |
| 4 | Retty | マザーズ | 武田 和也氏：29.4%<br>長束 鉄也氏：3.17% |
| 5 | ニューラルポケット | マザーズ | 重松 路威氏：74.8% |
| 6 | AI inside | マザーズ | 渡久地 択氏：56.77% |
| 7 | freee | マザーズ | 佐々木 大輔氏：24.9% |
| 8 | BASE | マザーズ | 鶴岡 裕太氏：21.13% |
| 9 | Sansan | マザーズ | 寺田 親弘氏：35.9% |
| 10 | ラクスル | マザーズ | 松本 恭攝氏：21.55% |

（注）マザーズは現・グロース市場
出典：各社の有価証券報告書、DIMENSION NOTE

　こちらが、近年上場したスタートアップの創業社長のIPO時の保有株式の比率の一例です。比率としては、20%から70%以上と会社の事業モデルごとに多様であることがわかります。

　スタートアップは、複数回のエクイティファイナンスを実施しながら、1回のラウンドで、概ね10〜20%程度の割合を放出して資金調達を実施していきます。創業者の持株比率が50%を下回った場合、創業者として

自己の意に反して取締役に選ばれない、あるいは解任されるリスクが生じるため、上場時に50％以上を保有できる形が創業者としては理想だと考えられます。

　一方、希釈化を避けるために適切なエクイティファイナンスを行わず、適切な資金調達、先行投資の額が閾値を超えることなく、事業が失敗してしまうことも本末転倒です。**事業の成功要因（Key Success Factor）、事業特性から考えて、一定の希釈化を許しても早期に資金調達を行い、先行投資を行うことが、中長期での競争優位性、利益創出の観点から妥当かどうかを起業家として見極めることが重要**です。

　たとえば、ネットワーク効果が効き、Winner Takes Allの戦いとなりやすいプラットフォーム型のビジネスモデルや、BtoB SaaSで解約率が低くスイッチングコストが高い商材の場合、マーケティングに先行投資をし、顧客数、ユーザー数を早期に取り切ることが重要となり、そのために高いバリュエーションで大型の資金調達を実施、先行投資をしてトップラインを伸ばし、トップラインの進捗でさらに大きく資金調達を行っていくこと、そのサイクルをうまく回していくことが事業の重要な成功要因となります。

　自社の事業の成功要因を踏まえて、適切なファイナンス計画を検討し、創業者としてどの程度希釈化を許容していくべきかという順番で検討することが大切です。

## 3 ｜ エクイティファイナンスで用いられるスキームの種類

　次にエクイティファイナンスで用いられる、ファイナンススキームについて説明をします。

　結論からいうと、2024年現在、シードステージにおいては、後ほど詳述する「J-KISS」を活用するケースが多く、シリーズA以降の調達ラウンドではしっかりとバリュエーションを付けてそれなりの金額の調達を

行う必要から「優先株式」での調達がほとんどです。

　優先株式の利用比率は年々高まっており、金額ベースで、2014年度には47.3％だったのが、2018年度には73.1％にまで拡大しており[2]、シリーズAラウンド以降の調達ではデファクトスタンダードになっているといってよいのではないでしょうか。

## 優先株式が用いられる背景

　それぞれのスキームの詳細に入る前に、「優先株式」が実務上利用される背景から説明します。

　VCにとっては、**「優先株式」による、「優先残余財産分配」と「みなし清算条項」のコンボの設計により、M＆Aによるエグジットの場面において、投資時からほぼ変わらないバリュエーションやバリュエーションが下がるダウンラウンドのM＆Aの場合でも、バリュエーションによっては投資元本を超える投資リターンを確保できるようになります。**

　M＆Aは必ずしも解散、清算を伴うものではなく、優先残余財産分配の条項があっても、M＆Aの対価を優先分配で受領することはできませんが、M＆Aによってスタートアップの企業価値が現実化した場合、あたかもスタートアップが清算したかのように捉えて、M＆Aの対価の分配において、残余財産の分配の規律を適用するしくみが、「みなし清算条項」です。M＆Aの際に会社が清算したと「みなす」ことから（実際に清算されているわけではありません）、「みなし清算条項」と呼ばれます。

　このスキームの活用により、**投資判断においてダウンラウンドを恐れることなく、躊躇なく高いバリュエーションをつけやすく、一方で、起業家にとっても過度に希釈化せず高いバリュエーションで大きな金額を調達することができるため、VCと起業家、お互いにとってメリットが**

---

2　出典：一般財団法人ベンチャーエンタープライズセンター「ベンチャー白書2019：ベンチャービジネスに関する年次報告」

**とても大きい**という点があります。

　実際に、国内でベンチャーキャピタルが増え始めたのは2010年頃からで、そろそろ、10年間のファンド期間を終えたファンドのパフォーマンスが出始めていますが、筆者らの回りでよい成績を収めたファンドマネージャーの感想として、優先株式を活用したことがファンドパフォーマンスを大きく高めたという声が聞こえてきます。

## 優先株式の内容の傾向

　優先株式の設計において、日本の実務では、優先倍率１倍、参加型が多い印象です（投資家は、優先倍率が１倍だと投下資本と同額、２倍だと投下資本の２倍までリターンを受けられます）。

　参加型とは、Ｍ＆Ａ発生時において、投資元本１倍を回収した後、回収後の残額についても投資家の持株比率に応じてリターンを享受できる設計です。一方、非参加型は元本１倍回収後、分配を受けることはできません。

**　シリコンバレーではVCの競争環境が激しいことやM＆Aの頻度、金額感が高いこともあり、優先倍率１倍、かつ非参加型が一般的であり、参加型はグローバルで見た場合に一般的ではないことに注意が必要**です。

## 優先株式活用の具体例

　優先株式の活用について具体的な場面で説明します。たとえば、VCとして創業期に将来性を高く評価しPost20億円で４億円を出資（VCが20％、創業者が80％保有）、結果として事業がうまくいかなくなり、バリュエーション10億円でのダウンラウンドでM＆Aをせざるをえなくなった場合（それなりの頻度で発生します）、普通株で出資しているケースですと、VCが２億円（株式譲渡総額10億円×保有比率20％）、創業者が８億円（株式譲渡総額10億円×保有比率80％）の回収となりVCは投資元本を割り込む結果となります。

　一方、たとえば、「残余財産分配額１倍、参加型」での優先株として

出資していれば、10億円の売却額のうち、まずVCが投資元本として出資額4億円を回収し（元本をトップオフで回収）、残りの6億円について創業者：VC＝8：2で分け、結果の分配額としては、創業者が4.8億円、VCが5.2億円を回収することができ、50％のダウンラウンドにもかかわらず、VCとして投資元本＋αのリターンを得ることができます。4億円が5.2億円と1.3倍になっていますので、1年で売却できていれば、投資IRR（年間利回り）30％ですので、悪くない数字です。

　**ダウンラウンドでも一定のリターンを得られる設計によって、VCとして躊躇せずに積極的に高いバリュエーションを付けられるようになる**のです。逆に、優先株でこのような設計を実施しない場合、将来のダウンラウンドでのM＆Aを気にして高いバリュエーションを付けることに躊躇し資金調達額としても大規模化しづらい、あるいは起業家として低いバリュエーションで調達額を増やそうとすると希釈化しやすいという状況が発生してしまいます。

### ■エクイティ革命と言われた「優先株式」の活用

　このような「優先株式」が活用される背景の補足として、スタートアップがIPOに至る可能性はまだまだ低く、実務上M＆Aによりエグジットするケースも多数存在し、事業会社等がM＆Aを行う際に直近ファイナンスラウンドほどのバリュエーションで株式を買い取ることが難しいケースが多く存在する点があります。感覚的には10億円を超えてくるM＆Aは一握りであり、10億円以内のM＆Aが多いように思います。

　このように**優先株を活用することにより、VCとして直近ラウンドのバリュエーションよりも低いM＆Aとなっても投資資金を超える金額を回収することができるため、積極的に高いバリュエーションを付けることができ、このような座組みは過度に希釈化せず調達規模を増やしたい起業家にとってもメリットがあるといえるのです。**「優先株式」の活用がエクイティ革命といわれる理由はこの点にあります。

　そのほか優先株式には、①合意内容を定款に記載することにより普通

株式と同等に扱われないように強制力を担保でき、また、②ストックオプションの行使価格を直近の優先株式のバリュエーションと比較して抑制して設計でき、従業員インセンティブの高いストックオプションの設計がしやすい、といった特徴があります。

## 優先株式のデメリットと代替手段

一方、**優先株式発行のデメリットとしては、①定款の変更等の手続のコストがかかり、設計の負担が大きい**こと、**②決議事項によっては種類株主総会を開催しなければならない点等**が挙げられます。

シードステージでのファイナンスにおいても、比較的高いバリュエーションを付けそれなりの額の調達を実施するケースでは、バックオフィス対応の人材も確保できますから、当初から「優先株式」を用いるケースを実務上目にします。しかし、まだまだ事業として検証ステージであり、資金としても検証資金として数千万円等、限定的で、優先株式発行のデメリットが重いと感じられるエンジェル〜シードステージでは、より手続の負担が軽い資金調達手段が開発されています。具体的には、前述した表のうち、以下の4つの調達方法がオプションとして存在します。

---

- J-KISS（有償新株予約権＝コンバーティブルエクイティ）
- 普通株式
- みなし優先株式
- 転換社債型新株予約権付社債（＝コンバーティブルノート）

---

この中でも、「J-KISS」[3]については、2016年に500 Startups Japan（現Coral Capital）によってフォーマットが広く公開され、内容面について起業家側、専門家側の理解が進みノウハウがたまり始めており、2017年

---

3　J-KISSは日本版KISS＝Japanese Keep It Simple Securityの略。「KISS」とは、海外の著名シードVC　500 Startupsが開発した「Convertible Equity」の手法「KISS（Keep It Simple Security）」のこと。

以降創業している多くのスタートアップがシードステージでの資金調達において、「J-KISS」を利用している印象を持っています。

　J-KISSは、資金調達額を決めたうえで、次回調達のディスカウントレートやバリュエーションキャップという2つの変数の値を決めるだけで、資金調達ができるという優れものです。手続や契約の詳細については次項で詳述します[4]。

### ■ 普通株式とみなし優先株式

　また、調達規模が大きくないシードステージにおいて、エンジェル投資家からの調達の場合には「普通株式」もまだまだ多く使われている印象です。

　「みなし優先株式」は、内容としては普通株式の発行であり、J-KISSと比べてバリュエーションを実施しなければならず、バリュエーションを先延ばしにするというメリットがないことから、近年はJ-KISSが選択されるケースのほうが多いように見受けられます。

### ■ 転換社債型新株予約権付社債

　「転換社債型新株予約権付社債」は、将来株式に転換される可能性のある借入で、事業進捗によっては**返済の必要があるため、リスクマネーとはいいにくく創業期でのエクイティ調達においては採用されにくい**印象です。

　一方でミドルステージ以降、それなりのまとまった金額を調達する際にリスクを低減しながら会社側と付き合いを深め、将来性を見極めたうえでアップサイドを取りたい金融機関系の投資家などから提案されるスキームではあります。投資家にとっては、元本返済を義務付けながら、

---

4 【参考】投資契約書テンプレ「J-KISS」がメジャーアップデート──アーリーラウンドの調達大型化・長期化に対応　https://thebridge.jp/2022/04/j-kiss-releases-ver2

事業の解像度が高まりアップサイドが見えたタイミングでエクイティに転換できるオプションを持つことができるという意味で、単なるエクイティ出資よりもより一層、有利なエクイティスキームとなります。

　参考までに筆者らの接点があるスタートアップ企業の初回の外部エクイティ調達のスキームを確認したところ、約40％が優先株式、約40％が普通株式で実施、残り約20％がJ-KISSという状況でした（会社数ベース）。みなし優先株式や転換社債型新株予約権付社債の利用の例はほとんどありませんでした。初期から優先株式で実施しているケースは、比較的プロダクトマーケットフィットも見え事業の解像度が高くバリュエーションも初期から比較的高いケースが多い印象です。普通株式はエンジェル投資家から調達を行う際にまだまだかなり用いられており、J-KISSは前述のとおり2017年以降に創業した起業家が多く使っている印象です。

　そこで、**次項からは、実務上利用頻度が高い「J-KISS」と「優先株式」に絞って詳しく説明**をしていきます。

## 4　シードステージで活用される「J-KISS」の手続概要と契約上の留意点

### J-KISSのメリット

　J-KISS型新株予約権（以下「J-KISS」）を活用するメリットは下記のとおりです。

①まだ検証が必要で適切なバリュエーションが難しいシードステージにおいてバリュエーションの実施を先延ばしできること（まだ不確実性が高くわからないという理由で低い時価総額で決め打ちされ、創業者の持分が不相当に希釈化することを避けられること）
②あらかじめ決まったフォーマットで必要最低限の投資条件について早期に合意することができ、手続も以下のように廉価かつ簡便

であること
③優先株式のように発行後、種類株主総会の実施が不要であること

　実務上は特に①のメリットがとても大きいと思います。エンジェル投資家やVCから資金調達をして上場した起業家が後悔することの1つとして、最初のラウンドで、まだ不確実性が高いからという理由で、低いバリュエーションで株式を多く放出しすぎてしまったという点が挙げられます。J-KISSはまさにこのような事態を避けるためのスキームです。

## J-KISSの発行手続

　発行手続の概要も紹介します。J-KISSを活用するのは取締役会設置前のケースがほとんどであることから、取締役会非設置会社の場合について記載しています。
　書類のひな形は、ホームページ上に公開されているので、そちらを参照してください[5]。なお、最新の実務については法律事務所や法務局に必ず確認してください。

■ **ステップ① 投資家と投資条件について合意し、3つのドキュメントを準備**
- 投資家との間で「J-KISS型新株予約権投資契約書」の内容について合意する
- 株主総会を開催して新株予約権の発行について決議し、「株主総会議事録」を作成する
- 投資家との間で、「J-KISS型新株予約権投資契約書」を締結し、「申込証」を提出してもらう

---

**5** https://coralcap.co/j-kiss/

## ■ ステップ② 送金確認

- 払込期日に予定どおり出資額が入金されているか確認

## ■ ステップ③ 登記申請

払込期日後、2週間以内に法務局に主に以下の書類を提出し登記申請を行う。

- 登記申請書
- 臨時株主総会議事録
- 株主の情報や議決権数等を証明する書面
- J-KISS型新株予約権申込証　等

## ■ ステップ④ 投資家への書類提出

J-KISS型新株予約権投資契約に規定される必要のある、以下の2つの情報について投資家に提出する。

- 払込確認後、新株予約権原簿記載事項証明書を提出
- 登記完了後、現在事項証明書を提出

## J-KISSの交渉・締結の留意点

次にJ-KISSの契約の交渉、締結に当たっての留意点について説明します。以下2点が重要です。

### ■ バリュエーションキャップを低く設定してしまうと事実上バリュエーションをしているのと資本政策上あまり変わらない結果になってしまう

公開されているJ-KISS型新株予約権の別紙1「発行要項」の中核的な規定として、将来の転換価格について以下のようなロジックが定められています。「転換価格」については投資家としてはできる限り安くしたい、起業家としてはできるだけ高く設定したいという交渉の最大のポイントとなります。

公開されているフォーマットでは、「転換価格」を、次回調達株価に

20％等の一定のディスカウントを入れた価格とポストバリュエーションの評価上限額（バリュエーションキャップ/ポストキャップ）のいずれか低い額にする旨がデフォルトで設定されています。

---

(b) 本新株予約権の行使により当会社が転換対象株式を新たに発行し、又はこれに替えて当会社の保有する転換対象株式を処分する数は、<u>本新株予約権の発行価額の総額を転換価額で除して得られる数</u>とする。但し、本新株予約権の行使により1株未満の端数が生じるときは、1株未満の端数は切り捨て、現金による調整は行わない。

(2) 転換価額

(a) 「転換価額」とは、以下のうちいずれか低い額（小数点以下切上げ）をいう。

(x) 割当日以降に資金調達を目的として当会社が行う（一連の）株式の発行（当該発行に際し転換により発行される株式の発行総額を除く総調達額が［100,000,000］円以上のものに限るものとし、以下「次回株式資金調達」という。）における1株あたり発行価額に［0.8］を乗じた額

(y) ＿＿＿＿＿＿円（以下「ポストキャップ」という。）を次回株式資金調達の払込期日（払込期間が設定された場合には、払込期間の初日）の直前における完全希釈化後株式数で除して得られる額

---

出典：CoralCapital J-KISS Ver 2 （https://coralcap.co/j-kiss/）

筆者らが見てきたJ-KISSのなかには、「評価上限額」（バリュエーションキャップ/ポストキャップ）がかなり低い金額に設定されているケースを何度か目にしています。バリュエーションキャップは、次回調達ラウンドのバリュエーションがあまりにも高すぎる場合にシードVCとしての出資の旨味がなくなることから、VC視点で最低ラインとしてほしいと考えるシェアを確保、確定する目的で設定されます。

しかしながら、**次回ラウンドを想定しているとはいえないような、1億円にも満たない低いバリュエーションキャップが設定される場合、事実上そのラウンドでバリュエーションを行ってしまっているのと変わらない希釈化の結果となってしまう点に注意が必要で、そもそも、バリュエーションキャップを設定するかどうかも交渉事項**となります。

　VCから人気のあるテーマの事業だったり、実績のある起業家の場合だと、バリュエーションキャップ自体を交渉により外し、ディスカウントレートのみで合意できているケースもあります。起業家としてJ-KISSを利用する意味を重視するのであれば、バリュエーションキャップを外すことを検討してもらいましょう。交渉上入れる必要があったとしても、バリュエーションキャップについてはできる限り高く交渉すべきといえるでしょう。

### ■ 転換後の希釈化をきちんと予測する

　起業家としては以下のような各シナリオで、予想される転換価格とJ-KISS投資家への発行数をスプレッドシートを使って丁寧に試算し、各シナリオでの持株シェアの予想を行ったうえで、バリュエーションキャップやディスカウントレートの交渉を行うべきでしょう。

---

**【J-KISSの活用時に想定すべきケース】**

- 次回資金調達で高いバリュエーションがついてバリュエーションキャップで転換するケース
- 次回資金調達でバリュエーションがそこまでつかずバリュエーションキャップにも到達せず、次回調達バリュエーションのディスカウントで転換するケース
- J-KISSで資金調達を行った後、さらにJ-KISSでブリッジファイナンスとして資金調達を行うケース

---

　当面の間、希釈化しないという理由だけでJ-KISSで何度か調達を実施

し、コンバートしたタイミングで想定以上に大きく希釈化してしまった
というケースを見てきていますので、この点にも注意してください。

- 株式発行による資金調達は返済の必要がない自己資本。新規に株式を発行することで創業者である起業家の持分比率は、創業時100％だった割合が希釈化するデメリットがある。一度、希釈化した持株比率は、創業者が株式の買戻しを行わない限り上昇することはなく不可逆的で後戻りは困難である点に注意が必要。保有している議決権の割合でどのような事項について意思決定できるのか事前に把握しておく。

- シードステージにおいては「J-KISS」が活用されるケースが多く、シリーズA以降の調達ラウンドではしっかりとバリュエーションを付けてそれなりの金額の調達を行う必要から「優先株式」での調達が多い。

- J-KISSは、資金調達額を決めたうえで、次回調達のディスカウントレートやバリュエーションキャップという2つの変数の値を決めるだけで、資金調達ができるという優れもの。活用するメリットは、①まだ検証が必要で適切なバリュエーションが難しいシードステージにおいてバリュエーションの実施を先延ばしできること（まだ不確実性が高くわからないという理由で低い時価総額で決め打ちされ、創業者の持分が不相当に希釈化することを避けられること）、②あらかじめ決まったフォーマットで必要最低限の投資条件について早期に合意することができ、手続が簡便であること、③優先株式とは異なり種類株主総会の実施が不要であることが挙げられ、実務上は特に①のメリットが大きい。

□資金調達にはさまざまな種類があることを理解した。

□優先株式が利用される背景・意義を理解した。

□融資と増資のメリットとデメリット、持株比率の希釈化について
　理解した。

□J-KISSの概要と利用時の留意点について理解した。

# 優先株式

　小さい頃から、とにかく生き物が大好きだった。幼稚園では友達がみんなサッカーや鬼ごっこに興じる中、1人隅っこの池で生き物と戯れていた。小学校でも生き物係に全力を注ぎ、理科の授業では大活躍。中学校では迷わず生物部に入部し、高校では全国模試で生物だけはいつも全国トップクラスだった。そのまま大学でも、バイオ系の研究を行う研究室に進み、研究者を目指した。

　ちょうど修士論文を提出し終わった頃。バイオスタートアップブームの兆しが見えつつあり、僕の研究成果に注目した、大企業の新規事業開発の部署や、大学がある地域の地方創生系のファンドの人たちから、少しずつ声がかかるようになっていった。自分の力が大人たちにも評価してもらえた感触が心地よく、有頂天になっていた。調子に乗って、大学発スタートアップとして法人化するまでになった。

「うちから投資させてもらえませんか？」。そんな中で、とある地方創生系・独立系のVCが声をかけてくれた。なんと、2000万円も投資してくれるのだという。これまでの人生で触れたことのない規模の金額に思わずたじろいだが、嬉しさのあまり飛び上がりそうになった。僕の才能に、こんなにも高値がつくんだ！

　そうしてシリーズAで優先株式を発行し、資金調達を実施することになった。契約のときには、細かい項目がいろいろと提示されたが、正直よくわからない。ビジネスのことさえよくわからないのに、ファイナンスの専門的な知識なんて、まったくのド素人。あくまでも僕の仕事は、研究開発を進め、世の中にないサービスを生み出すこと。こんなファイナンスの勉強なんかに時間を割くのはもったいない。そう思って、金融のプロであるはずのVCを全面的に信頼し、正直ほとんどよく理解もせずに契約を締結した。世の中、分業なのだ。

＊　＊　＊

　その後、僕は調達した資金で着々と研究開発を進めていった。これまでビジネスの分野では光が当たらなかった分野での新星の登場に、多くのメディアや投資家からの注目を集めた。気づけば、研究開発の時間がなかなか取れなくなるくらい、新しい人と会ったり、メディアに出演したりするのに忙しくなる。書籍の出版も決まり、新時代のバイオスタートアップの旗手として、僕は時代の寵児となりつつあった。

　そうして注目を集めるなかで、研究開発の面ではなく、ビジネスやファイナンスの面で支えるメンバーとして入社したいと言ってくれる人も現れはじめた。なかでも信頼が置けると思ったのは、後にCFOに就任することになるＡだ。Ａは数社のスタートアップを中心メンバーとして上場に導いた経験を持ち、ベンチャーキャピタルでの勤務経験もある、その道のプロだ。好きなアニメが同じだったこともあり意気投合し、取

資金調達の現場

こちら契約の条件
なんですけど
よく読んでいただき…

御社を全面的に
信頼してますから、
ここでサインしちゃいますね

締役として入社してくれることになった。

＊　＊　＊

「あれ？　この投資契約、どうなってるの？」

　Aが入社して1ヶ月が経った頃、深刻な面持ちで僕にたずねてきた。何でも、投資契約に、僕らにとって著しく不利な項目があるらしい。ただ、そんなことを言われても、正直ほとんど理解できずに締結したので、僕にはよくわからない。

「これ、買取義務のトリガーとして、『状況判断によって一方的な通知で買い戻す』旨が設定されているね……。はっきり言って、エクイティ調達が基本のスタートアップ投資で、この項目はありえない。これじゃ事実上、融資みたいなものじゃないか」
　何がなんだかわからない。でも、Aはとても曇った顔をして、憤っている。エクイティとか融資とか、全然意味がわからない。

＊　＊　＊

　結局、Aは投資契約を変更できないかと掛け合ってくれたが、認められなかった。その後、事業がうまくいかなくなったことから、VCは買取請求権を行使し、僕らは株を買い取らなければいけなくなった。Aは必死で優秀な弁護士に相談したものの、「投資契約に同意してしまっているので、勝ち目はありませんね」。投資してもらったお金は、ほぼ使い切ってしまっていたので、僕は多額の負債を抱えることになってしまった。どうしてこうなってしまったのだろう、僕はただ研究を社会に活かしたかっただけなのに──。

# 1 | 優先株式の手続の概要

　次に、シリーズAラウンドの主な投資スキームとなる「優先株式」について説明します。

　優先株式が活用される背景は前節での解説のとおりで、一般的な発行手続は通常、「第三者割当増資」の形を取ります。

　既存株主に対して持株比率に応じて増資を行うことを「株主割当増資」、これ以外の方法を「第三者割当増資」といいます。実務上、創業者を含めてきれいに持株比率に応じて増資を行うことはほとんどないため、「第三者割当増資」の方法を取ります。

　また、手続については、不特定多数の投資家が申込みを行う公募増資を想定した「申込割当方式」と、特定の投資家と事前に協議を行い、誰に何株を割り当てるのか決定したうえで簡易的に行う「総数引受方式」の形があります。

　未上場スタートアップの場合には、特定の投資家に対する増資となるため「総数引受方式」の形を採用し、総数引受契約を締結する形をとる（1日で手続を完結させることも可能）ことがほとんどです。

　「総数引受契約」とはその名のとおり、株式の全部を引き受ける契約のことであり、同じラウンドにおいて発行される株式のすべてについて"このような募集要項で誰に何株発行されるか"という点が明確に記載される必要（契約書が1通である必要はない）があります。

## 未上場スタートアップの総数引受方式での第三者割当増資の手続の流れ

　第三者割当増資の一般的なやり方を紹介しておきましょう。

### ■ ステップ① 事前協議
　当該ラウンドの投資家と投資条件（バリュエーション、発行総数等）、契約内容について事前協議、交渉のうえ、確定し、ドキュメントを準備

します。

**優先株式発行の場合には、通常、いわゆる以下の4点セットについて合意することが一般的**です。

なお、投資契約に総数引受契約の機能を持たせることも可能ですが、総数引受契約は登記の添付書類として第三者から閲覧される可能性があるため、閲覧されても問題ない最低限の内容について、総数引受契約で締結して、詳細な条件は投資契約で定めるのが一般的です。

- **投資契約**
- **株主間契約**
- **優先株式に関する発行要項・定款変更案（投資契約に添付）**
- **総数引受契約**

株主総会決議前に契約内容をフィックスさせます。VCから提示されるタームシート、契約書ごとの目的、記載される各条項の意味、意図、起業家としての交渉ポイントについては後述します。

そして、株主総会決議において、当該増資ラウンドの「募集事項」と呼ばれる株式発行の条件について決定（特別決議事項であり、2/3の決議が必要）し、株主総会議事録を作成します。

総数引受契約の締結についても株主総会での承認が必要となります（取締役会が設置されている場合には取締役会の承認）。

### ■ ステップ② 送金確認

払込期日に予定どおり出資額が入金されているか確認します。

### ■ ステップ③ 登記申請

払込期日後、2週間以内に法務局に主に以下の書類を提出し、登記申請を実施します。

- 臨時株主総会議事録

- 登記申請書
- 株主の名前や議決権数等の証明書（株主リスト）
- 総数引受契約

### ■ ステップ④ 投資家への書類提出

投資契約に規定される必要な情報について投資家に提出する必要があります。通常は以下の２つです。

- 払込確認後、最新の株主名簿を提出
- 優先株式の登記完了後、現在事項証明書を提出

## 2 | 優先株式の発行における契約交渉のポイント

前述のとおり、優先株式を発行するラウンドでは、「投資契約」「株主間契約」「発行要項（定款変更案）」「総数引受契約」の４つのドキュメントについて投資家と合意をすることが通常です。

### 投資契約、株主間契約の締結を必要とする背景

そもそも、出資して株式を取得するだけであれば、必要最小限の内容の総数引受契約だけで済むはずです。VCとしては、なぜこれらの契約を結びたがるのでしょうか。背景を理解するためにはVCのビジネスモデルと会社法を理解する必要があります。

VCが出資する場合、１社の出資比率として大きくても20〜30％程度のシェアの確保にとどまり、会社法上、特別決議（2/3が必要）を否決できるだけの株式シェア（33.4%）を１社が保有するケースは稀です。したがって、会社法の取り決めからすると、各VCは前述した会社法上の特別決議事項（増資やM＆Aの実施）、普通決議事項（取締役の選任等）について単独で意思決定できないのは当然であり、コーポレートアクションとして決定的に重要な以下のような特別決議事項（増資、定款

の変更、事業譲渡、解散等）について、1社で否決権を持つことができません。

---

**【特別決議を要する事項一覧】**
- 譲渡制限株式の買取
- 特定株主からの自己株式の取得
- 全部取得条項付種類株式の取得
- 譲渡制限株主の相続人に対する売渡請求
- 株式併合
- 募集株式・募集新株予約権の発行における募集事項の決定
- 募集事項の決定の取締役（会）への委任
- 株主に株式・新株予約権の割当を受ける権利を与える場合の決定事項の決定
- 総数引受契約の承認（取締役会非設置会社の場合）
- 監査等委員である取締役・監査役の解任
- 役員の責任の一部免除
- 資本金の額の減少
- 定款の変更
- 事業譲渡の承認
- 解散
- 組織変更
- 合併、会社分割、株式交換、株式移転、株式交付

---

　一方でVCのビジネスモデルとしては、近年では機関投資家等のLP（リミテッドパートナー）からも資金調達を行って、10年程度のファンドの存続期間の間に、年間の投資利回り（IRR）としては最低でも20%以上、投資倍率（MOIC）としては2倍～3倍以上を求められるアセットクラスとして資金運用することとなっています。

　このようなビジネスモデル上、スタートアップへの出資後、諦められて簡単に解散されたり、大きく定款を変更されて当初とはまったく異なる事業を実施されたり、不適切なタイミング、時価総額でM&Aを実施されたりしないように、適切にコントロールしていく必要がどうしても

あります。

とはいえ、シードステージの検証段階は、事業自体まだどうなるかわからないステージですから、そこまでガバナンスを効かせる必要がなく（むしろ事前に事業の方向性について強くコントロールすることはオーバーガバナンスとして悪影響が大きい）、たとえばJ-KISSでは、定期的な資料提出等の最低限の取り決めを行う形態をとることが多いです。

また、アセットクラスとして、高い利回りを求められる立場のため、できる限り収益を伸ばす投資の設計とすることをLPから求められる立場でもあります。たとえば、ダウンラウンドでの増資に備えて希釈化を防止する措置を講じたり、ダウンラウンドのM&A等の場合にも投資元本＋αのリターンを上げられる優先株式の座組みを作る、また創業者や他の株主が株式を売却する場合、収益を最大化すべく先に買取を行う権利を確保したり、一緒に売却する機会を得ることを確保する等です。

このように、**会社法上、少数のシェアしか持たない投資家が持つ権利は限定的な立場である一方で、VCとしてはビジネスモデル上、投資先に対するガバナンスを効かせきちんとリターンを創出し、LPに対して利益還元を行うことを求められる立場でもあるため、優先株式の内容を設計したうえで、会社法上、当然には持つことができない権利関係について「契約」によって確保する必要**が出てきます。

## 投資家から見た投資契約

投資家視点で見たときに、スタートアップへの投資契約で確保したいポイントは以下の2つです。①が目的であり、②が手段です。

① 利益創出：出資のリスクを最小化し、出資リターンを最大化する
② ガバナンス：出資後、適切に情報を収集しながら、経営判断に適切に関与し、リスクをコントロールし、企業価値を向上させるしくみを作る

基本的に、投資家が提示するタームシート、契約の各条項は、①または②を目的としています。このなかで、**投資家とスタートアップの2社のみ（場合によっては経営者も含める）で締結しておけば足りる事項については、株式を購入する「投資契約」で規定し、全株主の間で事前に握っておくべき事項について「株主間契約」で締結する形**となります（株主間契約とはその名のとおり、株主どうしで締結する契約のことです）。

　これからの契約をデザインするのは、各資金調達ラウンドで最大の金額を出資するリードインベスターとなるVC（金額が小さくても契約を取りまとめるという意味でリードをやるケースも存在します）です。

　契約条項によって、リードインベスターの好みで投資契約に入ったり、株主間契約に入ったりする条項があるため、実務上「投資契約」「株主間契約」の定義は曖昧であり、リード投資家の数だけそれぞれに入ってくる条項は微妙に異なると考えたほうがよいでしょう。

　以下では、①と②それぞれの目的で、具体的にどのような条項が提示されるのか、起業家として交渉すべき特に重要なポイントはどこか、実務上クリティカルになりやすい点について見ていきます（投資契約に入りやすい条項は投資契約で、株主間契約に入りやすい条項は株主間契約で解説をします）。

## 投資契約の内容

　投資契約は「株式を購入」するために締結する契約です。

　投資契約において規定される条項は、秘密保持義務等の一般条項を除くと、以下のような条項です。

- 引受、払込の手続
- 払込までの誓約事項
- 表明保証
- 払込前提条件

- 資金使途の制約
- 払込後の手続、書類の提出
- 補償
- 買取請求権（発動トリガー、価格の決め方）

　このなかでも、起業家として特に知っておく必要があるのは表明保証と買取条項の2点です。以下この2点について解説をします。

### ■ 表明保証

　会社と起業家が、投資家に対して、投資契約の契約締結時と出資時点で、一定の事実を真実であると表明して保証する条項です。投資家の投資判断において、**投資家と発行側に情報の格差が存在し、投資デューデリジェンス（DD）において、事業内容、財務、法務面等のすべての前提事実について把握できるわけでないため、投資判断において重要な事実を表明保証させて、後に真実でないことが明らかとなった場合には契約違反として、株式の買取請求等が発動する等のリスクヘッジを行うための条項**です。表明保証をさせることにより、DDの際の情報開示のインセンティブにもなります。

　起業家として、虚偽の表明保証をした場合のリスクは高いため、表明保証条項において、虚偽の事実の表明保証を行うことがないか一言一句、丁寧に確認する必要があります。会社側が持っている情報ではなく、たとえば取引先に反社会的勢力が存在しないこと等、会社側として予防措置を行っているものの、真実であると保証できない事項については、「知る限り」または「知り得る限り」という留保を付すことが考えられます。
　本稿において詳細は割愛しますが、表明保証において保証させる事実は典型的には以下のような事項です。このなかでも、法令違反がない点についてシード、アーリーステージの企業では、労働基準法の規定を超えた残業等、労務関連で法令違反があるケースが散見されます。今後の

経営管理体制の強化によって、対応が可能なものについては投資判断に悪影響を及ぼすことはあまりないでしょう（表明保証の対象を「重大な違反」などに限定することもあります）。認識しているものについては、**DDのタイミングで誠実に申告することが大切**です。

---

**【一般的に表明保証において保証させる事実（一例）】**

- 会社設立の有効性
- 投資契約の契約締結権限があること
- 兼業していないこと
- DDの際に提出した主要な書類、帳簿が正しく記載されていること
- 簿外債務がないこと
- 事業に影響を及ぼす法的手続、訴訟等がないこと
- 法令違反、行政指導がないこと
- 保有資産について必要な権限を有し、担保設定はないこと
- 関係者に反社会的勢力が存在しないこと
- 債務不履行や破産手続の開始等、経済的信用状態に毀損がないこと
- 起業家が会社の株式を保有していること

---

■ **買取請求権**

　契約違反等、一定の義務違反があった場合に、投資家が株式の買取を請求できる条項で、一連の投資契約、株主間契約のなかでもっとも慎重に文言を精査する必要がある条項です。筆者らが見る限り、買取請求を発動するトリガーとしては、以下のような条項が提示されるケースがあります。

---

**【買取請求のトリガー条項】**

(1)　投資契約に違反し、一定期間経過しても治癒しない場合

(2) 表明保証について重大な違反があった場合

(3) 払込期日において、前提条件が満たされていなかったことが判明した場合

(4) 破産手続等が開始した場合

(5) 経営方針に重大な変更があり、事前に投資家の同意を得ていない場合

(6) 経営成績、財務状況が株式公開の基準に適合し、公開の準備の開始、続行ができる状況にもかかわらず、合理的な理由なく必要な準備、手続を開始せず、合理的な努力を実施しない場合

**投資家の一方的な裁量で買取請求権を発動できる文言となっていたり、XX年までにIPOできない場合等、株式公開に期限が設定されており、事実上、期限付きの融資の形を取っていたりする等、エクイティ性を否定するトリガーについては、起業家としては断固として修正の交渉を行う必要があります。**

また、このような買取義務については、会社側だけでなく起業家を含む経営株主にも責任を負わせる規定がまだまだ多いように思います。この点について、公正取引委員会と経済産業省が公表した「スタートアップとの事業連携及びスタートアップへの出資に関する指針」において、**経営株主等の個人に対する株式の買取請求権については、出資者からの出資を受けて起業しようとするインセンティブを阻害することとなり、競争政策上望ましくないとの評価もあるため、経営株主の義務については削除する方向で交渉するのが望ましい**とされています。

## 株主間契約の内容

次に株主間契約について説明をします。株主間契約で規定される条項は、大きく「出資後の会社の運営やガバナンスに関する取り決め」と「株式に関する取り決め」の規定に分かれます。投資契約が株式を購入するための契約であるのに対して、**株主間契約は、出資後、会社、経営陣、**

**投資家等の関係者の行動を規律するルールブックとして機能**します（株主間契約という名称ですが、株式を発行する会社に対する義務も規定されるため、スタートアップも契約の当事者になることが通常です）。

　わかりやすさの観点から、会社運営・ガバナンスについてと株式に関する取り決めについてと、株主間契約をさらに2つの契約に分けて規定することもあります（後者は財産分配契約などと呼ばれます）。

　個別案件の特性に応じてケースバイケースですが、株主間契約において、典型的に規定される条項と注意点について列挙します。

　まず、「会社の運営・ガバナンス」についての条項と注意点です。

### ■ 職務専念義務、競業避止義務

　出資を受け入れるに当たって、**創業者として資金調達をした企業以外の業務、副業的な事業を行わないこと、取締役を辞任せず再任を拒否しないこと、増資を行った企業と競合となる事業を退職後1年間等の期間が経過するまでに行わないこと等を義務付けられる条項**です。

　VCから出資を受ける起業家は相応のコミットをして調達することから受け入れやすい条項と思いますが、本業とのシナジーがある場合や家業でどうしても手伝う必要がある会社がある等、例外を設ける必要がある場合には、後日の紛争のタネにならないように、正直に伝えて例外として明確に規定してもらう必要があります。

### ■ 社外取締役の選任、解任

　**投資家に会社の取締役の選任の権利を与える条項**です（併せて、取締役に選任された後、会社と取締役の間で責任を限定するための契約の締結や損害賠償に関する保険の加入についても規定するケースが多いです）。前述したとおり、取締役とは株主の代理人の立場として、攻めの面と守りの面において企業価値を向上させるための意思決定を行うとともに、主に代表取締役（通常、創業者）が適切に業務を行っているかを監視、監督を行っていく立場です。

取締役は取締役会の意思決定において1票を持つことになり経営上重要な意思決定に関与していくことにもなるため、本条項を受け入れる場合、誰が派遣されるのか、何人派遣されるのかが重要なポイントとなります。

### ■ 取締役会または経営会議の開催、オブザーバー参加権

　**取締役会（取締役会を設置していない企業は取締役の合議体）を毎月1回実施し、そこで事業計画の進捗、業務や財務の状況、事業の重要な意思決定に関する協議をすることを義務付ける条項**です。投資家がオブザーバーを1名指定して、これらの会議に参加することを求めるのがオブザーバー権です。成長戦略、IPOの推進等、株主との定例ミーティングは、起業家にとってプラスに働くケースが多いと考えられ、これらの対応は問題ないことが多いでしょう。

　一方で、企業側としては経営上、投資家側に重要な情報を提供することになるため、場合によっては投資家が直接または間接的な競合に投資をするケースもあることから、これらの定例会やオブザーバーに提供した情報については、投資家側がしっかり秘密保持義務を負うことについて規定を求めていく必要があります。

### ■ 情報提供

　**事業年度や四半期ごとの財務諸表等、今後の事業計画、月次の財務諸表や月次試算表、営業、財務、経営に関する情報を特定のタイミングまでに提出を求める条項**です。VCとしては四半期等、定期的に投資先の減損評価や公正価値評価を実施する必要があるため情報収集を行いたいところですが、会社法上、スタートアップ側には当然に月次試算表等の資料を株主に対して提出すべき義務はないため、契約上確保する必要があり、この権利を入れないとそもそも出資を受けられないケースが多いように思います（シードステージで使われる、J-KISSのひな形にも情報受領権の記載があります）。

スタートアップとしては、その時点におけるバックオフィスの体制や連結子会社を有する等、自社の会計処理の工数等を踏まえて、適切な提出期限の期間設定を行う必要があります。

### ■ 事前承諾、事前協議、通知

　前述したようにVCは会社法上、重要な意思決定に関与できるほどのシェアを得ない立場である一方、ビジネスモデル上投資先へ適切なガバナンスを働かせる必要がある立場であるため、以下のような重大な意思決定については、事前の承諾事項とすることを求める条項です。

---

**【株主間契約における事前の承諾事項の例】**

定款の変更 ／ 株式、新株予約権、社債の発行 ／ 株式譲渡の承認 ／ 資本金の減少 ／ 自己株式の取得、消却、株式分割、株式併合、単元株の設定 ／ 剰余金の配当 ／ 知的財産権の処分 ／ 一定金額以上の財産の処分（権利または資産の取得、譲渡、借入、債務負担行為、出資、貸付などの投融資、設備投資等）／ 取締役、監査役、会計監査人の選任、解任、代表取締役の選定、解職 ／ 利益相反取引 ／ 合併、会社分割、株式交付、株式交換、株式移転その他の組織再編 ／ 事業の全部or重要な一部の譲渡等 ／ 解散、清算 ／ 破産手続開始、民事再生手続開始、会社更生手続開始、特別清算開始等

---

　これらの項目以外にも細かい項目について、事前通知事項、協議事項としたり、事後通知事項とするケースが存在します。

　起業家としては、どのようなコーポレートアクションを取る場合に、事前承諾、事前協議しなければならないのか、会社としてそのようなコントロールを受け入れることが可能かを、慎重に検討、判断する必要があります。**交渉のポイントとしては、①項目ごとに事前承諾が重すぎる場合、事前協議や通知事項にする（協議や通知さえすれば承諾までは不**

要とする設計）、②また事前承諾の場合でも閾値を設定すること（財産の処分であれば経営上インパクトが大きい1億円以上等の額）が考えられます。

### ■誓約事項（アームスレングス、知財確保・維持、法令遵守）

　出資受入後守るべき事項として、会社が起業家や役職員、その親族等と取引を行う場合は、独立の第三者との間の取引において合理的に設定される条件と同等の条件で取引することを求められたり（アームスレングスルールといい、上場審査で厳格に審査されるポイントです）、会社の事業遂行に必要な知的財産権の確保、維持、法令遵守の誓約を求められたりするケースです。

　これらの**誓約事項は、IPOを目指す企業にとって最低限守るべき事項**のため、入れることについて問題ない条項と思いますが、誓約事項に規定される内容は事業の制約となる可能性もあるため、**慎重にレビューする必要**があります。

### ■上場努力義務

　上場の時期を定めて、当該時期までに上場またはM&Aを含めた、売却の機会を提供するべく努力を義務付ける規定です。本条項を規定するかしないか、またどのように規定するかというコミュニケーションを通じて、現実感のある上場時期について投資家と協議、合意することが重要です。

　買取請求権のトリガーの条項の文言と合わせて丁寧なチェックが必要な条項です。前述したように、上場の目標時期までに上場できないことをもって買取を発動する条項はさすがに見なくなりましたが、**起業家が合理的な努力をしているのにもかかわらず、上場時期を過ぎても上場ができないケースで買取義務が発生するような文言は、実態として融資契約と変わらなくなるため、絶対に避ける必要**があります。

## ■ ガバナンスの全体的な交渉ポイント

　起業家としては上記のようなすべての権利をすべての投資家に一律に付与した場合、外部投資家が少ないアーリーステージであれば問題は発生しません。しかし、ミドル以降で投資家も増えてくるステージとなると、コミュニケーション工数が著しく増え、オーバーガバナンスとなる事態が発生します。そこで、**ガバナンスに関する権利のなかでも、社外取締役の選任や事前承諾事項等の経営判断に影響を与える権利については、一定以上のシェアや株式数、あるいは外部投資家のシェアの高い上位2位以内（あるいはそのラウンドでの順位等）までの投資家にのみ付与することが実務上よく行われます**（契約上、保有比率が高い投資家を「特定投資家」または「主要投資家」と定義して特定することが多いです）。

　シリーズA以降等投資家が急に増えるようなタイミングで、起業家としては積極的に交渉してよいポイントだといえます。


　次に、「株式」についての条項と注意点です。


## ■ 新株引受権

　新たに増資を実施する場合、既存投資家としては、持株比率が希釈化してしまうため、**投資家としてのリターン確保の観点から、持株比率に応じて（プロラタ）、新株の割当を受ける権利を設定するケース**があります。

　起業家としては、追加出資を積極的にしてもらえそうということで、リスクはないように見えますが、将来の資本政策として、戦略的な観点で事業会社に一定の比率を持ってもらったり、クロスオーバー（上場だけでなく未上場企業にも出資する）の海外の機関投資家にそれなりの比率の株式を保有してもらう計画がある場合、既存株主のプロラタでの追加出資権が将来的に障害となるケースも出てきます。そこで、将来の資本政策から逆算し、今回のラウンドでプロラタの出資権を与える投資家の範囲を限定することも考えられます。

## ■ 新株予約権の制限

投資家として、希釈化を避けるために、発行できるストックオプションの比率に上限を設定する条項です（ストックオプションプールのキャップ）。業界の相場としては、発行済みの株式と潜在株式を含めた、完全希釈化後の発行済み総株式数の10％から15％程度を上限とするケースが多いように思います。

一方で、過去大型上場を実施している某スタートアップにおいては、グローバル展開のために、グローバルで人材採用を加速する観点から、投資家との交渉のうえ、上限を20％としていたケースも存在し、そのような上限設定を行うVCも増えてきています。10％から15％程度という相場感に縛られることなく、事業戦略や採用計画、投資家へ提供できるリターン、公募価格の計画等から逆算して、適切な上限の比率を設計、交渉することが重要です。

## ■ 経営株主による株式譲渡の禁止、譲渡通知と先買権、共同売却請求権

起業家、経営陣が保有する株式は原則として売買が禁じられますが、まったく禁じられるということはなく、売却に当たって既存の株主のリターンを確保する観点で、以下のような所定の手続が設計されるケースが一般的です。まず、起業家として株式の全部または一部を売却したい場合、譲渡予定の相手方や価格を含めて、会社側や既存株主に通知が要求されます（譲渡通知）。既存株主には、先買権といって優先的に株式を譲り受ける権利が設定され、事業がうまくいっており、よりシェアを高めたいと考える場合には、先買権を行使することによりシェアを高めます**（先買権）**。

譲渡を希望する起業家は、売却を希望する株式数を譲り受ける既存投資家がいなかった場合にのみ、第三者に対して売却ができます。

また、先買権の行使がなされず、譲り受ける希望がない場合でも、起業家のみが単独でエグジットすることを抑止するために、共同売却請求権といって、買取を希望する相手方に対して、起業家と共同で売却を実

施することができる権利が設計されるケースをよく見ます**（共同売却請求権）**。

　投資家としては、時価総額をつけ起業家に比べて莫大な資金を投じて出資を行っていることから起業家、経営陣のみが単独で利益を得ることを抑止する規定です。

　実務上、経営者がリターンを得ることを目的として単独で売却できる機会はほぼ存在せず、これらの権利行使が発動するケースはそもそも稀なため、投資契約の交渉の際にも、大きな論点になることはないように思いますが、なんらかの理由で保有株式の売却を予定する起業家としては、事前に手続の設計について交渉を行う必要があります。

　経営チームのメンバーに生株を持ってもらいインセンティブを高めることを目的として、創業者の株式を売却するケースがありますが、このような場合には、先買権や共同売却請求権の放棄について、既存株主の理解を得られるでしょう。

　実務上、稀に見られるのは、次回ラウンドで高いバリュエーションで入る投資家に対して、創業者が割安の株価で一部売却を行い、創業者として一部経済的なリターンを得ながら、取得価格の平均値をとることによって新規投資家にとっての実質的なバリュエーションを下げる方法です。バリュエーションが高い資金調達は既存株主にとってもメリットがあることのため、きちんと話し合いを行うなかで、先買権や共同売却請求権の放棄について、既存株主の理解を得られるケースもあるでしょう。

### ■ 強制売却権／同時売却請求権

　一定の条件を満たした場合、会社の全株主が保有する株式を売却することを強制される権利です。ドラッグ・アロング・ライトと呼ばれ、**M＆Aを強制できる権利となることから、起業家として（もちろん投資家としても）、そもそも規定するかどうか、どのような条件をトリガーとするか、慎重に判断することが求められる条項**となります。株主間契約のなかでも、もっともインパクトが大きい重大な条項といってよいでし

ょう。

**トリガーの設計方法としては、以下がポイント**となります。

---

**【強制売却権のトリガーを設計するポイント】**

① 意思決定の主体（全株主か種類株主のみか）、意思決定に必要な
議決権の比率（加えて、起業家に拒否権を持たせるか否か）

② 権利行使できるタイミングを制限するかしないか（契約締結時、
契約締結から2年後、株式公開の目標を過ぎた時期等）

③ 売却価格の下限の設定

---

起業家としてそもそもM&Aの選択を考えていない、考えたくないと
いうことであれば、強制売却権について、起業家が拒否権を持てる設計
にする必要があります。一方で、M&Aの選択も考えられ、拒否権を持
つほどでもないということであれば、トリガーの条件（決定主体、方法、
タイミングの制約、価格）について事前に納得のいく合意をすることが
重要です。

### ■ みなし清算条項

M&Aが発生した場合、会社と株主が得られる対価の合計を残余財産
とみなして、残余財産の優先分配の規律を適用する規定です。前述した
ように、優先株式が活用される最大の理由です。みなし清算条項は定款
の規定だけでは法的効力として不十分という見解も有力なことから、実
務上は、株主間契約において規定がなされることが多いです。

みなし清算条項に関して、後述する、定款における残余財産の優先分
配をどのように規定するかが、経済的に見て非常に大きな株主間契約上
の論点となります。

## 総数引受契約書

前述のとおり、株式の全部を引き受ける契約のことで、同じラウンド

において発行される株式のすべてについて "このような募集要項で誰に何株発行されるか" という点が明確に記載される必要があります。総数引受契約の締結についても株主総会での承認が必要となる点に留意しましょう（取締役会設置会社の場合には取締役会の承認が必要）。

## 優先株式の定款

　優先株式の定款（優先株式発行要項）には以下の点が記載されます。起業家として特に理解しておくべき事項について、説明します。


### ■ 優先配当

　スタートアップにおいて利益が出た場合、配当に回されるケースは通常なく、新規投資に回されるため、実務上、優先配当について規定する必要性は高くありませんが、普通株主に対する牽制の意図から念のため規定されるケースが多いでしょう。通常考えづらいですが、莫大な利益が出るビジネスモデルで未上場のタイミングから積極的に株主還元を行う方針をとる場合、きちんと設計する必要があります。


### ■ 残余財産の優先分配

　前述のとおり、**みなし清算条項の合意をすることで、会社清算時だけでなく、M&Aの発動時の分配額としても定めることが可能**となります。決める必要がある点は次のとおりです。

① **優先株主が分配において優先されるのは何倍までか**
② **優先株主が優先分配を受けた後になお分配すべき金銭が残っている場合、優先株主が当該分配に参加できるか、参加できないか**（参加できる場合を「参加型」、参加できない場合を「非参加型」という）。さらに、参加型とする場合、各シリーズ間の優劣関係、参加の上限を設けるか

国内の実務上、①については１倍、②については参加型が一般的で、参加型の場合、後に発行される種類株式が優先されると定められるケースをよく目にします。

　**②については、シリコンバレーでは非参加型が一般的であり、グローバルスタンダードではない点に留意し、M＆Aの可能性が高いと考えるのであれば起業家としてのインセンティブ設計の観点から非参加型とすることについて交渉を検討すべき**です。最終的には、当該ラウンドで契約締結を主導するリードインベスターとスタートアップの交渉、力関係（スタートアップとして、リードインベスター候補からどの程度たくさんタームシートの提示を受けられるか）によって定められる事項です。

　M＆Aによるエグジットを考えておらず、上場のみを目指す起業家としては軽視しがちな条項ですが、たとえば、優先分配が２倍のケースで、万が一M＆Aが実施された場合、自身の手元に一銭も残らないという事態が生じてしまうため、どのような時価総額のエグジットの場合には、自身の手元にどのくらい入るのかシナリオを見ながら、交渉を行う必要がある条項といえます。

### ■ 普通株式への転換請求権

　投資家がいつでも請求することにより、優先株式を普通株式に転換することができる権利です。優先株式を普通株式に転換することにより優先株式の権利を失うため、通常行使されませんが、たとえば、スタートアップが高いバリュエーションで買収され、非参加型の優先株式の発行を受けていたケースでは、普通株式に転換したほうが経済的なリターンが高まるケースが存在し、そのようなケースで転換請求権の行使が想定されます。

　実務上、本条項が重要なのは、希釈化防止条項として機能する点です。VCとして心配なのは、出資後、事業が思ったようにうまくいかず、出資時よりも低い時価総額で資金調達が実施され（ダウンラウンド）、持株比率が大きく下がってしまう点です。普通株式への転換は、通常、優

先株式1個に対して普通株式1個となりますが（転換比率は1）、ダウンラウンドの事態に備えて、優先株式1個に対して希釈化を避ける観点から、普通株式が1個よりも多く交付される設計（転換比率を調整する設計）を希釈化防止条項といいます。

　実務でもっとも使用されているのが加重平均方式で、ざっくりいうと前回出資時のバリュエーションとダウンラウンド時のバリュエーションを株式数で加重平均するというやり方です（前回出資時のバリュエーション算定の発行済株式数に「潜在株式数」まで含めるかどうかという点についても設計が可能です。潜在株式数まで含めたほうが転換比率の調整幅は小さくなり投資家にとっては不利（ブロードベース）、含めないほうが転換比率の調整幅が大きくなり投資家にとっては有利となります（ナローベース）。

　投資家にとってもっとも有利な設計が、フルラチェット方式と呼ばれる方法で、前回と今回で加重平均することなく、ダウンラウンドした株価をベースに株式数を調整する方法です。VCとしては、バリュエーションが高いラウンドで、次回マイルストーンの達成可能性に不確実性が残り、ダウンラウンドでの資金調達の蓋然性がそれなりに高いと考える場合、フルラチェット方式を提示するケースがあります。希釈化防止条項の設計は今回のラウンドのバリュエーションとセットで議論、交渉していくことが重要です。

### ■ 普通株式の全部取得条項

　上場申請について取締役会で可決され、主幹事証券から要請があった場合、スタートアップのみの意思により、種類株式の全部を普通株式に転換できる全部取得条項の権利を入れるのが一般的です。

　日本の上場審査の実務上、証券取引所に対して上場申請を行ったタイミングで原則として優先株式を普通株式に転換する実務慣行が存在するため、トリガーとしてこのように設計されるのが一般的です（一方、上場申請後、上場審査を通過しないケースも多々存在し、上場承認が見送

られた場合、優先株式が普通株式に転換したまま放置される事態を避けるため、実務上は、上場承認が見送られた場合、優先株式に再度転換する旨、契約で手当を行います）。

■ その他
　取締役選任や拒否権について、法的な実効力確保の観点から定款での設計も可能ですが、株主間契約に入れることで、スタートアップに対する強制力としては十分なケースがほとんどであり、実務上定款に規定されるケースは稀です。定款は株主ではなく債権者も閲覧可能であり、極力規定を避けたいという背景もあると思います。

## 全体的な交渉ポイント

　交渉力はBATNA（Best Alternative to Negotiated Agreement：もっとも望ましい代替案）をどこまで持つことができるかで決まります。
　**VCとの交渉でBATNAを持つためには、リードインベスターからタームシートが提示されるタイミングを揃えることで横並びで比較検討できる状況を作ることが重要**です。そのためには、資金調達でVCを回っていくタイミングで、リードインベスター候補とリードはやらないフォロー候補とでスケジュールを分け、丁寧にコミュニケーションをとりながら、まずリードインベスター候補から出資の可否、出資する場合の条件概要（タームシート）をスケジュールを切って提示してもらいます。
　1社しかリードとして提示がない場合、スケジュールをさらに伸ばして、よりリード候補を増やすか、当該リードと交渉のうえ条件を決定していく形になります（この場合、契約の交渉力は弱い）。複数のリード候補からタームシートを得ることができれば、横並びで比較し、より自社に有利な条件で、契約条件を決定することができます。
　リードインベスターと契約内容を概ね握った後、リードインベスターの意見、ネットワークも借りながら、フォロー投資家を決定していくことで、より迅速にラウンドをまとめることができます。

# 3 | グローバル展開を見据えた投資契約等の留意点

これからますます日本発・海外で活躍するスタートアップの創出が求められるところです。海外展開を見据えるスタートアップが留意すべき法的な座組みについて、一般社団法人 日本取締役協会 スタートアップ委員会の提言書「我が国のベンチャー・エコシステムの高度化に向けた提言 －Ｇ型スタートアップ創出のためのレベル・プレイング・フィールドの実現を目指して－」を参考に、簡単にポイントをまとめます。

同提言書は海外展開を目指すスタートアップにとって非常に参考になる資料ですので是非一読してみてください。

---

**【グローバルでの資金調達を見据えたシード・アーリーステージにおける投資契約締結の留意点】**

- 英文かつグローバルスタンダードのひな形を活用することが理想：スタートアップと投資家が迅速かつ正確なリスク判断を行い、コミュニケーションコストを最小化するために投資契約の内容は標準化されているべき。後続のグローバルベンチャーキャピタルの投資をスムーズにするため、**初期のラウンドから英文で作成され、グローバルスタンダードに準拠していることが望ましい**

- 創業者の連帯責任と株式買取請求権の排除：**創業者に会社との連帯責任を求める条項**や、**投資家からの株式買取請求**（プット・オプション。特に買取請求権行使の要件が緩い条項）**を認める条項は投資契約に含めるべきではない**

- 取締役指名権の工夫：取締役会の多様性と適正規模を両立するため、投資家全員ではなく**特定の条件を満たした投資家のみに指名権を限定する等の工夫が必要**。なお、指名された投資家の取締役には取締役としての立場とVCの役職員としての立場という２つの帽子をかぶる形となり利益相反となるシーンがあるため、スタ

ートアップ側として十分に留意する必要がある。

- 拒否権の制限：投資家の事前承認を必要とする拒否権については、対象事項が過度に広範囲であるとスタートアップの経営や事業運営を妨げる可能性があるため、**その対象事項は合理的範囲に限定されるべき**
- Pay to Play条項：既存投資家が追加出資をするかどうかは後続の特にグローバルな新規投資家にとって大きな判断ポイントとなる。そのため、**既存投資家が自身の持株比率に応じて出資しなければ優先株式が普通株式に転換する等の一定の権利を喪失する条項（Pay to Play条項）を入れることで追加出資のインセンティブを高くする設計が理想**
- 上場期限の撤廃：株式の上場を前提とする条項や上場に期限を設ける条項は設けるべきではなく、**上場の不達成による投資家の株式買取請求権を設ける条項は避けるべき**

**【その他、海外展開を見据えるうえで会社設立やコーポレート・ガバナンス、内部統制等の留意点】**

- 会社設立：米国デラウェア州に親会社を設立し、日本に子会社を設立する「デラウェア・スキーム」は、資金調達やストックオプションの発行に関して検討する選択肢となる。日本のベンチャーキャピタルから資金を集めにくいという側面もあり見極めが必要
- 株主構成：自社の成長に貢献する者を株主として招き、創業者や経営陣に適切な持分比率を保持させることが重要で、これが会社の成長や新規投資家からの評価に大きく影響する。また、グローバルでは取締役が株主からの責任追及を受ける可能性があると認識することが求められる
- 取締役会：スタートアップの初期段階から、グローバル展開を念頭に置いたガバナンス計画を立てるべきであり、その一環として

早いタイミングから独立した社外取締役の招聘が重要。また、グローバル市場で成功するためには、取締役会がグローバルスタンダードを理解し、それに従って動くことが必要である

- 内部統制システムの整備：グローバル展開を想定する場合、比較的早い時期から内部統制システムの整備は必要。事業進捗を考慮し、専門家に相談しながら適切なシステムを整備していきたい

## おすすめ書籍など

- 『スタートアップ投資契約 モデル契約と解説』宍戸 善一、ベンチャー・ロー・フォーラム（VLF）編（商事法務）：優先株式発行要項、投資契約、株主間契約の各条項について、現在の実務の到達点、理論的な整理について詳細な解説がなされています。ひな形付き。会社法の理論的な背景まで深く知りたい方におすすめです。
- 我が国における健全なベンチャー投資に係る契約の主たる留意事項 https://www.meti.go.jp/policy/newbusiness/data/ryuizikou_r.pdf
- 『VCの教科書 VCとうまく付き合いたい起業家たちへ』スコット・クポール著／庭田よう子訳（東洋経済新報社）：米国のベンチャーキャピタルのビジネスモデルの詳細が記載されています。日本においても参考になる記載ばかりです。VCのしくみについてより深く理解したい方におすすめです。

**まとめ**

- 「優先株式」が実務上利用される背景としては、ベンチャーキャピタルにとって「優先残余財産分配」と「みなし清算条項」の組み合わせにより、M＆Aによるエグジットの場面で投資時からバリュエーションが下がるダウンラウンドのM＆Aの場合でも、投資元本＋αの投資リターンを確保できるようになりダウンサイドリスクを抑制できるため、積極的に高いバリュエーションを付け

ることができる点がある。また、過度に希釈化させずに調達規模を増やしたい起業家にとってもメリットがある。

- 優先株式を発行するラウンドでは、①投資契約、②株主間契約、③発行要項（定款変更案）、④総数引受契約の４つのドキュメントについて投資家と合意をすることが一般的。
- 投資契約は「株式を購入」するために締結する契約で、表明保証と買取条項の２点について特に留意が必要。
- 株主間契約で規定される条項は、大きく「出資後の会社の運営やガバナンスに関する取り決め」と「株式に関する取り決め」の規定が存在。株主間契約は、出資後、会社、経営陣、投資家等の関係者の行動を規律するルールブックとして機能する。

**チェックリスト**

□優先株式が活用されている背景、利点を理解し、①投資契約、②株主間契約、③発行要項（定款変更案）、④総数引受契約について交渉ポイントを理解した。

□優先株式発行において特にインパクトの大きい以下の重要な条項の意義、リスクについて理解した

- 投資契約：表明保証、株式買取請求権
- 株主間契約：事前承認事項、強制売却権、ストックオプションプールの上限の設計
- 定款：優先倍率、参加／非参加の設計、希釈化防止条項

# 資本政策と
# ストックオプション

　まさか、わたしが起業することになるなんて。昔から、良くも悪くも流されて生きてきたタイプだと思う。親や友達、恋人の影響を大きく受けながら、進学や就職など節目節目の意思決定をしてきた。新卒でメガベンチャーに入ったのも当時付き合っていた恋人がそこで働いていたからだし、新卒4年目でスタートアップに転職したのも学生時代からの友人の誘いがきっかけだった。

　起業したのも同じ。メガベンチャーでとてもお世話になって、数年前に起業した先輩と久しぶりに食事をしていたら、「あなたはとても起業家に向いていると思うから、起業したほうがいい」と言ってもらえたからだ。

　そんなこんなで、起業経験のある人に話を聞いていると、成功するかどうかはともかく、起業そのものは案外簡単にできることがわかった。これも人生経験。やってみてダメなら、また就職すればいい。たまたま、その先輩に絶賛してもらえたプロダクトのアイデアもあったので、軽い気持ちで起業した。

＊　　＊　　＊

　創業後、しばらくはわたし1人と、業務委託のエンジニアの2人でサービス開発を進めていたが、半年も経つと何人か入社してくれる人が出てきた。正直、あまり潤沢な給料は出せなかったが、「この条件なら、株式をもらえないと難しい」と言われた。そこまでお金にこだわりはなかったので、それでモチベーションが上がるならと、言われたとおりに株式を付与。人によって差をつけるのもどうかなと思ったので、結局は全員に株式を付与することになった。

ただ、そのとき入ってくれた人は、結局あまり長くは在籍しなかった。他に複数社の立ち上げを手伝っていたこともあり、社員とはいえコミット度が曖昧。わたしの負担は大きく減らないまま、2年以内には全員が次の道を見つけて辞めてしまった。辞めるとき、株を持っていることだけは気になったが、「まぁいずれ買い戻せばいいだろう」と思いそのま

まにしておいた。

＊　＊　＊

　創業から3年近く経った頃、シリーズAの資金調達を実施。その頃にはメディア露出も増え、会社としてのブランド力も少しずつ確立されていた。黙っていても、一定数の採用候補者が集まるようになり、外資コンサルや商社など派手な経歴を持つ社員も増えた。

　とはいえ、まだまだ潤沢なキャッシュがあるわけではないので、あまり高い給料は出せない。多くの社員が、入社時に代わりにストックオプションを求めたので、思い切って全員に付与することにした。お金のために起業したわけじゃない。これでみんなのモチベーションが上がるなら──。とにかく手当たり次第にストックオプションを付与した。株主間契約でストックオプションの発行枠の上限が定められていた気がしたが交渉すればきっと大丈夫だろう……。ストックオプションは、設計についていろいろと考えるべきことがあるらしいのだが、バタバタしていたので、結局資金調達の前日に内容を吟味せずに発行することに。まぁ、なんとかなるだろう……。

　その後も、定期的に全社員にストックオプションを付与。これ以上ストックオプションを発行できなくなってしまうから慎重になったほうがいいというアドバイスもあったが、そこは今目の前にいる従業員ファーストだ。問題ないだろう。

　最初に入社して生株を付与した元社員も含め、もうこの会社にいないか、モチベーションの低い社員ばかりなのに、なぜか株やストックオプションだけ持っている人たちが多くいる事態になっている。でも、まぁいいんだ。お金のために起業したわけじゃないし、何なら起業自体そんなにしたかったわけじゃない。うまくいかなかったら、会社を畳めばいい話。まぁ、なんとかなるだろう……。

# 1 資本政策とは

　起業すれば資金調達を行うべきタイミングがそう遠くないうちに訪れます。多くの起業家はわずかな資本金で株式会社を設立し、自社のプロダクトやサービスを開発し、PMF（Product Market Fit）を経て、その後グロースステージに入ります。ビジネスの内容やその時点における当該企業のステージによって必要とする規模は異なりますが、大きな成長を目指す会社では、成長の過程において資金調達を検討するタイミングが複数回は訪れるはずです。なぜなら創業者が自ら用意できる資金や会社の売上だけでこれらの資金ニーズをみたすことはほぼ不可能だからです。

　そして資金調達に向けて投資家との交渉を開始する際に起業家が意識しなければならないのが資本政策です。

## 創業期から資本政策を検討する

　それではなぜ資本政策が重要なのでしょうか。そもそも資本政策とはどのような意味を持つのでしょうか。実は資本政策とははっきりとした定義がある言葉ではありません。したがって資本政策という言葉が使用される場面によってその意味するところも少しずつ異なります。本書では、スタートアップが資本政策という言葉を使用する場面を想定して、**「資本政策」とは、事業計画を達成するために必要となる資金調達と株主構成の計画を意味する**ものとして使用します。

　より具体的には、**事業計画に基づき、誰から、いつ、どのような方法で、どの程度の金額を調達すればよいのかを検討する**ことになります。たとえば、IPOを目指す企業であれば、まずはIPOに至るまでの資金調達の計画を資金調達の各フェーズに分解して資本政策に落とし込むことになります。資本政策を見ればどのような株主から投資を受けているのか（受ける予定なのか）、株価がどのように推移しているのか、各株主

がどの程度の比率で株式を保有しているのかがわかることになります。

　起業して間もないタイミングで精緻な資本政策を検討することは当然簡単ではありません。特に順調に成長している自社の姿を想像するためにはいくつもの仮定を積み重ねなければならないため、創業期には資本政策を作成せずある程度成長してから作成すればよいのではないかと考える方もいます。確かに創業期に作成する資本政策は絵に描いた餅となりやすく、雲をつかむような話の上に成り立っていることが多いです。

　しかし、それでも**創業期に資本政策を検討することは重要です。**なぜなら資本政策とは、創業時からのエクイティファイナンスの積み重ねによって構成されるものであり、事後的に資本政策を検討することで過去の行為についてやり直しがきくものではないからです。特に創業期は株価が安くなるため少額の資金調達でも持株比率で考えれば大量の株式を外部に放出することになります。

　また、資金を必要としていないタイミングでもたまたま声をかけてくれた投資家に場当たり的に株式を発行してしまうといったこともあります。資本政策を検討していれば適切な資金調達のタイミングと条件を想定しながら投資家と交渉することができるので場当たり的な資金調達を防ぐことができます。

　もちろん一度作成した資本政策をIPOまで一貫して維持できることなどありませんし、是々非々で柔軟に事業計画や資本政策の修正を検討すべきです。しかし、それは資本政策の作成を先送りにしてよい理由にはなりませんので、可能な限り早期に、その時点でのベストといえる資本政策を作成し、定期的に見直す機会を設けてください。

## 2 持株比率について

### 段階的に希薄化させることが重要

　シードステージやアーリーステージのスタートアップにおいて、資金調達の際にどの程度の株式を発行すべきなのかという点は非常に悩ましい問題です。これまでにも説明してきたとおり、株式会社の株主は原則として1株について1個の議決権が認められ、株主総会では株主がこの議決権を行使することで会社に関する重要な意思決定がなされます。仮に1人で創業した際には100%の株式を保有していた創業者であっても、資金調達などのイベントを経てその持株比率は低下していきます。

　その際に特に注意しなければならないのは、特別決議を成立させるために必要となる2/3以上の議決権、普通決議を成立させるために必要となる過半数の議決権について、創業者を含む経営陣が保有しているかという点です。上場直前においても創業者がこの割合を維持できていることはまれですので、いずれは創業者の持株比率は低下するものですが、**初期的な段階で過度に希薄化（ダイリューション）が進むことはできる限り避けなければなりません。**

　それは会社の意思決定のスピードが落ちることや意思決定そのものが不安定になるだけではなく、初期的な段階で急激なダイリューションを引き起こす意思決定をした会社（創業者）に対して積極的に投資を検討してくれる投資家は通常現れませんので、結果としてその後の資金調達がうまくいかず、会社の存続可能性を低下させることになります。

### 新たに参画した役員や従業員に株式を保有させるリスクとは

　また、上記のように投資家に新株を発行する場面以外で、特に慎重に考えるべきなのは、設例のように、新たに参画した取締役や従業員（役職員）に対して新株を発行または創業者が保有する株式を譲渡する場面

です。

　特にスタートアップでは大企業と比較して金銭報酬が低くおさえられる傾向があるため（なお、近時はスタートアップでも大企業と比較して遜色ない給与テーブルを用意するところも増えていますが、それは資金調達に成功したスタートアップなど一部に限定されます）、将来のキャピタルゲインをインセンティブとして人材を獲得することがよくあります。

　創業者からすれば新たな役職員に株式を保有してもらうことでモチベーションや一体感を醸成したいという狙いもあり、その効用自体は否定されるものではありませんが、一定のリスクを抱える意思決定であることは認識しておいてください。

　それは「創業株主間契約」の節でもすでに説明した内容とも関連しますが、株式を保有する新たなメンバーが期待どおりのパフォーマンスを示してくれるとは限らず、また、早期に辞任・退職してしまう可能性もあるからです。

　そして、会社を去ったメンバーが株主として会社の意思決定に関与する場合、創業者の意向と対立する議決権行使を行うことがあります（特に創業者との関係性が悪化して会社を去った場合に顕在化しやすいです）。

　また、創業者と対立まではしていなくても会社を去ったメンバーが株式を持ち続けることが会社にとってリスクとなるケースは存在します。たとえば、もともと創業者を支える安定株主となることを期待して株式を譲渡したにもかかわらず、会社を退職したあとに連絡が取れなくなってしまったために、株主総会において期待していた議決権行使を得られなかったケースや、会社を去ったあとに素行不良であることが判明し（たとえば、暴力団構成員や半グレとの交流が判明するなど）、会社のレピュテーションが悪化してその後の資金調達が難航するといったケースです。

　このように創業者がコントロールできない株主が増えれば増えるほど会社としては意思決定やレピュテーションの面などでさまざまなリスクを背負うことになります。したがって、新たに参画する役職員に対して

株式を付与する場合には、そもそも当該役職員に株式を付与する合理性があるか、合理性があるとしてどの程度の株式を保有させるべきか、慎重に検討するようにしてください[6, 7]。

## 3 ストックオプションと新株予約権

それでは新たなメンバーに株式は付与しないことにする場合、他にインセンティブとして機能する制度設計はないのでしょうか。

このような場面で頻繁に用いられるのがストックオプションです。多くの方がストックオプションという言葉自体は耳にしたことがあると思います。ストックオプションについては、「スタートアップに転職すればストックオプションで億万長者だね」というステレオタイプなイメージにもとづく話を耳にしたことがある人もいるかもしれませんが、そもそもストックオプションがどのような制度なのか理解している人は意外と多くありません。

### ストックオプションは新株予約権の利用形態の1つ

まず、ストックオプションを理解する前提として新株予約権について説明しなければなりません。ストックオプション＝新株予約権、とイメージされている方も多いと思いますが、本来は新株予約権のほうが広い

---

**6** 「創業株主間契約」の節でも説明したとおり、契約で退職した場合に株式を買い取れるように合意することも考えられます。ただし、退職者から株式を買い取る権利を保有する人が、その時点で資金を用意することができるかどうかはわかりませんし、会社が株式を取得しようとする場合には（自己株式の取得）、分配可能額の範囲内でしか取得できないという制限があることに加え、株主総会決議が必要となるため、その点で退職者の株式を確実に取得できるとはいえません。

**7** 役職員側からしても、株式発行時の時価を払い込む必要がある場合には、その会社のステージによっては金銭的な負担が大きくなるため、株式を付与することが喜ばれるとも限りません。いずれにしても新たな役職員に株式を付与するのであれば、既存の経営陣と比べても見劣りしないハイレイヤー人材を採用するような場合に限定するのがベターといえます。

概念です。

　新株予約権とは、「株式会社に対して行使することにより当該株式会社の株式の交付を受けることができる権利をいう」（会社法2条21号）とされており、株式そのものを交付するのではなく、株式の交付を受けることができる権利を付与するところに大きな特徴があります。つまり、**新株予約権は、あらかじめ定められた内容に従ってその権利を行使することで会社から株式を交付される権利（≠株式）**ということです。

　このように、新株予約権は新株予約権を取得した新株予約権者の権利ですので、その権利を行使するかどうかは新株予約権者が決定することになり、逆にいえば、新株予約権者は新株予約権を行使して株式を取得しない限り、株主となることはありません。

　新株予約権は、①発行価額を高く設定することで資金調達の手法として利用されることもありますし（「J-KISS」はこのような用途で用いられる新株予約権です）、②上場企業などでは買収防衛策として利用されることもあります（もう随分前になりましたが世間を騒がせた事件としてライブドアがニッポン放送の買収を試みた際にニッポン放送がフジテレビに新株予約権を発行しようとして話題になりました）。

　そして、スタートアップにとってもっとも馴染みが深いのが会社の役員や従業員に対するインセンティブ制度として用いられるストックオプションです。つまり、ストックオプションとは、新株予約権の利用形態の1つということになります。


## 4 ｜ ストックオプションのインセンティブ効果

　では、ストックオプションにインセンティブ効果があるといわれるのはなぜでしょう。先ほど新株予約権について、あらかじめ定められた内容に従ってその権利を行使することで会社から株式を交付される権利、と説明しました。つまり新株予約権の内容をどのように設計するか次第

**【ストックオプションの基本的な流れ】**

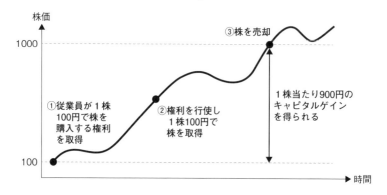

で新株予約権を取得する新株予約権者にとって魅力のあるストックオプションになるということです。当然、新株予約権者にとってもっともわかりやすいインセンティブは経済的なメリット（キャピタルゲイン）ですので新株予約権を発行する各社はその点を意識して設計することになります。

　たとえば、1株あたりの株価が100円の会社において、100円を行使価格（新株予約権を行使する際に会社に対して払い込む価格）として新株予約権1個につき1株が付与される新株予約権を発行する場面を想像してください。この場合、新株予約権を行使することができる期間内に新株予約権を行使すれば、新株予約権者は100円で1株を取得することができます。株価が100円のままであれば新株予約権者にはキャピタルゲインが発生しませんが、その後、会社の株価が伸びて1000円となれば、1株につき900円のキャピタルゲインが発生します。

　会社が成長を続ければ新株予約権を取得した際に決められた行使価格を上回る価格で株式を売却できる可能性が生まれるわけですから新株予約権を付与された役職員からすれば会社の業績を向上させるモチベーションが生まれますし、将来得られるキャピタルゲインを期待して成長が見込まれるスタートアップに入社するという決断もしやすくなるわけで

す。

このようにして新株予約権者にインセンティブを付与することで会社と新株予約権者をWin-Winの関係にすることを可能とするのがストックオプションです。

### ストックオプションはリスクを取った人に対する報酬

なお、起業家のなかには、リクルートの際などにストックオプションの存在を外部に向けて積極的にアピールされている方もいます。しかし、ストックオプションで多くのキャピタルゲインを得られる可能性は決して高いものとはいえず、そのような利益を得られるのは、基本的には、上場が期待される有望なスタートアップに、早期に入社することを決断できた人だけです（目利きを誤らず、かつ、他の人よりも早くリスクを取る判断ができた人に多くのキャピタルゲインが生じるのは自然ともいえます）。

当然、スタートアップに入社しようとする候補者たちもストックオプションに過度な期待は禁物であるということはよく理解してきているので、ストックオプション以外でも役職員にとって魅力のある報酬制度を検討することは経営者にとって重大な役割の1つといえます。昨今、上場企業を中心に導入が進められてきた株式報酬制度について、スタートアップにおいても関心が高まってきており、この傾向は今後も続くと思われます。

## 5 ストックオプションの内容

### オプションプールの考え方

これまでに説明してきたとおり、ストックオプションとしての新株予約権の発行であれば、ストックオプションが行使されない限りは持株比

率に直接的に影響を及ぼす株式とはならず、かつ、役員や従業員に対するインセンティブとしても機能するので、役員や従業員のためにできるだけ多めにストックオプションを発行したいと考える起業家や経営者がいても不思議ではありませんし、現にそのような相談を受けることはあります。

　起業家側のロジックからすれば上記の考えに至るのは合理的な側面もありますが、現実的にはストックオプションは希薄化後の株式総数[8]をベースとして10%から15%程度に設定されているケースが多いです（20%程度に設定されていることもあります）。それは既存株主である投資家との利害関係を調整するためです。

　投資家からすれば、有能な人材を獲得し、役員や従業員のモチベーションを維持・向上するためとはいえ、ストックオプションを際限なく発行されてしまえば、投資を実行した時点で期待していた持株比率や株式の価値が希薄化されてしまいます。一方で、優秀な人材の取り合いが発生しているスタートアップにとって、ストックオプションの発行が重要な手段であることは投資家もよく理解しています。

　そこで、両者の利害を調整するために、**株主間契約などで会社が発行できるストックオプションの枠**（これを「オプションプール」といいます）**をあらかじめ設定し、その枠を上記のとおり10%から15%程度に定めておくことが多いです**[9, 10]。

---

**8**　ストックオプションなど普通株式を取得することができる権利や普通株式に転換することができる権利がすべて行使されたと仮定した場合の発行済普通株式総数をさします。

**9**　近時、シード投資をメインの投資領域とし活動してきたベンチャーキャピタルANRIが、オプションプールを20%まで許容するとのポリシーを公表し話題となりました。その後も、Z Venture Capitalやデライト・ベンチャーズなど、同様のポリシーを表明するベンチャーキャピタルが現れています。

**10**　なお、日本の会社法上、株主総会の決議により新株予約権の内容や数の上限などの一定の事項を決定したうえで、その他のストックオプションの募集事項の決定を取締役会に委任することができますが、権利行使価額や権利行使期間の決定については委任することができず、さらに委任の有効期間が1年とされています。この結果、オプションプールとして枠取りが認められたストックオプションを柔軟に活用することができないという点が指摘されており、この問題を解消するための環境整備に向けて、現在、一定の要件を充足した会社については、一度株主総会の決議を経れば、取締役会で権利行使価額や権利行使期間を柔軟に決定できるようにする方向で議論が進められています。

株主間契約などに定められた上限を無視してストックオプションを発行しようとする場合、個別に投資家の承諾を得ることができなければ事実上ストックオプションを発行することはできないため、あらかじめ投資家との間でオプションプールを何％に設定するか慎重に交渉すべきですし（とはいえ実務上のスタンダードから大きく逸脱した提案は拒絶される可能性が高いです）、ストックオプションを発行する際は後になって発行できるストックオプションが存在しないといった事態に陥らないように計画的に発行することが重要です。

## ストックオプションは行使条件の検討が必要

　上記のオプションプールはストックオプションを発行する際に会社に課せられた株主間契約上の制約となりますが、株主間契約とは別にストックオプションを付与される役員や従業員に対する制約が新株予約権発行要項や新株予約権割当契約に定められることも多いです（なお、ストックオプションのなかでも特によく利用される「税制適格ストックオプション」に関する内容については次項の6で改めて説明します）。たとえば、新株予約権を行使する際に会社に在籍していることを条件とすることや（すなわち会社を退職すれば新株予約権は行使できなくなります）、懲戒事由が存在しないこと・会社が上場することを新株予約権行使の条件とすること、クリフ（新株予約権の付与後一定期間は権利行使できないこととすること）・ベスティング（新株予約権の発行日からの経過年数、対象者の在籍年数、上場してからの経過年数等を基準として行使可能となる新株予約権の個数を段階的に増加させること）を設定することなどがよくあります[11]。

　経営者によっては、ストックオプションを付与した従業員が退職し競合企業に転職したような場合に新株予約権が行使されると、上場を支えてくれた従業員へのインセンティブのために発行したはずの新株予約権

---

11　グローバルでは年次ではなく月次でベスティングするのが一般的とされています。

がもはや仲間ではなくなった者に利益をもたらすことになり公平ではないと考えるかもしれません。そのような経営者にとっては行使条件として会社に在籍することを求めることが重要になります。

　一方で、そもそもリスクをとった役職員に対して、現金に代わる報酬としてストックオプションを付与したはずであるにもかかわらず、上場を条件としたり、役職員としての在籍を条件としたりすることで、役職員にとっては使い勝手の悪い会社優位な設計となっていることについては、公正さを欠くのではないかといった批判もあるところです[12, 13]。成長したスタートアップにおいては人材の流動性を高めるために退職者に新株予約権の行使を認めることが有用となる場合もありますし、行使条件は会社ごとにストックオプションを発行する目的や付与する対象者の属性に照らして検討する必要があります。

---

**12**　そのほかにも合併などの組織再編や株式譲渡による子会社化が行われるときに新株予約権が行使されてしまうと、M&Aの手続に支障を生じさせる可能性があるため、会社側が役職員から新株予約権を取得することができるように取得条項を設ける例も多いです。もっとも、このような設計にすると、ストックオプションの保有者に対するインセンティブとしての効果が減殺されてしまうため、①M&Aが行われた場合にストックオプションの行使を認めることもありますし、②別途賞与等を支給することや、③買収者がストックオプションを買い取ったり、④買収者のストックオプションを付与することも考えられます。なお、さらに発展的な話になりますが、先ほど説明したベスティング条項が定められている場合、ベスティングが未了の間にM&Aが実行されてしまうとそもそもストックオプションを行使できないという問題が生じます。そのような場合に備えて、アクセラレーション条項（M&Aが発生したことを条件としてすべてのストックオプションについてベスティング（権利行使）を認める旨の規定）を定める場合もあります。

**13**　ストックオプションを発行する際の手続上の注意点にも触れておきますと、基本的には新株発行の手続と類似していますが、取締役に対してストックオプションを発行する場合には、原則として、取締役の職務執行の対価として、新株予約権の数の上限や行使条件なども含めて株主総会決議が必要となります。

# 6　税制適格ストックオプション

## ストックオプションにかかる税金は？

　ストックオプションを付与された役職員にとって重大なポイントがタックスです。この後で説明する税制適格ストックオプション以外のストックオプションを発行する場合、ストックオプションを付与された新株予約権者は、ストックオプションを付与された時点では課税されないものの、一部の例外を除いて、ストックオプションを行使した時点で当該時点における株式の時価と発行要項に定められたストックオプションの権利行使価額との差額について給与所得などとして扱われることになるため課税（最大55.945％）されます。

　さらに、株式を売却した時点で当該時点における株式の時価とストックオプションを行使した時点の株式の時価との差額について譲渡所得として扱われ、課税（20.315％）されます。

　このようにストックオプションの設計によっては二段階で課税されることになり、特にキャピタルゲインが発生していない一段階目の課税はストックオプションを付与された役職員にとって大きな負担となり、ストックオプションのインセンティブとしての機能が十分に発揮されないことになります。

## 大きなメリットがある税制適格ストックオプション

　そこで、多くのスタートアップでは税制適格ストックオプションが積極的に活用されています。**税制適格ストックオプションの場合、ストックオプションを行使した時点での課税は発生せず**（つまり二段階で課税されることにはなりません）、**株式を売却した時点で当該時点における株式の時価と発行要項に定められたストックオプションの権利行使価額との差額を譲渡所得として課税される**ことになります。

このようにストックオプションを付与された役職員にとってタックス面で大きなメリットがある税制適格ストックオプションですが、税制適格ストックオプションとして認められるための要件は次のとおり厳格に定められています[14]。

## 【税制適格ストックオプションとして認められるための要件】

| 発行形態 | 無償発行<br>・税制適格ストックオプションを発行する場合、発行時点での役職員からの会社に対する金銭の払い込みは不要となる |
|---|---|
| 付与対象者 | 会社および子会社の取締役、執行役および使用人<br>・監査役や、非上場会社において発行済み株式総数の3分の1を超える株式を保有するもの（たとえば創業者はこれに該当する可能性が高いです）は除外されている<br>・子会社の役職員に対するインセンティブとしても活用できる<br>・近年、一定の要件をみたせば外部のエンジニアや弁護士などの協力者に対して税制適格ストックオプションを付与できることになったが、現状では、まだ積極的には活用されていない[15] |
| 権利行使期間 | 付与決議日後、2年を経過した日から10年を経過する日（設立5年未満の非上場会社は15年を経過する日まで）の間に行使すること<br>・たとえば、2025年1月1日に付与決議をした場合には、2027年1月2日から2035年（2040年）1月1日が権利行使期間となる |

---

14　近時、税制適格ストックオプションの活用をより促進するための議論が継続的に行われており、会社設立後の期間が5年未満であることなどの一定の要件を満たす株式会社については、権利行使期間の上限を15年とする改正がされたほか、後述のとおりその他の一部の要件も緩和される予定です。

15　なお、令和6年度税制改正大綱においてかかる外部協力者への付与要件が緩和されることが示されました。

| | • 役職員のためにはストックオプションを付与してから10年（15年）以内に上場する必要がある |
|---|---|
| 権利行使価額 | 付与時（契約締結時）の付与対象株式（普通株式）の時価以上であること<br>• 時価算定が必要となる[16] |
| 権利行使限度額 | 年間の限度額を超えないこと[17]<br>• ①設立後5年未満の会社については、上場・非上場を問わず限度額は2400万円、②設立後5年以上20年未満の会社のうち、非上場会社または上場後5年未満の会社については、限度額は3600万円、③上場・非上場を問わず設立後20年以上の会社や上場後5年以上の会社については、限度額は1200万円[18]<br>• 株式の時価ではなく権利行使価額の合計で算定する |
| 譲渡制限 | 譲渡禁止であること |
| 株式の交付 | 会社法238条1項に反しないこと |
| その他[19] | 税務署への調書の提出など |

### ■ 特に注意が必要なのが行使価額

　税制適格ストックオプションを発行する際は、事後的に税制適格要件をみたさないことが判明するようなことがないようにこれらの要件をみ

---

16　詳細については、近時、国税庁が通達を改正して制定した株価算定に関するセーフハーバールール（財産評価基本通達に基づき算定した株式の価額以上の金額で「権利行使価額」を設定していれば、権利行使価額要件を満たすことになります）を参照してください。

17　限度額を超えた場合、超過した差額の部分のみが税制適格の対象から外れるのではなく、超過した権利行使に該当する全額の部分が税制適格の対象から外れ、一度でも超過すると、それ以降も税制適格の対象から外れることになる点に注意が必要です。

18　従来、権利行使限度額は年間1200万円とされていたところ、令和6年度税制改正大綱において上記のとおり限度額が引き上げられることが示されました。

19　従来、ストックオプションの行使によって付与される株式について、会社が証券会社などに対して保管委託することが要件として定められていたところ、保管委託に対応してくれる証券会社などが限られていることなどが実務上の課題として指摘されていました。令和6年度税制改正大綱において、かかる要件が緩和され、一定の要件を充足すれば会社が自社にて株式を管理することで保管委託要件の充足は不要となることが示されました。

たしているか慎重に検討する必要があります。

　そのなかでも特に注意が必要なのが行使価額です。資本政策をしっかり検討していない会社でよく発生するのが、行使価額について十分に検討せず資金調達直前に駆け込みでストックオプションを発行しようとするケースです。

　資金調達前において最後に株式の価値が算定されたのは前回の資金調達時点となることが多いので、会社としてはなんとか前回の資金調達時点の１株あたりの価格を時価とすることで少しでも権利行使価額を安くしてストックオプションを発行したいと考えるわけです。

　しかし、前回の資金調達時点から会社の成長を裏付けるさまざまなイベントが発生し、さらには目の前の資金調達においても投資家との間では会社の成長を考慮して株価に関するある程度具体的な合意形成がなされているにもかかわらず、前回の資金調達時の株価を基準に時価を設定するのは、その状況によっては実態としての時価との間に乖離が生じており、税制適格要件をみたさない可能性があるため慎重な検討が必要です。ただし、前回ラウンドの資金調達において優先株式が発行されている場合、一般的に優先株式は普通株式よりも株価が高い傾向にあるため、前回ラウンドの優先株式の株価を基準にして当該株価と同程度の行使価額を設定するのが実務的な慣行でした。

　そして、直近この点に関しては非常に大きな動きがありました。本書では細かな議論は省略しますが結論だけ説明すると、国税庁の通達により、税制適格ストックオプションの行使価額の算定に際して、純資産額から優先株主に優先分配されるべき額を控除する純資産価額方式を用いることが認められた結果、低い権利行使価額（赤字のスタートアップであれば行使価額を１円とすることも可能）での税制適格ストックオプションの発行が可能になりました。この結果、これまでのように行使価額の算定や発行のタイミングを大きな論点とせずに税制適格ストックオプ

ションを発行することができるようになりました[20]。

　これから税制適格ストックオプションを発行する会社だけではなく、すでに高い行使価額で税制適格ストックオプションを発行している会社においても、役職員に既存の税制適格ストックオプションを放棄させて、新たに低い行使価額の税制適格ストックオプションを発行することなどが検討されており、近年でも稀に見るスタートアップに与える実務的な影響が大きな出来事となりました。

### ■ 税制適格要件の確認には、複数の専門家を活用する

　なお、ストックオプションは、会社法や登記、税制が絡み合うため、それぞれの専門家（弁護士、司法書士、税理士）がお見合いしてしまい検討すべき事項が抜け落ちてしまうことがあります。後になって税制適格要件をみたさないストックオプションであることがわかっても取り返しがつかないので[21]、会社でハンドルしながら専門家同士をうまく連携させることが重要です。

　特に会社がそれぞれバラバラに依頼した専門家同士が連携を十分にとれずにミスを重ねるといったこともあるので、最初に相談した専門家に信頼できる他の専門家を紹介してもらい連携して進めてもらうのも1つの解決策です。税制適格ストックオプションのひな形として「KIQS」が公開（https://kiqs.nstock.com/）されており、近時「KIQS」を活用する事例も増加しています。

---

**20**　ただし、これはあくまで税務上の行使価額にすぎず、会計上は株式の時価との差額について株式報酬費用として費用計上が発生する可能性があるため、その点も考慮した判断が必要になります。

**21**　事後的に税制適格要件を満たす内容に契約を変更しても税制適格ストックオプションとしては認められません。

## 7 │ その他のストックオプション

### 有償ストックオプション

　税制適格ストックオプション以外にも、ストックオプションにはいくつかの代表的なバリエーションがあります[22]。たとえば、税制適格ストックオプションは無償発行であることが条件でしたが、有償ストックオプションも株式売却時まで課税が繰り延べられるメリットを受けることができます。税制適格ストックオプションでは付与対象者が限定されますが、有償ストックオプションを利用することで、このようなデメリットを回避しつつ、税務面でのメリットも享受することができるようになるということです。

　ただし、税制適格ストックオプションは無償で発行されるものであるのに対して、ここでいう有償ストックオプションは、ストックオプションの付与時の発行価額は無償ではなく、株式やストックオプションの公正な価値を算定した上で発行価額が設定されることになるため、ストックオプションの付与対象者からするとストックオプションの付与時点でまとまった金額の払い込みが必要になるというデメリットがあり、スタートアップにおける活用事例は税制適格ストックオプションと比べると多くありません[23]。

---

[22] 従業員向けのインセンティブプランとして、ストックオプション以外に従業員持株会が利用されることもあります。新株予約権ではなく株式を取得するための制度であり、従業員の費用負担が発生するため、上場前の時点では、ストックオプションと比べると導入していない会社が多いです。

[23] 新株予約権を行使するための業績条件（売上・営業利益）などを設定し行使に際してのハードルを設けることで、ストックオプション自体の価値を下げ、発行価額（払込金額）を低く抑えることもあります。

## 信託型ストックオプション

　最後に、最近、活用事例が増えていた信託型ストックオプションについて説明します。税制適格ストックオプションについては、すでに説明したとおりさまざまな要件が定められていることに加えて、付与時点において付与する新株予約権の個数を決定しなければならないため、新株予約権を付与したあとに新株予約権者が期待されていたパフォーマンスを発揮できなかった場合に、新株予約権者の会社に対する実際の貢献度に照らして過大なキャピタルゲインを得てしまう可能性があると指摘されていました。

　また、権利行使価額を付与時の時価以上に設定する必要があり、従来は、ある程度企業価値が増大したスタートアップにおいては権利行使価額も高額にならざるをえなかったため、入社時期の先後によって従業員に割り当てられた新株予約権の経済的価値に大きな差が生じてしまうというデメリットも指摘されていました。

　そこで、登場したのが信託型ストックオプションであり、簡単にいえば、最終的に新株予約権を割り当てる時点における各従業員の貢献度や評価に従って新株予約権を付与することができるようになり、また、権利行使価額が信託時の時価で固定されるため入社時期の違いによる不公平が生じないものとして支持を得ていました。

　もっとも、近時、国税庁が、信託型ストックオプションの行使時点において、行使時の株式の時価とストックオプション発行時の支払額および行使価額の合計額との差額について給与所得として課税されるとの見解を示しました。これは税制適格ストックオプションであれば回避できたはずの二段階の課税が信託型ストックオプションにおいて発生することを意味するもので、スタートアップ界隈では信託型ストックオプションについても二段階の課税は発生しないと考えられていたため激震が走りました。

　国税庁の見解の妥当性については今なお議論されているところではあ

りますが、タックスに関してはリーガルリスク以上に大きな影響を会社やその関係者にもたらす可能性がありますので、ストックオプションを導入する際にはどのようなスキームを用いるにせよ慎重な検討が求められることに留意してください。

**まとめ**

- 資本政策とは、事業計画を達成するために必要となる資金調達と株主構成の計画を意味するものであり、事業計画に基づき、誰から、いつ、どのような方法で、どの程度の金額を調達するべきか検討することになる。
- 株主は原則として1株について1個の議決権が認められ、株主が議決権を行使することで会社に関する意思決定がなされることになるため、特に初期的なフェーズにおいて、創業者や経営陣は自らの持株比率が過度に希薄化しないように注意しなければならない。新たに参画する取締役や従業員に対して新株を発行したり、創業者が保有する株式を譲渡したりしようとする場合には、そもそもその選択の合理性やどの程度の株式を保有させるか慎重に検討する必要がある。
- ストックオプションとは、新株予約権の利用形態の1つであり、新株予約権とは、あらかじめ定められた内容に従ってその権利を行使することで会社から株式を交付される権利を意味する。
- スタートアップにおいては、ストックオプションの行使価格と株価の差額を利用して、ストックオプションを付与された役職員などにキャピタルゲインを与えることを可能とするためにストックオプションが利用される。
- ストックオプションは無制限に発行できるわけではなく、投資家との間でオプションプールに関する合意をしておくことが多い。また、ストックオプションの発行時には、ストックオプションの

発行目的に応じて、具体的な行使条件を検討する必要がある。

- 税制適格ストックオプションは、ストックオプションを行使した時点における課税は発生せず、株式を売却した時点で当該時点における株式の時価とストックオプションの権利行使価額との差額を譲渡所得として課税されることになるため、二段階で課税される事態を回避することができる。もっとも、税制適格ストックオプションとして認められるためには、付与対象者や権利行使期間、権利行使価額、権利行使限度額などいくつかの要件をみたさなければならない。
- 上記の税制適格ストックオプションの制限を回避するために有償のストックオプションを発行することもある。

---

**チェックリスト**

□資本政策の意義について理解した。

□創業者や経営陣が持株比率が希薄化することのリスクや新たに参画する役職員に対して株式を付与する場合の留意点について理解した。

□ストックオプションの概要やメリットについて理解した。

□オプションプールの概念やストックオプションの行使条件について理解した。

□税制適格ストックオプションのメリットや発行するための要件について理解した。

□税制適格ストックオプション以外の代表的なストックオプションの類型や特徴について理解した。

# 資金の管理方法と内部統制

　僕は幼い頃から、宇宙が大好きだった。幼稚園の頃に『スター・ウォーズ』を見て衝撃を受け、そこからは図書館にこもったり、親におねだりしたりして、宇宙に関する本や図鑑を読み漁る毎日。自然と、宇宙飛行士になりたいという夢ができた。勉強はそこまで得意じゃなかったけれど、夢を叶えるため、できる限り頑張った。理科だけは大の得意、他の科目も学年で上位２割には安定的に入れるくらいの成績をキープし続けた。

　途中で、体質や体力的に宇宙飛行士になるのは難しいとわかって絶望したこともあったけれど、宇宙の研究者になればいいんだと思い直す。そして、有名国立大学に現役合格。晴れて、日本で最高峰の宇宙工学の研究室に入った。

　研究者を目指して邁進していた頃、ちょうど研究室発スタートアップのブームが来た。僕の研究室に興味を持ってくれる投資家や企業の研究開発担当の人もけっこういて、よくそういう人たちが出入りするようになった。そんな中、僕の研究している技術に強い興味を示してくれた投資家さんがいて、トントン拍子で起業することに。正直、ビジネスにはあまり興味はなかった。でも、起業することで研究のための資金が手に入り、しかもそれが多くの人の役に立つのであれば、やらない理由はない。流れに身を任せるように、起業、そしてシード調達と歩みを進めていった。

　そんなこんなで、創業から半年後には、シリーズＡで10億円の資金調達を実施することに。この僕が10億円……これまでの人生でまったく触れたことのないような桁数のお金にたじろいでしまったが、同じタイミングで金融領域の経験が豊富なＡが取締役CFOとして入社すること

なり、彼にすべてを任せた。正直、経営やビジネスのことはまったくわからないので、とても安心する。もう少し後のフェーズになったら、会計監査人という人も就任してくるみたいだけど、しばらくはお金のことはＡに任せておけば安泰だ──今思えば、なんて楽観的な思考だったのだろうと思う。

　以降、本当にお金まわりのことを気にかけることは一切なくなり、研究開発にすべてを注いだ。経理の担当社員もいなかったので、Ａが単独で銀行振込の送金と承認を行える状況。でも、Ａには出会ったばかりだけどなぜか全幅の信頼を置いていたので、特に問題だとは思っていなかった。僕は研究開発だけに集中できる快適な状況が生み出され、正直、舞い上がっていたと思う。

＊　＊　＊

　世間を揺るがす事件が起きたのは、その半年後だ。

　あるとき、たまたま必要があって、珍しく会社の預金口座を見る機会があった。そのとき、大きな違和感を覚えたのだ。基本、経営会議で「キャッシュは潤沢にある」と聞いていたにもかかわらず、残高はほとんどゼロに近い。念のため、あらためてAに現在のキャッシュを聞いたところ、「5億円ほどある」と返ってきた。残高がゼロに近いことを指摘すると、明らかに動揺した様子で「キャッシュフローの都合上、一時的に別の口座に移してある」と答える。「キャッシュフローの都合」とは具体的に何かと聞いても、「複雑な税制上の理由だから説明しても意味がない」の一点張り。その場は膠着したままお開きとなったが、さすがにこれはおかしいかもしれないと思い、VCの担当者に相談した。

　その後、一気にAの悪事が明るみに出た。なんと、自身の預金口座へ会社のキャッシュを送金し、カジノに注ぎ込んでいたというのだ。その額、なんと8億円。流石にこの額だと刑事事件に発展し、Aは横領で逮捕、起訴された。

　そして、そのしわ寄せは当然、僕にも来た。VCの人たちが味方になってくれるのかと思いきや、そんなに甘い話ではなかった。何でも、取締役は相互に監視する義務があるらしく、それを怠った僕にも責任があると。すべて任せっきりで、半年間口座すら見ていなかったのは事実なので、ぐうの音も出ない。そうして、VCの人たちは資金を引き上げるだけでなく、僕にも損害賠償請求をしてきた。これまで出会った大人たちが見せた表情のなかで、もっとも冷徹な表情で。向こうからすれば、10億円の投資を溶かしたということなので、当たり前の話ではある。

　僕はただ、宇宙の研究がしたかっただけなのに。こんなことなら、起業なんてせず、地道に研究を続けておくべきだった。どうしてこうなってしまったんだろう――。

2020年6月、医療画像診断支援技術を提供する東大発のスタートアップ「エルピクセル」の元取締役が約33億円を横領し逮捕されたという報道がありました。同社は、VCや事業会社から数十億円規模の資金を調達していました。報道によれば、元取締役は、資金を1人で管理し、会社の資金を個人名義の預金口座へ送金しており、預金通帳口座の通帳の写しを改ざんしていたということで、業界に衝撃が走りました。

　このような横領事件は氷山の一角の可能性があります。本節では、上場に向けた内部統制の基本的な考え方や、やらなければならないこと、そして上場準備前の企業でも整えておかなくてはならない、キャッシュ面での最低限の管理体制について解説します（なお、エルピクセルはその後組織体制を再構築し、再出発していることを付言します）。

# 1 ｜ 「内部統制」とは何か

　そもそも、会社が健全に成長していくうえで、事業のオペレーション上、以下の4点がクリアされている必要があります。

① 業務が有効かつ効率的に行われること
② 財務報告が正確かつ適時に行われること
③ 法令を遵守すること
④ 保有する資産を保全すること

この4点がクリアされないと、どうなるでしょうか？

① 業務が非効率となり無駄が大きくなり、当然利益率が下がる、利益が出ない状態へ
② 財務報告に虚偽の記載を許してしまい、粉飾決算が発生する事態へ
③ 法令違反・不祥事が発生し、会社存亡の危機へ

④ 事業の推進に必要な資産が毀損され、事業継続ができない状態へ

このような事態となると、当然ながら企業価値、株主価値が大きく毀損されてしまいます。**内部統制とは、ざっくりいうと、「この4点が達成されない不正行為・不祥事が起こるリスクを軽減するための社内的なしくみ」**のことを言います。

内部統制は、会社法や金融商品取引法上、整備することが求められています。内部統制の目的は、上記の4点が達成されないリスクを軽減し、企業価値を最大化していく点にあるのです。

# 2 | 内部統制の構築ポイント

## 「統制環境」が重視される

内部統制の構築に当たっての指針として、6つの要素（統制環境、リスクの評価と対応、統制活動、情報と伝達、モニタリング、IT対応）が挙げられていますが、もっとも重要なのが「統制環境」といわれています。

「統制環境」とは、要するに、ミッション、ビジョン、バリュー、事業戦略、経営者としての決意、姿勢、組織構造など、組織の気風を決定し、組織内の役職員の統制に対する意識に影響を与える要素のことをいいます。マッキンゼーの7Sを思い浮かべてもらうのがよいでしょう。

内部統制の構築においては、Googleの企業行動規範である「Don't be evil」ではないですが、**起業家、経営者として、不正を断固として排除する姿勢、高い倫理観を示していくことが何よりも重要**です。

また、内部統制を導入したからといって、リスクをゼロにすることは不可能であり、リスクを合理的な水準まで抑制することが内部統制を導入することによる達成目標となります。

取締役の内部統制構築義務違反が論点となった最高裁判例においても、「通常想定される不正行為を防止できる程度の管理体制が整えられていたかどうか、リスク管理体制が正常に機能していたかどうか」をポイントとしており、すべての不正行為を予測して網をかけていくような、非常に高いレベルのものを求めているわけではありません。通常想定される不正行為を防止できる程度の管理体制が整えられており、当該管理体制が正常に機能していれば、結果的に不正行為が発生してしまったとしても、取締役が責任追及されることは基本的にはないわけです。

## 内部統制を設計するタイミングは？

　**内部統制の制度を社内的に設計するのはN-3〜N-2のタイミングからで、主幹事証券等と二人三脚で制度設計を行い、N-1では本格的な運用が求められます。**

　上場企業は、事業年度ごとに、内部統制の整備、運用状況を記載した「内部統制報告書」を内閣総理大臣に提出しなければならず、この内部統制報告書は監査法人の監査を受ける必要があるため、上場を目指すスタートアップは必ず向き合っていく必要がある事項となります。なお、しくみとして内部統制がきちんと有効に機能しているかチェックするのが「内部監査」の役割です。

　内部統制に関するトピックは多岐にわたるため詳細については専門書に譲りたいと思います。本書では、起業家として、業務オペレーション上のリスク管理や横領防止など、特に早期から意識しておいたほうがよいポイントについて解説します。若干細かい内容となりますが、最終的には整備しきる必要がある内容となりますので、お付き合いください。

# 3 　「財務管理」は早急に体制を整える

　現預金の管理、借入金管理等、企業の資金面に関する管理を「財務管

理」といいます。冒頭紹介した、エルピクセルの事件のように、役員、従業員の不正が発生する可能性がもっとも高いのが財務管理面です。起業家として、バックオフィス体制の構築は、つい後手に回りがちですが、財務管理面については、上場準備が本格化する前から、できる限り早期に体制を整えていきましょう。

## 預金管理

預金は、銀行やVCから資金調達した資金の置き場となっているため、出金時に多額の不正が発生するリスクが高く、創業期からもっとも注意を払うべきポイントです。**以下の５点をきちんと実装できれば、不正な出金は抑制できるはず**です。

### ■ 預金管理のポイント① 取引行為のエビデンスに基づく承認

まず、出金の根拠となる契約の締結が、適切な役職者（事業部長など）によって承認されている必要があります。簡単なものでもよいので、いわゆる稟議ワークフローのソフトウェアを導入して、請求書や契約書等のエビデンスとともに、適切な役職者による出金承認が行われるようにします。

### ■ 預金管理のポイント② 承認者と送金者の峻別

**出金承認を行った事業部長等の担当者と、実際に預金から送金を行う出金処理担当者（経理担当者）は、必ず別の担当とする必要**があります。承認者がそのまま送金までできてしまうと、横領行為を誘発しかねないためです。また、**取引行為の承認者と送金者は兼務を禁止する**ことも重要です。１つの取引に関して、必ず複数の担当者が関与し牽制しあう構造を作りましょう。

スタートアップの人数が少ないフェーズの場合、請求書の支払い承認を１人のCFOが行い、送金の処理もCFOが行うようなケースが散見されます。CFOが悪意がある場合には、簡単に横領されてしまいますので、

承認と支払は、兼務を禁止として、常に別々の担当者とすることが重要です。

### ■ 預金管理のポイント③ 送金時の二重チェック

オンラインバンキングにおける**送金時の承認プロセスについても、2名以上の別の担当者が承認しなければ、送金できない形とするのが固い運用**です。

### ■ 預金管理のポイント④ 通帳と銀行印の別々の管理

通帳と銀行印の2つを銀行に対して提示すれば、預金の引き出しが可能となります。したがって、**通帳と銀行印は、別々の場所に保管し、それぞれ保管する責任者を分けて決める必要**があります。たとえば、通帳は社長の金庫、銀行印はCFOの金庫などです。

### ■ 預金管理のポイント⑤ 通帳（オンラインバンキングの生データ）と帳簿残高の突合

最低でも1か月ごとに**帳簿上の残高とオンラインバンキング上の預金残高が一致するかどうか、確認**を行いましょう。

なお、10億円単位での資金調達を行った場合には、一定程度の資金は、定期預金に預ける等、さらに厳重な工夫を凝らすことも考えられます。

現金は価値そのものであり横領、窃盗にあう可能性が高い資産です。入金においても出金においても、預金振込を原則として、現金入出金はできる限り排除したいところです。

# 4 | 不正を発生させない「販売管理」

## 「実在性」と「網羅性」

　販売は、与信審査、営業、受注、契約締結に始まり、請求、代金回収で終わります。一連のオペレーションにおいて留意したいポイントのキーワードは「実在性」（＝架空取引ではないこと）と「網羅性」（＝漏れなく対応できているか）です。ここでは、売上計上の圧力が強いスタートアップにおいて発生しやすい架空取引をどのように防ぐか、実在性の確認方法について見てみましょう。

### ■ 受注時の実在性確認

　自社のサービスを購入したい顧客から申込みを受けた時点で、**そもそも相手方が本当に実在しているかチェックします。**BtoB事業で、営業目標を高く設定している場合、セールス担当者が架空の受注を計上する可能性があるからです。具体的には、受注時に、取引先から社内押印済みの発注書を受け取る、相手方が法人の場合には登記をチェックする等が考えられるところです。

### ■ 与信審査

　受注を受けたタイミング、あるいは単価の高い商品の場合には**営業開始時から、顧客候補の与信審査を行います。**与信審査は、相手方の経営や財務状況を確認したうえで、与信額や与信期間等を設定して、経営状況が悪化した場合、売掛金を回収できなくなるリスクを下げるために行うものです。与信業務の効率化やリスクの低減については、さまざまなサービスが提供されているところです。

## ■ 反社チェック

反社会的勢力の排除については第9章で詳細に説明します。上場審査上重要な論点であり、**取引開始の与信審査と同時にチェックするフローを導入しておくとよい**でしょう。契約書のひな形には、反社条項を入れるようにしましょう。

## ■ 受注承認

ここまでの確認、審査は、営業が自分自身の取引をチェックすると恣意的な確認になる恐れがあるため、営業担当者とは別のバックオフィス等で、確認できるようにしておきます。これらのチェック状況を踏まえて、最終的に当該受注を受け入れるか、営業担当者の上長等が承認するフローを設計する必要があります。

## ■ 出荷

社内で承認された受注についてのみ商品やサービスが提供されるよう、承認印がある、商品／サービスの出荷指示書を営業担当からデリバリー担当者に送付し、デリバリー提供の実在性を担保、また顧客から受領書を回収することで、納品証明のエビデンスとすることが重要です。

## ■ 売上計上と請求

受注承認と実際の商品提供のエビデンスに基づいて、売上を計上して、請求書の発行を行います。売上は実際にサービスを提供した日または月に計上する必要があります。

## ■ 代金の回収

実際に代金を回収できたもののみが営業キャッシュフローとして収入となります。販売管理においてもっとも重要なプロセスとなります。すべての販売代金がもれなく、期日通りに回収されているか把握できる管理体制を作り、期日を遅滞した場合には、督促を行い、どのようなタイ

ミングで法的措置を講じるか検討しておく必要があります。資金がない
スタートアップとしては、できる限り代金を前払いしてもらえるよう工
夫していきたいポイントです。

# 5 | その他

　販売管理の他、購買管理、在庫管理、原価管理、固定資産管理などの
重要なトピックもあります。各論となっていくため本書では割愛します
が、『IPO実務検定試験　公式テキスト』は、会社がやるべきことがコ
ンパクトにまとまっており、おすすめです。

**まとめ**

- 内部統制とは、「①業務が有効かつ効率的に行われること、②財
  務報告が正確かつ適時に行われること、③法令を遵守すること、
  ④保有する資産を保全すること、の4点が達成されない不正行為・
  不祥事が起こるリスクを軽減するための社内的なしくみ」のこと
  をいう。内部統制は、会社法や金融商品取引法上、整備すること
  が求められている。内部統制を導入したからといって、リスクを
  ゼロにすることは不可能であり、リスクを合理的な水準まで抑制
  することが内部統制を導入することによる達成目標となる。
- 内部統制の構築に当たっての指針として、6つの要素（統制環境、
  リスクの評価と対応、統制活動、情報と伝達、モニタリング、IT
  対応）が挙げられているが、最も重要なのが「統制環境」。起業
  家、経営者として、不正を断固として排除する姿勢、高い倫理観
  を示していくことが何よりも重要。
- 内部統制の制度を社内的に設計するのはN-3〜N-2のタイミング
  からで、主幹事証券等と二人三脚で制度設計を行い、N-1では本

格的な運用が求められる。上場企業は、事業年度ごとに、内部統制の整備、運用状況を記載した「内部統制報告書」を内閣総理大臣に提出しなければならず、この内部統制報告書は監査法人の監査を受ける必要がある。しくみとして内部統制がきちんと有効に機能しているかチェックするのが「内部監査」の役割。

- 現預金の管理、借入金管理等、企業の資金面に関する管理を「財務管理」という。エルピクセルの事件のように、役員、従業員の不正が発生する可能性が最も高いのが財務管理。

- 預金は、銀行やVCから資金調達した資金の置き場となっているため、出金時に多額の不正が発生するリスクが高く、創業期からもっとも注意を払うべきポイントである。本文中の預金管理に関する5つのポイントを実装できれば、不正な出金は抑制できる。

- 販売は、与信審査、営業、受注、契約締結に始まり、請求、代金回収で終わる。販売の実在性と網羅性を担保するのが販売管理。

**チェックリスト**

□内部統制の意義、目的、構築のポイントを理解した。

□上場準備が本格化する前においても、特に最低限の財務管理について以下の点について社内オペレーション上留意している。

① 取引行為のエビデンスに基づく承認

② 承認者と送金者の峻別

③ 送金時の二重チェック

④ 通帳と銀行印の別々の管理

⑤ 通帳（オンラインバンキングの生データ）と帳簿残高の突合

# 第 8 章

# グロース

# マーケティング、営業で気をつける法律のこと

　幼い頃から、とにかくメロンが大好きだった。誕生日プレゼントに「メロン100個」をリクエストして両親を困らせてしまったことはよく覚えているし、外食に連れて行ってもらうときはいつも、真っ先にメニューにメロンがないかをチェックしていた。アルバイトをするようになり、ある程度自由に使えるお金を手にするようになると、他に趣味もなかったので、毎週のようにスーパーで売られているさまざまなメロンを買ってきて食べ比べるようになった。社会人になってさらにお金に余裕が生まれると、通販や百貨店でいわゆる高級メロンを買って食べるのが趣味になった——それでも、まさかメロンにここまで人生を狂わされるなんて、まったく想像していなかった。

　転機が訪れたのは、社会人になって5年目の春のこと。言い忘れていたが、僕は国内ではかなり有名で、多くの人が一度はその名を聞いたことがあるECサイトの運営会社で働いていた。もはや"最先端"というイメージはないけれども、着実に市場が広がり続けるECビジネスのイロハを身に着けていった僕は、いつしか「自分の本当に好きなものを仕事にしたい」と考えるようになっていた——そう、メロンのことだ。とはいえ、会社を辞めて独立起業することにはそれなりのハードルがあり、なかなか踏み出せなかった。

　しかし、社会人5年目の春。学生の頃からずっと付き合っていて、いずれは結婚するのだろうとなんとなく思っていた彼女に突然別れを切り出されたのだ。彼女を失ったショックはもちろん、そのときに僕は思ったのだ。いつ何が起きるかわからないから、やりたいことは躊躇せずやっておかねばならない、と。

　そうして僕は退職届を提出。とはいえノープランだったので、数ある

高級メロンブランドの中でも、特に大好きな銘柄を作っている農家に、当てもなく足を運んだ。溢れんばかりのメロン愛を語りながら何度も足を運ぶうちに、骨のある若者だと感じてもらえたのか、気づけばそこの農家を手伝うことに。ただ、僕に求められた役割は農作業ではなかった。その農家さんは新しい販売方法も積極的に模索していて、そこに僕の力が求められたのだ。もちろん僕は、このオファーを快諾。ちょうど「D2C（Direct to Consumer）」モデルが普及しはじめていた時期だったこともあり、高級メロンのD2C事業を立ち上げることにした。

\* \* \*

出だしから爆発的に売れる……というほどではなかったけれども、その品質の高さに一度買った人はとても満足してくれ、当初から高い継続率をキープ。口コミを中心に、新規利用者も少しずつ増えていった。

がむしゃらに走り続けて1年が経ち、ある程度事業が軌道に乗ってく

ると、マーケティングへの投資をより強めることを決める。まず、無料のお試しプランを作るという大胆な手に出た。高級食材でそんなことをしたら破産するのではないかと思うかもしれないけれど、そこは巧妙に解約導線をわかりづらくすることで、有料プランに切り替える人の数を増やした。また、ただ美味しいだけではなく、健康や美容にも効果があることを押し出したクリエイティブがうまくいくとわかったので、その路線での広告出稿を強化。SNS広告やYouTube広告を中心に、「食べ続けると健康増進し、美容効果抜群のメロン」と謳う広告をたくさん出稿した。

　結果、事業成果は右肩上がりで向上。もはや「農家のネット販売を手伝う」といった規模感のビジネスではなくなり、なおかつ生産量も増やす必要が出てきた。そこで事業開始から2年が経った頃に、農家さんたちの希望もあって、僕は代表取締役社長に就任。ベンチャーキャピタルも興味を示してくれ、投資を受けることが決まる。会社は「国内唯一のメロンスタートアップ」というブランディングで打ち出し、メディアの取材にも引っ張りだこになっていった。

＊　　＊　　＊

　でも、そんな幸せな時間は、一瞬にして崩れ去ってしまった。

　代表取締役に就任してから、半年ほどが経ったある日。突然、消費者庁の調査が入ることになった。まさに、青天の霹靂だった。いったい、うちの会社に何の問題があるというのだ。

　調査の理由は、以下のようなものだった。お試しプランの解約導線のわかりづらさが悪質で、気づけば高額の定期購入契約に切り替わってしまっているユーザーが多いこと。またこれがもっともクリティカルだったのだけれど、健康増進を謳う広告が明らかな景表法違反であること──。結果として、措置命令が出され会社名も公表された。

　何が起きたのか、すぐには受け入れられなかった。それでも少しずつ事態を把握しながら、「あ、血の気が引くってこういうことなんだ」と

妙に第三者目線で、気を失いそうになっている自分に気づいた。またたく間に会社は大混乱、ベンチャーキャピタルからも激怒される日々。気づけば「疑惑のスタートアップ」としてマスコミが殺到するようになった。また元ユーザーによる訴訟も引き起こされ、サービスはそのまま終了を余儀なくされることに。

　結果的に、訴訟は取り下げられた。しかし、示談金の支払いのために大きな借金を背負うことに。すべてを賭けていた事業は、跡形もなくなった。さらに、マスコミで大々的に報じられたことで、僕の悪名は一気に知れ渡った。これからどうやって生きてゆけばいいのだろう——気づけば、メロンを見るとめまいが起こるようになってしまった。

近年では、営業プロセスの分業化と組織間の協調の重要性を説いた、「ザ・モデル」をはじめとして、マーケティングやセールスプロセスがより一層科学され、業界全体でノウハウの蓄積が進んできています。本節では、マーケティング、セールス、カスタマーサポートといった、顧客獲得から顧客満足に向けた各プロセスにおいて、法的にチェックが必要なチェックリストを提示します。規制される「広告」にはあらゆる表示行為が該当する可能性があるため広く注意する必要がありますし、近時のアフィリエイト広告に関する規制強化やステマ規制の導入といった動向にも留意する必要があります。

　トップラインを伸ばすことのプレッシャーが強くなりがちなスタートアップは、ついつい違反してしまいそうになる規制ばかりです。起業家だけでなく、マーケッターやセールス担当者にもぜひチェックしていただきたい節です。

　また、ネット、SNSで一瞬で情報が拡散するようになった現在、虚偽情報、信用を毀損する情報への対処についても非常に重要になっているため、ソーシャル炎上への対応方法についても触れたいと思います。

# 1　広告表示に関する規制

　マーケティングにおける広告表示については、

(1) 法律上義務化されており表示しなければ罰金を受けることになる必須の表示（＝**消費者向けの最低ラインの表示**）
(2) やりすぎ、行き過ぎとして違法となる表示（＝**やりすぎな表示**）

が存在します。

　まずは (1) についてです。事業者と消費者との間には、情報の非対

称性が存在し、消費者トラブルとなるケースも多いため、一定の取引方法や一定の商品を販売する際には、法律上、一定の表示を義務付けています。以下、代表的な法律となる特定商取引法とその他の法律について解説をします。

## 広告表示に関する規制の代表格、特定商取引法

　訪問販売、通信販売、電話勧誘販売など消費者トラブルが生じやすい取引について、事業者が守るべきルールを特定商取引法が定めています。本書では、**特定商取引法のなかでも、スタートアップが注意を要する3つの場面、「通信販売」「電話勧誘販売」「定期購入契約」について説明**します。

### ■ 通信販売（ネット販売全般）

　toCの場合、インターネット上で有料で商品を直接販売したりサービスを提供する場合、企業の取引は、特定商取引法に定める「通信販売」に該当し、以下のような点について表示を行う必要があります。

---

**【ネット上で自社が直接商品を販売する場合に表示しなければならないこと（役務提供業者も含まれます）】**

- 販売事業者（法人の場合、登記簿上の名称）
- 販売責任者（代表取締役または販売責任者）
- 販売事業者の住所（現に活動している住所）
- 問い合わせ先（電話番号）
- 販売価格や送料（サービス内容によって異なる場合、「購入手続の画面に表示されます」等と記載）
- 販売価格以外に顧客が負担する金銭（組立費や代引手数料等）
- 支払時期（前払い・後払いのいずれであるかを明示するとともに具体的な支払時期も記載）
- 支払方法（利用可能な決済手段について記載）

---

- 商品の引渡時期
- キャンセルの可否・方法等
- 動作環境（対応OS、ブラウザ等を記載）
- 申込期限（あれば記載）
- 引き渡された商品が種類または品質に関して契約の内容に適合しない場合の販売業者の責任についての定めがあるときは、その内容
- 特別な販売条件（ある場合に記載）
- 表示事項の一部を表示しない場合で、書面等の交付を請求したものに、書面にかかる費用を負担させる場合（費用について記載）
- 電子メールアドレス（通信販売電子メール広告をする場合に記載）
- 売買契約または役務提供契約を2回以上継続して締結する必要があるときは、その旨および金額、契約期間その他の販売条件または提供条件

　表示方法については、消費者庁のウェブサイトにも詳細な記載があるので参考にしてください。多くのケースでは**「特定商取引法の表示」について、ページとリンクを設けて、購入プロセスのすべての段階で、顧客が表示を確認したいと思ったときに容易に表示箇所に到達できるわかりやすい場所にリンクの記載を行う必要**があります。インターネットでの直接課金型のプロダクトの場合、適切な場所にリンクを設置できているか、法務レビューを受けるようにしましょう。

### ■ 電話勧誘販売（インサイドセールス等）

　スタートアップでもインサイドセールスチームを組成し、個人の顧客候補のリストを用いて電話をかけて、営業を実施するケースがあるでしょう。このように**電話で営業を行う行為は、「電話勧誘取引」として、特定商取引法の適用を受けます。**

　電話での営業時の留意点は以下のとおりです。なお、電話営業にもク

ーリングオフが適用され、消費者は一定の期間、無条件で申込や契約を
撤回することができます。

---

**【電話勧誘取引の注意点】**

- 電話での勧誘前に、事業者名、担当者の氏名、商品の種類、電話
  の目的が営業であることを伝えること
- 一度断られた相手に対して、再び営業電話を実施することはNG
- 重要事項について事実と異なる説明をすること・重要事項につい
  て告げないことはNG
- 威圧的な態度で消費者を脅すことはNG
- 電話営業での契約の申込みを受けた後、および成約後に顧客に対
  して必要事項を記載した書面を交付する

---

### ■ 定期購入契約

　販売業者が購入者に対して商品を定期的に継続して引き渡し、購入者
がこれに対する代金の支払をすることとなる定期購入契約については、
特定商取引法が改正され、規制が強化されているため注意が必要です。
背景として、ランディングページで、「1回目 90％OFF」「初回実質 0
円」等と通常価格よりも低価格で購入できることを広告する一方、数か
月の定期購入が条件となっている健康食品や化粧品等の通信販売に関す
る相談が近年増加していることがあげられます。

　**定期購入契約に関しては、広告の申込書面やインターネットの確認画
面（注文内容を最終確認する画面）上に、①金額（各回ごとの金額、送
料、支払総額等）、②契約期間（商品の送付回数、自動更新である場合
にはその旨）、③その他の販売条件（各回の分量、総分量、各回の支払
時期・引渡時期等）を表示することが義務付けられ、定期購入契約でな
いと誤認する表示は禁止**されることになりました。また、定期購入契約
ではないと虚偽表示をして消費者を誤認させた場合、消費者は取り消し
を行うことができます。

実際、消費者庁は特定商取引法に違反したとして、美容品等の通信販売事業者に対して業務停止命令を出しています。この業者は、サイト上で定期購入で２回目以降に引き渡される商品の代金支払時期を表示せず、また、定期購入であるという案内を、何度もスクロールしなければ見えない場所に小さく表示していました。

## 【OKのケース】

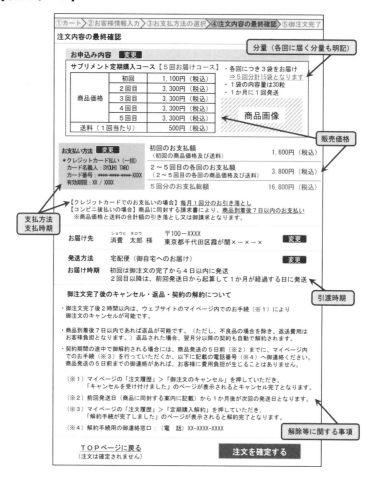

①カート 〉②お客様情報入力 〉③お支払方法の選択 〉④注文内容の最終確認 〉⑤御注文完了

**注文内容の最終確認**

**お申込み内容** 変更

サプリメント定期購入コース【５回お届けコース】

| 商品価格 | 初回 | 1,100円（税込） |
| | 2回目 | 3,300円（税込） |
| | 3回目 | 3,300円（税込） |
| | 4回目 | 3,300円（税込） |
| | 5回目 | 3,300円（税込） |
| 送料（１回当たり） | | 500円（税込） |

・各回につき３袋をお届け
　⇒５回分計15袋となります
・１袋の内容量は30粒
・１か月に１回発送

**分量（各回に届く分量も明記）**

商品画像

**販売価格**

**お支払い方法** 変更
＊クレジットカード払い（一括）
カード名義人：SYOUHI TARO
カード番号：\*\*\*\*-\*\*\*\*-\*\*\*\*-XXXX
有効期限：XX / XXXX

| 初回のお支払額（初回の商品価格及び送料） | 1,600円（税込） |
| ２～５回目の各回のお支払額（２～５回目の各回の商品価格及び送料） | 3,800円（税込） |
| 5回分のお支払総額 | 16,800円（税込） |

【クレジットカードでのお支払いの場合】毎月１回分のお引き落とし
【コンビニ後払いの場合】商品に同封する請求書により、商品御着後７日以内のお支払い
※商品価格と送料の合計額の引き落とし又は御請求となります。

**支払方法
支払時期**

お届け先　消費　太郎　様　〒100-XXXX
東京都千代田区霞が関×ー×ー×　　変更

発送方法　宅配便（御自宅へのお届け）　　変更
お届け時期　初回は御注文の完了から４日以内に発送
　　　　　　２回目以降は、前回発送日から起算して１か月が経過する日に発送

**引渡時期**

**御注文完了後のキャンセル・返品・契約の解約について**

・御注文完了後２時間以内は、ウェブサイトのマイページ内でのお手続（※１）により御注文のキャンセルが可能です。

・商品到着後７日以内であれば返品が可能です。（ただし、不良品の場合を除き、返送費用はお客様負担となります。）返品された場合、翌月分以降の契約も自動で解約されます。

・契約期間の途中で御解約される場合には、商品発送の５日前（※２）までに、マイページ内でのお手続（※３）を行っていただくか、以下に記載の電話番号（※４）へ御連絡ください。商品発送の５日前までの御連絡があれば、お客様に費用負担が生じることはありません。

（※１）マイページの「注文履歴」＞「御注文のキャンセル」を押していただき、「キャンセルを受け付けました」のページが表示されるとキャンセル完了となります。

（※２）前回発送日（商品に同封する案内に記載）から１か月後が次回の発送日となります。

（※３）マイページの「注文履歴」＞「定期購入解約」を押していただき、「解約手続が完了しました」のページが表示されると解約完了となります。

（※４）解約手続用の御連絡窓口：（電　話）XX-XXXX-XXXX

**解除等に関する事項**

ＴＯＰページに戻る
（注文は確定されません）

**注文を確定する**

## 【NGのケース】

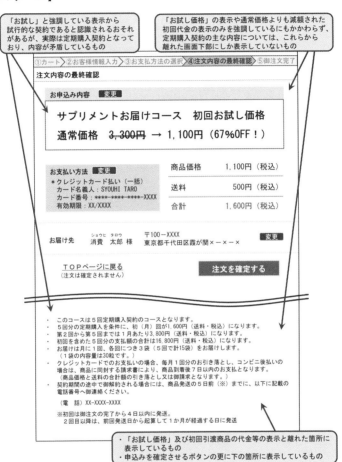

「お試し」と強調している表示から試行的な契約であると認識されるおそれがあるが、実際は定期購入契約となっており、内容が矛盾しているもの

「お試し価格」の表示や通常価格よりも減額された初回代金の表示のみを強調しているにもかかわらず、定期購入契約の主な内容については、これらから離れた画面下部にしか表示していないもの

①カート ②お客様情報入力 ③お支払方法の選択 ④注文内容の最終確認 ⑤御注文完了

### 注文内容の最終確認

**お申込み内容** 変更

### サプリメントお届けコース　初回お試し価格
### 通常価格　~~3,300円~~ → 1,100円（67%OFF！）

**お支払い方法** 変更
* クレジットカード払い（一括）
カード名義人：SYOUHI TARO
カード番号：****-****-****-XXXX
有効期限：XX/XXXX

| | |
|---|---|
| 商品価格 | 1,100円（税込） |
| 送料 | 500円（税込） |
| 合計 | 1,600円（税込） |

お届け先　ショウヒ タロウ　消費 太郎 様　〒100－XXXX　東京都千代田区霞が関×－×－×　変更

ＴＯＰページに戻る
（注文は確定されません）　　　**注文を確定する**

- このコースは5回定期購入契約のコースとなります。
- 5回分の定期購入を条件に、初（月）回が1,600円（送料・税込）になります。
- 第2回から第5回までは1月あたり3,800円（送料・税込）になります。
- 初回を含めた5回分の支払額の合計は16,800円（送料・税込）になります。
- お届けは月に1回、各回につき3袋（5回で計15袋）をお届けします。
　（1袋の内容量は30粒です。）
- クレジットカードでのお支払いの場合、毎月1回分のお引き落としとし、コンビニ後払いの
　場合は、商品に同封する請求書により、商品到着後7日以内のお支払となります。
　（商品価格と送料の合計額の引き落とし又は御請求となります。）
- 契約期間の途中で御解約される場合には、商品発送の5日前（※）までに、以下に記載の
　電話番号へ御連絡ください。

　（電　話）XX-XXXX-XXXX

　※初回は御注文の完了から4日以内に発送。
　　2回目以降は、前回発送日から起算して1か月が経過する日に発送

・「お試し価格」及び初回引渡商品の代金等の表示と離れた箇所に表示しているもの
・申込みを確定させるボタンの更に下の箇所に表示しているもの

画像出典：消費者庁ホームページ
https://www.caa.go.jp/policies/policy/consumer_transaction/specified_commercial_transactions/
assets/consumer_transaction_cms202_220622_08.pdf

通信販売、電話勧誘販売の他にも、**以下のような類型の販売について**は、**特定商取引法の適用を受けます。**自社の販売方法がこれらに該当する可能性がある場合には、消費者庁のホームページ「特定商取引法ガイド」で確認してから表示内容を検討するとよいでしょう。

---

**【特定商取引法の適用を受ける取引】**

- 訪問販売……消費者の自宅等に訪問して、商品や権利の販売または役務の提供を行う契約をする取引のこと。
- 連鎖販売取引……個人を販売員として勧誘し、さらにその個人に次の販売員の勧誘をさせる販売方法。
- 特定継続的役務提供……長期・継続的な役務の提供と、これに対する高額の対価を約する取引のこと。現在、エステティック、美容医療、語学教室、家庭教師、学習塾、結婚相手紹介サービス、パソコン教室の7つの役務が対象。
- 業務提供誘引販売取引……「仕事を提供するので収入が得られる」という口実で消費者を誘引し、仕事に必要であるとして、商品等を売って金銭負担を負わせる取引のこと。
- 訪問購入……事業者が消費者の自宅等を訪問して、物品の購入を行う取引のこと。

---

特定商取引法以外にも、**表示や表示方法を義務付けている法律は多数あります。次頁の表に一例をまとめましたので、確認してください。**

## 【その他、表示や表示方法を義務付けている代表的な法律】

| 法律／領域 | 適用場面 | 規制概要 |
|---|---|---|
| 資金決済法 | 前払式支払手段（アプリやゲーム内通貨等）を発行する場合<br>●要するに、金銭をチャージして、後日決済手段として、利用できる場合 | 表示の義務付け（事業者の氏名、支払可能金額等、有効期間・期限、苦情・相談の連絡先、使用できる場所、注意点、未使用残高の確認方法、約款） |
| 割賦販売法 | 商品の代金を分割で支払う「割賦販売」の場合 | 表示の義務付け（価格、手数料率、支払期間、支払回数等） |
| 消費税の表記関連 | 販売価格の表示（値札、商品カタログ、店内表示、商品パッケージ、DM、広告など） | 表示の義務付け（税込の総額を表示する必要）<br>※2021年4月から総額表示が義務化へ |
| 食品表示法 | 食品の販売等 | 表示の義務付け（名称、賞味・消費期限、原材料名、保存方法、添加物、製造者名等、原産地、アレルゲン、内容量、遺伝子組み換え、栄養表示） |
| 健康増進法 | 乳児用、幼児用、妊産婦用、病者用の食品 | 事前許可と表示の義務付け（商品名、原材料など） |
| 薬機法（医薬品、医療機器等の品質、有効性及び安全性の確保等に関する法律） | 医薬品、医療機器、化粧品の販売等 | 注意事項等の情報の表示 |
| 家庭用品品質表示法 | 繊維製品、合成樹脂加工品、電気機械器具、雑貨工業品等の販売等 | 家庭用品の品質の表示等 |
| 金融商品取引法 | 金融商品の販売等 | 広告規制、契約締結前、締結時の書面交付 |
| 宅地建物取引業法 | 不動産の取引の仲介等 | 重要事項の説明、書面の交付 |
| 旅行業法 | 旅行販売等 | 料金の掲示、書面の交付 |
| 住宅品質確保法、建築物のエネルギー消費性能の向上に関する法律 | 住宅の販売等 | 住宅の性能に関する表示事項等 |

## 「やりすぎ」を規制する法律の代表格、景品表示法

　次に、(2) 法律上NGとなる広告、表示について説明をしていきます。

消費者目線で、わかりづらい表現や誇張されている表現が一定程度を超える場合、NGとなります。

### ■ 優良誤認表示

**商品、サービスの「品質」を実際よりも優れていると偽って宣伝したり、競合が販売する商品やサービスよりも優れているわけではないのに、あたかも優れているかのように偽って宣伝したりする行為が、優良誤認表示に該当**します。故意に偽って表示するだけでなく、誤って表示してしまった場合でも、規制の対象となります。違反した場合、措置命令（一般消費者に与えた誤認の排除や再発防止策の実施の命令）や課徴金の納付を命じられます。

**【優良誤認表示のNG例】**

| 場面 | 例 |
|---|---|
| 中古自動車 | 販売する中古自動車の走行距離を3万kmと表示したが、実は10万km以上走行した中古自動車のメーターを巻き戻したものだった。 |
| 食肉 | 国産有名ブランド牛の肉であるかのように表示して販売していたが、実はブランド牛ではない国産牛肉だった。 |
| 医療保険 | 「入院1日目から入院給付金をお支払い」と表示したが、入院後に診断が確定した場合、その日からの給付金しか支払われないシステムだった。 |
| アクセサリー | 天然ダイヤを使用したネックレスのように表示したが、使われているのはすべて人造ダイヤだった。 |

出典：消費者庁ホームページの情報をもとに著者作成

### ■ 有利誤認表示

**商品、サービスの「取引条件」について、実際よりも有利だと偽って宣伝したり、競合よりも特に安いわけではないのに、あたかもとても安いかのように偽って宣伝したりする行為が「有利誤認表示」に該当**しま

す。これも故意だけでなく、誤って表示してしまった場合にも該当します。

**【有利誤認表示のNG例】**

| 場面 | 例 |
|------|-----|
| 外貨定期 | 外貨預金の受取利息を手数料抜きで表示したが、実質的な受取額は表示の1/3以下になってしまう。 |
| 運送業者 | 基本価格を記載せずに、「今なら半額！」と表示したが、実は50％割引とは認められない料金で仕事を請け負っていた。 |

出典：消費者庁ホームページの情報をもとに著者作成

### ■ 比較広告

　競合対比で自社のサービス、プロダクトが優良または取引条件が有利であるとマーケティング上、伝達すること自体は禁止されていません。しかし、今まで述べてきたように、優良誤認、有利誤認に該当するような、言い過ぎ、誇張表現については、禁止されています。消費者庁は、競合と自社製品を比較する広告である比較広告について、「比較広告に関する景品表示法上の考え方」（比較広告ガイドライン）を示しており、比較広告を行う際には、このガイドラインを参照するようにしましょう。

　ポイントは以下の３つです。**特に、スタートアップがよくやりがちな、シェアNo.1、業界No.1といったNo.1の表示については要注意**です。

① 比較広告で主張する内容が客観的に実証されていること
② 実証されている数値や事実を正確かつ適正に引用すること
③ 比較の方法が公正であること

**【比較広告のNG例】**

| 場面 | 例 |
|------|-----|
| パソコンメーカー | 「この技術は日本で当社だけ」と表示したが、実際は他社でも同じ技術を採用したマシンを販売していた。 |
| 予備校の場合 | 大学合格実績No.1と表示したが、他校と異なる方法で数値化したもので、適正な比較ではなかった。 |
| 携帯電話通信業者 | 店頭チラシの料金比較で、自社がもっとも安いように表示したが、実は自社に不利となる割引サービスを除外して比較していた。 |
| 酒類量販店 | 新聞折り込みチラシで、「この辺で一番安い店」と表示していたが、実際は周辺の酒店の価格調査をしておらず、根拠のないものであった。 |

出典：消費者庁ホームページの情報をもとに著者作成

■ **二重価格の表示**

　プライシングの表示に関してもルールがあります。価格表示は消費者にとって商品選択におけるもっとも重要な情報のため、表示価格が適正に行われない場合、消費者の選択を誤らせることになるからです。特に、「通常価格 XX円、販売価格 ZZ円」というように、販売価格とは別の価格を併記する方法は「二重価格表示」と呼ばれ、販売価格を安く見せるためによく使われる表示方法で、消費者を誤認させるケースも多いことから詳細なルールがあります。二重価格の表示を記載する際には、消費者庁が公表している「不当な価格表示についての景品表示法上の考え方」（価格表示ガイドライン）や「将来の販売価格を比較対照価格とする二重価格表示に対する執行方針」をチェックするようにしましょう。

## 【二重価格の表示のNG例】

| 場面 | 例 |
|---|---|
| 家電量販店 | 家電製品の店頭価格について、競合店の平均価格から値引きすると表示しながら、その平均価格を実際よりも高い価格に設定し、そこから値引きを行っていた。 |
| メガネ店 | フレーム＋レンズ一式で「メーカー希望価格の半額」と表示したが、実際には、メーカー希望価格は設定されていなかった。 |

出典：消費者庁ホームページの情報をもとに著者作成

# その他、法律上禁止されている広告、表示の例

　景品表示法以外に、表示や広告を規制しているさまざまな法律の一部も紹介します。**自社の事業ドメインにおいて、表示や広告規制がないか必ず確認を行うようにしましょう。誇張せず、嘘のない正しく、わかりやすい、等身大の情報伝達を行うという、当たり前のことを心がけていればまず規制に抵触することはありません。**

## 【景品表示法以外の、表示や広告を規制する法律】

| 法律／領域 | 規制概要 |
|---|---|
| 特定商取引法 | 以下の広告表示の禁止<br>• 著しく事実に相違する表示<br>• 実際よりも著しく優良または有利と誤認させる表示 |
| 不正競争防止法 | 以下を禁止<br>• よく知られている他社の看板、ブランドを許可なく使用する<br>• 原産地、品質等を誤認させる表示をする（外国産なのに国産と表示） |
| 消費者契約法 | 重要事項について、事実と異なることを告げる等、不当な勧誘をした場合等 |

| 薬機法（医薬品、医療機器等の品質、有効性及び安全性の確保等に関する法律） | 医薬品、医療機器等について虚偽、誇大広告の禁止。各種承認前の製品に関して、広告の禁止 |
|---|---|
| 食品衛生法 | 食品について、虚偽、誇大広告の禁止 |
| 旅行業法 | 旅行販売について、虚偽、誇大広告の禁止 |
| 職業安定法 | 求人情報の誤解のない的確な表示 |
| 金融商品取引法 | 虚偽、誇大広告の禁止。断定的判断の提供の禁止 |
| 宅地建物取引業法 | 無免許者の広告禁止。虚偽、誇大広告の禁止 |
| 広告の素材に関するルール（著作権、商標権、肖像権、パブリシティ権など） | 他人が著作権を保有しているイラスト、写真、音楽、キャッチコピー、商標権を有しているロゴマーク、肖像権を有している肖像、パブリシティ権を有している肖像は無断で使用してはならず、知的財産の章で述べたように、本人の承諾が必要となる |

# 2 キャンペーンに関する規制

　過大な「おまけ」や不当な「値引き」によって、事業者間で不健全な競争が発生しないよう、キャンペーンについては、景品表示法などの法律で規制がされています。

## 景品キャンペーンに対する規制

　「景品」とはいわゆる「おまけ」のことです。**商品を販売する際に、無制限におまけをつけることができてしまうと、おまけ競争が発生し、消費者からしても商品本体の良し悪しがわかりにくくなりますし、事業**

者からしても、**商品本体の研究開発に力を入れることがばからしくなり、健全なイノベーションの発展を阻害します。そこで、景品表示法は、おまけを規制**しています。

ここでいう、「おまけ」とは、集客手段として、商品を購入する取引に付随し、顧客に提供する経済上の利益を意味します。おまけの提供方法によって、おまけへの規制の方法が異なります。

### ■ クローズド懸賞

おまけを商品やサービス購入者全員ではなく、くじ、じゃんけん、クイズへの回答等の「懸賞」に当たった購入者にのみ提供する場合（一般懸賞と呼ばれます）、以下のような制限があります。この場合、10万円以上のおまけは付すことができない点に注意が必要です。

| 取引価格 | おまけの最高額 | おまけの総額 |
|---|---|---|
| 5000円未満 | 取引価格の20倍 | 懸賞に係る売上予定総額の2％ |
| 5000円以上 | 10万円 | 懸賞に係る売上予定総額の2％ |

上記のように、取引する顧客にのみ提供する懸賞はクローズド懸賞と呼ばれます。

### ■ オープン懸賞

一方で、誰でも応募できる形で行う懸賞をオープン懸賞といいます。物を買わなくてもクイズに答えて正解すると抽選でXX名までハワイ旅行が提供される等の懸賞のことです。インターネット上のオープン懸賞も含めて、景品表示法の対象にはならず、おまけの最高額や総額の上限の規制はありません。

### ■ 総付景品

また、懸賞ではなく、サイトへの訪問の有無や購入額に応じて、もれ

なくおまけを提供する方法も考えられます。これを総付（べた付）といいます。購入、訪問の先着順によって景品を提供する場合もこれに含まれます。この方法でおまけを提供する場合の制限は以下のとおりです。

| 取引価格 | おまけの最高額 |
| --- | --- |
| 1000円未満 | 200円 |
| 1000円以上 | 取引価格の2/10 |

※懸賞と異なり、総額の規制はありません。

## 値引キャンペーンに対する規制

　商品販売を促進したいが、おまけはつけられない場合、もっとも簡単かつスピーディーに実施できる販売促進策が「値引き」です。値引きとは、対価の減少だけでなく、金銭の割戻し、キャッシュバック、ポイント付与、同一商品の付加などを含みます。たとえば、あるECサイトで商品を3点買うと、1点が無料になるという販売方法も値引きになります。

　そして、取引通念上妥当と考えられる方法であれば、値引きは、法規制の対象ではなく、自由に実施できます。常識的な範囲の値引きであれば、自由に行うことができるという理解で大丈夫です。

## アフターサービス、付属品・サービスの提供に対する規制

　アフターサービスや商品販売の際に正常な商慣習として付属する物品、サービスの提供については、おまけに該当せず、規制の対象外となります。弁当に付属する割り箸、紙ナプキン等、容器包装等が代表例です。ただし、一部の業種については、公正競争規約が存在しますので、注意が必要です。

# 3 | その他の集客に関する規制

広告表示、キャンペーン以外の集客手段にも法律の規制が存在します。ここで簡単にまとめてみましょう。

## メールマガジンの配信

toC、toBのビジネスモデルを問わず、潜在的な顧客候補のメールアドレスを取得し、商品やキャンペーンの配信を継続的に実施、購買の意欲を高め、コンバージョンさせていく、メルマガによるマーケティングは今なお有効とされています。**メール（ショートメールサービス（SMS）を含む）の配信に当たって留意すべき法律、ポイントは次の表のとおり**です。

### 【メールの配信に当たって留意すべき法律とポイント】

| 法律 | 規制の概要 |
|---|---|
| 個人情報保護法 | 取得したメールアドレスについて、営業、マーケティング目的に利用することをプライバシーポリシーにおいて明記、公表する<br>例：「取得した個人情報は、当社が扱う商品及びサービスの情報提供に利用します」等 |
| 特定電子メールの送信の適正化などに関する法律（特定電子メール法） | 【適用範囲】<br>・広告宣伝、サイトへの誘導を目的とするメールが規制の対象<br>【配信時の留意点】 |

| | ①事前に送信について同意をとる（同意を得たら、同意を得た記録を最後にメール送信した日から1か月、保存すること）。以下の場合は事前同意は不要 |
|---|---|
| | ● すでに取引関係がある場合 |
| | ● 名刺等の書面で自身のメールアドレスを通知している場合 |
| | ● 電子メールアドレスを公表している団体や営業をしている個人の場合 |
| | ②配信停止のための導線を配置すること |
| | ③送信元情報を表示すること（氏名、受信拒否ができること、方法、送信者の情報、問い合わせの連絡先） |
| 特定商取引法 | 【適用範囲】 |
| | ● 単なる広告宣伝メールではなく、「通信販売」「連鎖販売取引」「業務提供誘引販売取引」等の特定商取引法が規制している取引形態で消費者と取引をする場合で、電子メールにより広告をする場合 |
| | 【配信時の留意点】 |
| | ①配信に当たって事前承諾が必要。ただし、以下の場合は不要 |
| | ● 契約内容、契約履行に関する通知等、重要な事項を通知するメール |
| | ● 消費者からの請求や承諾を得て送信するメールの一部に広告を掲載する場合 |
| | ● フリーメールなどに付随する広告 |

| | ②電子メール広告の送信を拒否する方法の表示、拒否した消費者への送信禁止<br>③電子メール広告を送信することについて承諾を受けた場合、メール広告を最後に送った日から3年間保存すること |
|---|---|

## セールス

次に、営業担当者が営業を実施する際に注意したい法令について見てみましょう。

| 場面 | 法令と規制概要 |
|---|---|
| 営業の際に交換した名刺データの取得と活用について | 個人情報保護法：営業目的に利用する場合、プライバシーポリシーに利用目的を明記し、公表することが必要<br>（➡ 第4章を参照） |
| 電話で営業、勧誘する場合 | 特定商取引法：消費者である顧客候補のリストに対して、電話をかけて、営業を実施するケースは「電話勧誘取引」として、特定商取引法の適用を受ける。電話での営業時の留意点は以下のとおり。なお、電話営業にもクーリングオフが適用され、消費者は一定の期間、無条件で申込や契約を撤回することができる<br>**①電話での勧誘前に、事業者名、担当者の氏名、商品の種類、電話の目的が営業であることを伝えること** |

| | ②一度断られた相手に対して、再び営業電話を実施することはNG |
| | ③重要事項について事実と異なる説明をすること・重要事項について告げないことはNG |
| | ④威圧的な態度で消費者を脅すことはNG |
| | ⑤電話営業での契約申込みを受けた後、および成約後に顧客に対して必要事項を記載した書面を交付する |
| 営業トーク | 刑法：契約を獲得するために虚偽の事実を伝えることは当然ながらNGで、刑法上、詐欺罪が成立しうる |
| 契約締結時 | 本当に契約を締結してよい相手かどうか、反社チェックを実施<br>（➡ 第9章を参照） |

## ソーシャル炎上時の対応

　事業を推進していくうえで、自社の製品がインターネット、SNS上で炎上するケースもあるでしょう。会社や会社の製品に対する、正当な批判、指摘、言論については、受け入れて丁寧にコミュニケーションを行っていくことが重要で、正当な批判について法的に対応していく方法はありません。一方で、根拠のない虚偽の言論や名誉毀損、業務妨害のような言論については、適切に対処していく必要があります。

　以下、会社の信用を守っていく観点から、このような言論に対して、どのように対応していくべきか、大枠について説明します。

| ステップ | 対応方法 |
|---|---|
| 1. 炎上の察知、監視 | ■監視対象<br>炎上につながりやすいSNS：主にX（旧Twitter）や5ch（旧2ch）<br>（ネット炎上の多くは、匿名性の高いXからの投稿、拡散。Xがもっとも監視の優先度が高い）<br>■監視方法<br>自社で以下のツールを活用して無料で実施<br>• 最新のツイート投稿を確認できるYahoo!リアルタイム検索<br>• ニュースを自動で検索するGoogleアラート　等<br>有料のSNS監視サービスの利用 |
| 2. 察知後の初動判断 | ■自社に非がある場合<br>早急にホームページやリリースで謝罪や訂正を実施。原因究明と再発防止策を実施、必要に応じて発表<br>■投稿者に非がある場合<br>投稿された内容が法的に問題があるかどうかの判断は容易ではないため、インターネットの炎上対応に強い弁護士に相談すること<br>①名誉毀損：公然と事実を摘示して人の社会的評価を低下させる行為（ただし、公共性があり公益を図る目的で、真実または真実相当性があれば、該当しない）<br>②侮辱罪：事実を告げることなく、公然と相手を侮辱する行為<br>③信用毀損：虚偽の噂を流す等して、企業や商品の信用を毀損する行為 |

| | ④業務妨害罪：嘘や脅し等で業務を妨害する行為 |
| | ⑤自社の権利侵害：上記の他にも、自社が保有している著作物が無断でアップロードされる等、自社の著作権等の権利が侵害されている場合にも、法的な削除請求が可能 |
| | 炎上が拡散される前に、ステップ3以降のフローで対応する必要がある |
| 3. 書き込みの証拠を保全のうえ、メディア、サイトへの利用規約違反に基づく削除請求を実施。運営側による任意の削除を促す | Xを含めて、多くの掲示板やSNSでは利用規約が存在し、利用規約の中で、名誉毀損行為を行ったり、他人の権利を侵害する投稿をしてはならない旨の条項があるので、まずは、利用規約の違反を理由として、運営会社に対して投稿の削除請求を実施する。多くのSNSでは削除請求のための問い合わせフォームがあり、そちらのフォーム経由で削除申請を行う。削除申請を実施した場合、運営会社からは2つの対応が考えられる |
| | ● 権利侵害、利用規約違反が認められるとして、投稿を自主的に削除してもらえる（あるいは、投稿者に確認して一定期間返答がない場合等で削除） |
| | ● 権利侵害、利用規約違反は認められない、あるいは判定できないとして、投稿を放置されるケース |
| | 投稿者の「表現の自由」への配慮から、運営会社として削除に応じるケースは多くないといわれている。放置された場合には、任意削除が期待できないため、4の法的な措置を講じる必要がある |

| | |
|---|---|
| 4. プロバイダ責任制限法に基づく請求等 | 請求の相手方は、以下の二者となる |
| | ①運営会社 |
| | ・投稿の削除請求や損害賠償請求を行うほか、②のために発信者情報の開示請求を行う |
| | ②投稿者（発信者） |
| | ・コンテンツプロバイダ（SNS事業者、サイト運営者。IPアドレス、タイムスタンプを保有）やアクセスプロバイダ（インターネットプロバイダー。発信者の氏名、住所の情報を保有）に発信者情報の開示請求を行い、発信者を特定したうえで、投稿の削除請求や損害賠償請求を行う |
| | ※2022年に施行された改正プロバイダ責任制限法により、発信者の情報開示請求はより簡易、迅速に行えるようになっている |
| | いずれも、緊急度が高い場合には、仮処分と呼ばれる緊急の法的措置を講じることを検討する必要がある |

- マーケティングにおける広告表示については、①法律上義務化されており表示しなければ罰金を受けることになる必須の表示（＝消費者向けの最低ラインの表示）、②やりすぎ、行き過ぎとして違法となる表示（＝やりすぎな表示）が存在。前者の例としては特定商品取引法等。後者の例としては景品表示法、不正競争防止法等。
- おまけや値引きに関して、景品表示法に注意。
- メールマガジンの配信においては個人情報保護法、特定電子メール法、特定商取引法に注意。
- 営業においては個人情報保護法、特定商品取引法、刑法等に注意
- ソーシャルネットワーク上の炎上対応のステップは、察知・監視➡察知後の初動判断➡必要に応じて利用規約違反に基づく対応やプロバイダ責任制限法に基づく対応を検討。

☐マーケティング、営業面で自社が留意すべき法律を特定して遵守するオペレーションが構築できている。
☐ソーシャルネットワーク上で炎上した場合の対応フローについて整備がなされている。

# 大企業との業務提携の際のポイント

　わたしはレンタルビデオ屋でできている——と言っても、過言ではないと思う。小学生の頃から、暇さえあれば近所のTSUTAYAに通った。お目当ての作品が「新作」から「旧作」になるタイミングを狙って、なけなしのお小遣いでレンタル、期間内に繰り返し見た。お金がないときでも、学校帰りに3時間も4時間も滞在して、試聴コーナーで繰り返しCDを聴いた。

　大学生になり、映像や音楽のストリーミングサービスが普及し始めると、レンタルビデオ屋に行く機会は減ってしまった。でも、あのレンタルビデオ屋に入り浸った日々が今のわたしを作っていることは確かだし、できればあの感動を届けるような仕事に就きたい——そんな夢を胸に抱いていた。

　新卒でITスタートアップに入り、ビジネスの基本を学んだ。いずれ、ストリーミングサービスの会社に転職したいと思っていたが、すでに大きな外資系企業が多く、あまりエキサイティングな体験はできなそうに感じた。しかも、現状のサービスには不満がいっぱいある。「それならわたしが作ればいいんだ」。そう思い立ち、日本人による、日本人のためのビデオ・オン・デマンドサービスを立ち上げることに決めた。

　頼もしい仲間や支援者に恵まれたこともあり、サービスも会社も、最初の5年は順調に拡大していった。20代〜30代の中ではある程度の知名度を得た手応えが出てきた頃、誰もが知る大手のコンテンツ企業から提携の打診があった。「国民的サービスになるための第一歩だ」。そう直感して、提携を推進することに決めた。IP保有企業と組むことは、わたしたちのサービスにとって生命線だ。

　実際に契約を進める段になって、資本業務提携契約か合弁契約で迷っ

た。なんとなく、大企業とのジョイントベンチャーにあまりよいイメージがなかったため、結局、資本業務提携契約を結ぶことに。契約の締結直前で、先方の担当者であるＡさんが「独占契約じゃないと認めない、と社内で言われてしまいまして……」と苦い顔で相談してきた。本当に独占契約なんて結んでもいいのだろうかと引っ掛かりはあったものの、Ａさんのことは非常に頼もしく思い、全幅の信頼を置いていたので、その熱意に負けて独占契約を結んだ——これが命取りになるとは、露ほども知らずに。

＊　＊　＊

　最初の半年は順調だった。ラインナップを大幅に充実させたわたしたちのサービスは、より一層ユーザー数や継続率を伸ばした。Ａさんと二人三脚で、ランニングハイ状態になりながら、サービスの拡大を進めていった。

> それが…
>
> 独占契約以外は
> 認めないと
> 上から言われて
> しまいまして…

しかし、半年が経った頃。なんと、Ａさんが家庭の事情で会社を離れ、地元の九州に帰ることになってしまったのだ。寂しさと不安はあったものの、わたしはこれまでの感謝を誠心誠意伝え、快くＡさんを送り出した。

さぁ、新しい担当者と一緒に、心機一転頑張ろう——そう思っていたのだが、新しい担当者のＢさんが来ると、その意気込みが一気に挫かれた。Ｂさんは典型的な「やる気のない大企業社員」で、あからさまにやる気がない。言われたからこの担当になっただけ感が満載で、とにかく何もしてくれない。

結局、それから半年経っても、Ａさんと一緒に生み出した成果以上のものは生まれなかった。とはいえ、独占契約を結んでしまったので、他のコンテンツ企業と提携して、さらなるラインナップ拡充も見込めない。実際、何社かから引き合いはあったのだが、「御社はあそこの会社以外とは組めないですよね……」と、完全に企業としての色がついてしまったのを感じた。

とはいえ、Ｂさんは何もしてくれそうにないし、担当者変えも相談してみたことはあったが、なかなか実現する見込みはない。こうしている間にも、新たな企業との提携機会は失われてしまうし、競合サービスは着々とサービスを拡充している。焦りばかりが募る。完全に八方塞がりだ——。

経営資源のないスタートアップにとって、顧客基盤や多様な技術を持つ大企業とのさまざまな面における提携は、事業を短期間でスケールさせていくうえで重要な戦術の1つとなりつつあります。大企業にとっても、既存事業の「深化」を図っていくだけでなく、非連続で成長するために新しい事業のタネの「探索」を両輪で行っていく、「両利きの経営」の重要性が指摘されて久しく、多くの大企業がコーポレートベンチャーキャピタルやスタートアップと連携を推進していく新規事業開発部門を設置し、協業に取り組んでいます。

一方、スタートアップが大企業と提携することは、鮫と伴走すること（＝いつ食べられてもおかしくない状況を作り出すこと）と揶揄されることもあります。**スタートアップにとって大企業と提携を進めることは、自社の競争上、重要な秘密情報や技術を大企業側に開示、模倣され、大企業側に事業化されてしまうリスク、副作用が存在**するのです。

本節では、スタートアップ側の視点で、大企業と提携を行っていくうえでの座組み、留意点、契約交渉の注意点等について解説していきます。

## 1 スタートアップと大企業の提携の目的

スタートアップが、大企業と提携する目的は、以下の2つのいずれかか、その両方となることが圧倒的に多いようです。

① **一緒にプロダクトを開発する（共同研究開発契約　等）**
② **スタートアップが開発したプロダクトを大企業が持つ顧客チャネルで販売してもらう（販売代理店契約　等）**

①はたとえば、大学で理論研究を行っていた大学発スタートアップが大企業の圧倒的な事例、顧客データ、ノウハウをもとに、一緒にプロダクトを開発していくようなケースになります。お互いに人材や技術、ノ

ウハウを持ち寄らなければ、開発できない難易度の高いプロダクトの場合が多いです。たとえば、創薬、バイオ、ヘルステック、自動運転等のモビリティ、ディープテック領域が典型となります。

②はたとえば、スタートアップが開発したメディアやアプリケーションを、大企業側が自社サービスの集客や既存顧客に販売、あるいは継続率向上のためにサービスの中にビルトインさせ、顧客獲得コストを抑制し、顧客生涯利益を最大化するために担いでいくケースです。アプリケーションやソフトウェアを提供するスタートアップが、広く顧客基盤を持つ大手企業と提携するケースが典型となります（なお、大企業側が保有するプロダクトを、顧客基盤やネットワーク、人員がいないスタートアップ側が担いで販売するケースはほとんど見られません）。

　**スタートアップが大企業と提携する目的は、基本的には大企業側にしかないノウハウ、技術、資金力を活用して、プロダクトを一緒に作るか、または大企業側の広い顧客基盤、ネットワークを販売チャネルとして販売してもらい、その信用も借りながら、売上を大きく拡大させたい点と**なります。

　大企業側としては、スタートアップと一緒にプロダクトを開発し、そのプロダクトを担ぐことで、新規顧客獲得のためのフック商品としたり、既存顧客向けのアップセル・クロスセルを実施したり、既存顧客の継続率の向上を図ったりしていき、それらを通じて、次の事業の芽や事業の柱を創出していくことが目的となります。

　そして、スタートアップとの連携について相性がよいことが確認できれば、スタートアップの業績ごと自社で連結子会社化させていく、M&Aの検討となります（当初から明らかに相性が良ければ、初期的な段階からM&Aの検討となります。スタートアップとして、大企業とどのようにM&Aの交渉や契約に望んでいくべきかについては、第10章で解説をします）。

このような実情を踏まえて、本節では、次の5つの場面の契約類型と留意点について説明をしていきます。

**【スタートアップと大企業の5つの契約パターン】**

| パターン | 場面 | 解説事項 |
|---|---|---|
| 1 | スタートアップと大企業の協業に向けた協議 | NDA（秘密保持契約） |
| 2 | スタートアップと大企業が共同でプロダクトを作る場合 | PoC契約<br>共同研究開発契約<br>ライセンス契約 |
| 3 | スタートアップが開発したプロダクトを大企業側が販売する場合 | 販売代理契約 |
| 4 | パターン2、3の提携に当たって、契約関係のみならず、大企業側がスタートアップに対してマイノリティ出資し、資本関係を持つ場合 | 資本業務提携契約 |
| 5 | パターン2、3の提携に当たって、共同出資する合弁会社を設立し、合弁会社で事業を推進する場合 | 合弁契約 |

# 2 スタートアップと大企業が協業に向けた協議を行う場合（秘密保持契約）

スタートアップと大企業は協業に向けて、お互いに秘密情報を交換する場合があります。その際、秘密情報が、第三者に流出せず、また目的以外の用途で利用されないよう締結するのが秘密保持契約（Non Disclosure Agreement。以下「NDA」といいます）です。以下、情報

交換段階における留意点、NDA締結の留意点について説明しましょう。

## 情報開示に関する基本的な考え方

　スタートアップにとって、顧客ニーズのインサイト、海外の類似企業の状況から得られる示唆、自社の技術開発の状況、手法、成長するための仮説等を含めた情報は、事業上、大きな価値を持ちます。したがって、NDA締結以前の心がけとして、**目の前の協議、会議の目的に照らして、必要最小限度の情報開示にとどめる意識を持つことは重要**です。NDAを締結したとしても、相手方が情報を不正に利用していることを立証することのハードルは高いため、**本当に重要な情報はそもそも伝えないに限ります**。

　外部との提携話に当たっては、以下の3つに情報を区分して、①と②については、事前に資料パッケージをあらかじめ合意、準備しておくとよいでしょう。

① NDAの締結なしで開示できる情報（パッケージをクラウドにアップし、リンク等で簡単に共有できるようにしておく）
② NDAを締結しないと開示できない情報（NDA締結を確認できたタイミングで送付）
③ NDAを締結しても開示してはならない情報

なお、第5章で解説した、特許申請できるような発明に関する情報は、協議を開始する以前に特許出願しておくことが望ましいといえます。

## NDAを締結する目的

　NDAを締結する目的は主に以下の点にあります。

① 開示した**秘密情報が第三者に開示、提供、漏えいされることを抑止**する

② 開示した**秘密情報を協業等の目的以外の用途で利用させない**
③ 開示した**秘密情報の保管、管理方法を義務付ける**

　NDAを締結した**相手方が上記に違反すれば、損害賠償請求を実施できるほか、不正競争防止法違反として責任を追及することが可能となる場合があります。NDAを締結しなければ、①～③について、相手方は当然には義務を負わない**ことになります。

　なお、不正競争防止法（第5章で解説）上、営業秘密を侵害された場合には、差止請求、損害賠償や刑事事件としての立件化が可能です。ただし、前提として、当該秘密情報はきちんと管理されていた情報である必要があり（秘密管理性）、秘密管理性を立証する観点でも、不正競争防止法上の権利行使を行いたい程度に機密性が高い情報については、社内での機密管理や外部に開示する際にはNDAを締結することが必須となります。

## NDAを締結するタイミング

　秘密情報を開示していく必要がある協業の場合には、初回の協議の際に、NDAを締結させてほしい旨を打診し了承を得たうえで、開示していくようにしましょう。遅くとも初回の情報提供を行った日にはNDAの効力が発生しているように効力発生日の日付には注意してください。

## おすすめのNDAのひな形

　秘密情報を開示し協業に向けて協議をすることが多いスタートアップは、必ず自社でひな形を整備し、契約締結のドラフトについても自社フォーマットでの締結を要求できるようにしておきましょう。第3章でも述べたとおり、契約の締結はどちらがドラフトを提示するかで交渉の進め方や手間が大きく変わります。自社のひな形を作成しておけば、仮に相手方がドラフトを提示する場合となっても、相手が提示したドラフトと自社のひな形の差分を確認して、相手方のドラフトの問題点とドラフ

トの内容の修正方針を決めやすくなります。

　以下のサイトに掲載されているNDAのひな形を参考に、自社の顧問弁護士にも相談しながら策定し、自社からドラフトを提示できるよう準備しましょう。

---

「オープンイノベーション促進のためのモデル契約書（OIモデル契約書）ver2.1について」（経済産業省）
https://www.jpo.go.jp/support/general/open-innovation-portal/index.html

---

## NDAの締結を先延ばしにされたり、拒まれたりするケース

　事業の協業に当たって「もう少し協議が煮詰まったらNDAを締結するので、先に情報開示してほしい」とNDAの締結を先延ばしにされ、情報開示を先行させられるケースがあります。このような場合、協業までなんとかこぎつけたいスタートアップとしては、相手方の要望を飲まざるを得ない状況になりやすいですが、後日、提供した情報をもとに類似サービスを発表されたり、**なし崩し的にNDAを締結されなかったりする可能性も存在するため、スタートアップ側としては、提供する情報の重要性を主張し情報開示前にNDAを締結できることが望ましい**といえます。

　なお、提携する相手方企業の取引上の地位がスタートアップに優越しており、事業連携が打ち切られるなどの今後の取引に与える影響等を懸念して、NDAを締結しないことを受け入れざるを得ないようなケースでは、独占禁止法上の優越的な地位の濫用に該当する可能性があり、ひどいケースにおいては、公正取引委員会にも情報提供を行うべきでしょう。

## NDAの内容に関する留意点

### ■ 秘密情報の使用目的

　提供した秘密情報をもとに勝手に事業化されることを防ぐべく、「PoCの目的（事業化までは含まない）」等、できる限り具体的に使用目的を定めましょう。とはいえ、相手方が使用目的以外の用途で使用していることの立証は難しいため、前述したとおり、自社にとってコアな情報は開示しないようにしましょう。

### ■ 「秘密情報」の範囲

　「秘密情報」の定義の方法としては、「秘密である旨を明示した情報」（資料に「Confidencial」等と記載したものや口頭で伝達した情報について秘密である旨を書面で伝えた情報のみを秘密情報に限る形）に限定する場合と、開示し提供した情報すべてを「秘密情報」に含める形の大きく2つのスタイルが存在します。

　案件によってケースバイケースですが、相手方に比べてスタートアップ側が情報を開示していくケースが多いことから、**NDAにおける「秘密情報」の定義は、広く後者の形で定義することが望ましい**といえます。

### ■ 秘密情報の開示相手

　大企業相手の場合、関連するグループ企業へ開示されるケースもあることから、範囲を明確にすることが重要です。

### ■ 有効期間

　大企業側から提示されるNDAのなかに、3か月等、有効期間が非常に短く設定されているケースが散見されます。NDAの有効期間が経過した後、その情報を自社で自由に活用することが許されるようになるため、有効期間の設計は非常に重要なポイントとなります。最低でも1年以上は必要です。現在の事業サイクルの速さに鑑みると、特に情報を秘

匿する必要性が高い会社や具体的なプロジェクトを除けば、**3年程度締結しておけば安心**かと思います。

### ■ NDA違反への対応

協業に向けて相手方に提供した秘密情報に基づいて、スタートアップの競合となる事業を開始されて、相手方が競合相手となるケースは、筆者らが見ているスタートアップでも実際に存在します。このような場合、スタートアップは、不正競争防止法の営業秘密が侵害されたとして、差止請求と仮処分の申し立てについて早急に検討する必要があります。

本請求に当たっては、秘密情報の特定と秘密管理性を立証する必要が出てきますが、秘密管理性の立証のハードルは相応に高いのが実情となるため、いざというときにこのような法的措置を本気で検討したいスタートアップは、秘密管理体制の構築を進めておく必要があります。

### ■ 秘密情報管理体制の構築

秘密情報管理のポイントは以下の3つです。弁護士に相談しながら、秘密管理性を立証できるよう整備を行う必要があります。

① 自社が保有している情報を定期的に洗い出し、可視化する
　書類やデータだけでなく、**顧客リスト、取引先情報、営業情報、PoCで製作した商品、ノウハウ等も重要な機密情報**です。

② 情報の機密性のレベルに応じて、管理方法を決定する
　たとえば、機密性のレベルに応じて以下の4つのレイヤーを設計します。

| 情報の種類 | 外部に開示する場合 | 従業員のアクセス |
|---|---|---|
| 公開してよい情報 | NDAを締結しなくても、開示可能 | 誰でもアクセス可能 |
| 秘密レベル：低 | NDAを締結 | 社員は誰でもアクセス可能 |
| 秘密レベル：中 | NDAを締結し、情報もブラックボックス化、抽象化して提供 | マネージャー以上がアクセス可能 |
| 秘密レベル：高 | NDAを締結しても外部には開示してはならない | 経営陣のみアクセス可能 |

③ 情報管理のルール化と周知徹底

社内向けに秘密情報であることを明示し、秘密情報のアクセスや管理方法の周知徹底を行います。就業規則や社内規定でも管理方法を規定します。フォルダにアクセス権限を設定して、物理的なアクセス制限を実施します。

## 3 スタートアップと大企業が共同でプロダクトを作る場合（PoC契約、共同研究開発契約、ライセンス契約）

事業連携においては、**実際に本格開発を行う前に、顧客ニーズと提供価値に関する仮説が実際に確からしいか、まずPoC**（Proof of Concept。あるいはフィジビリティスタディとも呼ばれる）**を実施するケースが多いです。そこでまず締結する必要がある契約を「PoC契約」**と呼びます。

顧客ニーズや提供価値の確からしさが一定程度確認できたタイミングで、**実際の製品開発に移るべく、締結されるのが「共同研究開発契約」**となります。

共同で製作したプロダクトについて、**お互いに開発前から保有してい**

た技術を活用している場合には、自社が保有する技術を相手方に利用許諾を行う「ライセンス契約」を締結する必要があります。また、共同開発したプロダクトの権利を共有した場合、**お互いに自社の事業で活用、利用していく場合にも「ライセンス契約」を締結**する必要があります。

以下、それぞれの契約類型の留意点について解説をしていきます。

## PoC契約

PoCといっても、純粋な顧客インタビュー、初期営業を一緒に行う程度にとどめるケースから、MVP、プロトタイプを製作して、顧客候補に実際に利用してもらって、効果検証まで行うケースも存在します。実態に合わせて適切に設計する必要があります。

### ■ 契約を締結する必要性

スタートアップが大手と実施するPoCには以下のような紛争のタネが潜んでいます。

① 急ぐあまりPoCの実施や成果に対して、必要な報酬の合意をせず、必要な報酬が支払われない、または、別段の対価なく、PoCのやり直しを延々と求められる
② PoCで得られた知見、インサイトの取扱いについて、紛争になる

これらを未然に防止するのがPoC契約です。PoCの実施を急ぐあまり契約を締結せず、先延ばしとなり、**後から紛争になるケースが後を絶たないため、PoCに入る前に条件を合意しておくことが重要**です。

### ■ PoC契約の法的性質

通常、PoCの実施主体はスタートアップ側になることが多いでしょう。いまだ仮説にすぎない事項の検証を行うのがPoCの主眼ですので、何か明確な成果物、納品物を納品する請負的な契約ではなく、**合意した検証**

を実施し、効果を報告する準委任的な業務委託契約の形が望ましいといえるでしょう。

### ■PoCの対価の明確化

スタートアップとしては、無償でだらだら依頼を受けることは避ける必要があり、交渉上、対価の設定を目指したいところです。対価の設定方法としては、固定金額で定める方法、実働ベース（時間単価×稼働時間）で定める方法等があります。

### ■PoCのスケジュールとゴール、共同開発への移行条件の明確化

PoC実施において双方が行うべきアクションを落とし込み、スケジュールとゴールまで合意し、契約書に明記できるのが理想です。また、PoCは一定事項の仮説検証の内容を踏まえて、双方が次の本格的な開発に進めるかどうか、判断することを目的としています。そこで、PoCの実施内容を踏まえて、あらかじめ合意した一定以上の成果が出た場合の、共同研究開発契約の締結の努力義務を設定することが望ましいといえます。

なお、スタートアップとしては、PoCについては共同研究開発契約が締結されることを前提に、あえて低額な委託料で実施するケースがあることから、共同研究開発契約が将来締結されなかった場合には、PoC費用を追加で請求する旨の規定も一案です。

## 共同研究開発契約

PoCを終えて、いよいよ共同で製品開発を進めていくフェーズで締結するのが共同研究開発契約です。もちろん、PoCを経ずに当初から共同研究開発契約に至ることもあります。共同研究開発契約では、お互いの役割、費用分担方法、割合、開発した知的財産権の帰属、事業化の後の両者の権利関係を規定する必要があります。以下、契約締結における留意点について解説をします。

## ■ 事前の役割分担の規定

　共同研究開発とは名ばかりで、スタートアップ側が事実上100％貢献する形となり、連携する企業側は貢献がないにもかかわらず、特許を共同出願させられるケースが散見されます。このようなことのないよう、**それぞれの役割分担について共同研究開発契約で明記し、その成果を報告し合う義務を相互に負う形（相互の準委任契約の形）とすることが重要**です。

## ■ 共同研究開発した成果の知的財産権の帰属

　共同研究の成果となる知的財産権がどちらにどれだけ帰属するのかきちんと明記することが重要です。

　**スタートアップと連携企業の双方が共同研究において貢献したにもかかわらず、正当な対価なく、共同研究の成果が連携企業側にのみ帰属し、スタートアップ側に帰属しないことは避ける必要**があります。この点について、実務上、大企業側、連携企業側が一方的にすべて取得するケースは減ってきているように感じますが、十分な検討をせず、とりあえず共有で50％ずつ帰属させる設計が散見されます。

　しかし、半分ずつ共有した場合、スタートアップが当該技術、成果をさまざまな分野に活用しようとするたびに、連携する事業者の承諾を取得する必要が生じることがあり、交渉コストやスピード感の制約を受けることになります。

　そこで、スタートアップとして、交渉上目標としたいのが、自社で100％保有する形です。共同研究開発を行ってきた相手方の事業者に対しては必要な範囲、事業領域、期間において独占的に利用を許諾すれば、戦略上問題ないことも多いと考えられます。とはいえ、スタートアップが競合と提携したり財務状況が悪化してしまう等といった連携企業の不安に対して、第三者との競合開発を禁止したり、経済不安が生じた場合には優先的な知的財産権の買取オプションを設定したりすることが考えられるでしょう。

なお、取引上の地位がスタートアップに対して優越している事業者が、正当な対価なく、今後の事業提携の推進をしていくうえで、足元を見て知的財産権を単独帰属とするよう働きかける行為は、優越的地位の濫用に該当する可能性があり、ひどいケースの場合には、公正取引委員会に働きかけを行うことも考えるべきでしょう。

### ■バックグラウンド情報の明確化

　共同研究開発に当たって、共同研究開発実施前に各自が保有していた情報、示唆、成果と契約締結後に新たに生じた成果が混在して、各成果に対する知的財産権の峻別がつかなくなること（いわゆる、技術のコンタミネーション）を防ぐ必要があります。事前に、研究テーマに関連してお互いに保有するバックグラウンド情報をリストとして、開示、交換して、範囲を明確にしておくことが望ましいといえます。また、特許出願可能な技術については、共同研究開発を実施する前から、特許出願をしておくことが有効です。

## ライセンス契約

　共同で製作したプロダクトについて、お互いに開発前から保有していた技術を活用している場合には、自社が保有する技術を相手方に利用許諾を行う「ライセンス契約」を締結する必要があります。また、共同研究開発したプロダクトの権利を共有で保有する場合、お互いに自社の事業で活用、利用していく場合にも「ライセンス契約」を締結する場合があります。

　**ライセンス契約とは、自身が保有する知的財産権の利用を第三者に対して許諾する契約**のことで、**許諾条件（範囲、期間、地域、独占・非独占、許諾料）、技術情報の提供方法、改良技術の取扱い方がポイント**となります。以下、ライセンス契約を締結するうえでの留意点について記載します。

### ■ 許諾の範囲の明確化

　ライセンスの対象、期間、地域、相手に対して独占的（＝競合他社に
は許諾しない）に許諾するのかどうか、独占権を付与する場合にスター
トアップ自身も利用できるのかどうかを明記する必要があります。**独占
権の付与については、一度付与を行ってしまうと一定期間拘束されてし
まうため、相手方の業界における地位、販売力、イニシャルフィーやラ
ンニングでのライセンス料をどれだけ取得できそうかを勘案しての慎重
な判断が必要**です。独占権を付与する場合、相手方が思うように販売で
きず取得するライセンス料が想定を大きく下回った場合に独占権の付与
を解除できるようにするため、最低の販売額、販売数量等のいわゆるノ
ルマを課し、一定期間内にノルマを達成できなかった場合に独占権を解
除できるよう設計することが重要です。

### ■ ライセンス料の適切な設計

　支払方法としては、頭金（イニシャルフィー）の支払いとライセンス
した権利の利用量に応じて定期的に課金するランニングフィーでの支払
の２つの方法があります。頭金は定額で、ランニングフィーは販売した
売上額等に対して一定の料率をかけることで算出します。頭金が高けれ
ば高いほど、ランニングフィーは抑制される傾向にあり、キャッシュイ
ンを急ぎたいスタートアップとしてどのような提示を行うか慎重な判断
が必要です。

## 4 ｜ スタートアップが開発したプロダクトを大企業側が販売する場合

### 大企業と販売連携する３パターン

　大企業側がスタートアップ側のプロダクトを担いで販売する場合、筆
者らの見ている範囲では、以下の３つの類型が多いようです。

① D2C企業やIoT、ヘルステック、ディープテック企業のプロダクトを
オンライン、オフラインで強固な販売チャネルを持っている大手企業
が販売する
② BtoB向けのSaaS、ソフトウェアを、toB向けの販売チャネルを持つ
大手企業が担いで販売する
③ toC向けで一定以上グロースしているwebサービスを大手が担いで、
自社のサービスやプラットフォーム上で販売の導線を設計する

このような販売連携において、顧客獲得後のカスタマーサクセス、顧
客のサポート、アップセルやクロスセル提案等について、スタートアッ
プ側の独自のオペレーションや知見がなければ、そもそも対応が難しい
商材については、自社と接点がある顧客を紹介し、成約後に手数料を取
得するにとどまる「代理店契約」が採用されるケースがあります。
　**「代理店契約」では、商品のメーカーとなるスタートアップとエンド**
**ユーザーである顧客との間に売買契約、ソフトウェアの提供等に関する**
**契約が成立**し、メーカーとなるスタートアップ側が顧客への販売価格の
決定をし、販売、代金回収、在庫リスク、顧客からのクレーム等への対
応については通常スタートアップ側が負うことになります。
　代理店側としては、販売責任を直接負うことはないため、気軽に始め
やすく、大企業がスタートアップの商品をまず実験的に担ぐケースにお
いては、採用されやすい契約形態です。代理店側は、商品の販売実績に
対する一定料率を手数料として取得し、当該手数料がそのまま売上とな
ります。
　一方で、販売する側として、販売後の責任も自社で負い、商品を担ぐ
ことによって業績的にもしっかりとトップラインも伸ばしたい場合には、
スタートアップから仕入を行い自社で販売する「販売店契約」が採用さ
れることが多いです。さらに、大企業側が自社がすでに持つブランドの
シリーズ等として販売したほうが、集客が進むようなケースでは、別ブ

ランドを立てて販売する「OEM契約」を行うケースもあります。

**「販売店契約」とは、メーカーとなるスタートアップとそれを担ぐ大企業側、および大企業側と顧客との間でそれぞれ売買契約が締結される契約類型**です。販売店側が顧客への販売価格の決定権を持ち、販売や代金回収、顧客からのクレームや販売できない場合の在庫リスク等、顧客に対する販売責任は販売店側が負担する契約形態のことで、販売額が売上、仕入原価との差が粗利となります。販売店側としては、営業販売体制の構築やマーケティングに対して、相応の投資が必要となるため、それなりの覚悟が必要となる契約となります。

最後の③の事例については、顧客送客の数をカウントして、成果報酬ベースで手数料を支払う、「出店契約」あるいは「アフィリエイト契約」のような形態を取ります。

このように、販売連携の契約の設計を考えるには、お互いの目的、お互いが持っているキャパシティに応じて、どのような契約形態とするのが適切かよく吟味する必要があります。

## 契約設計のポイント

以下これらの契約を設計するにあたって、スタートアップ側として留意したいポイントについて解説します。

### ■ ポイント① 独占権の付与とノルマの設定

ライセンス契約の項目でも解説したのと同様、スタートアップ側として、交渉のなかで独占権を付与することについては慎重になるべきですし、仮に独占権を付与するのであれば、いわゆるノルマを期限とともに設定し、ノルマを達成できない場合には、独占権は解除する条項を設定したいところです。

### ■ ポイント② 秘密保持義務

連携企業側に販売連携に当たって、集客、営業手法、カスタマーサクセスのポイント等、さまざまなノウハウを伝達することになります。このような伝達したノウハウは、スタートアップ側にとっては競争優位性保持の観点で核心的な情報ばかりのため、提供した資料は営業・販売以外には利用しない、当然外部にも提供しない旨の秘密保持義務の締結は必須です。

### ■ ポイント③ 競業避止義務

また、提供した資料を元に、スタートアップと競合する製品の立ち上げを実施されるケースはあまりないと思いますが（大企業、連携企業側は自社でできない、しづらいからこそ、担いでいるため）、事業についてノウハウを蓄積し、旨味を感じた場合には、大きな経営資源をもって、同じ事業を自社で立ち上げることを始める可能性も存在します。そこで、**販売連携に関する契約終了後、一定期間の間は、大企業側が同一の事業に参入できない等の競業避止義務を課すことが理想**です（市場で有力なメーカーが競合品の取扱制限を行って、新規参入者や既存の競争者が販売チャネルを簡単に確保することができなくなる恐れがある場合、独占禁止法に違反するリスクがあるため、スタートアップであっても高いシェアを持った場合には、この点に注意が必要です）。

## その他

その他、販売時に商標をどこまで利用できるのか、品質保証、契約不適合責任、製造物責任や販売店、代理店として具体的にどのような義務を負うことになるのか（クレーム対応はどちらがするか、報告すべき事項として何を求めるか等）、契約解除のタイミング（いきなり解除した場合、担いでいる側は投下資本の回収を行えなくなるため、契約締結後１〜２年程度が経過してから解除可能とするのが妥当なケースが多い）、契約終了時のお互いの義務等、後日紛争とならないよう明記しておく必

要があります。

## 5 | 提携に当たって、スタートアップに対して 資本関係も入れる場合（資本業務提携契約）

　これまで述べたようなPoC、共同研究開発、販売代理に取り組むにあたって、連携企業側としては、より提携の結びつきを強めるために、マイナーで自社のバランスシートまたはCVCを経由して、エクイティ出資をするケースがあります。

　連携企業としては、スタートアップとの取り組みによって、自社の収益向上を目指しながら（戦略リターン）、スタートアップへのバリューアップに貢献することにより、自身が出資し保有する株式価値も向上し、キャピタルゲインも同時に狙う形です（フィナンシャルリターン）。

　投資を受け入れる際の留意点としては、以前に述べた点と重複するので割愛します。CVCから出資を受ける留意点として、比較的シード〜アーリーの初期ステージで出資を受けると、一定の色がつくことになるため、連携企業の競合企業との提携・連携について機会損失が生じる点を天秤にかける必要があります。基本的には、フィナンシャルリターンではなく、戦略リターンが狙いのため、本業とのシナジーがないことが明らかになった場合、株式の早期買取を求められるケースが存在するため、CVCがリードインベスターとなる投資契約においては、そのような買取条項がないか注意して見る必要があります。

## 6 | 大企業とスタートアップが新しい 合弁会社を設立する場合（合弁契約）

　PoC、共同研究開発、販売代理に取り組むにあたって、スタートアップは、連携企業側とより人的交流を図り、関係を強化するために、新規に合弁会社を設立して、そこで事業運営を行うケースがあります。

大企業とスタートアップが合弁会社を設立することは、以下の理由から実務上稀であるため、本稿では詳細な解説は省きたいと思います。

①スタートアップとしては上場を目指すうえで、合弁会社となる子会社（または持分法適用会社）の経営管理を行う必要が生じ、上場準備のための工数が一定以上増える
②大企業側、スタートアップの双方として、ガバナンスの考え方、事業のスピード感、人材の性質、カルチャーが大きく異なるため、経営資源を持ち寄って統合して経営をしていくハードルが高い（通常、スタートアップはスタートアップのままのほうが早く、有利に動きやすい）

　もちろん、合弁会社を大企業と連携して設立し、成功させている例も存在します。合弁会社を立ち上げる際に、合弁契約を締結することになります。設計方法については、優良な書籍が出ているため、解説はそちらに譲りますが、もっとも**重要な点は合弁会社を解散・清算する、あるいはどちらかが株式を買い取る「エグジット条件」を明確に定める**ことです。
　前述のとおり、合弁会社を立ち上げ成功させることのハードルは高く、だらだらと進めることは両者にとって得策ではありません。そこで、**一定期間までに一定のマイルストーン（業績規模あるいはKPI）を設計し、当該時期までに達成できなかった場合には、解散・清算するか、または合弁会社の株式をどちらかが買い取るオプション権利を持つよう設計**しておくことが重要です。

　本章の最後に、公正取引委員会、経済産業省が発表した「スタートアップとの事業連携及びスタートアップへの出資に関する指針」を改めて紹介しておきます。大企業との連携・協業においても実務的に参考になるのでチェックしてみましょう[1]。

- 経営資源のないスタートアップにとって、大企業との提携は事業を短期間でスケールさせていくうえで重要な戦術の1つ。一方、スタートアップが大企業と提携することは、鮫と伴走することと揶揄されることもあり、自社の競争上、重要な秘密情報や技術を大企業側に開示、模倣され、大企業側に事業化されてしまうリスク、副作用が存在する。
- 大企業との提携の目的となるのは、以下の2つのいずれかかその両方となることが多い。
  ①一緒にプロダクトを開発する（共同研究開発契約　等）
  ②スタートアップが開発したプロダクトを大企業が持つ顧客チャネルで販売してもらう（販売代理店契約　等）
- スタートアップと大企業が協業に向けた協議を行う場合には情報開示の方法、秘密保持契約の内容、社内における情報管理のポリシーが、スタートアップと大企業が共同でプロダクトを作る場合にはPoC契約、共同研究開発契約、ライセンス契約の設計が、スタートアップが開発したプロダクトを大企業側が販売する場合には、代理店契約や販売店契約の設計が重要となる。

□大手企業との提携のメリット、デメリットを理解した。
□提携の目的に応じた検討事項、契約類型と契約上留意すべき点について理解した。

---

1　https://www.jftc.go.jp/dk/guideline/unyoukijun/startup/start-up.pdf

# コンプライアンス

　「とにかくビッグになりたい」。その一心で、幼少期より人生を歩んできた。小学生のときは、プロ野球選手を目指すも、肩の負傷により挫折。中高生ではミュージシャンを目指してギターに打ち込むも、結局芽が出ず諦める。大学生になると、次なる「ビッグになるための手段」として、ビジネスに出会う。本来的に、1人で黙々と何かに打ち込むよりも、人と話しているほうが好きな僕にとって、ビジネスはとても合っていた。いくつものスタートアップでインターンをして、特に営業の力を、大学生とは思えないレベルで身に着けていった。大学4年間を、サークル活動もせずすべてインターンシップに費やした甲斐あり、大学を卒業する頃には、どんなに良くない製品でも大抵のものは売れる、ある意味で詐欺師的ともいえる営業スキルを身に着けた自信があった。

　そのまま、営業力が日本トップクラスであることで知られるメガベンチャーに入社。同期の中でも抜きん出た結果を出し、20代後半には創業以来最年少で執行役員に就任した。

　ただ、ちょうど執行役員になったくらいのタイミングで、コンプライアンス強化を進める会社の方針と、攻めたビジネスをどんどん展開していきたい僕の志向性が合わないと感じるようになり、退職。自らスタートアップを立ち上げ、営業支援のBtoB SaaSを開発した。

＊　＊　＊

　このプロダクトはそれなりに評判が良く、僕の天才的な営業力、そして信頼の置けるセールスパーソンを多数採用したこともあり、会社は順調に成長していった。ちょうどBtoB SaaSのブームが来ていたこともあり、ベンチャーキャピタルからの視線も熱く、大型の資金調達も実施。創業から5年が経った頃には、主幹事も決まり、IPO準備のフェーズに入った。正直、無敵になった気分だった。ついにここまで来たんだ！

最近上場を果たした先輩経営者に話を聞くと、なんでも上場にあたって、個人情報保護法に抵触していないかどうかはとても大切らしい。ここに引っかかるだけで、上場が危うくなるケースもあるとのことだ。こんなところで足をすくわれるわけにはいかない。個人情報保護法に関して、日本でもトップクラスの弁護士に頼み、重点的にチェックしてもらった。それなりの費用はかかったが、ここで出し惜しんで、上場がオジャンになっては元も子もない。必要経費と割り切って、ガッツリ支援してもらった。

　幸い、大きな問題はなく、多少の業務フローの調整だけで事足りた。これでついに、上場だ！

＊　＊　＊

　しかし、上場に向けて、問題は次々と起こった。

　まず、証券会社からの審査のタイミングで、過去に実施したキャンペーンが景品表示法に違反しているのではないかという疑義が浮上。しかも、メインのBtoB SaaS事業ではない。新規事業として、セールスパーソン向けオンライン講座を始めていたのだけれど、そこで「今月だけ無料！」と謳った広告キャンペーンを毎月出し続けていたのが問題だったとのこと。正直、景品表示法なんて、化粧品とかサプリとかそういうビジネス以外は、関係がないと思っていた。多少の誇張広告なんて、どこでもやっている。こんなことで、いちいちケチをつけられるなんて、ちょっと慎重すぎないだろうか。イライラがつのる。

　さらに、ユーザーに対してチャット機能を提供しているのだけれど、それにあたって電気通信事業法上の届出を行っていない点、かつユーザーの通信内容について同意を取得せずに勝手に閲覧していた点を指摘される。電気通信事業法なんて、聞いたこともない。うちみたいな、セールス領域の会社でも、そんなのを本当に気にする必要があるのか？　ユーザーの通信内容だって、サービスの運営会社がチェックするのが当然ではないか。さらなるイライラがつのっていく。

そうしたリスクがいくつか判明したのち、証券会社から「法務体制を抜本的に刷新してほしい。そうしないと上場は難しい」とのお達しが来る。ここまで不安要素が多いと、その証券会社としてはリスクが高すぎて上場は支援できない、とまで強い口調で言われた。正直、「こいつらはなめてるのか？」と思ってしまい、堪忍袋の緒が切れた。うちはスタートアップなんだ！　リスクなんて、あるに決まっている。
「多少のリスクを取らなきゃ成長できません。そんな面倒なことを言うなら、主幹事は変更させていただきます」——僕は怒り気味の口調でそう伝え、その証券会社との縁を切った。

＊　＊　＊

しかし、それは地獄の始まりだった。
　別の証券会社ともたくさんコンタクトを取ったが、どいつもこいつもリスクの話ばかりする。本当にわかっているのか？　僕たちはスタートアップなんだ。リスクがあるのは百も承知、それでも支援するのが証券会社の役割じゃないのか！　問題なんて、どの会社もある。うまくごまかして、それでも発覚したら、その段階で対応すればいいじゃないか。いちいち立ち止まっていては、イノベーティブなビジネスなんてできない——。
　そう考え、会う証券会社すべてと喧嘩別れしているうちに、ついにはうちの会社を支援したい証券会社がなくなってしまったのだ。どうやら、業界内でうちはモンスターだと噂になっているらしい。こいつらは何もわかってない。
　とはいえ、もう支援してくれる証券会社はない。ベンチャーキャピタルも資金の引き上げを持ちかけてくるようになった。僕の起業家人生は、ここで終わるのだろうか——。

# 1 IPOとは?

　本書でこれまで説明してきたとおり、多くの起業家は、会社を設立し、自社のサービス・製品のローンチ、資金調達や大企業とのアライアンスといったイベントを経た上で、最終的には「IPO」を目指すケースが多いです。これから起業を志す方の中にも将来の目標としてIPOをイメージしている方は多いのではないでしょうか。

　しかし、過去にIPOを経験したことがある例外的な起業家を除いて、多くの起業家はIPOについて具体的なイメージや知識を有していません。これまでIPOに関する情報が証券会社や一部の専門家を中心とする閉ざされた世界でのみやり取りされることが多かったことにも起因して正しい情報が起業家に広く届いていなかったものと思われますが、最近は、上場を経験した企業のCEOやCFOなどが後輩のスタートアップ経営者に対してアドバイスを行うケースが増えてきており、少しずつ情報がオープンになってきているように感じます。

　一方で、以前よりも情報収集・情報発信が容易になっていることも相まって、IPOに関する誤った理解に基づく情報が真実かのように流布しているケースも散見されるため、本書ではその点についても言及します。

　まず、IPOとは、Initial Public Offeringの略で、一般的には新規株式公開ともいわれています。それまで少数の株主のみが保有し、取引も制限されていた**未上場企業の株式を証券取引所（株式市場）[1]に上場[2]することによって、株式市場での株式の売買が可能となり、プロの投資家に**

---

1　日本には、東京証券取引所、札幌証券取引所、名古屋証券取引所、福岡証券取引所が存在します。本書では東京証券取引所（東証）を念頭に置いて解説します。なお、東証に上場申請を行うと上場審査が行われることになりますが、上場審査は、東証ではなく、東証から上場審査業務を受託している日本取引所自主規制法人（自主規制法人）が行います。IPOに関連して、「東証」「取引所」といった表現が用いられる際には、厳密には東証ではなく自主規制法人を意味していることがありますが、本書でも特に両者を区別せずに解説します。

2　上場とは、企業が発行する株式を証券取引所で売買できるように証券取引所が資格を与えることを意味します。

限らず多くの投資家がその企業の株主となることができるようになります。

## IPOのメリット

　それではIPOを行うことにはどのようなメリットがあるのでしょうか。まず、企業側のメリットとして、①資金調達の多様化と調達力の向上、②知名度・信用力の向上[3]、③管理体制の充実、④従業員のモラルやモチベーション向上といったものが期待されます。

　①と③について少し補足しますと、上記のとおりIPOによって一般の投資家に開かれた株式市場での株式の取引が可能となるため多様な方法による多額の資金調達も可能となりますし、IPOの過程で企業は上場審査の一環として上場企業にふさわしい管理体制の構築を求められるため、新たな人材の採用や制度の見直しなどを通じて、管理体制が強化されることになります。

　次に、株主側のメリットとしては、株式市場において公正な価格で適時に株式を売却することができることになります（キャピタルゲイン）。最後に、従業員側のメリットとして、従業員もストックオプション制度の活用や従業員持株会への加入などを通じて財産形成が可能となることに加えて、上場企業に所属することによる信用力や満足度の向上といったものが期待されます。

## IPOのデメリット

　一方で、当然、IPOにはデメリットもあります。まず、IPOはその準備段階でも膨大な事務作業が発生し、人員増に伴うコストや各種アドバイザーなどへの報酬など経費が増加します。また、仮にIPOに成功して

---

3　その結果として採用力も向上するといわれることがありますが、一方で、上場する前のほうが面白い人材・尖った人材を採用できたと指摘する経営者もいます。

も、上場企業となれば、情報開示への対応[4]や株主総会対応、インサイダー取引対応[5]など、上場前とは比較にならない手間が随所で発生します。

　さらに、いうまでもなく上場企業となればそれまで以上に社会の公器としての役割や責任を意識しなければならず、経営の自由度や意思決定のスピードが下がることも覚悟しなければなりません。これから起業しようとする方からするとピンとこない話かもしれませんが、ここは非常に重要なポイントです。特に自分の感性に従いビジネスや組織を組み立てていくことにやりがいを感じていたタイプの起業家からすると、上場後の企業経営は大きなストレスとなるかもしれず、必ずしもすべての起業家がIPOによって幸せになるわけではありません。

　IPOに至る経緯や事情も会社によってさまざまではありますが、IPOはゴールではなく、必ず通らなければならない道でもないため、起業家の方には、IPOという言葉の魔力にとらわれることなく、自らが進むべき道を見定めてほしいと願っています。

# 2 ｜ IPOの全体スケジュール

　IPOは、通常、IPOを行う「申請期」、申請期の前期に当たる「直前期」（「N-1」と呼ばれることも多いです）、申請期の2期前に当たる「直前々期」（「N-2」と呼ばれることも多いです）、直前々期より前の期間に分類して、スケジュールを策定します。

　一般的には、直前々期より前にIPOの意思決定が行われ、監査法人や

---

4　上場会社には法令に基づく情報開示（有価証券報告書など）のほか証券取引所規則に基づく開示（適時開示など）など、さまざまな情報開示が求められます。

5　インサイダー取引とは、上場会社の関係者が、一般投資家が把握していない投資判断に重大な影響を与える未公表の会社情報を利用して株式の取引を行うことをさし、金融商品市場の公正性や健全性に対する投資家の信頼を損なう行為として、刑事罰をもって禁止されています。インサイダー取引は、会社の重要な情報に常に接している当事者からすると、悪意がなくてもうっかりインサイダー取引規制に違反してしまうリスクがあり、上場後に株式を売却したい関係者（特に創業者など）にとっては重要なトピックとなります。

## 【上場準備のスケジュール】

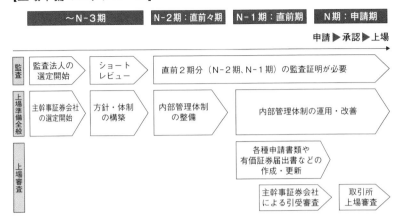

主幹事証券会社の選定作業が開始されます。少なくとも直前々期
（N-3）には監査法人を選定しショートレビューを受けてIPOに向けた課
題の洗い出しを行います。

　直前々期には主幹事証券会社を選定し、直前々期・直前期を通じて、
監査法人による監査や主幹事証券会社のアドバイスを踏まえてコーポレ
ート・ガバナンス体制や内部管理体制の整備・運用を行います。

　そして、申請期に行われる主幹事証券会社による引受審査[6]と証券取
引所の取引所上場審査[7]を経て、上場承認がなされたのち証券取引所に
株式が上場されます。なお、取引所上場審査は通常2～3か月かけて行
われ、上場承認の約1か月後に上場します。

---

6　引受審査では、①提出した審査資料に基づく書面による質問と回答、②指摘項目に対する
　改善、③経営者面談などが行われます。なお、引受審査には通常6か月程度を要するので直
　前期の終盤には審査が開始しているケースが多いです。
7　上場審査では、①提出した申請書類に基づく書面による質問と回答、②ヒアリング（通常
　3回）、③実地調査、④監査法人との面談、⑤社長との面談、⑥監査役との面談、⑦独立役
　員との面談、⑧社長説明会が行われます。

# 3 | IPOの関係者

IPOにはさまざまな関係者が登場します。本書では、①監査法人、②主幹事証券会社、③株式事務代行機関[8]、④印刷会社[9]、⑤弁護士その他の専門家[10]について説明します。

まず、これらのなかでも特に重要なのは、①監査法人と②主幹事証券会社です。監査法人は、上場準備の過程において、上場申請の直前々期まで（N-2以前）にIPOに向けての課題抽出と改善に向けたアドバイスを行うためにショートレビュー[11]を実施し、上場申請の直前々期（N-2）と直前期（N-1）において会計監査（財務諸表監査）を行います。

上場申請に際しては、原則として、直前々期（N-2）と直前期（N-1）について、監査法人による監査証明が必要となり、監査法人との間で金融商品取引法に準ずる監査（準金商法監査）契約を締結し会計監査[12]を受ける必要があるので、監査法人は上場申請において不可欠な存在とい

---

8 　株式事務代行機関とは、株主名簿管理人として株主名簿の作成や議決権、配当など株式に関する事務を実施する機関を指し、証券取引所が承認している信託銀行などがその役割を担っています。なお、株式事務代行機関は、株主総会の運営に関するアドバイスなども行っています。

9 　印刷会社とは、上場申請に際して必要となる各種申請書類や上場後の有価証券報告書などの開示書類、株主総会招集通知などの株主総会関連書類の印刷やそれらに対するアドバイスを行う会社を指します。これらの書類は各種法令で形式や内容が細かく定められているため印刷会社の支援が必要となります。

10 　司法書士や弁理士、社会保険労務士などのサポートを得ることもありますし、IPOコンサルタントと呼ばれるような上場支援を専門とする企業などに上場審査対応や管理体制の構築について支援してもらうケースもあります。

11 　ショートレビューは、予備調査、短期調査、制度調査、クイックレビューなどとも呼ばれます。

12 　日本公認会計士協会が公表する「株式新規上場（IPO）のための事前準備ガイドブック」によれば、会計監査を受ける際の事前準備のポイントとして、①会計データ・裏付け証憑の整理、②発生主義会計および収益認識会計基準への対応、③棚卸資産管理、④原価計算体制、⑤資産・負債の管理、⑥連結決算、⑦関連当事者取引の把握・整理、⑧内部管理体制の構築、⑨労務管理、⑩情報システムの内部統制、⑪不正への対応、⑫会計上の見積り、⑬会計基準の選択があげられています。これから起業する方が現時点でこれらすべての項目について理解している必要はありませんが、会計監査においてどのような項目が重視されているのかという大きな視点だけは早めに持つようにしてください。

えます。

　また、IPOには主幹事証券会社も不可欠な存在です。主幹事証券会社[13]はIPOにおいて主に、①体制整備などに関するアドバイザーとしての機能、②証券取引所への推薦人としての機能、③株式の引受人としての機能、を果たします。主幹事証券会社は証券取引所の上場審査とは別に独自の引受審査を行い、上場準備会社の適格性などについて判断を行った上で、証券取引所に対する推薦を行います。上場申請には証券会社の推薦が必須となるため、主幹事証券会社も監査法人（公認会計士）と同様にIPOに必須の存在となります。

## 4 ｜ IPOの審査基準

### 3つの市場区分

　2022年4月4日付で、それまで用いられていた「市場第一部」「市場第二部」「マザーズ」「JASDAQ（スタンダード・グロース）」の4つの市場区分が、「プライム市場」「スタンダード市場」「グロース市場」の3つの市場区分に再編されました。

　原則として、「市場第一部」の基準が「プライム市場」に、「市場第二部」「JASDAQ（スタンダード）」の基準が「スタンダード市場」に、「マザーズ」の基準が「グロース市場」にそれぞれ引き継がれています。本書の読者の多くは、上場を視野に入れるのであればまずは成長可能性の高い企業向けの市場と位置付けられているグロース市場への上場を目指すことになります。

---

**13**　IPOに関して株式公開業務を行う証券会社を「幹事証券会社」といいます。通常は複数の幹事証券会社を選定してシンジケート団を組成し、そのなかでもっとも多い割合で株式を引き受け、中心的な役割を担うのが主幹事証券会社になります。

## 形式基準と実質基準

IPOは、上場申請を行った申請会社について、証券取引所が定める有価証券上場規程に則り、形式基準と実質基準の２つの基準を用いて上場審査が行われます[14]。

形式基準とは、株主数、流通株式数、時価総額、事業継続年数、純資産の額、利益の額などについて定量的な基準を設けたもので、上場審査では、この形式基準を充足していることを前提として、実質基準を充足するか否かの判断が行われることになります。

実質基準は、形式基準とは異なり、企業の継続性および収益性または事業計画の合理性、企業経営の健全性、コーポレート・ガバナンスおよび内部管理体制の有効性、企業内容等の開示の適正性または企業内容、リスク情報等の開示の適切性など定性的な基準が定められており、**公益や投資者保護の観点から上場企業にふさわしい企業といえるか否かについて実質的な判断がなされる**ことになります。それぞれの基準の概要は次の表のとおりです[15]。

### 【形式基準】

| 項目 | プライム | スタンダード | グロース |
|---|---|---|---|
| 株主数 | 800人以上 | 400人以上 | 150人以上 |
| 流通株式 | • 流通株式数<br>　２万単位以上<br>• 流通株式時価総<br>　額100億円以上 | • 流通株式数<br>　2000単位以上<br>• 流通株式時価総<br>　額10億円以上 | • 流通株式数<br>　1000単位以上<br>• 流通株式時価総<br>　額５億円以上 |

---

14　なお、新規上場後に上場市場を変更することができ、まずはグロース市場に上場した会社が成長に応じてプライム市場に市場変更することも可能です。その際には、変更後の上場市場について、新規上場時と同等の基準に従い審査を受けることになります。

15　各基準の具体的な内容は、東京証券取引所が発行している「新規上場ガイドブック」（インターネットでも閲覧可能）を参照することをおすすめします。

| | • 流通株式比率<br>　35％以上 | • 流通株式比率<br>　25％以上 | • 流通株式比率<br>　25％以上 |
|---|---|---|---|
| 時価総額 | 250億円以上 | ― | ― |
| 純資産の額 | 連結純資産の額が<br>50億円以上 | 連結純資産の額が<br>正であること | ― |
| 利益の額<br>または売上高 | 最近2年間の利益<br>の額の総額が25億<br>円以上であること<br>または<br>最近1年間におけ<br>る売上高が100億<br>円以上である場合<br>で、かつ、時価総<br>額が1000億円以上<br>となる見込みのあ<br>ること | 最近1年間におけ<br>る利益の額が1億<br>円以上であること | ―[16] |
| 事業継続年数 | 3か年以前から株<br>式会社として、継<br>続的に事業活動を<br>していること | 3か年以前から株<br>式会社として、継<br>続的に事業活動を<br>していること | 1か年以前から株<br>式会社として、継<br>続的に事業活動を<br>していること |

## 【実質基準】

| 項目 | プライム | スタンダード | グロース |
|---|---|---|---|
| 企業の継続性およ<br>び収益性 | 継続的に事業を営<br>み、安定的かつ優<br>れた収益基盤を有<br>していること | 継続的に事業を営<br>み、かつ、安定的<br>な収益基盤を有し<br>ていること | ― |

---

16　グロース市場については形式基準に利益に関する基準がないため、業績が赤字の状態で
　　あっても、将来の成長性が期待される場合には、上場することが可能です（いわゆる赤字上
　　場）。

| | | | |
|---|---|---|---|
| 事業計画の合理性 | ― | ― | 相応に合理的な事業計画を策定しており、当該事業計画を遂行するために必要な事業基盤を整備していることまたは整備する合理的な見込みのあること |
| 企業経営の健全性 | 事業を公正かつ忠実に遂行していること | 事業を公正かつ忠実に遂行していること | 事業を公正かつ忠実に遂行していること |
| 企業のコーポレート・ガバナンスおよび内部管理体制の有効性 | コーポレート・ガバナンスおよび内部管理体制が適切に整備され、機能していること | コーポレート・ガバナンスおよび内部管理体制が適切に整備され、機能していること | コーポレート・ガバナンスおよび内部管理体制が、企業の規模や成熟度等に応じて整備され、適切に機能していること |
| 企業内容等の開示の適正性 | 企業内容等の開示を適正に行うことができる状況にあること | 企業内容等の開示を適正に行うことができる状況にあること | ― |
| 企業内容、リスク情報等の開示の適切性 | ― | ― | 企業内容、リスク情報等の開示を適切に行うことができる状況にあること |
| その他公益または投資者保護の観点から東証が必要と認める事項 | ― | ― | ― |

　この表は審査基準の概要を大まかにまとめただけなので、その特徴が

わかりづらいかもしれませんが、たとえば、グロース市場では、収益基盤を有していることまでは求められておらず、事業計画の合理性が求められており、成長可能性が重視されていることがわかりますし、コーポレート・ガバナンスおよび内部管理体制についても、「企業の規模や成熟度等に応じ」た整備が求められており、成長過程であることへの配慮が見られます。

　また、上記実質基準は、東京証券取引所が定める上場審査等に関するガイドラインにおいて審査の際に用いる具体的な観点が列挙されており、これらを1つずつ確認することが重要です。具体的なイメージを持つために、本書ではグロース市場に関するガイドラインの一部を要約して紹介します。本書で解説してきたさまざまなトピックのうち多くのものは実質基準による審査に関連することになります。

**【グロース市場に関するガイドラインの一部要約】**

| 実質基準 | ガイドライン |
|---|---|
| 企業内容、リスク情報等の開示の適切性 | (1) 経営に重大な影響を与える事実などの会社情報を管理し、当該会社情報を適時、適切に開示することができる状況にあること。また、内部者取引などの未然防止に向けた体制が適切に整備、運用されていること<br>(2) 企業内容の開示に係る書類が法令などに準じて作成されており、かつ、投資者の投資判断に重要な影響を及ぼす可能性のある事項、リスク要因として考慮されるべき事項、事業計画および成長可能性に関する事項について投資者の投資判断上有用な事項、主要な事業活動の前提となる事項についてわかりやすく記載されていること |

| | (3) 関連当事者その他の特定の者との間の取引行為または株式の所有割合の調整などにより、企業グループの実態の開示を歪めていないこと |
| | (4) 親会社などを有している場合、申請会社の経営に重要な影響を与える親会社などに関する事実などの会社情報を申請会社が適切に把握することができ、かつ、投資者に対して適時、適切に開示できる状況にあること |
| 企業経営の健全性 | (1) 特定の者に対し、取引行為その他の経営活動を通じて不当に利益を供与または享受していないこと |
| | (2) 親族関係、他の会社などの役職員などとの兼職の状況が、役員としての公正、忠実かつ十分な職務の執行または有効な監査の実施を損なう状況でないこと |
| | (3) 親会社などを有している場合、申請会社の経営活動が親会社などからの独立性を有する状況にあること |
| 企業のコーポレート・ガバナンスおよび内部管理体制の有効性 | (1) 役員の適正な職務の執行を確保するための体制が相応に整備され、適切に運用されている状況にあること |
| | (2) 経営活動を有効に行うため、その内部管理体制が相応に整備され、適切に運用されている状況にあること |
| | (3) 経営活動の安定かつ継続的な遂行、内部管理体制の維持のために必要な人員が確保されている状況にあること |

| | |
|---|---|
| | (4) 実態に即した会計処理基準を採用し、かつ会計組織が適切に整備、運用されている状況にあること |
| | (5) 法令などを遵守するための有効な体制が適切に整備、運用され、また最近において重大な法令違反を犯しておらず、今後においても重大な法令違反となる恐れのある行為を行っていないこと |
| 事業計画の合理性 | (1) 事業計画が、そのビジネスモデル、事業環境、リスク要因などを踏まえて、適切に策定されていると認められること |
| | (2) 事業計画を遂行するために必要な事業基盤が整備されていると認められることまたは整備される合理的な見込みがあると認められること |
| その他公益または投資者保護の観点から東証が必要と認める事項 | (1) 株主などの権利内容およびその行使の状況が、公益または投資者保護の観点で適当と認められること |
| | (2) 経営活動や業績に重大な影響を与える係争または紛争を抱えていないこと |
| | (3) 主要な事業活動の前提となる事項について、その継続に支障を来す要因が発生していないこと |
| | (4) 反社会的勢力による経営活動への関与を防止するための社内体制を整備し、当該関与の防止に努めていることおよびその実態が公益または投資者保護の観点から適当と認められることなど |

## 5 ｜ コンプライアンス

　上場審査では、実質基準のガイドラインにおいて「法令などを遵守するための有効な体制が適切に整備、運用され、また最近において重大な法令違反を犯しておらず、今後においても重大な法令違反となる恐れのある行為を行っていないこと」と定められているとおり、コンプライアンス[17]は重要な審査項目の１つとなります。以下、過去に問題となった代表的な法律や論点の一部について簡単に解説します。

### 個別のトピックに振り回されない

　なお、この点に関連して一点だけ特に理解してほしいことがあります。上場準備会社からは「最近は個人情報保護法が重点的に審査されると聞きましたが弊社は問題ないでしょうか？」「とりあえず景品表示法をおさえておけば大丈夫ですよね？」といった内容の相談を受けることがあります。先輩経営者にIPOの相談をした際にそのような経験談を聞く機会があるのかもしれませんし、IPO関係者がそのようなアドバイスをしているケースもあるようです。しかし、**証券取引所がそのような特定の法律や論点にだけ着目した一律かつ形式的な審査を行うことはありません**。証券取引所は、上場申請を行った申請会社の事業の内容や近時の専門的な議論の状況を踏まえて、申請会社ごとに重点的に審査すべき内容や申請会社に説明を求める事項を柔軟に変化させており、「これさえやれば大丈夫」といったマニュアルに従った対応は通用しません。むしろ上場審査の過程でそのような形式的な発想に陥りがちな申請会社の弱点

---

**17**　コンプライアンスとは、一般的に法令遵守と訳されていますが、企業が守られなければならないのは法令だけではなく、明文化されていない社会規範もその対象に含まれます。株主、顧客、取引先、従業員などのステークホルダーとの間で良好な関係性を築き、その信頼に応え続けるためには、コンプライアンスという言葉を硬直的かつ受動的に捉えるのではなく、時代やテクノロジーの変化に応じて柔軟かつ能動的に乗りこなす姿勢が求められています。

があぶり出されることも多いですし、悪しきマニュアル主義に囚われやすい会社ではコンプライアンスの問題にとどまらず、コーポレート・ガバナンスについても問題を抱えているケース（典型的には上場準備のためにお飾りの社外役員などを登用し形骸化したガバナンス体制を採用している場合）が多く、証券会社の引受審査の段階でつまずくことも多いです[18、19]。

　もちろん、個人の権利意識の向上やデータの利活用に関する社会的注目度の向上に伴い、個人情報保護法は以前よりも企業にとって重要度の高い法律として認識されるようになりましたし、インターネットの普及に伴い以前よりも簡単に大規模かつ広範囲のキャンペーンを実施することができるようになったため景品表示法の遵守状況が問題となるケースは増えました。上場審査においてもこれらの法律の遵守状況が問題視されるケース（申請会社からすれば遵守状況について細かな確認を求められるケース）が増えているのだとすれば、それはビジネスを取り巻く環境の変化に伴う当然の結果といえます。自社の事業の内容や自社を取り巻く環境変化に関する正しい認識を無視して、上場審査にトレンドがあ

---

**18**　なお、上場審査の過程でコンプライアンスやコーポレート・ガバナンスに関する問題が顕出された場合、その内容や程度によっては、外部の弁護士が作成した意見書の提出や調査が求められることがあります。特に個別の問題にとどまらず、会社のコーポレート・ガバナンス体制や内部管理体制全体を貫く問題がその背景に存在することが疑われる場合、再発を防止するために外部の弁護士に依頼して本格的な調査を実施し、原因の分析、責任の所在、再発防止策などに関して検討し、さらには再発防止策が機能しているか一定期間モニタリングを行うことが必要となる場合があります。上場企業が設置することが多い第三者委員会による調査のような厳格な調査が必ずしも行われるわけではありませんが、上場プロセスに与える影響は甚大なため注意が必要です。

**19**　問題の程度にもよりますが、会社が先行して何らかの問題を察知した場合には、速やかに証券会社に対して情報を共有し、一緒に対策を検討することをおすすめします。証券会社に隠そうとしたところで、審査を進めていけばいずれ発覚しますし、会社が単独で実施した調査・対策についてもやり直しを求められることがあるため、結果として会社にとっては無駄な作業が発生し証券会社からの信頼を失うだけになる可能性が高いです。また、証券会社やその担当者によって、どの程度の対応を求められるかは異なりますので、十分なコミュニケーションなく会社としては受け入れ難い対応を唐突に求められることがないように、証券会社とは日ごろから良好なコミュニケーションを構築し、会社としての考えや姿勢を伝えていくことが重要です。

るかのように語ることに意味がない（場合によっては有害ですらある）ことを十分に理解してください。

## 個人情報保護法

　個人情報については、「個人情報1」「個人情報2」でも解説したとおり、企業にとって年々その重要性が強く認識されるようになってきています。多くの企業が自社のサービスの提供や従業員管理のために個人情報を取り扱うことになるわけですが、**上場審査の過程で個人情報保護法に違反する取扱いがなされていたことが発覚するケースも少なからず存在**します。たとえば、個人情報の利用目的の特定が不十分なケース、本人の同意を得ずに利用目的の範囲を超えて個人情報を利用しているケース、本人の同意を得ずに個人情報を第三者に提供しているケースなどが典型的です。さらに今後は、2022年に施行された改正個人情報保護法の影響もあり、個人情報が不適正に利用されているケースや個人情報の漏えい発生時に適切な対応を講じていないケースがこれまで以上に上場審査の過程で問題となることも想定されます。

　また、従来から存在した匿名加工情報に加え、仮名加工情報や個人関連情報といった新たな概念も登場しているため、個人情報保護法を遵守するためにはこれらの新たな概念に対する正確な理解も求められることになります。さらに海外市場をターゲットとしているスタートアップの場合には、海外のデータ関連法制の遵守状況が問題となるケースも想定されます。

　本格的な上場審査に入る前に（理想的にはサービス設計段階において）、自社が取り扱うデータについて、①どのようなデータを、②どのような目的で取得し、③どのように管理・利用しているのかといった点について確認・検討することが重要です。

## 景品表示法

　景品表示法は、消費者が商品を購入したりサービスを利用したりする

際に、自主的かつ合理的な選択を行うことができるように、商品やサービスの品質、内容、価格などを偽って表示を行うことを規制し、また、過大な景品類の提供を防ぐために景品類の最高額を制限する法律です。たとえば、商品やサービスの品質その他の内容について、実際のものよりも著しく優良であると消費者に示す優良誤認表示（景品表示法5条1号）[20]や、商品やサービスの価格その他の取引条件について実際のものよりも取引の相手方に著しく有利であると一般消費者に誤認される有利誤認表示（景品表示法5条2号）[21]などが禁止されているほか、事業者が商品やサービスを提供する際に景品（おまけ）をつけることについて、景品（おまけ）の最高限度額や総額などが規制[22]されています。

景品表示法に違反する不当な表示や、過大な景品類の提供が行われている疑いがある場合、消費者庁による調査が実施され、調査の結果、違反行為が認められた場合は、消費者庁は、当該行為を行っている事業者に対し、不当表示により一般消費者に与えた誤認の排除、再発防止策の実施、今後同様の違反行為を行わないことなどを命ずる措置命令を行うほか、課徴金の納付を命じられる可能性があります。

自社の商品やサービスを少しでもよく見せるために広告についつい過剰な表現を用いてしまうことはよくありますし、まずは1人でも多くのユーザーを確保するために赤字覚悟でキャンペーンを実施したくなることもありますが、このような企画を検討する際には景品表示法を遵守することができているかチェックする必要があります。

---

20 例：客観的な調査に基づかずに「顧客満足度No1」と表示した場合
21 例：当選者の100人だけが割安料金で契約できる旨表示していたが、実際には、応募者全員を当選とし、全員に同じ料金で契約させていた場合
22 たとえば、商品やサービスの利用者に対して、くじのような偶然性を利用したりクイズのような特定の行為の優劣または正誤によって景品類を提供したりする「一般懸賞」については、懸賞による取引価格が5000円未満の場合は景品類の最高額は取引価格の20倍、懸賞による取引価格が5000円以上の場合は景品類の最高額は10万円、景品類の総額については懸賞に係る売上予定総額の2％以内といった制限が課されています。また、商品やサービスの購入者に対してもれなく景品を提供する「総付景品」については、規制が適用されない一定の例外的な場合を除き、取引価格が1000円未満の場合は景品類の最高額は200円、取引価格が1000円以上の場合は景品類の最高額は取引価格の20％までといった制限が課されています。

## 電気通信事業法

　**スタートアップなどの小規模な事業者から見落とされることが多い法律に電気通信事業法という法律**があります。電気通信事業法は、電気通信事業を営む者について、総務大臣への登録や届出を求める法律で、イメージしやすいところでいえば、携帯電話会社やインターネットサービスプロバイダなどは登録や届出が必要となる電気通信事業者に該当します。

　多くの企業はそのような通信のインフラ機能を果たすサービスを提供しているわけではないため電気通信事業法が自社のビジネスと無関係と判断してしまうことがあります。

　しかし、ここでいう「電気通信事業」とは、「電気通信役務を他人の需要に応ずるために提供する事業」をいい（電気通信事業法2条4号）、「電気通信役務」とは、「電気通信設備を用いて他人の通信を媒介し、その他電気通信設備を他人の通信の用に供することをいう」とされており（電気通信事業法2条3号）、「他人の通信を媒介」とは、他人の依頼を受けて、情報をその内容を変更することなく、伝送・交換し、隔地者間の通信を取次、または仲介してそれを完成させることをいうとされています[23]。たとえば、サービスのユーザーに対してクローズド・チャット機能を提供し、ユーザー間で一対一でのメッセージの送受信を可能とする場合、「電気通信事業」に該当すると考えられますが、このようなクローズド・チャット機能を実装しているにもかかわらず総務大臣への届出[24]が行われていないケースは多いです[25]。

---

23　総務省「電気通信事業参入マニュアル［追補版］」参照
24　電気通信事業を営む者が、「電気通信回線設備」（送信の場所と受信の場所との間を接続する伝送路設備及びこれと一体として設置される交換設備並びにこれらの付属設備）を設置している場合は、届出ではなく登録が必要となりますが、電気通信回線設備を設置しているスタートアップは想定しづらいため、基本的には登録が必要になるケースは少ないものと考えられます。
25　届出なく電気通信事業を営んだ場合には6か月以下の懲役または50万円以下の罰金刑に処される可能性があります（電気通信事業法185条1号）。

さらに、クローズド・チャット機能を設けている場合に、電気通信事業法上注意しなければならないのが通信の秘密に関する検討です。電気通信事業法上、「電気通信事業者の取扱中に係る通信の秘密は、侵してはならない」（電気通信事業法4条1項）と定められておりますが、クローズド・チャット機能を設ける際に、サービス提供者がユーザー間のメッセージ内容を確認できるようにしているケースがあり、このような場合にはメッセージ内容を確認することについてユーザーから個別具体的かつ明確な同意を得なければなりません[26, 27]。

## 弁護士法

　電気通信事業法以外にも法の専門家以外の方からすれば規制が存在すること自体が意外に感じられるかもしれない法律がいくつも存在します。その1つが弁護士法です。弁護士法は、リーガルテックの盛り上がりとともに注目されることが多くなった法律で、弁護士ではない者が法律事件に関して法律事務を取り扱うことや周旋することが、いわゆる非弁行為として禁止されています（弁護士法72条）[28]。

　弁護士法72条は、専門的知識を有する弁護士以外の者が紛争などに関与することでかえってトラブルに発展してしまうことを防止するための規定であり、正当な立法趣旨が存在するものではありますが、このように専門家以外には馴染みがない法律によってビジネスのスキームに影響

---

26　通信の秘密を侵した場合、2年以下の懲役または100万円以下の罰金刑に処される可能性があります（電気通信事業法179条1項）。

27　なお、2023年6月16日に施行された改正電気通信事業法においては、従前届出不要とされていた一定の類型の電気通信役務（検索サービスやSNSサービスのうち利用者数の多い大規模なもの）についても新たに届出の対象とされることになりました。また、同改正では、利用者に関する情報の外部送信に対する規制（いわゆるCookie規制）が新設され、登録・届出を行った電気通信事業者以外の電気通信事業を行う一定の者についても所定の事項をユーザーに説明することなどが義務付けられています。今後は利用者に関するデータの取扱いに関して、個人情報保護法と同様に電気通信事業法についても遵守状況の確認を要する場面が増えることが予想されます。

28　非弁行為を行った場合には、2年以下の懲役又は300万円以下の罰金刑に処される可能性があります（弁護士法77条3号）。

が生じることもありますので注意が必要です[29]。

　他にも特に若い世代の方に驚かれるのが「出会い系サイト規制法」[30]という法律の存在です。今でこそマッチングアプリは広く利用されるようになりましたが、以前にいわゆる出会い系サイトを援助交際目的で利用するユーザーが多く発生し社会問題化したため、一定の条件をみたすサービスを提供するためには公安委員会への届出が必要となり、また、年齢確認の実施や広告への18禁表示などが求められるようになりました。

　このようにそもそも法律が存在することを想像しづらい分野もありますので、新規にビジネスを検討する際には、まずは検索サービスなどを用いながらでよいので、規制の有無についてあたりをつけるようにして、少しでも懸念があれば専門家に相談するようにしてください。

## その他（労働基準法・資金決済法・下請法）

　その他にも、労働基準法に違反して従業員に対して残業代を適切に支払っていなかったケース、資金決済法に違反して前払式支払手段を発行していたケースや資金移動業への該当性が問題となったケース、下請法に違反して下請先との契約を締結していたケースなど、会社が抱えているコンプライアンス上の問題はさまざまです[31]。

　**IPOを意識するのであれば、なるべく早期に自社の事業と密接に関連する法令をリストアップし、定期的に当該リストをアップデートしつつ遵守状況についてチェックし、社内での確認結果によっては上場審査を**

---

[29] 近時、契約書の審査サービスに関連して、グレーゾーン解消制度を活用した照会が複数回にわたり行われ、法務省がこれらのサービスが弁護士法72条に違反する可能性があると回答したことから、既存のサービスも含めてすべて一律に違法と判断されたかのような印象を与える報道もなされ大きな話題となりました。その後、2023年8月に法務省が「AI等を用いた契約書等関連業務支援サービスの提供と弁護士法第72条との関係について」と題するガイドラインを公表し適法性に関する判断基準を示したことで、この騒動は沈静しました。

[30] 正式名称は「インターネット異性紹介事業を利用して児童を誘引する行為の規制等に関する法律」です。

[31] そのため上場審査に入る前に自らデューデリジェンスを実施するケースもあります。デューデリジェンスの概要については第10章の「M&A」を参考にしてください。

迎える前に顧問弁護士などに依頼して法令違反が発生していないか網羅的に調査を行うことも考えられます[32]。

## 6 ｜ 内部通報

### 内部通報制度の意義

　上場審査では上記のとおり法令遵守体制の構築が求められ、その一環として上場準備会社では内部通報制度を整備することになります[33]。**内部通報とは、企業の違法な行為や不正な行為について従業員が企業に対して相談・通報できる制度**です。内部通報は内部告発と混同されることがありますが、内部告発が行政機関やマスコミなど企業の外部に対する情報提供であるのに対して、内部通報はあくまで企業の内部に対して情報提供を行うことで、違法行為などを是正したり、企業が自ら再発防止策を講じることで自浄作用を発揮することが期待されます。

　上場準備の過程では、事業の成長に加えて組織も急速に拡大することから随所に大小さまざまな歪みが生じやすくなります。これまでに顕在化していなかった法令違反が明らかになるケースもあれば、「労務3」で説明したパワーハラスメントやセクシャルハラスメントが問題となるケースもあります。また、IPOを成功させるために売上を水増しした粉飾決算を行い、IPO直後に粉飾決算が発覚したようなケースも過去に発生しました。

---

32　なお、上場準備の過程において、社内のコンプライアンス体制を強化するために、コンプライアンス委員会やリスクマネジメント委員会といった会議体を新たに設置することがあります。リスクマネジメント体制を強化するためには法務担当者だけに依存するのではなく、ユーザーとの接点となるCSや、社会との接点となるPRなど、社外の声を拾い集めることができる部署が相互に連携することが重要です。

33　上場申請に際して提出する「各種説明資料」において内部通報制度の整備状況について記載することとなっており、記載事項の中には最近2年間および申請事業年度の通報件数も含まれています。

内部通報制度はこのような最悪の事態を未然に防ぎ、違法・不正な行為の兆候を早期に把握するためにも、実効性のある形で制度を構築しなければなりません。

　なお、現実味がない話に聞こえるかもしれませんが、内部通報制度が機能しておらず自浄作用が働いていない上場準備会社では、上場を直前に控えたタイミングで、主幹事証券会社や証券取引所に対して従業員などから直接通報が行われ、それがきっかけとなってIPOのスケジュールに大きな影響が生じてしまうようなケースもあります。

　会社に対する従業員からの信頼がなければ、会社に何を伝えても改善することはないだろうという無力感を従業員に与えることになり、結果として会社は自力で再生するチャンスを得ることがないまま、外部へのリークなどによって厳しい局面に追い込まれることになります。そのような事態を回避するための１つの手段として、実効性のある内部通報制度を整備することが重要といえます。

## 内部通報制度を整備する際の注意点

　それでは内部通報制度を整備するに際してはどのようなことに注意すればよいのでしょうか。ここで参考となるのが公益通報者保護法です。公益通報者保護法とはその名のとおり、企業不祥事による国民の生命、身体、財産その他の利益への被害拡大を防止するために行われる正当な通報行為について、企業による当該通報行為を行った通報者に対する解雇などの不利益な取扱いを禁止し、通報者を保護するための法律です。

　公益通報者保護法によれば、事業者は、公益通報を受け、当該公益通報に係る通報対象事実の調査をし、その是正に必要な措置をとる業務に従事する者を定めるほか、公益通報に対して適切に対応するために必要な体制の整備やその他の必要な措置をとらなければならないと定められています（公益通報者保護法11条１項・２項）[34]。

---

[34]　2022年６月１日付けで施行された改正公益通報者保護法によって、常時使用する労働者の数が300人を超える事業者については、これらの行為が義務付けられることになりました（300人以下の場合には努力義務）。

具体的には、通報に対応するための体制整備として通報窓口の設置や通報についての調査・是正措置を実施することが求められるほか、通報者を保護するための体制整備（通報者に対する不利益な取扱いや通報者特定の防止など）、従業員に対する教育・周知などが求められることになります。特に通報窓口は社内だけではなく社外にも設置することが多く、従業員にとって通報しやすい環境を整備し、かつ、それをわかりやすく周知していくことが重要です。

　経営者からは「本音としてはなるべく通報を発生させたくないので使いやすい制度にはしたくない」といった意見を聞くこともありますが、このような考えは本末転倒です。先ほど説明したとおり、内部通報は企業が自力で再生するきっかけを与えてくれるものであり、内部通報を先送りにさせたところでいずれ大きなリスクが顕在化することになります。そしてそのリスクの内容や顕在化するタイミングによっては企業にとって取り返しのつかないダメージを与えることになります。

　また、内部通報に対応し通報がなぜ発生したのかという経緯や原因を分析していく中で、企業の弱点や将来顕在化する可能性がある経営課題が発見されることもあります。たとえば、企業の規模が拡大すれば、企業のカルチャーや意思決定の構造の変化であったり、情報がブラックボックス化したり、経営陣のメッセージが従業員に対して十分に届いていなかったりといったことが発生しますが、従業員は経営陣が想像する以上にこれらの変化に対して敏感かつ繊細な反応を示すことが多いです。そして、ここで生まれた不協和音が積み重なってトラブルが発生し通報に発展することもよくあります。

　これらの通報の中には直接的には違法行為や不正行為とは関係がないものも含まれますが、経営陣からすれば従業員が発しているシグナルを察知できる重要な機会となります。このような観点からも内部通報制度は企業にとって有用なものであり積極的に活用すべきものであるという理解が1人でも多くの経営者に浸透していくことを願っています。

- IPO（Initial Public Offering）とは、新規株式公開ともいわれ、IPOによって、株式市場において公正な価格で株式を売却することができるようになる。
- IPOには、資金調達の多様化や調達力の向上、知名度や信用力の向上といったメリットがある一方で、IPOすることで、経営の自由度や意思決定のスピードが下がることもあるため、自社にとってIPOを目指すことの意義を検討する必要がある。
- IPOは、主幹事証券会社や監査法人など多くの関係者と連携しながら、IPOを行う「申請期」、申請期の前期に当たる「直前期」、申請期の2期前に当たる「直前々期」、直前々期よりさらに前の時期、とそれぞれのタイミングに対応した上場準備を行うことになる。
- IPOにおいては、形式基準（定量的な基準）と実質基準（定性的な基準）の2つの基準を用いて上場審査が行われる。
- 上場審査では、コンプライアンスが重要な審査項目となるため、自社の事業の内容を適切に分析、評価した上で、事業と密接に関連する法令を抽出し、その遵守状況をチェックする必要がある。
- 上場準備会社は、上場準備の一環として、内部通報制度を整備し通報窓口を設置することや通報者を保護するための体制を整備することなどが必要になる。

☐IPOのメリット、デメリットを理解した。
☐IPOの全体スケジュールや関係者を理解した。
☐IPOの審査基準である形式基準と実質基準についてその概要を理解した。
☐上場審査ではコンプライアンス体制も審査対象となり、自社の事

業と密接に関連する法令を抽出し、その遵守状況をチェックする
必要性を理解した。

□内部通報制度の意義や対応すべき事項の概要を理解した。

# 反社会的勢力の排除

「どんなに事業が成長していても、これではIPOは無理ですね」

　気がついたときには、完全に手遅れだった。ずっと夢見てきた「上場」の二文字が、音を立てて崩れ去っていくのがわかる。もう少しだけでも、慎重に準備していれば——。

＊　＊　＊

　話は、1年前にさかのぼる。

　渋谷駅を出て10分ほど歩き、丘を越えたところにある、チェーンのファミリーレストラン。「一緒に世界を変えよう！」と決めた、僕と共同創業者のN。そこから約2週間、完全にランニングハイ状態でほぼ毎日朝まで議論を重ね、CtoCマッチングサービスのビジネスプランを完成させた。

　さらに2週間ほど、想定ユーザーへのヒアリングも重ね、構想をブラッシュアップ。決起の日から1か月ほど経ったときには、プロトタイプの開発にも着手した。

　いつ似たようなサービスが出てくるかわからないのが、toCビジネスの怖さだ。一日でも早くβ版をリリースすべく、ここからエンジニアを増やして一気に開発を進めたいが、2人の貯金を切り崩して報酬を支払っていくのにも限界がある。投資を受けることを考えはじめたのは、自然な流れだった。

　とはいえ、ただの学生だった僕らに、投資家とのコネクションなんてあるわけがない。でも、最近はとにかく便利な世の中だ。エンジェル投資家と起業家をマッチングするサービスがあるという。すぐに複数のマッチングサービスに登録した僕らは早速、CtoCサービスへの投資実績のあるエンジェル投資家に、手当たり次第にコンタクトを取っていった。

何十人もの投資家たちにコンタクトしたが、そのほとんどが音沙汰なし。そんななかでも、僕たちに興味を示してくれた数少ないエンジェル投資家の１人が、Ｓさんだった。投資実績は少なかったが、「実際に会って話を聞きたい」と言うので、何はともあれ一度会ってみようと、恵比寿の焼き鳥屋へと向かった。

　Ｓさんは、ジーンズにパーカーというラフな出で立ちをしていた。僕たちは緊張もほぐれぬまま、とにかく煙たい焼き鳥屋で、夢中でサービスの構想をプレゼンした。すると、拍子抜けするくらいあっさりと、事は進んでいった。

「いいね！　君たち絶対うまくいくよ。ぜひ投資させてほしい。明日にでもまずは200万円振り込んでおくね」

　翌日、銀行口座を確認すると、たしかに200万円振り込まれていた。

　話がスムーズに進みすぎてなかなか実感を持てなかったが、銀行口座の残高はそれが現実であることを物語っている。

　何はともあれ、大きな一歩だ。そう納得した僕らは、取り立ててSさんに疑いの目を向けることなく、その200万円を使って開発を進めていった。

　モメンタムはさらに拡大していく。知人の紹介で、よくビジネスメディアにも出ていて、有名な大物起業家Dと話す機会を得たのだ。噂では、エンジェル投資にも積極的とのことだ。アポイントの場として指定された、起業家や投資家が集う西麻布のバーに足を運んだ僕らは、また夢中でプレゼンをした。今度も好感触で、トントン拍子で投資してもらうことが決まった。

　起業を決めてからここまで、たったの2か月。僕らは完全に舞い上がっていた。あのDさんからの投資を受けられたことで、"起業家界隈"の一員になれた気持ちもして、誇らしかった。その後に来る地獄なんて、まったく想像もせずに……。

* * *

　投資してもらった資金をもとに、僕らはプロダクト開発を加速させていった。業務委託のエンジニアだけでなく、正社員も2名採用。起業から半年経った頃には、プロダクトのβ版が完成した。事前登録LPの反応もすこぶる良く、開発のみならずビジネスサイドの体制拡充も見据え、次の資金調達を検討しはじめた。

　次の調達は、シリーズAラウンドになる。エンジェル投資家だけでなく、ベンチャーキャピタルからの投資も視野に入れていた。界隈の一部で話題を呼んでいたこともあり、こちらから動かずとも、いくつかのベンチャーキャピタルから連絡が来た。

　雲行きが怪しくなりはじめたのは、この頃だ。

* * *

「エンジェル投資などは受けていますか?」

「はい。創業直後にSさんに200万円投資してもらい、その後にはご存知のDさんにも投資してもらったんですよ」

「え? Dさん……?」

「そうなんですよ! 僕らの事業アイデアをプレゼンしたら、すぐに興味を持ってくれて!」

「……。申し訳ありませんが、今回のお話はなかったことにさせてください。またご縁がありましたら」

＊　＊　＊

そんなやり取りが、数社続いた。なぜダメなのか聞いても、はぐらかされる。4社目のとき、食い下がってしつこく聞くと、ようやく理由を

教えてくれた。

「Dさんはね、反市場的勢力、いわゆる『反市』なんです。過去に株式売買などで事件を起こしたり、空増資、株価操縦、インサイダーといった疑惑を起こしたりした人から資金を得ていると、どんなに業績が良くても、IPOはできません」

たしかにDさんは、過去にインサイダー疑惑でマスコミを騒がせたことがあった。でも10年以上前の話だし、あくまでも疑惑は疑惑、明確に罪を犯したわけではない。それなのに駄目だとは……。
さらに最悪なことに、なんと問題はそれだけではなかった。ベンチャーキャピタルの担当者は、衝撃的なコメントを口にした。

「さらに最初に投資を受けているSさん、暴力団とのつながりがあるみたいですね。いわゆる、反社会的勢力です。これではDさん云々以前に、IPOなんて絶対にできませんよ。最近はマッチングサービスなども増えて、エンジェル投資を受けやすくなりましたが、そのぶん反社チェックも緩くなっていますからね。弁護士に相談したりして、ちゃんと反社チェックしなきゃだめですよ」

絶望だった。「マッチングサービスを経由しているから大丈夫だろう」と高をくくっていたのが、すべての間違いだった。「上場」の二文字が、一気に目の前から過ぎ去っていくのを感じた僕らは、完全に打ちひしがれてしまった——。

＊　＊　＊

でも、ここで引くわけにはいかない。
せっかく事業が軌道に乗りはじめているんだ。僕らの事業を最大限拡大させ、世界を変えるためには、IPOは不可欠。勇気を振り絞って、株

式返還の交渉に打って出ることにした。しかし、その試みも淡く崩れ去った。

「え？　なんで返還しなきゃいけないの？　成功するのを見越して、まだ何者でもない君たちに投資したんだよ？　取得時の価格はもちろん、今の時価総額で買い取るのでも安すぎるね。少なくとも、投資時の30倍くらいの価格じゃなきゃペイしないなぁ」

　もちろん、投資フェーズで売上なんてほとんど立っていない僕たちに、そんなキャッシュがあるわけがない。でも、この株式を買い戻さないことには上場も事業成長もありえない。このビジネス、僕たちがやらなきゃ誰がやるんだ——。

　まず、正社員の２名には、頭を下げてやめてもらった。受託開発の案件をたくさん受注し、親戚にも頭を下げて、なんとかお金を工面しようとした。

　そうして寝る間も惜しんで四苦八苦し続けて、約１年。ようやく、Ｓさんとりさんから、株式をすべて買い取った。

　すでに、創業から２年が経っていた。

　もしスムーズにシリーズＡラウンドの投資を受けられていたら、今頃シリーズＢラウンドに向けて動きはじめていてもおかしくはないくらいの時期。社員数だって、30名近くになっていただろう。

　でも、実際にこの２年で取り組んだことの大半は、事業推進やプロダクト開発ではなく、買い戻し資金の工面。社員はゼロ、２年前と同じく僕とＮだけ。

　一体僕たちは、何のために起業したのだろうか……。投資を受ける前に、詳しい人に相談だけでもしていれば、こんな事態に陥らずに済んだはずなのに……。

# 「反社会的勢力」排除が進む社会的背景

2007年に法務省が「企業が反社会的勢力による被害を防止するための指針」を発表しました。目的は、治安対策の観点から暴力団の弱体化です。暴力団の資金源として、企業との取引の存在が大きいため、反社会的勢力への資金の還流を防止して、暴力団の資金源を絶つことを目的に発表されました。2011年には、すべての都道府県で暴力団排除条例が制定されています。

これらの条例では、①契約締結時に相手が反社会的勢力でないことを確認すること、②契約書に反社会的勢力排除に関する条項を盛り込むこと、③反社会的勢力に対する利益供与の禁止、について努力義務として課せられています。SDGsゴールのように企業に対して積極的な努力を課す点が当時では画期的でした。

## 「反社チェック」の重要性

**取引先（顧客、仕入先等を含む）、従業員、業務委託先、株主に、「反社会的勢力」や「反社会的勢力との関係が疑われる人物、組織」がいないか、契約を締結する前に確認することを「反社チェック」**といいます。反社チェックが必要な理由としては、反社会的勢力と企業の取引は、反社会的勢力への資金源となるケースが多く、社会的に資金源遮断を徹底していく必要があること、また、不当要求や金銭的な要求を受ける可能性があり企業の健全な営業活動が阻害される可能性があるからです。

あらゆる企業は、上場を目指す、目指さないにかかわらず、反社会的勢力に加担しないよう、反社チェックを行うことが求められる時代になったといえます。

上場審査を行う日本取引所グループも2007年に「反社会的勢力排除に向けた上場制度及びその他上場制度の整備について」を発表し、公益や投資家の保護の観点から、上場申請を行っている企業が反社会的勢力を

排除するための体制の整備と開示を要請し、きちんと運用しているか審査を行っています。

　上場企業が反社会的勢力と取引を行っていた場合には、上場廃止になる可能性が高いといえます。実際、CD-ROM等を製造、販売していた株式会社オプトロムは、2006年に名古屋証券取引所に上場しましたが、割当予定の企業に反社会的勢力の疑いがあるとの外部指摘を受けながらも、取引所に報告しなかったことを理由に、2015年に上場廃止となっています。

## スタートアップにも必要な「反社チェック」

　未上場企業において反社チェックは努力義務にとどまっていますが、社会の公器となる上場企業には、反社チェックの体制整備と的確な運用というハードルが課せられています。株式引受の審査を行う主幹事証券も、スタートアップ側がこのような体制整備、運用を行っているか引受審査上、重要なポイントとしており、体制整備の支援を行っています。

　新規に上場申請を行う企業は、上場申請時に「反社会的勢力との関係がないことを示す確認書」を提出する必要があります（ひな形がネット上に上がっているので、検索してご覧ください）。

　**この確認書の中では、上場申請する企業とその重要な子会社、その役員や重要な使用人の経歴、兼任している会社や団体名、株主上位10名（投資ファンドの場合には大口出資者の名前）、主な取引先、資産運用会社等について明記し、提出する必要があり、東証審査においてもこのような関係者において、反社会的勢力が存在しないかの確認、審査が実施されます。**

　このように、上場を目指していくスタートアップと反社チェックの体制整備は、切っても切れない関係にあります。

## 2 | 反社チェックの体制準備の 開始タイミング

　一度、反社会的勢力と取引関係を持った場合、関係を断ち切るにも骨が折れますし、関係性を持っている場合、銀行からもVCからの資金調達が困難となりますので、起業家としては創業期から意識してチェックを行っていく必要があります。規模が小さいうちに、反社チェックをしくみとして導入していったほうがオペレーション上も効率的でしょう（上場準備の観点からは、遅くともN-2期から、体制整備と具体的な運用を開始していく必要があります）。

　特に、設例にも記載のとおり、**個人投資家からのエンジェル投資や無名の企業からの出資については、反社チェックを実施する必要性が高く、この点については創業期から意識する必要**があります。

　取引先や役員の場合、反社会的勢力であることがわかった場合には、契約を解除する、更新しない等、反社会的勢力の排除の実行はしやすい部分がありますが、株主に反社会的勢力の関係者が加わった場合、株式の買戻しに当たっての株価の算定をどうするか、すでに使ってしまった資金を新たに準備しなければならない等（通常、反社会的勢力がすでに株主となっている企業に対して、銀行もVCもお金を出しませんので、資金繰りのハードルは極めて高くなります）、キャッシュフロー面での検討事項も発生するため、通常の取引より関係性を解消することの難易度が上がります。

## 3 | 反社会的勢力とは? （遮断すべき相手の範囲）

　法務省が発表した「企業が反社会的勢力による被害を防止するための指針」によれば、「反社会的勢力」については、以下のように定義されています。

> 暴力、威力と詐欺的手法を駆使して経済的利益を追求する集団又は
> 個人である「反社会的勢力」をとらえるに際しては、暴力団、暴力
> 団関係企業、総会屋、社会運動標ぼうゴロ、政治活動標ぼうゴロ、
> 特殊知能暴力集団等といった属性要件に着目するとともに、暴力的
> な要求行為、法的な責任を超えた不当な要求といった行為要件にも
> 着目することが重要である。

　**判断のポイントとしては、属性だけでなく、具体的な行為があるかを総合的に考慮する定義**となっています。

　また、東京都の「東京都暴力団排除条例」では、以下のように定められています。

> 　第2条　この条例において、次の各号に掲げる用語の意義は、それぞれ当該各号に定めるところによる。
> 　(1)暴力的不法行為等　暴力団員による不当な行為の防止等に関する法律（平成3年法律第77号。以下「法」という。）第2条第1号に規定する暴力的不法行為等をいう。
> 　(2)暴力団　法第2条第2号に規定する暴力団をいう。
> 　(3)暴力団員　法第2条第6号に規定する暴力団員をいう。
> 　(4)暴力団関係者　暴力団員又は暴力団若しくは暴力団員と密接な関係を有する者をいう。
> 　(5)～(12)　（略）

　一方、反社会的勢力に対する規制が厳しくなった近年では、暴力団は組織実態を隠ぺいする動きを加速させており、当該人物、組織が反社会的勢力に該当するかどうか、簡単に見極めることが難しくなっているケースが増えています。

　そこで、実務的には、上記のような定義に該当しないかをチェックす

るだけではなく、**過去に刑事事件、行政処分、不祥事等を起こしていないかという観点で広くネガティブ情報がないかチェック**することが望ましいとされます。

# 4 | 反社チェックの体制整備

それでは、具体的にどのような体制整備と運営を行っていけばよいのでしょうか。上場準備における反社チェック体制について、体制整備を行っていく必要があるのは、以下の点です。

① **反社チェックのワークフローやマニュアルの整備、社内への説明**

具体的には、以下の点についてワークフロー化、マニュアル化を行い、社内に周知を行う必要があります。

- 反社チェックの主管部署をどこにするか（経営管理、法務、総務、人事　等）
- チェックするタイミング（新規取引の場合、契約締結前。役職員の場合、内定通知前。投資家の場合、投資契約締結前。既存取引先について、定期チェック（年1回など））
- チェック項目（会社名、個人名　等）
- チェック方法（検索エンジン、専用ツール）
- チェック履歴の記録

② **契約書や利用規約における、反社条項の設定**

- 自社のひな形への反社条項の加筆
- 他社の契約フォーマットの場合、反社条項の加筆の実施

③ **内部監査による体制、運用状況の確認**

- チェックの履歴確認　等

#### ④ 反社であることが判明した場合の対応フロー、社内通報先の周知

　体制整備を行っていくうえで重要なのは、本質的な反社チェックの運用が実施できているかどうかという点です。会社の業種業態やビジネスモデルによって、反社会的勢力が入り込んでくるルートはさまざまあります。自社のビジネス環境を見た場合に、特に入り込んできやすいルートを選定し、当該ルートについて重点的に詳しく審査を行う等、リスクが大きいチャネルに反社チェックのリソースを投入していくことが重要です。

　事業スピードこそスタートアップの最大の武器です。スピード感が削がれない形で、リスクに沿った効率的な反社チェックの体制、ワークフローを構築しましょう。

## 5 ｜ 反社チェックの具体的な方法

　すべての取引を一律同じようにチェックするのは効率が悪く、リスクベースアプローチで自社の経営にとって定量的に重要度が高い取引（たとえば、役員の採用、資金調達、金額が大きい取引、M&A等）、あるいは疑わしい取引（無名の企業との新規取引等）であればあるほど、リスクが高い取引として、より慎重にチェックを行っていきます。

　自社のビジネスモデルや業界特性に応じて、どのような類型の取引やどのような場面の取引について、特に重点的にチェックを実施するのか、事前にマニュアル化しておくことで、低リスクの取引については簡単に、高リスクの取引については、慎重に、緩急つけてチェックする体制を構築することが理想です。

　以下、チェックしたい項目とリスクに応じた具体的な調査方法について一例を記載しますので、参考にしてください。

## 【反社チェックの項目と方法の一例】

| チェックしたい項目 | 具体的な調査方法 |
|---|---|
| **■法人との新規取引の場合**<br>契約締結前に以下の点を確認<br>● 法人名（会社名が変更されている場合、変更前のものも）<br>● 役員名（現任の役員だけでなく、退任した役員も）<br><br>**■個人との取引の場合**<br>契約締結前に以下の点を確認<br>● 個人名<br><br>**■役職員を採用する場合**<br>● 内定通知前に、個人名と過去すべての職歴の企業名<br><br>**■資金調達**<br>● 投資契約締結前に、法人であれば法人名、役員名。個人であれば個人名と個人の職歴 | **■標準的な方法**<br>● 公知情報の検索の実施。異なる情報ソースを検索することで調査が補完されるため、2つ以上の手段でチェックを実施することが推奨される<br>　①インターネットの検索サービスで検索（Google、Yahoo!等）<br>　②新聞記事データ（日経テレコン、G-Serch等）<br>上記2つのデータベースは反社チェックのために作られたデータベースではないため、無関係の情報が多かったり、検索結果の数が膨大となる。そこで、反社チェックとチェックしたエビデンスの保存に特化した、さまざまなサービス・ソフトウェアがリリースされており、多くのスタートアップはそのようなサービスを導入している。「RoboRobo」や「RISK EYES」等のサービスがある<br>● 企業の調査の場合、過去の商号や過去の役員履歴も重要になるため、商業登記を確認する。登記情報提供サービスを活用すれば、閲覧することが可能<br><br>**■リスクが高い取引の場合**<br>● データベースの検索から怪しいと判断した場合やリスクの高い取引の場合には、調査会社や興信所への依頼を行い、個人／会社について詳細な調査を行う必要がある |

| | |
|---|---|
| | ● 警察には「暴力団関係者データベース」が存在し、氏名、生年月日（可能であれば住所）の情報で照会することが可能（銀行はオンラインで警察のデータベースを参照でき、個人向け融資取引などの申込者が暴力団員かどうかを確認している）<br><br>● また、暴力追放運動推進センターという組織がある。全国レベルの組織のほかに各都道府県にも組織があり、暴追センターに問い合わせて情報提供を依頼することも可能。相手方が反社会的勢力に該当する可能性が高い場合には、警察や暴追センターへ相談する |

　反社チェックのチェック状況についてはエビデンスを残しておくことが重要です。後日、的確に反社チェックが実施されているか、内部監査のチェック項目ともなります。チェックした場合には検索画面や結果について保存するようにしましょう。


# 6 ｜ 取引時に契約で必ず入れておくべきこと

　自社の契約書のひな形には、創業期から必ず反社条項を入れるようにしましょう。契約相手のひな形を使う場合には、反社条項がきちんと入っているか確認し、入っていなければ加筆するようにしましょう。

　「反社条項　ひな形」で検索すると優れたテンプレートがたくさん見つかりますし、顧問弁護士に頼めば、適切な反社条項を用意してくれるでしょう。

　反社条項について規定する際のポイントは以下の５つです。法務省が

発表した「企業が反社会的勢力による被害を防止するための指針」の解説のように、相手方の属性だけでなく、行ってはならない暴力や脅迫などの行為についても列挙して記載し、そのような行為があった場合にも、契約を解除できるよう規定することがポイントです。

① 「反社会的勢力」をきちんと定義する
② 自社、自社の代表者、役員、実質的に経営権を有する者、従業員、代理人、媒介者が契約締結日の現在および将来において「反社会的勢力」に該当しないことを表明し、確約させる
③ 自社が自ら、または関係者が直接または間接的に、暴力的な要求、法的な責任を超えた不当な要求、脅迫的な言動や暴力、信用毀損や業務妨害等の行為を行わないことを確約させる
④ これらの保証や確約に違反した場合、何ら催告をすることなく契約を解除できる
⑤ 解除したことでこちら側に損害が生じた場合、損害賠償を請求でき、相手方に損害が生じたとしても損害賠償責任は一切負わないこと

# 7 | 反社会的勢力だと判明した場合の対応方法の実際

経営陣に情報共有を行い、専門の弁護士や警察や暴力団追放センター（暴追センター）に適切な対応方法について相談を仰ぎましょう。基本的な対処方針は、以下の2つです。

① 相手方が反社会的勢力に該当するという根拠、あるいは不当要求等の証拠を明確にする（契約を解除した場合、不当解除として、相手方から損害賠償請求をされないよう、理論武装をする。警察や暴追センターに照会して、暴力団である旨のエビデンスを得るのが確実）

② 弁護士を通じ、内容証明等で契約解除の通知を実施（取引の経緯や状況に応じて適切な伝達手段を選択する）。断固とした関係遮断の意思を示す。報復行為への対策の必要性、対策の方法について警察、暴力団追放運動推進センターに事前に相談

# 8 | 反市場的勢力とは何か

　反社会的勢力の排除と同程度に、近年、実務上重要性を帯びてきているのが、「反市場的勢力」の排除についてです。

　「反市場的勢力」とは、簡単にいうと、株価操縦、インサイダー取引等、株式市場を荒らし、不公正な取引を行う勢力のことです。過去にこのような事件で逮捕歴がある人物は、反市場的勢力として、金融庁、証券取引所、証券会社において、リストアップされています。反社会的勢力が、治安維持のためのブラックリストだとすると、反市場的勢力は、株式市場におけるブラックリストといえるでしょう。

　最終的にはステークホルダーの判断になりますが、反市場的勢力としてリストアップされた企業や個人投資家は、上場株の取引を実施できず、また、スタートアップ企業の株主にそのような企業、個人投資家が存在する場合、上場審査に通らないという指摘もあるため注意が必要です。

　相手方が反市場的勢力かどうかは、多くの場合、金融犯罪等の経歴があるため、反社チェックと同様のフローでチェックすることができるでしょう。該当するかどうか不安な場合には、明確な回答を得られないケースもあると思いますが、まずは身近にいる証券会社の担当者等に照会をするのが得策です。

**おすすめ書籍**
• 『Q&A企業のための反社会的勢力排除実践マニュアル』長崎県弁護士

会民事介入暴力被害者救済センター運営委員会 編（商事法務）

- 『フローチャートでわかる 反社会的勢力排除の「超」実践ガイドブック 改訂版』株式会社エス・ピー・ネットワーク総合研究部 著（第一法規株式会社）

**まとめ**

- 反社会的勢力と取引があるとIPOが困難。
- 出資のような重要な取引、新規の個人、法人との取引を行う前には、反社チェックをしよう。
- 契約書には反社会的勢力の排除に関するテンプレートを入れておこう。
- 反社会的勢力ではなくても、過去、金融犯罪を犯した企業、個人は反市場的勢力に該当する場合があるので、注意しよう。

**チェックリスト**

- □反社会的勢力とはどのような存在か理解した。
- □事前の確認方法、フローについて理解した。
- □反社会的勢力だと判明した場合の対応方法について理解した。
- □反市場的勢力について理解した。

# コーポレート・ガバナンス

　まさか、俺が上場を目指すことになるなんて、思いもしなかった。

　インターネットの黎明期、1990年代に大学を卒業。元からコンピュータや機械いじりが好きだったのが高じて、大学生のときから小さなシステム開発会社に出入りしていた。当時、新卒入社できる会社はまだまだ技術的には遅れているところが多く、業界である程度の経験を積んだ俺が満足できる企業はなかった。それなら、自分でやろう——今思えば無鉄砲だったが、当時はまだまだIT黎明期で先行者優位を取れたこともあり、なんとか20年以上やってこれた。株は100％俺のもの、社員数も30人くらいの小さな会社だが、社員1人ひとりが何不自由なく暮らせるだけの売上は立てられていた。

　あるとき、1人の血気盛んな若者が入ってきた。大学時代から複数のスタートアップで修行し、自分でインターネットサービスの会社を起業したこともあるそう。でも、そんな中であるとき「これからの日本のIT業界を救うのは、中小のシステム開発会社だ」と思い立ったらしい。そんな経緯で、うちの会社に入ることになった。世の中には物好きもいるものだ。でも、若かりし頃の俺と重なって見えるところもあり、とても可愛がっていた。

　そいつが入社して半年経った頃、言い出したのだ。「うちもSaaSをやりましょう！」。なんでも、今や一件ずつ受託開発するよりも、汎用性の高いソフトウェアとしてサービスを提供するのが流行りだそうだ。本当にそんなので価値を提供できるのか不安だったが、彼を信頼していたこともあり、任せてみた。すると、その業務管理ソフトは徐々に業績を伸ばし、気づけば主力事業に。会社全体で、約20億円を売り上げる、高収益体質になっていた。

　そんな盛況の中で、ベンチャーキャピタルや証券会社も、俺の会社にコンタクトを取ってくるようになった。「社長、上場を目指しましょ

う！」。そんな甘い声をかけてくる奴らも増えた。上場なんて考えたこともなかったが、俺も男だ。何か一旗あげられると思うと、ワクワクしてきて、急に上場への意欲が湧いてくる。なかでも特に好感度の高い証券会社社員の熱意に負け、上場を目指すことになった。

＊　＊　＊

　上場を目指すということで、さまざまな面で、会社のしくみを変えなければいけなくなった。証券会社によると、「機関設計」というものが必要らしい。正直、いきなりめんどくさい。俺はただ一旗あげたいだけなのに、なぜこんなにも面倒な手続を経なければいけないのか。でも、上場のためだ。仕方なく、「機関設計　やり方」で検索してみた。

　すると最近は「監査等委員会設置会社」というものが流行りだと知る。なんだかよくわからないが、それっぽい。そこはかとなくよい。「コレ

だ！」と思い、親しい友人や、その友人づてに連れてきた弁護士などを、役員に就任させていった。上場の準備なんてちょろいものだ、一丁上がり。

上場するからといって、俺の会社の方針を俺が決められなくなるのは嫌なので、素直に言うことを聞いてくれそうな奴らを集めた。結果として、俺の思う通りになった。取締役会では誰も俺に反対しなかったし、証券会社への面目も保てた。すべてがうまくいっている。

*　*　*

事件が起きたのは、その半年後。

俺の妻も、同じように小さなシステム開発会社をやっていた。俺だけでなく、彼女にもいい思いをさせてやりたい——その一心で、システム開発を発注、かなり高めの額を支払っていたのだが、それが「関連当事者取引」にあたるという点を証券会社に指摘されたのだ。そして、その調査にあたって議事録確認やインタビューを受ける中で、「取締役会で実質的に何も議論されている形跡がない」と言われたので、「昔からうちはずっとそうやってきた。それで何が悪い？」と返答したところ、急に「この会社はやばいのではないか？」と言い出しやがった。

証券会社は掌を返したように、俺の前からいなくなる。他の証券会社も、まったく見向きをしてくれない。上場は、夢のまた夢となった。

ある証券会社の奴が、去り際に一言。「取締役会がちゃんと機能していれば、この程度のミスは事前に潰せたはずなんですけどね」。何だって？　俺はただ、言うことを聞く奴らを入れていただけだったが、それがいけなかったのか？

# 1 | コーポレート・ガバナンスとは?

　昨今、「コーポレート・ガバナンス」という言葉を目にする機会が増えています。これまでは、企業において不祥事が発生した際や、上場企業の経営について語るときに用いられることが多かった言葉ですが、最近、スタートアップの経営者の中にもコーポレート・ガバナンスに注目する人が増えてきたように感じます。

　これから起業を考える人にとって、本書で紹介した数々のトピックのなかでもコーポレート・ガバナンスは現実的な課題としてはもっとも認識しづらい話かもしれません。それでも、コーポレート・ガバナンスは、いつか会社が成長した際に避けることができない経営上の重要な課題となるので、その言葉の意味するところについて、わずかでもよいので早い段階からイメージを持っていてほしいと思います。

## コーポレートガバナンス・コード（CGコード）がヒントになる

　さて、それではコーポレート・ガバナンスとはいったい何を意味するのでしょうか。日本語に訳すと企業統治ともいわれることがありますがこの言葉だけからその内容をイメージするのは難しいでしょう。

　ここで「コーポレートガバナンス・コード」という指針を紹介します。CGコードとも略されることがあるこの指針は、金融庁と東京証券取引所が中心となって策定したもので、上場企業におけるコーポレート・ガバナンスのガイドラインとしての役割を果たすものとして、2015年6月1日に施行されました。その後、2018年と2021年の2回の改訂を経て、現在、83の原則（5つの基本原則、31の原則、47の補充原則）から構成されています。

　CGコードは、その冒頭で、コーポレート・ガバナンスについて、**「会社が、株主をはじめ顧客・従業員・地域社会等の立場を踏まえた上で、透明・公正かつ迅速・果断な意思決定を行うための仕組みを意味する」**

と説明しています。

　さらに、この説明の後に、重要なメッセージが続き、「本コードは、実効的なコーポレート・ガバナンスの実現に資する主要な原則を取りまとめたものであり、これらが適切に実践されることは、それぞれの会社において**持続的な成長と中長期的な企業価値の向上**のための自律的な対応が図られることを通じて、会社、投資家、ひいては経済全体の発展にも寄与することとなるものと考えられる」と説明されています。

　つまり、CGコードは、その副題に「会社の持続的な成長と中長期的な企業価値の向上のために」と記載されているとおり、会社の持続的な成長と中長期的な企業価値の向上をその目的としており、企業価値を最大化させるための会社の在り方について指針を示しているのです。

　これから起業される方も、上場を目指すのであれば企業価値の向上については当然意識することになります。そして、CGコードは、上場企業を名宛人とするものではありますが、企業価値を向上させるための行動指針となる以上、その内容は上場企業ではなくても企業の経営者からすれば参考になるものが多く含まれています。

　特に、CGコードの第2章の「株主以外のステークホルダーとの適切な協働」や第4章の「取締役会等の責務」は、未上場企業であったとしても継続的かつ長期的な成長を目指す経営者にとってその視座を一段高めるきっかけとなる内容が多く含まれていますし、その他の章の内容も企業のステージに応じてその重要性を認識し理解する場面が訪れるはずです。

　コーポレート・ガバナンスに対しては、どうしても守りのイメージを強く抱いて身構えてしまう方も多くいるかと思いますが、CGコードの目的からも明らかなとおり、経営者にとって企業価値を向上させるための攻めのツールとなるものなので、ぜひ一度目を通してみることをおすすめします[35]。

---

**35**　https://www.jpx.co.jp/equities/listing/cg/tvdivq0000008jdy-att/nlsgeu000005lnul.pdfから確認できます。

# 2 | 上場審査と機関設計

## 上場会社が選択できる機関設計

　1では筆者らの思いも込めてやや理想的なことを書きましたが、現実的に日々会社の経営に忙殺されている経営者がコーポレート・ガバナンスを明確に意識する機会はあまりないのが実情です。しかし、IPOを視野に入れるのであれば、コーポレート・ガバナンスを意識しなければなりません。東京証券取引所が定める有価証券上場規程においても「コーポレート・ガバナンス及び内部管理体制が、企業の規模や成熟度等に応じて整備され、適切に機能していること」が上場審査基準の1つとして定められています（有価証券上場規程219条等）。

　それでは、上場準備会社において、どのようなコーポレート・ガバナンス体制を整備すればよいのでしょうか。具体的には機関設計を検討することになります。「創業4」でも説明したとおり、「機関」とは、株式会社の意思決定や意思決定に基づく運営を担う者（たとえば、「株主総会」や「取締役会」など）を意味し、この「機関」の組み合わせが「機関設計」になります。

　上記のとおり上場審査に際しては、コーポレート・ガバナンス体制を整備することだけではなくその体制が適切に機能していることがチェックされることになるため、上場直前に慌ただしく準備しようとしても間に合いません。直前々期には取締役会を設置し、監査役も1名は選任することが必要となりますし、直前期の早い段階では監査役会などを設置することなども検討する必要があります。

　上場時の機関設計としては、株主総会、取締役会、監査役会、会計監査人という組み合わせが採用されることが多く、伝統的な上場企業においても同様の機関設計を採用していることが多いです。

実は、会社法上は、上場会社は、大会社[36]でない限り、株主総会のほかに取締役会と監査役が設置されていれば問題ありません。では、なぜ上場会社において監査役会や会計監査人も設置されるかというと、株主を含む多様なステークホルダーの権利や利益を保護するためには、取締役会に対する監査・監督機能や会計監査機能を強化する必要があり[37]、有価証券上場規程において、**上場会社は、①取締役会、②監査役会、監査等委員会または指名委員会等、③会計監査人を設置することが求められている**からです（有価証券上場規程437条）。

　なお、最近は、上場企業を中心に監査役会設置会社から監査等委員会設置会社に移行する会社が増えており、上場準備会社でも監査役会設置会社ではなく監査等委員会設置会社を選択するケースが現れています[38]。

---

36　最終事業年度に係る貸借対照表に資本金として計上した額が5億円以上である会社または最終事業年度に係る貸借対照表の負債の部に計上した額の合計額が200億円以上である会社をいいます。

37　本書では詳しくは触れませんが、会社の役員は、会社に対して、その職務について善良な管理者としての注意をもって行う義務を負っています。これを善管注意義務といい、役員が善管注意義務に違反した場合には会社に生じた損害を賠償する必要があります（会社法423条1項）。もっとも、会社の経営にはリスクが不可避であり、経営上の意思決定について役員に事実上の結果責任を負わせてしまうと新たなイノベーションの創出が阻害されることになります。そこで、役員には、役員が委縮することなく業務を遂行するために広い裁量が認められており、①判断に至るまでに合理的な情報収集、分析・検討等が行われたか、②その事実認識に基づく意思決定について著しく不合理な判断がなされていないか、という基準を用いることで、意思決定の過程と内容に着目して善管注意義務違反の有無が判断されています（経営判断の原則）。当然の話ですが、法令に違反する経営判断が正当化されるわけではなく、スタートアップだからといって法令に違反することが経営に必要な合理的な判断であるとして責任を免れることはありません。

# 監査役会と監査等委員会

## 監査役の役目

　監査役とは、取締役の職務の執行を監査する機関で、基本的には、会社の会計に関する監査（会計監査）と業務全般に関する監査（業務監査）の双方を行います。そして、3人以上の監査役[39]によって構成されるのが監査役会で、①監査報告の作成、②常勤監査役の選定・解職、③監査役の職務の執行に関する事項（監査の方針、業務や財産の状況の調査の方法など）の決定を行います。

　監査役は取締役ではないため取締役会決議における議決権はありませんが、取締役会に出席する義務を負い、必要があるときは意見を述べなければならず、また、取締役の職務執行を調査する権限や取締役の違法行為を差し止める請求権を有しています。

## 監査等委員は監査役とは異なり取締役になる

　これに対して監査等委員会設置会社は、3人以上の取締役である監査

---

**38**　指名委員会等設置会社は上場準備会社だけではなく上場会社でも導入が進んでおらず、現在でも指名委員会等設置会社である上場企業は100社にも達していません。指名委員会等設置会社では、3人以上の取締役から構成される指名委員会、監査委員会、報酬委員会の3つの委員会を設置し、さらには各委員会における取締役会の過半数は社外取締役でなければならないため、社外取締役を多く確保しなければならないという課題があります。また、社外取締役が過半数を占める指名委員会や報酬委員会によって、取締役の人事や報酬が決定されることについて、社内取締役の理解が得られず積極的には採用されてきませんでした。もっとも、コーポレート・ガバナンスを強化する過程において、取締役の「指名」と「報酬」は最も重要な検討事項の1つであるため、会社法上の指名委員会等設置会社を選択しなくても、会社が自発的に指名委員会や報酬委員会を設けることは有益であり、上場準備会社でもそのような任意の委員会を設置している会社は存在します。

**39**　なお、上場審査においては、取締役などの配偶者、二親等内の血族および姻族が監査役に就任している場合は、自己監査とみなされ、有効な監査の実施が損なわれる状況と判断されます。これは監査等委員においても同様です。創業間もない頃や会社が小規模な時期に配偶者や親を監査役として選任するケースはそれなりに多く存在しますが、上場を検討するのであれば早期に是正する必要があります。

等委員によって構成され、①取締役の職務の執行の監査および監査報告の作成、②株主総会に提出する会計監査人の選任および解任ならびに会計監査人を再任しないことに関する議案の内容の決定、③監査等委員ではない取締役の人事・報酬に関する意見の決定を行います。

　監査等委員は取締役であることから取締役会における議決権も認められ、意思決定に関与することで監督機能をより強く発揮することが期待できます。したがって、取締役会の主な機能を業務執行に関する意思決定ではなく業務執行の監督に求める、欧米で主流のいわゆるモニタリングモデルとも適合しているといえます[40]。

　その他上場会社における監査役会設置会社と監査等委員会設置会社の違いについては次の表のとおりです[41]。

## 【監査役会設置会社と監査等委員会設置会社の違い】

| | 監査役会設置会社 | 監査等委員会設置会社 |
| --- | --- | --- |
| 機関構成<br>※株主総会や会計監査人を除く | 取締役会<br>監査役会 | 取締役会 |
| 監査役の要否 | 必要 | 不要<br>※設置することができない |

---

**40**　なお、機関設計の選択次第でガバナンスに差が出るということは本質的にはありえません。監査役会設置会社でも監査役が適切にその権限や能力を発揮してガバナンスを効かせている会社はありますし、一方で、監査等委員会設置会社や指名委員会等設置会社でも社外取締役がその存在感をほぼ発揮していない会社も存在します。結局は、形式的な機関設計の問題ではなく、どのような機関設計を選択したとしても、取締役会が実効性を有しているか、そのために各役員・各機関が期待される役割・機能を発揮しているかに尽きるといえます。

**41**　上場前に発生する相違点として、監査等委員会設置会社は会計監査人を選任しなければならないのに対して（会社法327条5項）、監査役会設置会社では大会社でない限り会計監査人の選任が不要であることが挙げられます。いずれにしても上場申請までに会計監査人を選任することにはなりますがそのタイミングに違いが生じることになります。

| 監査機関 | 監査役会<br>3人以上の監査役<br>半数以上が社外監査役 | 監査等委員会<br>3人以上の取締役<br>過半数が社外取締役 |
|---|---|---|
| 任期 | 4年 | 2年 |
| 常勤者の要否 | 常勤監査役が必要 | 常勤監査等委員は不要<br>• 選定することは可能[42] |

## 4 社外役員と独立役員

### 社外取締役の必要性とその要件

　上場準備会社は、監査役会設置会社を選択するにしても監査等委員会設置会社を選択するにしても上場を見据えて社外役員を選任しなければなりません。上場している監査役会設置会社であれば、社外監査役2人に加えて、最低でも社外取締役を1人選任しなければならず（会社法327条の2）[43]、さらにCGコードをコンプライ[44]するなら2人の独立社外取締役が必要となるため（CGコード原則4-8）[45]、社外監査役と社外取締

---

[42]　実態としては常勤監査等委員を選定するケースは多いように思います。特に社内の取締役から常勤監査等委員を選定することで、社外取締役である監査等委員は常勤監査等委員からの情報共有を通じて会社に対する理解度を向上させることができ、結果として監査等委員会全体としての監査の実効性を向上させることが可能になります。

[43]　有価証券上場規程では、すべての上場会社に対して社外取締役を1名以上確保することが義務付けられています（437条の2）。

[44]　CGコードは、プリンシプルベース・アプローチ及びコンプライ・オア・エクスプレインの手法を採用しており、各社が、各原則の趣旨・精神について、自社の状況を踏まえて解釈・適用し、CGコードの各原則を「実施するか」、それとも「実施しない（実施していない）理由を説明するか」を選択することになります。なお、グロース市場上場会社はCGコードのうち「基本原則」のみが適用されますので、コンプライ・オア・エクスプレインの対象も基本原則に限定されますが、プライム市場上場会社やスタンダード市場上場会社は基本原則だけでなく「原則」や「補充原則」も適用されます。

[45]　なお、ここではプライム市場以外の市場の上場会社を前提として解説していますが、後述のとおり、プライム市場上場会社の場合、独立社外取締役を3分の1以上選任すべきとされています。

役あわせて３人から４人程度の社外役員を選任することになります。

　一方で、監査等委員会設置会社の場合には、社外取締役としては、監査等委員となる社外取締役を２人選任すれば会社法上もCGコード上も（グロース市場上場会社であれば）問題はありません。本来はそのような目的で監査等委員会設置会社を選択することが推奨されているわけではありませんが、会社が選任しなければならない社外役員の数を絞ることができるという点も監査等委員会設置会社のメリットとして指摘されることがあります。

　それでは、社外取締役とはどのような取締役を指すのでしょうか。会社法では次頁の要件をみたす取締役を社外取締役としています（２条15号）。取締役の配偶者や親を社外取締役にして上場しようと考える経営者はさすがにいないと信じたいですが、元従業員であれば問題ないと誤解している人はいるかもしれません。

　また、形式的にはこれらの要件に該当しないとしても、社外取締役とは、そもそも会社の業務執行を行わず、会社や経営陣からも独立性を有することで、会社や経営陣との利害関係やしがらみにとらわれずに、経営や業務執行に対する監督機能の実効性を確保することが期待されているわけです。

　したがって、人が足りないからといった理由や、面倒なことを言わないだろうという期待のもと、経営者としての資質を無視して昔からの友人などに社外取締役を打診するのは本末転倒であることを強く認識してください（ただし、実情としては残念ながらこのような話を聞くこともよくあります）。

**【社外取締役の要件】**

| | |
|---|---|
| 当該株式会社との関係性 | • 業務執行取締役[46]、執行役、支配人その他の使用人（業務執行取締役等）でないこと<br>• 就任前10年間、業務執行取締役等であったことがないこと<br>• 就任前10年間に、非業務執行取締役、会計参与、監査役であったことがある場合には、その就任前10年間、当該株式会社または子会社の業務執行取締役等であったことがないこと<br>• 取締役、執行役、支配人その他の重要な使用人等の配偶者または二親等内の親族[47]でないこと |
| 子会社との関係性 | • 業務執行取締役等でないこと<br>• 就任前10年間、業務執行取締役等であったことがないこと<br>• 就任前10年間に、非業務執行取締役、会計参与、監査役であったことがある場合には、その就任前10年間、当該株式会社または子会社の業務執行取締役等であったことがないこと |
| 親会社との関係性 | • 会社の経営を支配している者（親会社等）でないこと<br>• 取締役、執行役、支配人その他の使用人でないこと |
| 兄弟会社[48]との関係性 | • 業務執行取締役等でないこと |

## 独立社外取締役の要件はさらに厳しい

　さらに、東京証券取引所は、上場会社に対して1名以上の「独立役員」の確保を求めており（有価証券上場規程436条の2）、また、取締役である独立役員（独立社外取締役）を少なくとも1名以上確保するよう努め

---

46　代表取締役および取締役会により選定された取締役やこれらには該当しなくても事実上業務執行を行う取締役の総称です。
47　親、子、兄弟、祖父母、孫などが含まれます。
48　その会社の親会社の子会社などをさします。

なければならないとしています（有価証券上場規程445条の４）。

　独立役員とは、一般株主と利益相反が生じるおそれのない社外取締役や社外監査役をさします。具体的には、次の表のいずれかに該当する場合には、独立役員として届け出ることができないこととされています（上場管理等に関するガイドラインⅢ5.（3）の2）。

## 【独立役員として届け出ることができない者】

| 1 | ・当該会社を主要な取引先とする者もしくはその業務執行者<br>・当該会社の主要な取引先もしくはその業務執行者 |
|---|---|
| 2 | 当該会社から役員報酬以外に多額の金銭その他の財産を得ているコンサルタント、会計専門家または法律専門家（当該財産を得ている者が法人、組合等の団体である場合は、当該団体に所属する者） |
| 3 | 最近において１または２に該当していた者 |
| 4 | その就任の前10年以内のいずれかの時において次のいずれかに該当していた者<br>(1) 当該会社の親会社の業務執行者（業務執行者でない取締役を含み、社外監査役を独立役員として指定する場合にあっては、監査役を含む。）<br>(2) 当該会社の兄弟会社の業務執行者 |
| 5 | 次のいずれかに掲げる者（重要でない者を除く。）の近親者<br>(1) １から４に掲げる者<br>(2) 当該会社の会計参与（社外監査役を独立役員として指定する場合に限る。当該会計参与が法人である場合は、その職務を行うべき社員を含む。以下同じ。）<br>(3) 当該会社の子会社の業務執行者（社外監査役を独立役員として指定する場合にあっては、業務執行者でない取締役又は会計参与を含む。）<br>(4) 当該会社の親会社の業務執行者（業務執行者でない取締役を含み、社外監査役を独立役員として指定する場合にあっては、監査役を含む。）<br>(5) 当該会社の兄弟会社の業務執行者<br>(6) 最近において(2)、(3)または当該会社の業務執行者（社外監査役を独立役員として指定する場合にあっては、業務執行者でない取締役を含む。）に該当していた者 |

CGコードにおいても、独立社外取締役をプライム市場上場会社については少なくとも3分の1以上、その他の市場の上場会社については2名以上選任すべきとしています（原則4-8）。

　その役割として、①経営の方針や経営改善について、自らの知見に基づき、会社の持続的な成長を促し中長期的な企業価値の向上を図る、との観点からの助言を行うこと、②経営陣幹部の選解任その他の取締役会の重要な意思決定を通じ、経営の監督を行うこと、③会社と経営陣・支配株主等との間の利益相反を監督すること、④経営陣・支配株主から独立した立場で、少数株主をはじめとするステークホルダーの意見を取締役会に適切に反映させることが求められています（原則4-7）。

## 弁護士や会計士を独立社外取締役にすればいいのか？

　この点からもわかるとおり、独立社外取締役には、企業経営の経験、業界に対する知見、法務や財務などの各種専門的知識、国際性、近時ではDX（デジタルトランスフォーメーション）やESG・サステナビリティといった幅広い分野にわたる経験、知見、専門性などが求められます[49]。

　しかし、これらの需要をみたす独立社外取締役候補者は十分に供給されているとはいえず、各社エージェントなどを活用しながら苦労して候補者を選出しているのが現状です。また、とりあえず弁護士や公認会計士を1名ずつ選任して独立社外取締役の枠を2枠埋めようとするケースもよく見られます。

　確かに弁護士や公認会計士は法務・コンプライアンスや財務・会計な

---

**49**　CGコードの補充原則4-11①では、取締役会は、経営戦略に照らして自らが備えるべきスキル等を特定したうえで、取締役会の全体としての知識・経験・能力のバランス、多様性および規模に関する考え方を定めるべきとされています。そのうえで、スキル・マトリックスなどの形で取締役の有するスキル等の組み合わせを開示することが求められており、多くの上場企業でこれらの項目を定めたスキル・マトリックスが開示されています。これから取締役を増員する会社においても自社が取締役に求めるスキルをリスト化することは重要ですのでぜひ先行事例を参考にしつつ検討してみてください。

どの専門的知識を有しており、独立社外取締役として相性がよい側面はあります。特にCGコードは、「監査役には、適切な経験・能力及び必要な財務・会計・法務に関する知識を有する者が選任されるべきであり、特に、財務・会計に関する十分な知見を有している者が1名以上選任されるべきである」（原則4-11）と定めており[50]、公認会計士の資格を有する者を1名選任することについての合理性はわかりやすいといえます。

　一方で、自戒を込めていえば、弁護士を選任することは必ずしもその会社のコーポレート・ガバナンス体制の構築に役立っているとはいえないこともあります。

　特に、社外取締役と外部アドバイザーの区別がついていない会社では、顧問弁護士などに依頼すればよい役割を社外取締役に期待していることもあり、そのような場合、取締役会における貴重な議論の時間が経営上の重要な課題ではなく末梢的な問題のために消費されてしまうことがあります（なお、これは弁護士側の企業経営に関与する経験が不足していることのみに起因するわけではなく、企業によっては経営陣もあえて社外取締役のそのようなふるまいを許容・期待し、取締役会においてその企業にとっての本質的なアジェンダを設定し社外取締役がいる場で議論することを避けている側面もあります）。

　そして、これは弁護士だけに限らず、その他のスキルを有する社外取締役候補者との間でも生じうる事象です。スキルにだけ注目するとどうしても専門的知識は有するものの経営者としての視点に欠けるアドバイザータイプの人材が選任されやすくなりますが、その会社にとって社外取締役に求めるべき資質は何か、なぜ社外取締役として選任する必要があるのか、といった点について、慎重に検討する必要があります。

　適切な社外取締役を選任するためには、継続的かつ長期的な企業成長を実現するための経営に資する議論や監督が期待できるかということを

---

50　監査等委員会設置会社においては、「監査役」を「監査等委員」と読み替えることになります。

社外取締役候補者の顔を思い浮かべながらリアリティをもって想像することが重要です[51、52]。

## 5 | 取締役会の運営

### スタートアップが取締役会の運営を適切に行うためのヒント

　上場準備を開始してこれからコーポレート・ガバナンス体制を強化しようとする会社からよく聞かれることとして、企業価値を向上させるためには取締役会をどのように運営すればよいのでしょうか？　という質問があります。

　スタートアップでは、取締役会設置会社ではあるものの経営陣が近い距離で日常的にコミュニケーションを取っているために実態としては取締役会を開催していない会社もありますし、取締役会は開催しているものの定型的な報告事項だけを毎回報告している会社や、経営会議やその

---

**51**　現状、社外役員の選任に苦労しているスタートアップや上場準備会社が多く存在する一方で、一部のエージェントや社外役員候補者はこの流れを大きなマーケットが創出されたものとして期待し歓迎しているように感じます。社外役員を選任しなければならない企業側からすれば選択肢が増えるという点でポジティブな側面もありますが、選択を誤れば成長途中の企業における貴重なキャッシュを実績や適性のない社外役員のために消費するだけではなく、さらには取締役会の議論のクオリティも向上しないというリスクがあります。少しでも会社にとって意味のある社外役員を選任したいのであれば、地道な対策ではありますが、選任すべきタイミングから逆算して可能な限りスケジュールに余裕を持って多くの方に相談してみることをおすすめします。特に信頼する経営者仲間や投資家、公認会計士や弁護士に相談すれば、その会社にとって意味のある人材を紹介してもらえる可能性も高まりますので、自社が持つ人脈だけで解決しようとせずに、信頼できる人からの紹介を積極的に活用してください。

**52**　あえて過激なことをいえば、社外役員について、コストパフォーマンスのよい副業と考えている候補者や、自分の知名度を向上させるための踏み台として利用しようとする候補者も残念ながら存在します。そのような観点からは、お金に困っていない人（役員報酬がなくても生活レベルが変わらない人）や過度な自己顕示欲を持っていない人を選任するという発想は有用ではないかと思います。そして何よりも社内の取締役に対して忖度なくグッドクエスチョンを発することができる能力と姿勢が大事なのではないかと思います。

他の会議と重複した内容を投資家から派遣されている社外取締役のために儀式のように繰り返しているだけの会社もあります。

　このような会社にとって、形式的な位置づけに過ぎない取締役会を実効的な議論や意思決定を行う場に変革するのは簡単なことではありません。

　そもそも、取締役会の運営方法についてはマニュアルがあるわけではなく、コーポレート・ガバナンスに定評のある大企業[53]であっても、その運営方法は各社によって長年にわたり検討が加えられており、その内容や特徴にも差異があります（もとより人材に余裕のないスタートアップが大企業の取締役会運営をまねるのは非現実的でもあります）。

　このように、スタートアップにとって、取締役会の改革は一朝一夕に解決することができるような簡単な課題ではありませんが、取締役会運営に携わる方はぜひCGコードの第4章「取締役会等の責務」に目を通してください。

　特に取締役会を改革するために何から手を付ければよいかわからない方に読んでほしいのが、次の記載です。

> 「取締役会は、**会社の目指すところ（経営理念等）を確立し、戦略的な方向付けを行う**ことを主要な役割・責務の一つと捉え、**具体的な経営戦略や経営計画等について建設的な議論を行うべき**であり、**重要な業務執行の決定を行う場合には、上記の戦略的な方向付けを踏まえるべき**である」（原則4-1）
>
> 「取締役会は、**経営陣幹部による適切なリスクテイクを支える環境整備を行う**ことを主要な役割・責務の一つと捉え、経営陣からの健全な企業家精神に基づく提案を歓迎しつつ、説明責任の確保に向けて、そうした**提案について独立した客観的な立場において多角的か**

---

[53]　大企業においてもコーポレート・ガバナンスの形骸化は重要な課題であり、特に、すでに取締役会運営の型や作法が完成している会社の場合、それを抜本的に変えるのはスタートアップよりも格段に難易度が高いといえます。

> つ十分な検討を行うとともに、**承認した提案が実行される際には、経営陣幹部の迅速・果断な意思決定を支援すべき**である。」（原則4-2）
> 「取締役会は、**社外取締役による問題提起を含め自由闊達で建設的な議論・意見交換を尊ぶ気風の醸成に努めるべき**である」（原則4-12）

　CGコードのこれらの原則からは、まずは、取締役会が自由な議論の場であることを意識し、そのようなカルチャーを醸成すること、そして、取締役会のアジェンダを会社法や社内規則が定める最小限の決議事項や報告事項に限定せず、広く経営戦略や経営計画等についてもきちんと時間をかけて多様な視点から充実した議論を行うこと、さらに、そのような議論を行うために必要なメンバー構成や事前準備を考えることが求められているということがわかります。

　CGコードには、CEOを含む経営幹部の選解任、後継者計画（サクセッションプラン）の策定、報酬制度の設計、サステナビリティ基本方針の決定など、中長期的な視点が求められる経営課題に関する言及がありますが、これらの重要な経営課題について議論し決定していくためには、自由に議論できる場において、適切なアジェンダ設定と事前準備のもと、多様なメンバーで議論を継続する必要があるのです。

　したがって、取締役会の改革を検討するスタートアップの第一歩として、中長期的な検討が必要となるアジェンダ（まずは事業の成長戦略や資本政策、M&A戦略、採用戦略といったところからスタートするのが議論しやすいように思います）について、あらかじめ取締役会のアジェンダとして時間を確保し、必要な準備を事前に行ったうえで、役員間で議論する（社外取締役が充実していない会社ではオブザーバーとして外部の第三者に関与してもらうことが有益な場合もあります[54]）ことから始めてみるのはいかがでしょうか。

---

54　このような観点からも、スタートアップにおいて、投資家から派遣される取締役やオブザーバーが誰であるのかは非常に重要です。

# 6 | 関連当事者取引

## 利益相反取引には該当しない場合でも関連当事者取引に該当することがある

　最後に、上場審査において、特に注意してほしい事項として、関連当事者取引について説明します。関連当事者取引は、上場準備を経験したことがない実務担当者には馴染みがない概念で、会社法が定める利益相反取引[55]とも混同されやすいものですが、両者は異なります。

　**関連当事者取引とは、会社と関連当事者の取引をいい、関連当事者には、利益相反取引とは異なり、取締役以外の者も含まれ、たとえば、親会社や子会社、主要株主**（自己または他人の名義で総株主の議決権の10％以上を保有する株主）、**役員の近親者などが含まれます**[56]。したがって、親会社との間で取締役の兼任関係がなく親子会社間での取引が利益相反取引には該当しない場合でも関連当事者取引には該当しますし、会社と役員の配偶者や父母との間の取引も関連当事者取引に該当します。

　上場審査においては、企業経営の健全性が実質基準の1つされており（有価証券上場規程219条1項2号等）、**会社が、関連当事者との取引を通じて、不当に利益を供与したり、または、享受していないかという点**

---

55　利益相反取引とは、たとえば、A社の代表取締役XがA社に対して自分の不動産を譲渡する場合や、A社と同様にXが代表取締役をつとめるB社との間でA社が業務委託契約を締結する場合、A社がXの債務を保証する場合など、取締役と会社の利害が対立しうる取引を指します。利益相反取引は、取締役が会社の利益を犠牲にして、自分や第三者の利益を図ることが懸念されるため、会社法は、利益相反取引を行うためには、会社（取締役会設置会社の場合には取締役会、取締役会が設置されていない会社の場合には株主総会）の承認を必要としており（356条1項、365条1項）、また、取締役会設置会社の場合には、利益相反取引を行った取締役は、当該取引後、遅滞なく、当該取引についての重要な事実を取締役会に報告しなければならないとされています（365条2項）。
56　詳細は財務諸表規則8条17項をご確認ください。

が**審査**されます。また、CGコードにおいても、関連当事者取引が会社や株主の利益を害する懸念があることに着目し、関連当事者取引について「取締役会は、あらかじめ、取引の重要性やその性質に応じた適切な手続を定めてその枠組みを開示するとともに、その手続を踏まえた監視（取引の承認を含む）を行うべきである」とされています（原則1-7）。

## 関連当事者取引への対応

それでは、関連当事者取引について、会社はどのように対応すべきでしょうか。冒頭に説明したとおり、関連当事者取引は利益相反取引とは異なりますが、一部その範囲が重なっていることもあり、利益相反取引と同様の手続（取締役会の承認等）を実施すれば問題ないと誤解されていることがあります。

しかし、関連当事者取引は、取締役会で承認されていれば上場審査上も問題とならないわけではなく、**その取引自体の合理性（事業上の必要性）や取引条件の妥当性が認められる必要**があります。たとえば、会社の事業上導入する必要のないサービスの提供を主要株主から受けている場合や、市場の相場よりも不利な条件で親会社との間で契約を締結している場合などは、企業経営の健全性が損なわれていると評価される可能性があります。

したがって、関連当事者取引を行う場合には、必ず、①その取引を実行する必要があるのか、②その条件でその取引を実行することは妥当なのか、という観点から取引に関する検討を実施し、合理的な説明ができない場合には、取引を解消し、または、取引条件を見直す必要があります。上場審査の過程で関連当事者取引に関する指摘を受けるケースは非常に多いので、日ごろから関連当事者取引を一覧化するとともに、上記の取引に関する検討過程の記録を残しておくことをおすすめします。

- コーポレート・ガバナンスとは、「会社が、株主をはじめ顧客・従業員・地域社会等の立場を踏まえた上で、透明・公正かつ迅速・果断な意思決定を行うための仕組みを意味する」（コーポレートガバナンス・コード）。

- コーポレート・ガバナンスについては、「コーポレートガバナンス・コード」という指針が存在し、会社の持続的な成長と中長期的な企業価値の向上をその目的として、企業価値を最大化させるための会社の在り方について指針を示している。

- 上場審査ではコーポレート・ガバナンス体制の整備が審査基準の一つとして定められており、上場準備会社は、会社の機関設計を検討する必要がある。

- 上場会社は、①取締役会、②監査役会、監査等委員会または指名委員会等、③会計監査人を設置することが必要となり、②については監査役会か監査等委員会を選択することが多い。

- 上場会社は、会社法やコーポレートガバナンス・コードに従い、社外役員を複数名選任しなければならず、選任した社外役員のうち一定の数以上の社外役員について、有価証券上場規程やコーポレートガバナンス・コードに従い、独立性が認められなければならない。

- コーポレート・ガバナンス体制を強化するためには、取締役会の運営方法を検討・改善することが必要である。

- 上場審査においては、関連当事者取引を通じて不当な利益供与等が行われていないか審査されるため、関連当事者取引が発生する際には、取引自体の合理性や取引条件の妥当性が認められるかという点について注意しなければならない。

□コーポレート・ガバナンスの意義とコーポレートガバナンス・コードの目的について理解した。

□上場会社に求められる機関設計の概要を理解した。

□監査役会と監査等委員会の相違点について理解した。

□社外役員・独立役員の選任の必要性、社外取締役・独立役員の要件について理解した。

□実効性のある取締役会を運営するための視点について理解した。

□関連当事者取引の概要、注意点について理解した。

# 第 10 章

# M&A

# M&Aの手法と契約締結、締結後まで

　この10年間、とにかく目まぐるしく、駆け上ってきた。大学３年生のときに起業、そこから３年間は受託のウェブサイト制作事業でなんとか会社を回していたが、４年目に思いきって受託事業をクローズ。まだ構想もないのに、自社プロダクト一本でやっていこうと決意した。そこから数十個のアイデアを小さく試していく。銀行残高は減る一方でヒリヒリしたが、あるCtoCシェアリングサービスのアイデアがついに当たった。β版時点で話題沸騰、多くのベンチャーキャピタルが興味を示してくれ、気づけばわたしはメディアに引っ張りだこの"気鋭の起業家"になっていた。

　それから約６年。組織崩壊の危機や事業の伸び悩みフェーズなどを何度も乗り越え、わたしたちは約100人規模の会社にまで成長した。投資のフェーズもシリーズＣまで来て、いよいよIPOが具体的な選択肢として見えてくる。主幹事の証券会社も決まりかけていた——そんな時期に、転機は訪れた。

　なんと、ド競合のサービスを運営する有名企業から、買収提案が持ちかけられたのだ。評価額は約30億円。もちろん、最初は断った。IPOが具体的に見えているのに、買収を受け入れる道理はないからだ。

　しかし、正直に言って、わたしはこの会社に少し飽きも来ていた。思いついた当時は革新的だったCtoCシェアリングサービスのアイデアも、もはやかなり国内に普及し、競合もたくさんいる。細かい機能や値段での差別化合戦になっていて、クリエイティブなことをしている感覚がまったくない。さらにはIPO準備で、さまざまな社内体制の整備タスクに忙殺されており、それがこれから加速することは容易に想像できる。そうして疲れ果てていたわたしにとって、30億円で買収してもらって、そ

れを元手に次のチャレンジを考える選択肢は、冷静に考え魅力的に思えた——そうして、結局ディールを進めることに決めた。

＊　＊　＊

　しかし、交渉は難航した。

　まず、デューデリジェンスにあたって、細かい事業KPIなどの情報提示を求められたのだ。ほぼすべての社内情報の提供を求められたと言っていい。でも、まだ買収が決まっているわけでもないのに、競合企業にそこまで細かい情報を渡すのはリスクが高すぎる。そう思って「もっと後になってからにできませんか？」と交渉したものの、「その情報がないとこれ以上デューデリジェンスを進められません」の一点張り。数か月間、膠着状態に陥ってしまった。結局、根負けして情報を渡すことに決めた。

　せっかく情報を渡したものの、それはさらなる悪い結果を引き起こす。精緻にデューデリジェンスが進められていくうちに、当初は約30億円だった評価額がどんどん引き下がっていき、気づけば10億円近くまで下がっていたのだ。10年間、必死で頑張ってきて、その結果が10億円……でも、今さら引き返すのは、実際問題として難しい。今後正面から殴り合ったとしても、企業体力を踏まえると、明らかに勝ち目は薄いからだ。

　さらに、これまで投資してもらったベンチャーキャピタルに状況を共有したところ、衝撃的なことがわかった。買収された暁には、優先株を持っているベンチャーキャピタルによって「みなし清算」が行われるが、ファイナンスについて無知だったわたしは、投資契約時に清算時のレートを「２倍」に設定していたため、かなり多くの取り分を持っていかれてしまうことがわかったのだ。結果として、10億円で買収された場合、わたしがもらえるのは4000万円だけらしい。もちろん大金でもあるが、約10年間起業家として頑張ってきて、それなりに競争も勝ち抜いた対価としてはあまりにも少なすぎるのではないだろうか。

　とはいえ、繰り返しになるが、最大の競合である大企業にわたしたち

の会社の内部情報がダダ漏れにも等しいため、もはや引き返せない。やるせなさを感じながらも、ディールを進めていった。報酬は不満だが、新たにやりたいことを考えるための生活資金としては十分な額だろう。ひとまず早いとこ解放されてしまおう。そのときはそう思っていた——まさか、あんなことになるなんて思わずに。

* 　* 　*

「買収の話はなかったことにしてください」

　ディールが成立した直後、突如として、契約解除を申し渡されたのだ。何がなんだかわからなかったが、聞くと「表明保証違反」というものに該当するらしい。

　株式譲渡契約の契約を締結した際、業法違反がない旨を「表明保証」した。特に思い当たる節もなかったため、よく考えずに進めていた。しかし実は、過去に業法違反があったというのだ。いまのCtoCシェアリングサービスのアイデアにたどり着く前、いくつものアイデアを試していた中で、HRテックのサービスを検討していたことがあった。その際、β版としてローンチしたテストサービスに少し引っかかる点があったらしく、労基署の調査が入り、是正指導を受けたことがあったのだ。

　そのサービスは結局、β版を出した結果あまりニーズがないことがわかったので、早々にクローズ。正直、そんなサービスをやっていたこと自体も忘れていた。しかし、そのことをデューデリジェンスの段階で開示せずに表明保証をしたことが、明確な表明保証違反に当たるというのだ。買収してもらう予定だった大企業の担当者は激怒、「契約は白紙に戻す」とのことだった。「そんな馬鹿な。もう跡形もないようなサービスなのに……」。

　しかし、何度嘆願しても、先方の結論は変わらなかった。結局、ディールは破談。何度でも言うが、今後わたしたちのサービスの勝ち目は万に一つもない。完全に、目の前が真っ暗になった——。

近年、国内スタートアップのM&Aの件数は増加しています。2016年では年間53件でしたが、2021年には143社まで増えてきています（出典：EY「スタートアップM&A動向調査 2021」）。主要な買収の目的は、新規事業の創出とされており、買収件数の増加は、メガベンチャーによる成長投資の加速や成熟企業のオープンイノベーションの盛り上がりの一環として捉えることができるでしょう。2021年には、後払いサービスを提供する株式会社Paidyが米国のペイパル社に約3000億円程度で買収される等、国内スタートアップのエコシステムではかつてなかったほどの大型のM&Aも発生しています。

スタートアップの起業家としてM&Aにどのように向き合っていくべきでしょうか。本節では法的な観点やリスクの観点から、M&Aの一連のプロセスにおいて、起業家の立場として気をつけておきたい点について解説をします。

## 1 | スタートアップのM&Aの2つの局面

スタートアップがM&Aされる局面には、筆者らが見るに、大きく分けて2つの局面があります。①成長加速型と②ターンアラウンド型です。

### 成長加速型のM&A

事業が順調に伸びており成長投資を加速すれば、十分上場を目指せる事業状況において、相応のバリュエーションで同領域の大手企業、同領域を周辺あるいは非連続領域として事業として取り込みたい大手企業によって買収されるケースです。

この場合、**株式を売却する売主となる、起業家や既存株主のほうが交渉力が強いケース**が多くなります。

起業家側が積極的に動くというよりも、買収したい競合企業側が働きかけてくることがきっかけとなることが多いです。競合企業からすると、

顧客獲得コストの高騰や価格競争の激化がM＆Aを働きかけるきっかけとなります。潜在的な競合企業からすると、自社の事業をディスラプトしかねない破壊的なイノベーションを行う企業は早期に買収して芽を摘んでおきたいインセンティブから動くことがあります。

　起業家としては自分がオーナーの場合と相手企業に買収された場合の2つの選択肢について、会社の全社／事業戦略、自身のミッションやビジョンを遂げられるかどうか、個人としての実入り等の考慮要素を踏まえて、M＆Aを受け入れるか否かを総合的に判断することになります。

## ターンアラウンド型のM&A

　事業が競合の参入や外部要因で失速または計画を下回るペースでしか伸びておらず、新規投資家または既存投資家からの追加出資を得ることが難しい状況（ディストレス状態）となったときに行われるM＆Aです。

　VCのファンド期間内でのIPOの可能性が低く、ドラッグ・アロング・ライトを背景に、投資家から投資資金の回収意向が高まってきており、起業家としても、経営資源を持つ大手企業の傘下で事業をターンアラウンドさせたいと考えているケースです。

　**起業家、投資家として積極的に売却先の探索に動くことになり、買い手側の交渉力が強くなります**。DD（デューデリジェンス）に入ったタイミングで事業が伸びていないことがわかるので、バリュエーションは相当強気で交渉され、下げられやすくなります。また、残キャッシュとバーンレートを見られて、ランウェイ（キャッシュアウトまでの期間）を把握され、足元を見られやすい傾向があります。

　買い手企業としては、当該領域に対して、自社でゼロイチで新規に事業を作るより、プロダクト、顧客ネットワーク、チームを獲得することで、なによりも参入スピードを早められるという観点から、買収を検討することになります（事業が成長していなくても、自社の事業基盤を活用すれば、一定程度の成長軌道に乗せられる自信があるケースも多いように思います）。

2つの局面によって、起業家が考えるべきことや動き方はまったく異なってきます。

## 2 | 成長加速型で気をつけたい点

### DDで情報だけが漏れてしまうことも

このケースで、起業家としてもっとも警戒しなければならないのが、M&Aが成立せず、DDを通じて、PMFのポイント等の情報だけを抜かれて大手企業側に新規事業で実施されてしまうことです。

筆者らの接点のある、あるスタートアップ企業のケースでは、メガベンチャーからM&Aの提案があり、散々DDされたものの、バリュエーション面でディールブレイクし、その後、メガベンチャー自身がまったく同じ領域の事業を開始し、競合が増えてしまったというケースがありました。NDAを締結していたものの、秘密保持義務違反の立証が難しく、法的な措置が難しい状況でした。

後述するように、**NDAや基本合意書の締結を実施すること、また、買収者が潜在的な競合であり、ディールブレイクする可能性があるような案件においては、事業推進に当たってのコアなインサイト、特許発明、オペレーション上の工夫等の資料、情報については開示しない工夫が必要**です（発明については開示する前に、特許出願を終わらせるようにしましょう）。

**NDAを締結したとしても、競合となる事業が実施されてしまうことを防ぐことは、DDに際して事前に競業避止義務を課さない限り困難**でしょう。したがって、**競合あるいは潜在的に競合となる、信頼できない相手については、そもそもDDに応じるべきではない**といえます。

## 既存の投資家は同意しない可能性も

　また、既存の投資家との関係性においても留意する必要がある点があります。

　投資契約や株主間契約の内容によっては、ベンチャーキャピタル側がM&Aの事前同意権を有していることがあります。

　事業成長が順調なスタートアップはそれだけでも貴重ですから、純投資を目的とするVCとしては、より長く持ち続けて、ホームラン案件としたいモチベーションが強くあります。M&Aは、VCとしても売却のタイミングを早められるので高いIRRを出しやすい部分がありますが、ファンド全体の投資倍率への寄与は限定的なことが多くなります（期間的に短いケースが多いため、投資倍率として、数十倍〜100倍となるようなホームラン案件にはなりづらい）。スタートアップが高い成長を続けている場合、より先行投資を加速してトップラインを伸ばし、ファンド満期ぎりぎりまで時価総額を上げてから、売却したいのが長期投資家、純投資家の心理なのです。

　したがって、短期的なM&Aによるエグジットは、投資家の期待からずれるケースが発生する可能性があるため、現時点でどの程度の時価総額であれば売却に応じてもらえる可能性があるか等、十分なコミュニケーションが必要となります。


## 3 　ターンアラウンド型で気をつけたい点

### 入札形式と締め切りの設定がポイントに

　ターンアラウンド型の場合、新規投資家や既存投資家からの出資が望めず、スポンサー企業を見つけなければならない局面のため、ランウェイとの闘いとなるケースが多いと思います。**売りに出していること自体**

がネガティブなレピュテーションになる可能性があるため、**M&A仲介会社に入ってもらいつつ具体名を伏せながら慎重に動く必要**があります。

売却の推進に当たっては足元を見られて二束三文での売却とならないよう、フィナンシャルアドバイザーに入ってもらうなどして、

- できるだけ入札形式、コンペの形に持ち込むこと
- 意思決定のスケジュールを仕切ること（だらだらと検討させることはしない）

がとても重要になります。

### 創業者の株式と利益を確保する

また、ターンアラウンド型においては、低いバリュエーションが可能となるため、たとえば、ポストバリュエーション5億円で3億円を第三者割当増資の形により出資し、創業者の株式は譲り受けることなく、増資の形によって過半数を取得する買収スキームが利用されることが多いです。買収する側としては、買収後先行投資がまだまだ必要でいずれにしても真水のキャッシュが必要となること、ターンアラウンドの場合、創業者の力が重要となりますが創業者の株式を買い取ってしまった場合、創業者のモチベーションが低下し退職リスクも高まるからです。

この場合、後述するように、起業家として創業者利益を確保する方策について、事前に買収側と交渉により握っておくことが必要です。

## 4 | 将来のM&Aの可能性に備えて創業期から意識しておくとよいポイント

起業家として、将来のM&Aに備えてマインドシェアを割くということはなかなか難しいと思いますが、以下の3点についてはM&Aに動き始める際に重要なポイントとなるため指摘しておきます。

① M&A実施に当たっての事前同意

② 複数の株主からの株式の買い集めに向けた工夫

③ 優先株式を発行している場合の分配

## M&A実施に当たっての事前同意

投資契約や株主間契約における、事前承諾事項として、M&Aの実施については、VCの事前同意を求められるケースが多いといえるでしょう。これに同意した場合には、VCがYesといわなければ売却を実施できないため、自社の事業についてM&Aを有望なエグジット手段と考えているような場合には、**事前承諾事項とするか、事前承諾事項とせざるを得ない場合でも誰に承諾権を与えるか、慎重な判断が必要**です。

## 複数の株主からの株式の買い集めに向けた工夫

M&Aに応じる際には、複数の株主から株式の買い集めに動く必要があります。買い集めを行っていくうえでの事前の工夫ポイントについて説明をします。

### ■ 創業株主間契約

近年、創業期からそれなりのシェアを持ち合いながら起業する、共同創業のケースが増えてきています。一方、事業の進展や求められる役割の変化により、共同創業者の一部がエグジット前に退職するケースも多く見られます。共同創業者の退職に備えて、株式の移転について事前に定めておくのが「創業3」でも解説した「創業株主間契約」です。

共同創業者が退職し創業株主間契約に基づく買取の実施により、創業者の誰かが株式の全部または一部の買取を実施できているケースはよいのですが、買取を実施できておらず退職してしまっているケースにおいては、いざM&Aの場面になって、当該退職者が買取に応じなかったり、連絡が取れない等の事態が生じるケースがあります。**将来のM&Aの際の株式の買い集めの観点からも、創業株主間契約を締結しておく必要性は高い**といえます。

## ■ドラッグ・アロング・ライト

　株主間契約において一定の条件をクリアした場合、全株主が株式の売却に応じなければならないとする非常に強い権利が、第7章でも説明した、ドラッグ・アロング・ライトです。権利を持つとすると、VCが保有するケースが一般的であり、賛成しない少数株主から買取を実施する根拠となります。**起業家としてM&Aを有力なエグジット手段として想定した場合、投資家との交渉によって、起業家がトリガーを引けるようにドラッグ・アロング・ライトを設計することも考えられます。**

## 優先株式を発行している場合の分配

　第7章で解説をしたとおり、優先株式の発行により残余財産の優先分配の設計を行うと、売却するバリュエーションによっては起業家に一銭も入らないケースもあることから、優先分配の倍率の設計が重要になります。たとえば、過去、優先株で10億円の資金調達を行ってきた場合、バリュエーションが10億円のM&Aが発生すると、優先株主に対して、まず元本となる1倍＝10億円の支払いが行われるため、10億円以下のバリュエーションでは、普通株式しか持たない、創業者には一銭も対価が支払われないこととなります（なお、国内のスタートアップのM&Aの環境を見るに、バリュエーションとしては10億円前後から、それ以下の額でのM&Aがまだまだ多いです）。

　**相場としては投資元本となる1倍が相場であり、何らかの理由により優先分配の倍率を上げる場合、将来のM&Aの可能性と想定されるバリュエーションを加味して、慎重な判断が必要**となります。

# 5 ｜ M&Aのスキームの整理

　ここまでM&Aと一括りにして、説明してきましたが、M&Aを実現するためにはいくつかの方法があります。**M&Aは、大別すると、①会**

社自体を買収の対象とするのか、②会社の事業の一部を買収の対象とするのか、という視点や、③買収した会社や事業を自社の一部とするのか、④買収した会社や事業を自社ではなく自社グループに統合するのか、という視点から区別されます[1]。そして、これらの視点に加えて、誰に対してどのような内容の対価を支払いたいかという観点や、どの程度のスケジュール・手続を許容できるかといった観点から最終的なスキームを決定することになります[2]。

## 【M&Aのスキームの整理】

| 類型 | 具体例 | 特徴 |
|---|---|---|
| ①株式買収型 | 株式譲渡、株式交換、株式交付 | ● 株式を取得された会社（対象会社）が株式を取得した会社の子会社や関連会社となる<br>● 対象会社の法人格がそのまま維持されるので、事業上必要となる許認可を維持しやすいといったメリットがある<br>● 株式譲渡では、対象会社の株式を売買によって取得することになるのに対して、株式交換では、対象会社の株主に（基本的には）自社の株式を交付するかわりに対象会社の全株式を取得することになる<br>● 株式交換では、対象会社の全株式が取得されるのに対して、株式交付は対象会社の一部の株式のみを取得して対象会社を子会社化することが可能となる |

---

1 M&Aは相手方の会社か事業そのものを買収の対象としますが、会社や事業を買収せずに相手方と提携することで新規事業の創出を実現する方法として、資本提携（第三者割当増資、合弁会社の設立など）や業務提携（共同研究開発、ライセンス、製造委託、販売提携など）を選択することもあります。
2 会社分割等を用いて売主側に特定の事業を切り出させたうえで株式譲渡を行うケースも多く、各類型が組み合わされることもあります。

| | | |
|---|---|---|
| | | • 株式交換や株式交付は、自社の株式を対価として交付することで自社の現金の流出を防ぐことができるが、一方で、株式譲渡に比べると会社法上要求される手続が煩雑であるため、迅速かつ簡潔に取引を実現したい場合には、株式譲渡が選択されることが多い |
| ②事業買収型 | 会社分割（吸収分割）、事業譲渡 | • 株式買収型のように資本関係に影響は及ぼさないが、取得された事業に関する権利義務が事業を取得した会社に承継される<br>• 取得する事業を選別することで、自社にとって必要な事業のみを承継することができ、また、偶発債務等を承継する債務から除外することもできるため、リスクを細かくコントロールしやすい<br>• 会社分割の場合、会社法上の手続や会社分割に伴う労働契約の承継等に関する法律が定める規制が適用される<br>• 事業譲渡の場合、このような制限は存在しないものの承継される権利義務について相手方の個別の同意を要する |
| ③法人買収型 | 合併（吸収合併） | • 合併により片方の会社の法人格が消滅し、消滅する会社の権利義務は合併後存続する会社に承継される<br>• 取引の当事者が統合されることによって強いシナジーを期待できる一方で、ＰＭＩの難易度が高くなることもある |
| ④持株会社型 | 株式移転 | • 新たに持株会社（ホールディングカンパニー）を設立することで、自社や相手方（対象会社）は持株会社の子会社となり、それぞれの株主は親会社となる持株会社の株式を取得する<br>• 対象会社の法人格がそのまま維持されるので、事業上必要となる許認可を維持しやすいといったメリットがある<br>• 自社と対象会社の双方が持株会社の子会社となるため、株式会社買収型のように自社と対象会社との間に親子関係が生じず、対等の関係で統合を進めることが実現しやすいといえる |

# 6 ｜ M&Aの流れとポイント

　M&Aを進める際に、どの程度の時間をかけて、どの程度のプロセスを経て取引を成立させるかはケースバイケースです。もっとも、一般論としては下記のような流れになります。

(1) 秘密保持契約や基本合意書を締結
(2) デューデリジェンスを実施
(3) スキームや取引条件に関する交渉を経て最終契約を締結
(4) クロージング（取引実行）を迎える[3]

　この手順自体はM&Aの類型によって大きく左右されるものではありません[4]。

　以下、このなかでも特にポイントになる事項を見ていきましょう。

## 秘密保持契約／基本合意書の締結

　M&Aを具体的に進めるに際しては、まず、当事者間で秘密保持契約を締結することが一般的です。秘密保持契約の内容はM&A以外の取引の場合と大きく異なるところはありません。基本的には、①秘密情報の定義（範囲）、②秘密保持義務の内容（目的外使用の禁止等）、③第三者

---

**3**　なお、スタートアップが海外企業に買収される場合、外為法の規制により事前届出が必要となる場合があり、事前届出が必要となる場合には、事前届出の受理日から原則30日間（通常は2週間に短縮されるものとされています）は届出の対象となる取引を実行することができません。

**4**　なお、各プロセスについてはさらに細分化することも可能です。たとえば、①については、秘密保持契約が締結された後に、対象会社に関する初期的な情報（インフォメーションメモランダム）が開示され、当該情報をもとにその段階における暫定的な企業価値の算定が行われることが多いです。また、④についても、クロージングに向けた準備期間、クロージング当日、ポストクロージング、PMI（post-merger integration）といった形で細分化することができます。

への開示が許容される例外的場面、④複製等の禁止、⑤有効期間、⑥終了時の処理（返還・廃棄等）、⑦一般条項（準拠法・裁判管轄等）といった条項によって構成されます。

　各条項につきどのようなスタンスに立って交渉するかは、情報を開示する側か、情報の開示を受ける側かによって大きく異なります。スタートアップがM&Aの当事者となる場合、冒頭に説明した成長加速型であろうが、ターンアラウンド型であろうが、スタートアップは基本的には取引の相手方に対して情報を開示することになります。したがって、**スタートアップとしては、特に取引がブレイクした場合に備えて、秘密保持義務を厳格な内容とすべき**です。具体的には、**秘密情報の範囲について合理的な範囲を超えて限定（狭く）することは避けるべきですし、目的外での使用、第三者に対する開示や複製等を厳しく制限し、有効期間も長めに設定することが望ましい**です。

　取引をスピーディーに成立させようとした結果、NDAを締結していないうちに、または、NDAの内容について十分に協議することなく、自社の重要な情報を相手方に開示してしまい、その後、取引がブレイクして、相手方が当該情報を相手方のビジネスのために利用しているのではないかという懸念が生じてしまったケースは残念ながら現実に存在していますので、十分に注意してください。

　秘密保持契約を締結後、相手方と初期的な情報授受や基本的な条件に関する交渉を行ったうえで、M&Aの実現に向けて取引に関する基本的な事項を確認し、当該事項について合意するために基本合意書を作成することがあります。基本合意書は、あくまで取引の初期的段階でその時点における当事者間の協議事項等を確認するためのものですので、**その後に内容が変更される可能性があることを前提として、取引のスキームや対価などについて、幅を持たせた記載を採用したり、法的拘束力が生じないように設計して締結したりするのが一般的**です[5]。

なお、基本合意書について、法的拘束力が生じなければ、取引の相手側からすれば、自由に自己以外の第三者と交渉されるリスクが生じるため、通常、スタートアップに対しては、取引の相手側から独占交渉権を認めるように求められます。

　スタートアップからすれば、独占交渉を認められる期間が合理的な期間に限定されていれば受け入れても大きな問題はありませんが、取引の相手方が大企業の場合、大企業側の事情で合理的な理由なく長期にわたる独占交渉期間の設定を求められることがあります。スタートアップとしては、独占交渉期間の終期が現実的な期間となるように交渉して、お互いに期間の制約があることを認識し緊張感を持った状態で交渉等を進めていくべきといえます。

## デューデリジェンスへの対応の留意点

　秘密保持契約や基本合意書を締結し、具体的に取引の検討を進めるプロセスに入ると、M&Aの買収側の企業は、対象会社であるスタートアップに対して、デューデリジェンスを実施します。デューデリジェンスとは、M&Aの実行に支障や影響を及ぼす事項がないか確認するための手続であり、対象会社のビジネスだけではなく、法務や財務、税務等の観点から、M&Aを実行することについてリスクがないか外部の専門家等とも協働しながら調査が実施されます。

　ここでは、各デューデリジェンスのうち、法務デューデリジェンスにおいて、どのような項目が調査されるのか説明します。

　法務デューデリジェンスでは、通常、①組織、②株式、③資産、④負債、⑤知的財産権、⑥事業、⑦人事労務、⑧許認可・コンプライアンス、⑨訴訟・紛争等について、そもそも取引を中止すべき大きなリスクは存在しないか（例：事業の根幹に関する重大な法令違反等）、取引条件を

---

5　管轄条項など一般条項については法的拘束力を認めても双方にデメリットがないため、法的拘束力を認めるのが一般的です。

確定する際に考慮すべき事項はないか（例：未払残業代等の簿外債務の存在等）、買収前後に対応すべき事項はないか（例：規程や議事録の整備、必要な許認可等の取得、取引相手からの承諾の取得等）といった観点から網羅的に調査を実施します[6, 7]。

　もっとも、本書でも解説してきたとおり、スタートアップにおいては、各分野において、何らかの法令違反等が発生している可能性が高く、買収側の企業もその点は理解していることが多いため、軽微な法令違反をもって中止にまで追い込まれることはあまり想定されません。しかし、取引条件（特に金額面）には影響する可能性がありますので、普段から体制整備を怠らないようにすることが重要です。

　なお、投資にしてもM&Aにしても投資家や買収側の企業から要求される情報は、ステージや取引規模に応じて差はあるものの、基本的には同一または類似の項目に関する情報開示が要求されることから、一度きちんと対応し、社内にその履歴を残して適宜アップデートしていけばその後の対応も効率的になりますので、特に管理部門を担当する取締役や実務担当者の方などはその点について意識するようにしてください。

## 株式譲渡契約の留意点

　株式を譲渡する契約を「株式譲渡契約」といいます。**株式譲渡契約では、株式譲渡の対価の設計、送金や株式の譲渡の手続、取引を実行するうえでクリアする必要がある実行条件、表明保証、実行前後に遵守して**

---

6　調査の手順としては、①開示を希望する資料リストの送付、②回答を希望する質問リストの送付、③対象会社の取締役や実務担当者に対するヒアリングの実施、といったプロセスを経ることになります。

7　想定される取引金額が小さい場合などには簡易なデューデリジェンスを実施することがあります。その場合でも、過去株式が適法に発行されているか、当該M&Aを実施するためにどのような手続が必要となるか（既存株主と個別に合意している特別な手続はないか）、知的財産権は適法に確保されているか、事業上の重要な契約について不利な条件（例：履行することが困難な義務を負っている、競業禁止などの制約を課されている、相手方から解除されやすい）で合意しているものはないか、事業に必要な許認可を取得しているか、労務トラブルを含め大きな紛争の火種を抱えていないか、といった点は最低限チェックされることが多いです。

**ほしい誓約事項、違反があった場合の補償等について規定**します。

　株式譲渡契約の解説については良質な書籍が多数あるので詳細な解説はそちらに譲ります。代表的な書籍として『M&Aの契約実務』（中央経済社）があり、多くの実務家が利用しています。

　ここでは、株式譲渡契約に関して、起業家として最低限知っておきたい2つの用語とリスクについて解説します。

### ■ ロックアップ（キーマン条項）とは

　起業家がM&Aのオファーを受ける際に高い頻度で提示されるのが、ロックアップです。**買収した後、起業家やスタートアップ経営におけるキーパーソンを一定期間、会社側に残置させるための条項です。キーマン＝経営者を拘束するという意味で、キーマン条項**ともいいます。

　キーマン条項という形をとらず、株式譲渡の対価の支払方法を工夫し、分割払いにすることによってすべての対価を受け取るためには一定期間在籍しなければならないようにする方法も存在しますが、これも一定期間、在籍することの強制力が働くという意味では、キーマン条項に近い形といえます。

　キーマン条項は、通常、株式譲渡契約の株式譲渡後の誓約事項として位置づけられ、キーマン条項に違反して辞めた場合には、株式譲渡で得た対価の全部または一部を返金する、または未払部分の対価が得られない形になるなどの不利益が売主である起業家側に発生します。

　スタートアップを買収する側の立場としては、事業を買収し連結化して取り込むだけでなく、スタートアップを経営する優秀な人材を獲得し、買収後、引継ぎを含めて、長く働いてもらいたいという思惑があり、買い手としては、それなりの金額で買収を行う以上、ロックアップは買収後の誓約事項として起業家に課したい内容ではあります。

　この点は、買い手側の経営者の思想が現れる部分でもあります。買収しても、人の心までは縛ることができないと考え、ロックアップは一切課さないとする経営者もいる一方、必須と考える経営者の方もいます。

起業家にとって、キーマン条項に対するスタンスはさまざまでしょう。ビジョンの実現に向けて、買収された後も、社長として長期で働いていくスタンスの起業家にとっては、キーマン条項がなくても長く働く気概があるはずです。一方で、事業を売却したことを1つの節目として、売却した資金で連続起業を行おうとする起業家の場合、このような条項は受け入れたくないでしょう。

　お互いの思惑のもと、実務的には1〜3年程度のキーマン条項が設定されるケースが多いように思いますが、起業家としては、次のキャリアの拘束を受ける条項となるため慎重な判断が必要です。キーマン条項を受け入れながら、並行してやりたいことができる形、柔軟な副業を認めてもらう形を模索する等、さまざまなデザインが考えられるところです。

### ■ 表明保証と補償責任とは

　株式譲渡契約の肝となる条項が表明保証条項です。具体的には、以下のような文面です。

> 売主は、買主に対して、本契約締結日及びクロージング日において、以下の事項が真実かつ正確であることを、表明し保証する。

　買主がスタートアップを買収した場合、連結子会社となり、自社の業績に対して連結での業績インパクトが発生します。また、買収後、見立てどおりに事業が成長しない場合には、減損を実施することとなり、買収金額によっては、親会社への業績、株価への影響ははかり知れないものがあります。

　このように経営上のインパクトが大変大きい取引となるので、買い手としては、買収に当たって、デューデリジェンス（DD）を実施します。

　DDの概要や進め方についてはすでに解説しているとおりです。DDを行う際の論点は以下の3つで、これらの問いに答えを出すためにDDが

実施されるといってもよいでしょう。

① 当該会社を買収すべきかどうか
② 買収するとしたらいくらで買収すべきか（バリュエーション）
③ 買収するとして、買収後の事業運営やインセンティブ設計を考慮した場合、どのようなスキームで買収すべきか

　一方、DDを実施するといっても、会社のあらゆる部分について調査することは不可能で、株式を売却する売り手と買い手には、どうしても情報の非対称性が発生してしまいます。

　すべての情報や事実を開示してもらい精査することは不可能なため、契約でこれを補完しようとするのが「表明保証」の考え方です。投資判断と企業価値算定の前提となる重要な事項について、買い手側が売り手側に真実かつ正確であることを表明して保証させることで、買収後に万が一、表明保証させた事項が真実ではなかったり、正確ではなかったりした場合に、株式譲渡契約を解除したり、補償を求めたりすることが可能となります。情報の非対称性を起因とするM&Aの取引リスクを抑制できることになるのです。また、契約で表明保証を課すことは、DDのプロセスで、売主が適切な情報開示を行おうとする動機づけにもなりえます。

　上記の点を踏まえると、**起業家としては下記を遵守することがとても重要**になります。

- **DDには誠実に対応する（当然ながら、嘘の説明はNG）**
- **開示する資料が正確であるかどうか確認**する
- **買収された後、問題になりそうなことがあれば、その点も開示**する
- **表明保証の各事項について、本当に真実かつ正確と言い切って問**

> 題ないか、きちんと確認する（そうでないものがあれば、事前に
> 説明する）

　表明保証で必ず入ってくるのが、法令違反の事実はないことです。し
かし、上場準備前のスタートアップ企業の場合、軽微な未払い残業代の
発生や労基法違反を犯しているケースは少なくありません。もっとも、
買収する側も、軽微な点であれば、ノックアウトファクター（それだけ
でM&Aが不可となってしまう要因）とはしないでしょう。スタートア
ップの起業家側としては、問題を認識していれば、誠実に開示を行い、
「別紙に記載のある事実を除いて、法令違反がないことについて表明保
証する」といった方法を用いて、例外的な記載をきちんとするようにし
ましょう。

# 7 インセンティブプラン

　買収後、経営統合（PMI）に向けた起業家や経営チームの業績向上に
向けたインセンティブ設計、リテンションの設計がM&Aのスキームや
契約内容を考えるうえでの肝となります。**起業家としても、M&Aの際
には、自身だけでなく経営チームや従業員にとって適切なインセンティ
ブ設計ができるかどうかは重要な点です。**

　その設計を考えるうえでは、買収する側の企業が上場企業か、または
上場を目指す企業か、買収された側が子会社として将来上場を目指すか
どうかで大きく異なります。

## 【買収後のインセンティブプラン】

| | | 買手企業 | |
|---|---|---|---|
| | | 上場しない or<br>上場可能性低い | 上場企業 or<br>上場可能性高い |
| 売手企業 | 買収後、上場を目指す | 創業者、経営チームの株式の全部または一部を継続保有 | 左記に加えて、必要に応じて親会社の株式やストックオプションを付与 |
| | 買収後、上場を目指さない | 金銭対価 | 左記に加えて、必要に応じて親会社の株式やストックオプションを付与 |

## 買収後、子会社上場を目指す場合

　起業家として、買収された後も引き続き（買手企業の）子会社として上場を目指していく場合には、一定以上の議決権を保持したいものです。また買い手としても、上場を目指す経営者に早期に辞められてしまうことは防ぎたいインセンティブが働き、起業家、経営陣の株式の全部を譲り受けることはせず、継続的に保有してもらいたいと考えるはずです。そのため、起業家、経営チームが継続的に株式を保有する設計とすることが多くなります。

　起業家の本格的なキャピタルゲインは、子会社として上場した後に得ることになるケースともいえます。スタートアップ企業に関して、買収後も引き続き上場を目指すケースは近年増えてきているように思います。

　ただしこの場合、買収時には以下のようなセンシティブな論点が発生するでしょう。

- 買収時、起業家として一部株式を売却して換金を実施したい場合、

> 売却できるかどうか。売却する場合、対価の支払方法として、後
> 述するアーンアウト条項を入れるかどうか
>
> - 将来、親会社の意向で上場推進が閉ざされた場合、親会社が保有
>   する株式をどのような条件であれば起業家として買い戻すことが
>   できるのか。また、起業家が途中で退職した場合、親会社は起業
>   家の株式をどのような条件で買い取ることができるのか（創業者、
>   親会社、他株主による株主間契約の設計）

　買収後上場を目指すといっても、**子会社上場については、利益相反の問題や親会社との関連当事者取引を精査されるなど、上場審査上、さまざまな論点が存在するため、子会社上場を目指すM&Aを実施する際は、PMIのプランを立てながら、事前に証券会社や監査法人への相談が必須**となります。

　なお、買い手が上場企業または上場可能性が高い企業の場合には、子会社の株式の継続保有に加えて、買い手企業側のストックオプションや株式報酬の付与の可能性もあるので、起業家としても交渉ポイントとしていきたい点です。

## 買収後、子会社として上場は目指さない場合

　**親会社が上場企業または上場可能性が高い場合には、親会社の株式報酬やストックオプションを付与することが考えられます。**

　また、この場合、買収スキームとしては、株式交換を実施し親会社の生株の一部を創業者に保有してもらう形も想定されます。

　近年、スタートアップによる、スタートアップ企業の買収が増えていますが、多くのスタートアップはキャッシュがないものの、ミドルステージ以降ですとそれなりの時価総額がついているため、自社の高い時価総額をベースとして、自社株の発行を対価にM&Aを実施する株式交換は、買収後の対象会社の経営陣のインセンティブ設計と相まって有力な買収手段となっています。

一方、子会社としても上場を目指さず、親会社も上場しないまたは上場可能性が低い場合、親会社の株式はインセンティブにならない、あるいはなりづらいため、アーンアウト条項や業績連動報酬による、インセンティブ設計が考えられます。

### ■アーンアウト条項とは

　ここでいう、アーンアウト（Earn Out）条項とは、創業者が持つ株式の対価について株式譲渡を実施するタイミングで一定の譲渡対価を支払い、買収後の経営推進のインセンティブとして買収後の目標達成を条件として追加で譲渡対価を支払う規定のことをいいます。株式譲渡のタイミングで一度対価を支払い、譲渡対価については目標達成をしたら支払う、目標不達成の場合には支払わないという契約です。

　目標設定としては、会社としての売上、利益等の財務指標、プロダクトの開発、ローンチ状況等の非財務指標が基準となります。

　スタートアップ企業のM&Aは、M&A後の事業計画の達成確度が読みづらいケースが多く、適切なバリュエーションの合意が難しいケースが多いこと、また買収後、経営陣の推進力、インセンティブ付けが重要なケースが多いことが理由となり、アーンアウト条項が活用しやすいといえます。

　ただし、**アーンアウト条項を検討するにあたっては、一体何をマイルストーンとして合意するのかが、売り手と買い手の交渉のポイントになります。**

　他にも、アーンアウト条項については、合意のハードルが高いこと、追加で支払う場合の金額の算定方法・根拠等を適切に設計するうえで考えなければならない論点が追加で発生しやすいこと、は留意しておきたい点です。

### ■業績連動報酬とは

　上記のとおり、アーンアウト条項は検討しなければならない論点が多

いため、買収後の経営陣の報酬については、買収した企業の業績に連動させて付与する形も、選択肢として考えられます。株式譲渡の対価としてではなく、買収後の事業状況と連動して設計する方法のためシンプルなインセンティブプランといえるでしょう。

　ただし、買収した親会社ではなく子会社の業績に連動する形の業績連動報酬は、親会社の損金に算入できません。また、買収する側のグループ全体の人事上の公平性の観点の設計も論点になりやすいように思います。

## 8 ｜ 発行されているストックオプションの取扱い

　起業家としては、M&Aが行われる際、役職員に発行しているストックオプションの取扱いについては大きな関心事となります。

　新株予約権の取扱いについては、大きく分けて以下の2つの方法が考えられます。

① 新株予約権を放棄してもらう
② スタートアップを買収する企業が新株予約権者から新株予約権をそのまま買い取るか、一度、権利行使してもらって株式に転換後、株式を買い取る（役職員には新株予約権または株式の対価が支払われることになるため、価値の算定が必要）

　どのように取り扱うかは買収後、上場を目指すかどうかや交渉における力関係、買収後の従業員のリテンションの必要性の高さに左右されるでしょう。買収された後も子会社上場を目指すのであれば、買収側の意向やスキームにもよりますが、そのまま保有し続けてもらうことも想定されます。上場を目指さないということであれば、①は、役職員向けに説明がつきにくいですから、価値算定を行って②を目指すことになりま

す。

　**起業家としては、役職員の経済面を考えた場合、新株予約権の行使条件としてあらかじめ「M&Aの発生」を行使条件として入れておくことが考えられます。**

　このような行使条件を入れることで、買収する側としても、M&Aをトリガーとして普通株式に転換される可能性を考えるため、100%買収を望む買収者であれば、従業員が保有するストックオプションまたは行使後の株式の買取交渉の席につく動機付けとなるでしょう。

　一方、買収時の交渉によっては、ストックオプションの引継ぎは認められず、取得事由に該当するとしてスタートアップ側が取得してしまうか、役職員に放棄をしてもらわざるをえないケースがあると思います。放棄をしてもらうためには、役職員本人の同意が必要です。このような場合にも、**起業家としては、放棄してもらうことの対価として、買収された後に代替措置としてどのようなインセンティブを提供できるか買収する企業側と交渉し、握っていきたいところ**です。

**まとめ**

- 近年、国内スタートアップのM&Aの件数は増加。主要な買収の目的は、新規事業の創出。
- スタートアップがM&Aされる局面には、成長加速型とターンアラウンド型の2種類が存在。それぞれで交渉力や協議上の留意点が存在する。
- 成長加速型で気をつけたいのはM&Aが成立せず、DDを通じて、PMFのポイント等の情報だけを抜かれて大手企業側に新規事業で実施されてしまうことやVC投資家との契約、コミュニケーションなどの対応である。
- ターンアラウンド型で気をつけたいのは交渉の方法。
- 将来のM&Aの可能性に備えて創業期から意識しておくとよいのは、

①M&A実施に当たっての事前同意の設計、②複数の株主からの株式の買い集めに向けた工夫、③優先株式を発行している場合の分配ロジック。

- M&Aのスキームにも、①会社自体を買収の対象とするのか、②会社の事業の一部を買収の対象とするのか、という視点や、③買収した会社や事業を自社の一部とするのか、④買収した会社や事業を自社ではなく自社グループに統合するのか、という視点が存在する。
- M&Aのフローの全体像：NDA&基本合意書の締結➡DD&リスク検出やPMI方針合意➡株式譲渡契約の締結。
- 株式譲渡契約において起業家側として特に留意すべき条項は、ロックアップ条項と表明保証・補償責任。買収後のインセンティブプランも視野に入れる必要がある。

**チェックリスト**

- □M&Aのトレンドや類型、スキームの種類について理解した。
- □将来のM&Aの可能性に備えて留意すべきポイントについて理解した。
- □M&Aのフローの全体像と株式譲渡契約において起業家として特に留意すべき条項について理解した。
- □M&A後のインセンティブ設計のオプションについて理解した。

# 索 引

# 【た】

[著者]

**下平将人**（しもだいら・まさと）

ベンチャーキャピタル「ON&BOARD（オンボード）」の共同創業者・代表パートナー。長野県松本市出身。弁護士として法律事務所で勤務後、LINE株式会社（現LINEヤフー株式会社）にて社内弁護士やAI領域の新規事業開発を経て、株式会社ドリームインキュベータの投資部門に参画。同社でベンチャーキャピタル「DIMENSION」を立ち上げ、長年にわたってスタートアップへの出資、支援に従事。2023年にベンチャーキャピタル「ON&BOARD」を共同創業。一橋大学法学部卒業、慶應義塾大学大学院法務研究科修了。

**尾西祥平**（おにし・しょうへい）

三浦法律事務所パートナー弁護士。ヤフー株式会社（現LINEヤフー株式会社）コーポレート政策企画本部、佐藤総合法律事務所を経て現職。株式会社SmartHR社外取締役監査等委員・指名委員、ウェルネス・コミュニケーションズ株式会社社外取締役、株式会社カミナシ社外監査役、スタートアップ・エコシステム東京コンソーシアムアドバイザー、順天堂大学大学院医学研究科AIインキュベーションファームスタートアップ支援プロジェクトアドバイザー、一般社団法人Thinking Entertainments代表理事などを兼任。投資・M&A、IPO支援、コーポレートガバナンス、規制対応、新規事業構築支援などを主な業務とする。大阪芸術大学中途退学、法政大学法学部卒業、慶應義塾大学大学院法務研究科修了。

ストーリーでわかる
**起業家のためのリスク&法律入門**
——致命的な失敗を避けるための26話

2024年3月12日　第1刷発行

著　者——下平将人、尾西祥平
発行所——ダイヤモンド社
　　　　　〒150-8409　東京都渋谷区神宮前6-12-17
　　　　　https://www.diamond.co.jp/
　　　　　電話／03・5778・7233（編集）　03・5778・7240（販売）

執筆協力——小池真幸
イラスト——ヤギワタル
ブックデザイン——萩原弦一郎（256）
校正————加藤義廣（小柳商店）、鷗来堂
製作進行——ダイヤモンド・グラフィック社
印刷————加藤文明社
製本————加藤製本
編集担当——横田大樹